Heinz G. Golas
Berufs- und Arbeitspädagogik für Ausbilder
Band 2

Heinz G. Golas

# Berufs- und Arbeitspädagogik für Ausbilder

Band 2 Jugendliche in der Ausbildung
Rechtsgrundlagen

Achte, überarbeitete und erweiterte Auflage

Die Deutsche Bibliothek – CIP-Einheitsaufnahme

**Golas, Heinz G.:**
Berufs- und Arbeitspädagogik für Ausbilder/Heinz G. Golas.
Berlin: Cornelsen
Bd. 2. Jugendliche in der Ausbildung:
Rechtsgrundlagen.
8., überarb. und erw. Aufl., 1. Dr. – 1994
ISBN 3-464-49119-6



Bestellnummer 49 11 96
8. Auflage
Druck: 4 3 2 1 / 97 96 95 94

Satz: Satz-Zentrum West GmbH & Co., Dortmund
Druck, Parzeller, Fulda
Bindearbeiten: Parzeller, Fulda

ISBN 3-464-49119–6

# Vorwort zur achten Auflage

Sehr geehrte Leserin, sehr geehrter Leser,

das vorliegende Werk – seit Jahren bewährt – will dem angehenden, aber auch dem „gestandenen" Ausbilder helfen. Es orientiert sich an den Vorgaben der Ausbilder-Eignungsverordnungen und dem empfohlenen „Rahmenstoffplan für die Ausbildung der Ausbilder", der 1992 vom Hauptausschuß des Bundesinstituts für Berufsbildung in Berlin erstellt wurde.

Es ist das Ziel beider Bände, die angesprochenen Leser zu befähigen, Ausbildungsprobleme angemessen, d. h. mit Verständnis für die mannigfaltigen Bezüge der zu beurteilenden Situation, lösen zu können. In die Sachdarstellungen sind deshalb Fallbeispiele, Fragen sowie Aufgaben mit Lösungen eingearbeitet.

Der erste Band vermittelt elementare Kenntnisse über Grundfragen der Berufsbildung sowie zur Planung und Durchführung der Ausbildung. Im zweiten Band werden jugendkundliche Fragen sowie die aktuellen Grundlagen des Arbeits-, Sozial- und Berufsbildungsrechts behandelt.

Ausbilder-Eignungsverordnungen und Rahmenstoffplan legen die Themen fest, das Berufsbildungssystem selbst ist jedoch einem ständigen Wandel unterworfen. So wurden in der vorliegenden neuen Auflage nicht nur alle Texte gründlich durchgesehen, aktualisiert, ergänzt und verdeutlicht, sondern auch viele neue Texte eingefügt – zum Beispiel über das Bildungswesen in den neuen Bundesländern und in Großbritannien, die verschiedenen „Reife"grade, den Lernort „Lerninsel" und den Ausbilder als Moderator, Gestalter von Lernprozessen und Lernberater, Förderprogramme der EG, ausländische und behinderte Jugendliche, „traditionelle" und „neue Ausbildung", Teamorientierung, Visualisierung und Präsentation sowie Umweltschutz und rationelle Energieverwendung. Damit werden insgesamt weiterhin Schlüsselqualifikationen und Handlungsfähigkeit betont.

Ferner wurden weitere Berichte und Planungs- und Beurteilungsformulare aus der Praxis aufgenommen.

Selbstverständlich sind Zahlenangaben, Bezeichnungen und Literaturempfehlungen auf den neuesten Stand gebracht worden.

Bei den Berufsbezeichnungen ist immer die weibliche Form mitzudenken – auch wenn aus Gründen der Einfachheit im Text regelmäßig nur die männliche Form benutzt wurde!

Mit den ersten sieben Auflagen hat sich das Buch in der Praxis der Ausbildervorbereitung sowie in Meisterkursen für Dozenten und Teilnehmer als Standardwerk bewährt. Es möge dort auch weiterhin eine gute Hilfe sein. Da sich Texte und Darstellungsweise immer wieder verbessern lassen, sind Verfasser und Verlag für entsprechende Anregungen jederzeit dankbar.

Berlin, im November 1993 Prof. Dr. Heinz G. Golas

# Inhalt

# 1.

# Jugendliche in der Ausbildung

## 1.1. Die Situation des Jugendlichen

Die Jugendlichen und ihre grundlegenden Motive für die berufliche Erstausbildung werden nur richtig gesehen, wenn wir den Entwicklungsstand und die jeweilige Situation berücksichtigen. Daher sollen auf den folgenden Seiten wichtige Faktoren skizziert und später zum Teil ausführlicher dargestellt werden.

Die Situation des Jugendlichen ist vorwiegend bestimmt von der

- physischen (= körperlichen) Reifung,
- Übernahme bzw. dem Hineinwachsen in die Erwachsenenrolle,
- der Berufswahl und der neuartigen betrieblichen Umwelt.

Die physische Reifung ist beim Jugendlichen fast abgeschlossen; er wirkt körperlich in der Regel wie ein Erwachsener. Dadurch wird der Kontakt mit dem anderen Geschlecht für sein Fühlen, Denken und Handeln von großer Bedeutung.

An den Jugendlichen werden die Anforderungen (Pflichten) der Erwachsenenwelt herangetragen. Auch er selbst möchte Erwachsener sein, so handeln und so behandelt werden. Doch dort, wo er die Rechte des Erwachsenen in Anspruch nehmen möchte, wird ihm oft die Rolle eines „Noch-Kind-Seins" zugemutet. Insbesondere im sexuellen Bereich ist das der Fall. Der Jugendliche kann die „Rolle" der Erwachsenen noch nicht ganz vollkommen spielen. Oft wird bei den ersten Versuchen, das Rollenverhalten der Erwachsenen nachzuahmen, auch über die „Stränge geschlagen".

Mit der Berufswahl ist der Jugendliche ein Risiko eingegangen. Er weiß nicht, ob seine Rechnung aufgehen wird. Persönliche Vorbilder können da kaum helfen. Entscheidend ist das Leitbild als abstraktes Verhaltensmuster.

Diese wenigen Faktoren deuten die Situation des Jugendlichen an. Diese Situation verunsichert ihn. Er ist sehr empfindlich und wirkt unausgeglichen. Da sich die Jugendlichen fast alle in der gleichen unbehaglichen Situation befinden, schließen sie sich regelmäßig in Gruppen zusammen. Die Freitzeitgestaltung findet in Gruppen statt. In derartigen Gruppen kann man mit dem anderen Geschlecht Kontakt aufnehmen, das Erwachsenenverhalten „üben" und sich der Bevormundung der Eltern zumindest zeitweilig entziehen. Die Jugendlichen suchen sich Ersatzbefriedigungen in Musik und Mode. Sie bilden Subkulturen (= eigene Welten mit eigenen Gebräuchen *z. B.* Konsumverhalten in Beatkeller und Diskothek – Nikotin-, Alkohol-, Drogenmißbrauch). Die Erwachsenen akzeptieren diese Gruppierungen oft nicht.

Der Jugendliche erlebt den Konflikt zwischen Rechten und Pflichten sehr schmerzhaft und entwickelt ein sehr starkes Gerechtigkeitsgefühl.

Was bedeuten diese Faktoren und ihr Wandel für den Ausbilder? Die junge Generation der Auszubildenden verhält sich erheblich anders als die Generation vor zehn Jahren. Die Jugendlichen von heute sind zeitiger erwachsen als frühere Generationen. Selbständigkeit, Selbstbewußtsein und Kritikfähigkeit, manchmal auch Kritiklust, sind heute in der Jugend stärker als früher ausgeprägt. An den Ausbilder werden gehobene Ansprüche gestellt. Das liegt zum einen daran, daß die Auszubildenden heute ein bis zwei Jahre älter sind, wenn sie aus der Schule kommen. Zum anderen sind tieferliegende Gründe namhaft zu machen: Die Jugendlichen kommen heute in der Regel mit viel mehr und oft auch grundsätzlich anderer Lebenserfahrung als früher in den Betrieb. Durch täglichen Umgang mit den Massenmedien wissen sie heute mehr über politische und soziale Zusammenhänge. Reisen und Fernsehen lassen sie mehr und andere Erfahrungen machen als ihre Eltern. Diese anderen und weiteren Erfahrungen bestimmen auch das Verhältnis der Jugendlichen zur Ausbildung und damit zum Ausbilder. Mit der Erfahrungswelt haben sich auch die Bezugspersonen, Vorbilder, Idole der jungen Generation geändert.

Die Jugendlichen sind schwerer „kontrollierbar" geworden. Unter ihnen hat sich ein Bewußtsein ihrer Rechte entwickelt, und manche haben ihre Kräfte in Kämpfen mit den Vertretern des Bestehenden gemessen. Die Ausbilder müssen sich mehr Gedanken über ihre Methoden in der Behandlung der Jugendlichen machen, und es geht für sie allmählich immer mehr darum, deren Kooperation zu erlangen, anstatt sie zu „kontrollieren".

Junge Menschen sind heute in der Regel vielseitig angeregt und interessiert. Sie sind in einem demokratischen System aufgewachsen, das sie schon frühzeitig mit seinen Freiheiten und Mitbestimmungsmöglichkeiten, aber auch Mißständen formt und beeinflußt. Das bleibt nicht ohne Folgen auf Verhalten und Einstellungen – vom Elternhaus bis in den Bereich betrieblicher Ausbildung.

Mit dieser veränderten Situation und mit der Tatsache, daß Jugendliche, die von der Schule kommen, noch keine Erfahrung mit der ihnen fremden und zuweilen erschreckend anderen Arbeitswelt haben, muß der Ausbilder klarkommen. Andererseits hat der pädagogisch und soziologisch geschulte Ausbilder auch mannigfaltige Möglichkeiten, über die fachbezogene Wissensvermittlung hinaus positiven Einfluß auf die Auszubildenden zu gewinnen. Er sollte wissen, wie junge Leute reagieren und warum, wie sie sich selbst und ihre Welt, in der sie leben, begreifen. Nur dann kann er die Auszubildenden verstehen und auf sie eingehen. Und sein Ziel muß sein, die Jugendlichen zu guten und verantwortungsvollen Fachleuten zu erziehen.

Zu der Generation von heute findet der Ausbilder den besten Kontakt, der nicht nur fachlich überzeugt, sondern auch auf die vielfältigen persönlichen Probleme der Auszubildenden eingeht und menschlich ein Vorbild ist.

Eine entwicklungsgemäße und situationsgerechte Berufsausbildung setzt voraus:

- Kenntnisse über die Jugendlichen – ihre typischen Entwicklungserscheinungen und Verhaltensweisen sowie ihre individuelle Lebenssituation (z. B. Eignung, Neigungen und Interessen, soziale Herkunft und Umgebung, Vorbildung, bereits erworbene Fertigkeiten usw.),
- Beachtung der physischen, psychischen und sozialen Gegebenheiten als Voraussetzung des Ausbildungserfolges,
- Kenntnis der typischen Anforderungen des Berufsfeldes und der lernpsychologischen Gesetzmäßigkeiten als Voraussetzung für den Unterweisungserfolg,
- Kenntnis der Klischeevorstellungen und Pauschalurteile, die sich als Störfaktoren bemerkbar machen können.

Die Jugendkunde – deren wichtigste Ergebnisse nachfolgend dargestellt werden – versucht mit Hilfe der Entwicklungs- und Sozialpsychologie, der Pädagogik und Soziologie dem Ausbilder Orientierungshilfen zu geben. Derartige Kenntnisse können die eigenen Erfahrungen und Ansichten nicht ersetzen, wohl aber sinnvoll ergänzen und in ihrer Begrenzung aufbrechen.

## 1.2. Typische Entwicklungserscheinungen und Verhaltensweisen im Jugendalter

Der Ausbilder arbeitet hauptsächlich mit Jugendlichen, nicht mit Kindern oder Erwachsenen. Die „Jugend“ ist ein Entwicklungsabschnitt besonderer Prägung, den es in die Gesamtentwicklung des Menschen einzuordnen gilt. Die Entwicklung des Menschen verläuft von der Geburt an stetig, das heißt, es ist kaum möglich, verschiedene Abschnitte gegeneinander abzugrenzen. Die ältere Entwicklungspsychologie nahm einen abschnittsweisen Verlauf der Entwicklung an und entwickelte entsprechende Phasen- oder Stufenmodelle. Heute wird betont, daß die Grenzen zu undeutlich sind, um eine solche Stufung weiter aufrechterhalten zu können.

Die neueren Entwicklungstheorien – oft als Sozialisations- bzw. Sozialisierungsmodelle vorgestellt – unterstellen einen durchgehenden oder stetigen Entwicklungsverlauf. Sie sehen die Entwicklung als Hineinwachsen des einzelnen in die Gesellschaft und ihre Wertvorstellungen. Diese sogenannte Sozialisation ist eine Kette von Lernvorgängen, die nach Reifung der erforderlichen Organe und ihrer Funktionen einsetzt und bis zum Erwachsenenalter (letztlich „lebenslänglich“ – bis zum Tod) weiterläuft.

Dennoch soll zur besseren Orientierung in der Folge auch ein Stufenmodell der Entwicklung skizziert werden.

Was ist Entwicklung?

Mit Entwicklung bezeichnet man regelmäßig eine Reihe von relativ dauerhaften Veränderungen von Verhalten und Erleben, von Körpermerkmalen und Fähigkeiten sowie weiteren Eigenschaften. Dabei wirken Wachsen, Reifen und Lernen zusammen und folgen aufeinander. Die Entwicklung führt zu einer zunehmenden Differenzierung (= Entstehung von feinen Unterschieden; z. B. von der Grobmotorik zur Feinmotorik, u. a. beim Schreiben), aber auch zu einer Kanalisierung (= Festlegung, Lenkung in bestimmte Bahnen; Ausprägung bestimmter Fertigkeiten, Vorlieben, Interessen usw.) der menschlichen Möglichkeiten.

Mit Wachsen bzw. Wachstum meint man regelmäßig die Zunahme an Größe und Gewicht. Sie ist von innen über die Hormone des Körpers gesteuert. Auch bei der Reifung handelt es sich um innerlich gelenkte Veränderungen; sie ist Voraussetzung für das Lernen. Die Organe bzw. ihre Funktionen (= Leistungen) reifen heran, erreichen ihre volle Funktionsfähigkeit – *zu denken ist an* die Beherrschung der Schließmuskeln als Voraussetzung für eine Sauberkeitserziehung, die Geschlechtsreifung (u. a. mit Stimmbruch bei Jungen) sowie die Entwicklung des abstrakten Denkens. Wachstums- und Reifungsvorgänge sind eng miteinander verflochten. Eine weitere Verflechtung ergibt sich mit der Umwelt.

Körperliche Merkmale – insbesondere Augen-, Haut- oder Haarfarbe – sind weitgehend durch die Erbanlage als Bauplan vorgegeben. Man wird als „männliches“ oder „weibliches“ Wesen geboren. Wie man sich aber als Mann oder Frau verhält – das hängt von der Umwelt ab, in der man aufwächst, von der Erziehung, von gesellschaftlichen Erwartungen an das Verhalten von Mann und Frau u.v.a.m.

Sprechen lernen setzt Reifung von Gehör und Sprechmuskulatur voraus. Welche Sprache aber gelernt wird – Hochdeutsch oder ein Dialekt – das hängt vom Milieu (= Umwelt) ab.

Insofern entscheiden über die Ausprägung der Merkmale des einzelnen zwei Faktoren: Erbanlagen (= genetisch festgelegte Möglichkeiten des „Werdens") und Umwelt. Umwelt kann anregen und fördern, aber auch hemmen. Der Entwicklungsstand ergibt sich letztlich als Multiplikation von Anlage und Umwelt. Dieser Entwicklungsstand wird auch als Begabung bezeichnet. Begabung ist dann die angeborene und von der Umwelt beeinflußte Fähigkeit zum Lernen. Sie ist also zum Teil angeboren, zum Teil Ergebnis von Lernprozessen.

Die Abhängigkeit der Intelligenz von Anlage und Umwelt

Die Entwicklung intellektueller Fähigkeiten ist von den Faktoren „Anlage" (Erbfaktoren) und „Umwelt" (Lernprozesse) gleichermaßen abhängig. Es ist falsch, einem Faktor ein größeres Gewicht beizumessen als dem anderen. Allerdings streiten die Gelehrten darüber. Die einen betonen die Erbanlagen, die anderen den Umgebungseinfluß. Die Vertreter der Milieutheorie oder des Environmentalismus (vom engl. environment = Umgebung einer Person) gehen von einer gleichen oder fast gleichen Erbausstattung aus und meinen, der Mensch sei fast unbegrenzt formbar durch die Umgebung. Die Gegner dieser Auffassung erkennen den Umgebungseinfluß grundsätzlich an, geben ihm aber lediglich „korrigierendes" Gewicht. Nach ihrer Auffassung sind 80 % der Begabung erblich vorgegeben und nur 20 % durch die Umwelt veränderbar. Wir können den Streit nicht entscheiden, sondern davon ausgehen, daß eine förderliche Umgebung – qualifizierte Ausbilder, gute Ausstattung der Ausbildungswerkstatt u. ä. – sicher in vielen Ausbildungsgängen noch fehlt.

Intellektuelle Leistungen und Fähigkeiten müssen in dem Sinne erworben werden, daß durch die Auseinandersetzung mit Problemsituationen und durch den damit verbundenen Erfahrungsniederschlag nachfolgende gesteigerte Leistungen ermöglicht werden. Wem ständig Denkleistungen abverlangt werden, der kann auch seine Denkfähigkeit besser entwickeln. Die geistige Entwicklung stellt sich demnach als das Ergebnis ungezählter Lernprozesse dar. Diese folgen offensichtlich bestimmten Entwicklungsgesetzen. Wie man zuerst stehen muß, um laufen zu können, muß das Kind vorerst mit den Dingen handelnd umgehen, bevor es konkrete Probleme vorstellungsgemäß bewältigen lernt und schließlich auch abstrakte Aufgaben formal zu lösen imstande ist.

Die damit verbundenen Lernvorgänge sind jedoch nicht beliebig lehrbar, sondern in ihrer Qualität, Schnelligkeit und Nachhaltigkeit von ererbten Lernfähigkeiten abhängig. So gesehen erscheinen Erbanlagen nicht als verborgene oder versteckte Leistungsfähigkeiten, sondern als Lernvoraussetzungen zum Erwerb bestimmter Leistungen. Da diese Lernprozesse wiederum durch die Anregungen der Umwelt ausgelöst und beeinflußt werden, ergibt sich die Bedeutung und die wechselseitige Abhängigkeit der Erb- und Erziehungsfaktoren von selbst.

Die menschliche Entwicklung wird durch erblich bedingte und durch soziale Faktoren beeinflußt. Die sozialen Faktoren sind weitgehend gleichzeitig die Faktoren der Umwelt. Sie sind in der folgenden Abbildung aufgezeigt:

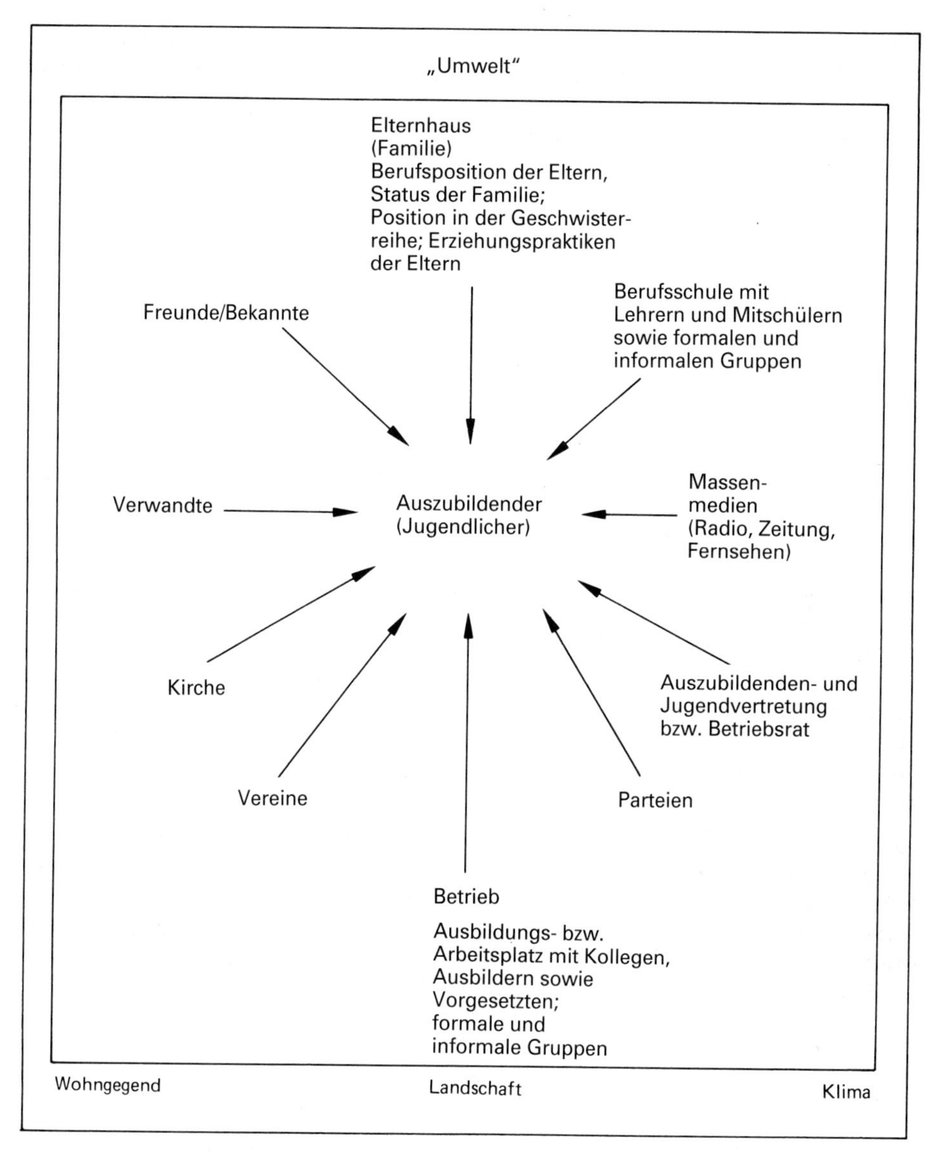


*Faktoren, die den Auszubildenden (Jugendlichen) beeinflussen*

Was plagt den Jugendlichen?

Die jugendliche Entwicklung ist u. a. durch folgende Probleme, die im folgenden Abschnitt näher erläutert werden, gekennzeichnet:

- Gesundheit, Wachstum und Aussehen
  plötzliches, unproportioniertes Wachstum; sexuelles Reifwerden (Entwicklung der verschiedenen Geschlechtsmerkmale),

- Familienprobleme
  Streben nach geistiger und finanzieller Unabhängigkeit und Selbständigkeit (Rollen- und Statusunsicherheit).
- Persönlichkeitsprobleme
  (Erröten, Stammeln, Unsicherheit; Unsicherheit im Verhalten gegenüber der Welt der Erwachsenen. Leicht beeinflußbar.)
- Gesellschaftliche Probleme
  Der Jugendliche neigt zur Gruppenbildung („Flucht in die Gruppe"); Bildung von Subkulturen mit eigenen Normen zur Abgrenzung von der Welt der Erwachsenen.
- Beziehungen zum anderen Geschlecht
  Obwohl die biologische Geschlechtsreife vorhanden ist, kann von ihr – u. a. wegen der fehlenden „räumlichen" und finanziellen Selbständigkeit sowie gesellschaftlichen Vorstellungen – oft nicht ohne weiteres „Gebrauch" gemacht werden.
- Schule und Ausbildung
  Opposition gegen Autoritäten, Schwänzen, Abbrechen der Ausbildung – auf der anderen Seite: Leistungsdrang.
- Moralische Probleme
  Scheinheiligkeit, soziale Ungerechtigkeit der Gesellschaft – Wunsch nach einer besseren Welt (Suche nach Leitbildern und Orientierungsmustern), Auseinandersetzung mit ideologischen, religiösen und moralischen Fragen.

Die genannten Probleme und Reaktionsweisen sind typisch, d. h., sie sind in gewisser Regelmäßigkeit und Dauer bei vielen Jugendlichen zu beobachten. Allerdings zeigen sie sich nicht bei jedem Jugendlichen in jeder Situation. Denn das Verhalten wird regelmäßig bestimmt durch die Persönlichkeit des Jugendlichen, die besondere Situation und die bisher gemachten Erfahrungen.

Entwicklungserscheinungen des Jugendalters

Was Jugend ist, läßt sich nicht genau sagen. Sicher kann man feststellen, sie sei der Übergang von der Kindheit zum Erwachsensein. Aber damit hat man Jugend noch nicht eindeutig festgelegt, denn statt einer Frage muß man jetzt zwei Fragen beantworten: Wann hört die Kindheit auf, und wann beginnt das Erwachsensein? Die Kindheit endet mit der beginnenden Geschlechtsreifung (etwa im 11. oder 12. Lebensjahr), das Erwachsensein beginnt mit der vollendeten körperlichen Entwicklung und dem Erlangen der seelisch-geistigen Reife (etwa mit dem 21. Lebensjahr). Die Zeitspanne dazwischen – etwa zehn Jahre – nennt der Psychologe Jugend. Anders hat zum Beispiel der Gesetzgeber des Arbeitsrechts „Jugend" definiert: Jugendliche sind für ihn die 14- bis 18jährigen. In der Soziologie und in der Jugendarbeit beginnt „Jugend" auch mit 14 Jahren, endet aber erst mit 28 bzw. 35 Jahren.

Mit dem Anbrechen der Jugend drängen die „Jugendlichen" aus allen Bindungen heraus – aus der Schule, aus dem Elternhaus, aus der Kirche und aus ihren Kindheitsgruppen. Verhaltensunsicherheit, Unruhe, Auflehnung und Protest, aber auch Suche nach einem neuen Halt geben sich die Hand. Die Sexualität – schon in früher Kindheit geprägt – bekommt eine neue Bedeutung. Das Bewußtwerden der körperlichen Veränderungen, insbesondere der Geschlechtlichkeit, führt zur Verhaltensunsicherheit, die durch den Konflikt zwischen Gewissen und Trieben entscheidend ausgelöst wird. Die Gefahr der Entgleisung und Verwahrlosung und die Entfaltung der eigenständigen Persönlichkeit liegen dicht beieinander. In dieser Zeit der Gefährdung einerseits, der Chancen andererseits braucht der Jugendliche Hilfe – von den Eltern, den Lehrern, den Ausbildern und Vorgesetzten im Betrieb. Sie müssen während der Pubertät behutsam die Weichen stellen. Jugendliche als Auszubildende erscheinen heute mit 15 bis 16 Jahren fast erwachsen – von der Körpergröße, von der körperlichen Entwicklung und von der Kleidung her gesehen. Kein Wunder, daß man oft von ihnen verlangt, was bei den Erwachsenen als Selbstverständlichkeit gilt: Einordnung in den Betrieb, angepaßtes Verhalten, Ausdauer und Zuverlässigkeit, Wille zur Leistung, ausgeglichenes Wesen, Fleiß, Gehorsam, Ordnung . . .

Dabei wird übersehen, daß der Jugendliche diesen Forderungen aufgrund seines körperlichen, seelisch-geistigen und sozialen Entwicklungsstandes gar nicht nachkommen kann, auch wenn er den Willlen dazu hat. Der Ausbilder muß wissen, daß sich eine ganze Reihe von Fähigkeiten erst im Jugendalter entwickelt. Der Jugendliche würde anderenfalls überfordert und letztlich Schaden nehmen. Allerdings ist auch eine Unterforderung zu vermeiden. Der Jugendliche ist weder ein „großes Kind" noch ein „kleiner Erwachsener". Insofern sollte Einsatz und Behandlung des Jugendlichen nicht vom körperlichen Entwicklungsstand ausgehen, sondern vom geistig-seelischen Niveau. Der Ausbilder sollte wissen, daß das Erscheinungsbild des Jugendlichen ein möglicher Anlaß für Fehlbeurteilungen ist.

Aufgrund seines Entwicklungsstandes – er befindet sich in der Pubertät – protestiert der Jugendliche gern, ist reizbar, will selbständig und zum Teil allein sein, ist wechselhaft und launisch, kann sich kaum längere Zeit mit einer Sache beschäftigen. Der Jugendliche hat in diesem Abschnitt der Entwicklung Schwierigkeiten mit sich selbst und macht daher auch seiner Umwelt Schwierigkeiten! Der Ausbilder ist gut beraten, wenn er diese entwicklungsbedingten Veränderungen als solche erkennt und Ungeschicklichkeiten sowie überzogene Gefühlsreaktionen nicht überbewertet und Verständnis zeigt.

Für den Ausbilder ist von Bedeutung, daß er an dem Entwicklungsstand des Jugendlichen erkennt, wieweit die Pubertät abgeschlossen ist. Neben den körperlichen Veränderungen und den Verhaltensveränderungen treten auch entwicklungsbedingte Veränderungen der Geschicklichkeit auf. Veränderungen der Muskulatur und des Skeletts in der Pubertät können zu Leistungsminderung bei komplizierten Bewegungen führen. Für den Ausbilder ergibt sich aus dieser entwicklungsbedingten Veränderung der Geschicklichkeit, daß die gleichbleibende Genauigkeit einer Bewegung oder das Absinken der Genauigkeit nicht ihre Ursache in Faktoren wie Interesse, Fleiß und Konzentrationsfähigkeit des Jugendlichen haben müssen. Das Absinken der Leistungsfähigkeit bei Bewegungen ist in vielen Fällen auf entwicklungsbedingte Verschiebungen zurückzuführen und nicht auf andere Faktoren.

Das Jugendalter ist ein Zeitabschnitt ganz eigener Art und Weise. Wesentliche Merkmale und Regelmäßigkeiten sind in der Tabelle auf S. 13 ff. übersichtlich aufgezeichnet. Wer mit Menschenführung zu tun hat, sollte die wesentlichen Entwicklungsstufen (Phasen) des Jugendlichen und ihre Merkmale kennen, damit er nicht ganz natürliche Erscheinungen als Böswilligkeit verübelt. Solche entwicklungspsychologischen Kenntnisse über die Jugend sind wichtig, damit Ausbilder und Vorgesetzte nicht den landläufigen Meinungen und negativen Vorurteilen zum Opfer fallen. Oft erzeugen erst die Vorbehalte, Vorurteile und Fehleinstellungen die als negativ angeprangerten Verhaltensweisen der Jugendlichen.

Allerdings kann jedes Merkmal bei bestimmten Jugendlichen sehr unterschiedlich (auch zeitlich) in Erscheinung treten – in Abhängigkeit von individuellen Erbanlagen, Erziehung im Elternhaus und in der Schule, sozialer Umwelt u. a. Aussagen der Entwicklungspsychologen sind als Durchschnittswerte zu sehen. Abweichungen um ein Jahr sind durchaus möglich. Insofern liefert die Entwicklungspsychologie nur grobe Anhaltspunkte. Dies gilt auch für die noch folgende tabellarische Übersicht. Zwei Jugendliche können dasselbe Alter und dennoch in ihrer Entwicklung ganz unterschiedliche Entwicklungspunkte erreicht haben. Ihr Verhalten in einer bestimmten Situation ist daher nur begrenzt voraussehbar. Wie der Jugendliche auf ein Ereignis oder einen anderen Menschen reagiert – das hängt von vielen Größen ab. Verhaltensrezepte können nicht gegeben werden. Auch die Psychologie, die sich mit diesen Fragen beschäftigt, ist dazu nicht in der Lage. Sie gibt aber eine Reihe von Hinweisen auf alterstypisches Verhalten, die es erleichtern, den Umgang mit Jugendlichen zu meistern.

Festgehalten werden kann als Orientierungsgedanke für diese Zeit: Vertrauen schenken und Freiheit geben.
Insbesondere muß noch auf zwei Erscheinungen der Entwicklung aufmerksam gemacht werden, die die Beurteilung und das Verständnis des Verhaltens der Jugendlichen erschweren, nämlich Akzeleration und Retardation.

Die körperliche (physische) Reifung – insbesondere die Geschlechtsreife – setzt heute gegenüber den Vorkriegszeiten um durchschnittlich ein bis zwei Jahre früher ein. Sie ist vermutlich aufgrund geänderter Lebens- und Ernährungsweise, besserer medizinischer Versorgung sowie der Reizüberflutung durch Massenmedien wie Film, Rundfunk, Fernsehen, Zeitung und Zeitschriften beschleunigt. Diesen Sachverhalt bezeichnet man als physische Akzeleration (= Beschleunigung). Aufgrund dieser beschleunigten körperlichen Entwicklung sind die 14jährigen Jugendlichen heute um durchschnittlich zehn cm größer als es ihre Großeltern zur gleichen Zeit waren.

Auf der anderen Seite verläuft die seelisch-geistige (psychische) Entwicklung heute langsamer als früher. Sie ist verzögert. Daher spricht man von psychischer Retardation bzw. Retardierung (= Verzögerung). Neuere Untersuchungen engen diese Aussage allerdings auf den sozialen bzw. wirtschaftlichen Bereich (= Abschluß der Berufsausbildung) ein! Beide Sachverhalte führen zu einer verlängerten Jugendzeit, obwohl nicht jeder einzelne Jugendliche im selben Ausmaß davon betroffen wird, da die Aussagen nur für den Durchschnitt gelten.

Körperliche und seelisch-geistige Reifungsprozesse verlaufen deswegen nicht gleich schnell. Nicht einmal alle rein körperlichen Entwicklungsvorgänge laufen gleichförmig ab. Manche Entwicklungsvorgänge bleiben im Vergleich zu anderen zurück.

Akzeleration und Retardation machen es unmöglich, vom äußeren Erscheinungsbild des Jugendlichen verbindliche Rückschlüsse auf dessen tatsächliche Leistungsfähigkeit zu ziehen. Von der Leistungsfähigkeit aber hängt es ab, was ein Mensch körperlich oder geistig leisten kann, ohne gesundheitlichen Schaden zu nehmen.

Die Leistungsfähigkeit ihrerseits läßt sich nicht vom äußeren Erscheinungsbild, beispielsweise von der Körpergröße, ableiten, sondern vom Wachstumsstand des gesamten Organismus. Medizinisch abgesicherte Erfahrungswerte besagen, daß die Wachstumszeit bei Jungen ungefähr bis in das 20. Lebensjahr, bei Mädchen bis in das 17. Lebensjahr reicht. Erst danach erlangen junge Menschen ihre volle Leistungsfähigkeit. Und erst nach Abschluß des Wachstums sind sie in physiologischer Sicht zu Erwachsenen geworden.

Täuscht das äußere Erscheinungsbild die Jugendlichen selbst oder ihre Umgebung über ihre tatsächliche Leistungsfähigkeit, so kann das schwerwiegende Folgen haben.

## Medizinische Begründung der geringeren Leistungsfähigkeit Jugendlicher

Die geringere Leistungsfähigkeit der Jugendlichen hat im wesentlichen zwei Ursachen:

1. Jugendliche haben ein kleineres Herz als Erwachsene. Das ist bedeutsam, weil das jugendliche Herz wegen seines geringeren Fördervolumens bei einer bestimmten Anstrengung schneller schlagen muß als das eines Erwachsenen: Wenn beispielsweise ein Erwachsener und ein Jugendlicher jeweils einen gleich schweren Sack tragen, benötigen beide für diese Arbeit die gleiche zusätzliche Sauerstoffmenge. Weil das Herz des Erwachsenen größer ist, kann es zur Deckung des zusätzlichen Sauerstoffbedarfs zunächst einmal die Menge des geförderten Bluts erhöhen, ohne gleich schneller schlagen zu müssen. Das kleinere jugendliche Herz dagegen muß, um die benötigte zusätzliche Sauerstoffmenge heranzuschaffen, die Schlagfrequenz erhöhen. Ein schneller schlagender Herzmuskel aber benötigt seinerseits wiederum mehr Sauerstoff. Das jugendliche Herz arbeitet also nicht nur unökonomischer, es ist auch verstärkt der Gefahr einer Sauerstoffunterversorgung ausgesetzt.

2. Jugendliche haben ein weniger stabiles Skelettsystem als Erwachsene. Die mechanische Widerstandsfähigkeit der Knochen, insbesondere der Wirbelsäule, ist während des Wachstums geringer. Da auch der gesamte Bandapparat und die Muskulatur noch nicht voll entwickelt sind, besteht bei Überlastungen die Gefahr bleibender Schäden. Überbeanspruchung oder einseitige Dauerbelastungen können Veränderungen der Wachstumsrichtung der Knochen und Deformierungen der Gelenke herbeiführen. Am meisten gefährdet sind Wirbelsäule und Füße. So sind auch Schäden des Haltungs- und Bewegungsapparats eine der Hauptursachen frühzeitiger Invalidität.

## Merkmale der geringeren Leistungsfähigkeit Jugendlicher

1. Jugendliche verfügen noch nicht über die volle Muskelkraft des Erwachsenen. Reihenuntersuchungen wiesen nach, daß die größte Muskelkraft erst im Alter von ungefähr 25 Jahren erreicht wird. Setzt man die erreichbare Muskelkraft der Männer gleich 100 %, dann sieht die Entwicklung bei männlichen und weiblichen Jugendlichen so aus:

| | Erreichte Muskelkraft | | | | |
|---|---|---|---|---|---|
| Geschlecht | 10–14 Jahre | 14–16 Jahre | 16–18 Jahre | 18–20 Jahre | 20–30 Jahre |
| männlich | 55 % | 70 % | 80 % | 90 % | 100 % |
| weiblich | 45 % | 53 % | 55 % | 57 % | 60 % |

(Nach Theodor Hettinger, Die Beurteilung von Arbeitsart und Arbeitsschwere bei Jugendlichen, in: Vorsorgeuntersuchungen bei Jugendlichen, hrsg. von Theodor Hellbrügge, Köln-Berlin o. J., S. 184 ff.)

2. Jugendliche haben im Vergleich zu Erwachsenen eine geringere Handgeschicklichkeit. Die volle Ausprägung ihrer Handgeschicklichkeit erreichen Männer erst im 21. Lebensjahr, Frauen sogar noch etwas später. Geringere Handgeschicklichkeit führt zu ungünstigen Bewegungsabläufen und Verkrampfungen.

3. Jugendliche haben ein kleineres Greiffeld als Erwachsene. Sieht man von Jugendlichen ab, die durch Akzeleration bereits Körpermaße wie Erwachsene haben, dann läßt sich nachweisen: Der kleinere Greifraum erfordert von Jugendlichen vermehrte statische Arbeit und führt zu schnellerer Muskelermüdung.

4. Jugendliche ermüden überhaupt schneller als Erwachsene. Physiologische Eigenarten des Kindes- und Jugendalters setzen die Dauerbelastbarkeit von Jugendlichen im Vergleich zu der von Erwachsenen deutlich herab.

5. Jugendliche erholen sich langsamer als Erwachsene. Das zeigt sich am größeren Schlafbedarf von Kindern und Jugendlichen. Außerdem benötigen Jugendliche andere Erholungsformen als Erwachsene. Jugendliche brauchen zu ihrer Erholung auch Bewegung, die den erhöhten Stoffwechsel des im Wachstum befindlichen Organismus sichert.

Quelle: Information für Ausbilder-Initiative Jugendarbeitsschutz, hrsg. vom Minister für Arbeit, Gesundheit und Soziales des Landes Nordrhein-Westfalen, Düsseldorf 1986, S. 13 und 15.

Das Auseinanderklaffen von körperlicher und geistiger Entwicklung verleitet den Ausbilder leider leicht zu Fehlschlüssen. Spät- und Frühentwickler in körperlicher, sexueller, seelischer und sozialer Hinsicht bedürfen der besonderen Sorgfalt und Beobachtung des Ausbilders bzw. Vorgesetzten.

Der rechte Einstieg

Im Betrieb ist der erste Eindruck – wie auch sonst im Leben – oft bestimmend für die künftige Einstellung zu Beruf, Betrieb und Kollegen. Wenn auch jeder Jugendliche seine ganz besonderen Eigenarten hat, wird man wohl kaum etwas falsch machen, wenn man dem Jugendlichen freundlich und wohlwollend entgegenkommt, ihn ernst nimmt, seine Leistungen anerkennt, sie gerecht bewertet, ihm Verantwortung überträgt und ihm offen und ehrlich antwortet. Der Vorgesetzte bzw. Ausbilder sollte stets Geduld und Zeit für den Jugendlichen haben, sich dabei aber nicht aufdrängen. Weder Kameraderie noch Gleichgültigkeit sind am Platze, sondern die Bereitschaft, dem Jugendlichen mit sachlichem Rat zu helfen. Das Ausspielen der Autorität und moralisierende Belehrungen lösen keine Probleme. Der Ausbilder sollte eine Vertrauensperson sein oder werden. Das ist aber eine Stellung, die er nicht durch eine abwartende Haltung erwirkt, sondern durch Aktivität: indem er selbst auch heikle Themen (Schule, Eltern, sexuelle Beziehungen u. ä.) anspricht und dem Jugendlichen damit zu verstehen gibt, daß er auch über rein fachliche Dinge hinaus gesprächsbereit ist.

Bei Mädchen ist insbesondere zu beachten, daß sie viel stärker den menschlichen Kontakt brauchen, weil sie stärker gefühls- und personenbezogen erleben. Jedenfalls wird das oft festgestellt; ob hier die Natur oder die Erziehung ursächlich ist – das ist auch unter Fachleuten umstritten! Mädchen und junge Frauen sind oft besonders empfindlich gegenüber Umweltbelastungen (Lärm, Schmutz, Hitze, Gerüche) und reagieren auch bei sachlichen Hinweisen oft sehr persönlich. Dafür ist oft ihr ausgeprägtes Gerechtigkeitsempfinden ursächlich. Für die weiblichen Auszubildenden sind Aussehen (u. a. körperliche Anziehungskraft, Kleidung, Kosmetik u. ä. von großer Bedeutung. Anspielungen und Bemerkungen des Ausbilders können hier dramatische Folgen haben. Sie verunsichern das Selbstwertgefühl des Mädchens. Gefühlsausbrüche können die Folge sein. Zum Beispiel leiden viele Jugendliche unter der sogenannten Akne – Mitesser entwickeln sich, entzünden und heilen unter Narbenbildung ab. Derartige Unzulänglichkeiten im Aussehen – auch Übergewicht, Übergröße, Unterentwicklung des Busens – belasten den Jugendlichen erheblich.

Die weiblichen Auszubildenden sind stark an der Umwelt interessiert, aber auch von ihr abhängig. Menschliche Beziehungen spielen für sie eine große Rolle. Oft warten sie auf Lösungshilfen von außen. Ihre Initiative ist manchmal geringer ausgeprägt als bei den männlichen Jugendlichen. Bestätigungen und Bekräftigungen (Lob und Anerkennung) spielen eine entscheidende Rolle für den Auszubildenden.

Aber auch bei männlichen Auszubildenden spielen heute u. a. – aufgrund geänderter Erziehungsformen und -ideale – Aussehen (Größe, Gewicht, Bartwuchs – ja/nein), modische bzw. sportliche Kleidung und Anerkennung in der Gruppe oft eine wichtige Rolle.

Körperliche und geistig-seelische Merkmale der Entwicklung des Jugendlichen

| Vorpubertät | Pubertät | Adoleszenz |
| --- | --- | --- |
| **1. Körperliche Entwicklung** | | |
| (zweite Trotzperiode oder Affektkrise: „Flegeljahre“, „Backfischalter“, „negative Phase“) | (Reifungsalter; von lat. pubertas = Mannbarkeit bzw. pubescere = ein Mann werden) | (Reifezeit oder Jugendalter; von lat. adolescere = heranwachsen) |
| ereignet sich im Alter von 11 bis 13 Jahren bei Jungen und im Alter von 9 bis 11 Jahren bei Mädchen. | ereignet sich etwa im Alter von 13 bis 18 Jahren bei Jungen und im Alter von 11 bis 17 Jahren bei Mädchen | umfaßt etwa die Jahre 18 bis 21 bei männlichen und die Jahre 17 bis 20 bei weiblichen Jugendlichen |
| starkes Längenwachstum, insbesondere der Arme und Beine (sog. pubertärer oder puberaler Wachstumsschub; auch zweiter Gestaltwandel genannt; der erste Gestaltwandel findet etwa mit 6 Jahren statt und macht aus dem „rundlichen“ Kleinkind das „gestreckte“ Schulkind); gesteigerter Bewegungsdrang; dabei unbeherrschte, schlaksige und eckige Bewegungen; typ. Ungeschicklichkeit; Stimmbruch und Bartwuchs beim Jungen. Entwicklung der Brust beim Mädchen; Wachstum und Reifung der Keimdrüsen [Reifung von Eizellen bzw. Spermien (Samenzellen]; Scham- und Achselbehaarung; Entwicklung der primären Geschlechtsmerkmale<br>– bei Mädchen: erste Monatsblutung (Periode bzw. Menarche) mit etwa 11 Jahren;<br>– bei Jungen: erste Samenproduktion (Pollution = unwillkürlicher Samenerguß = mit etwa 13 Jahren). | verstärktes Breitenwachstum (Schultern bzw. Hüften) und Zunahme an Gewicht und Kraft. Sekundäre Geschlechtsmerkmale prägen sich stärker aus (Bartwuchs, Stimmwechsel, Brüste), erste Sexualkontakte.<br>Mädchen sind den Jungen in der körperlichen Reife um etwa 1,5 bis 2 Jahre voraus.<br>Körperkraft und Griffstärke nehmen zu. Bewegungen sind besser koordiniert. | Abschluß des körperlichen Wachstums; ausgeglichene Bewegungen |
| **2. Interesse und Aufmerksamkeit** | | |
| vorwiegend praktische Interessen; erwachendes Sexualinteresse; Kritik der Umwelt (oppositionelle Haltung) bzw. Abwendung von ihr;<br>Beschäftigung mit dem eigenen Ich (Introversion);<br>schwankende Aufmerksamkeit (sprunghaft, ablenkbar) | wieder verstärktes Interesse für die Umwelt, aber in kritischer Haltung (Worte und Taten werden sehr genau verglichen); mehr theoretisches Interesse | Interesse am Beruf;<br>Aufbau der eigenen Weltanschauung und eines eigenen Wertsystems |

| Vorpubertät | Pubertät | Adoleszenz |
|---|---|---|
| **3. Gedächtnis und Lernfähigkeit** | | |
| mechanisches Lernen wird abgelöst vom einsichtigen Lernen;<br>Lernen aus Neugier und Erkenntnisdrang | ausgeprägte Phantasie; vielseitige Lerninteressen | zielstrebiges, systematisches Lernen; Aufbau des Weltbildes |
| **4. Denken** | | |
| Ablösung des anschaulichen (konkreten) Denkens durch das abstrakte Denken; Hypothesenbildung; Umgehen mit Symbolen, Deduktionen und Gedankenexperimenten<br>Schwierigkeiten im Ausdrucksvermögen: Gebrauch von Schlagworten und Modeausdrücken | verbesserte Ausdrucksfähigkeit; sehr persönliche und oft „romantisch“ verklärte Denkweise;<br>„Schwärmerei“ (besonders bei Mädchen); Tagträumerei | versachlichtes und an der Realität orientiertes Denken ermöglicht auch abstrakt-formale Problemlösungen |
| **5. Gefühl** | | |
| reizbar, launisch<br>Unsicherheit aufgrund der ersten sexuellen Empfindungen führt zu Angst vor sich selbst und Angst, ausgelacht zu werden sowie in der Folge zu allgemeiner Überempfindlichkeit und Reizbarkeit sowie Verletzbarkeit (Hormonhaushalt durcheinander);<br>labiles Selbstwertgefühl – auch aufgrund der oft unklaren und höchst unterschiedlichen Erwartungen der Umwelt | unausgeglichen, stark erregbar, schwärmerisch;<br>Minderwertigkeitsgefühle und Hilflosigkeit werden oft durch Angeberei, Flegelhaftigkeit, Kraftmeierei, Selbstüberschätzung, Schroffheit u. ä. kompensiert;<br>empfindliches Ehrgefühl;<br>starke Gefühlsschwankungen und Gefühlsausbrüche („Himmelhochjauchzend, zu Tode betrübt“): Weinen, Niedergeschlagenheit, Albernheit, Feindseligkeit | Gefühlsleben mündet langsam in ein Gleichgewicht;<br>Entwicklung eines stabilen Selbstwertgefühls (= Vertrauen auf sich selbst bzw. „Ich“-Stärke) |
| **6. Soziales Verhalten** | | |
| scheu, unsicher, ablehnend; agressiv; Bildung von Gruppen, Banden, Cliquen (Fan-Clubs); Abrücken vom anderen Geschlecht; Auflehnung gegen die Eltern und andere Erwachsene (insbes. Lehrer und Ausbilder); sog. Generationskonflikt.<br>Allgemein: Infragestellen von Autoritäten; Lösung von der Familie, Unabhängigkeitsstreben (geistig, finanziell) | starke Vorliebe für das Alleinsein;<br>glaubt sich unverstanden;<br>Kontaktarmut;<br>Anlehnungsbedürfnis (Suche nach Vorbildern und Leitbildern; Idole und Stars haben Einfluß); Gruppentrend hält an.<br>Statt zu „fragen“ wird oft „behauptet“! | gesellschaftliche Eingliederung; soziale Verantwortung;<br>Partnersuche (Liebe statt Sex [= körperliche Liebe]);<br>Suche nach Kontakt und Gespräch; Zweierbeziehung statt Gruppe; Erotik und Sexualität bilden eine Einheit. |

| Vorpubertät | Pubertät | Adoleszenz |
|---|---|---|
| **7. Leistungsverhalten** | | |
| Konzentrationsschwächen (große Ablenkbarkeit und Unruhe); Leistungsabfall (mit starken Schwankungen) geht weitgehend auf die Veränderung im Bewegungsapparat zurück; Schulmüdigkeit | Konzentration und Aufmerksamkeit nehmen bei den Jugendlichen interessierenden Arbeiten wieder zu; allmählicher Leistungsanstieg (noch stark von Anerkennung abhängig) | zielstrebige und verantwortungsbewußte Arbeit; ausgeprägtes Leistungsstreben |
| **8. Wille** | | |
| ausgeprägter Eigenwille (Trotz); wenig zielgerichtet | Zielstrebigkeit des Wollens nimmt zu | zielstrebiges Wollen |

## Fragen, Aufgaben, Fallbeispiele

1. Unterscheiden Sie Wachstum und Reifung!
2. Welcher Zusammenhang besteht zwischen Reifung, Lernen und Entwicklung?
3. Was ist unter Anlagen zu verstehen?
4. Interpretieren Sie Begabung „statisch“ und „dynamisch“!
5. Was ist von den sogenannten „Stufentheorien der Entwicklung“ zu halten?
6. Warum kann man für die verschiedenen Entwicklungsphasen keine genauen Begrenzungen angeben?
7. Welche Folgen hat das verstärkte Längenwachstum zu Beginn des Jugendalters?
8. Warum urteilt der Jugendliche oft schnell und radikal?
9. Der Auszubildende Manfred – allen Anzeichen nach mitten in der Pubertät – überrascht seinen Ausbilder fast wöchentlich mit neuen politischen und moralischen Überzeugungen. Anfangs wunderte sich der Ausbilder, dann fing er an, sich zu ärgern und nannte Manfred schließlich sogar einen „Spinner“. Was würden Sie zu dem Fall sagen?
10. Bei einem Fortbildungslehrgang für Ausbilder sitzen zwei Ausbilder beim Bier beisammen und fachsimpeln kontrovers über die Jugend von „heute“ und „gestern“. Ausbilder Alt meint: „Wenn man die heutige Jugend mit früheren Generationen von Jugendlichen vergleicht, dann fällt einem ein erschreckendes Absinken der Arbeitsmoral, der Intelligenz und der Begabung auf. Von der Pünktlichkeit, Sauberkeit und Ordnung ganz zu schweigen. Die heutige Jugend hat offenbar nichts anderes im Kopf als ihr Vergnügen mit Beat-Musik, Hasch, Sex und anderem Krempel!“

Ausbilder Progress hält dagegen: ,,Die heutige Jugend unterscheidet sich im Prinzip auch nicht von früheren Generationen Jugendlicher. Die Eigenarten, Vorzüge und Schwächen Jugendlicher bleiben in allen Generationen die gleichen. Nur in den Ausdrucksformen unterscheiden sie sich!"
Wem ist recht zu geben?

**11.** In einer Kleinstadt mit überwiegend konservativer Bevölkerung kam es in der Kundendienstabteilung eines Hausgerätefabrikanten zu folgendem Problem: Einer der tüchtigsten Auszubildenden ließ sich plötzlich die Haare schulterlang wachsen. Als Ausbilder sind Sie nicht gerade glücklich, denn Sie kennen ja die Kundschaft. Sie sprechen mit dem Vater. Dieser entschuldigt sich für seinen Sohn, muß aber zugeben, daß er schon alles in dieser Sache versucht habe – vergeblich! Nach einigen Tagen kommt auch prompt die erste Kundenbeschwerde. Der Chef läßt Sie rufen. Er befürchtet ein Abwandern von Kunden. Sie sehen nach dieser ,,Zigarre" schon die nächste Beschwerde auf sich zukommen. Wie beurteilen Sie den Fall? Welches Verhalten empfehlen Sie?

**12.** Welche Fehler macht Ausbilder Alt?

a) Ausbilder Alt läßt Kurt, der gerade die Hauptschule verlassen hat, den ganzen Vormittag feilen. Nach der Mittagspause geht es so weiter. Bald fällt Ausbilder Alt auf, daß Kurt immer weniger auf sein Werkstück achtet. Er schaut aus dem Fenster, guckt zur Uhr und versucht laufend mit anderen ins Gespräch zu kommen. Ausbilder Alt ruft Kurt zu sich und sagt: ,,Wenn Du Dir diese zappelige Art nicht bald abgewöhnst, wird wohl nie ein vernünftiger Schlosser aus Dir!"

b) Karl kommt mit seiner Arbeit nicht weiter. Schüchtern schleicht er zum Ausbilder und fragt nach dem nächsten Schritt. Ausbilder Alt sagt unfreundlich: ,,Wie oft muß ich Dir das noch erklären? Erst gestern hab ich Dir doch gesagt, was jetzt zu machen ist!"

c) Im Werksunterricht kündigt Ausbilder Alt für Freitag einen schriftlichen Test an. die Auszubildenden sind wenig begeistert. Ihr Sprecher bittet um Verlegung der Arbeit auf Montag. Dafür nennt er zwei Gründe: Einmal wäre am Donnerstag eine wichtige Sportübertragung im Fernsehen, die bis in die Nacht laufe, und zum anderen könne man sich übers Wochenende noch mal gründlich mit der Theorie beschäftigen. Ausbilder Alt geht nicht darauf ein: „Wann hier geschrieben wird, das bestimme allein ich!" Am Nachmittag fordert Alt – wie gewöhnlich – dazu auf, die begonnene Diskussion bei einem „Umtrunk" in der Kantine ausklingen zu lassen. Aber kaum einer leistet seiner Aufforderung Folge. Wütend zieht Alt über die „Jugend von heute" her . . .

**13.** Welche typischen Verhaltensweisen Jugendlicher kennen Sie?

## Hinweise auf Quellen und weiterführende Literatur


- Ausubel, David P.: Das Jugendalter. München: Juventa [6]1979.
- Eysenck, Hans Jürgen: Wege und Abwege der Psychologie. Reinbek: Rowohlt 1956.
- Eysenck, Hans Jürgen: Die Ungleichheit der Menschen. München: List 1975.
- Eysenck, Hans Jürgen: Vererbung, Intelligenz und Erziehung: Zur Kritik der pädagogischen Milieutheorie. Stuttgart: Seewald 1975.

- Jencks, Ch. (u. a.); Chancengleichheit, Reinbek: Rowolt 1973.
- Lenz, Karl: Die vielen Gesichter der Jugend. Frankfurt am Main: Campus 1988.
- Muuss, R. E.: Adoleszenz. Stuttgart: Klett 1971.
- Oerter, Rolf: Moderne Entwicklungspsychologie. Donauwörth: Auer [21]1987.
- Wit, Jan de/Veer, Gus van der: Psychologie des Jugendalters. Donauwörth: Auer 1982.

## 1.3. Jugendliche in der Gruppe

Die betriebliche Berufsausbildung vollzieht sich meistens in Gruppen – insbesondere der Gruppe der Angehörigen eines Ausbildungsberufes und Ausbildungsjahrganges. Die Gruppe spielt eine wichtige Rolle im Entwicklungsprozeß des Jugendlichen und für das menschliche Zusammenleben.

Die Gruppe kann zielgerichtet handeln und dabei den einzelnen stärker beeinflussen als der Ausbilder und der Vorgesetzte. Immer wieder ist zu beobachten, daß Jugendliche – aber nicht nur sie – einen großen Teil ihrer Zeit in irgendwelchen Gruppen (Arbeits- oder Freizeitgruppen) verbringen. Sie gewähren soziale Geborgenheit und Sicherheit. Der Ausbilder kann die in ihnen ablaufenden Prozesse in gewisser Weise klug steuern. Um das zu verstehen, müssen wir uns etwas näher mit den Merkmalen einer Gruppe und ihrer Bedeutung für das menschliche Zusammenleben beschäftigen.

### 1.3.1. Definition und Bedeutung

*Familie, Fußballmannschaft, die Auszubildenden des ersten Ausbildungsjahres, Stammtischrunde, Montagekolonne, das Personal eines Konstruktionsbüros, die Mitglieder einer Jugendbande – das alles sind Beispiele für* „soziale Gruppen", also Gebilde, die zwei oder mehr Personen umfassen, die miteinander in sozialer Beziehung stehen. Die Schlange an der Bushaltestelle, die Besucher eines Films sowie die Patienten im Wartezimmer des Arztes stellen hingegen keine „soziale Gruppe" dar, weil ihnen zumindest einige Merkmale der „sozialen Gruppe" fehlen:

- Gruppenziel: Die soziale Gruppe ist immer auf einen mehr oder weniger bestimmten, gemeinsam verfolgten Zweck ausgerichtet, der ihre Mitglieder zusammenhält. Der gemeinsam verfolgte Zweck kann eine *betriebliche Höchstleistung* sein, der *Briefmarkentausch*, das *Skatspiel* oder der *Betriebssport*. Auf jeden Fall hat die soziale Gruppe jeweils ein gemeinsames Ziel.
  Das Ziel läßt sich bei einer betrieblichen Arbeitsgruppe und bei einer Fußballmannschaft sehr klar formulieren. Bei anderen Gruppen des Alltagslebens sind die Zielsetzungen oft recht verschwommen: Erleben einer gemeinsamen Freude, Bewältigung einer gemeinsamen Not oder Bekämpfung eines gemeinsamen Gegners.

- Gruppenbewußtsein: Die Mitglieder der Gruppe wissen, daß sie zusammengehören. Sie haben ein Zusammengehörigkeitsbewußtsein entwickelt und sprechen daher von der Gruppe als „Wir" im Gegensatz zu den „anderen", die nicht zur Gruppe gehören.

An diesem ,,Wir-Bewußtsein" und an der gegenseitigen Hilfsbereitschaft (Solidarität) erkennen Außenstehende die Gruppe. Das entsprechende Motto könnte lauten: ,,Einer für alle, alle für einen, alle für das gemeinsame Ziel!"

- Gruppenwerte: Die Gruppe versucht jeweils bestimmte Werte zu realisieren, also Vorstellungen darüber, was Gruppen sein und werden sollen. Ein solcher Wert kann *zum Beispiel* das Einstehen für den anderen sein, die *gegenseitige Hilfe*. Dabei kann das gemeinsame Wertgefühl zu bestimmten Bräuchen oder Sitten führen.
- Gruppennormen: Die Werte der Gruppe kommen in ihren Normen – zu verstehen als Verhaltensanweisungen – zum Ausdruck. Sie begründen die Eigenart der Gruppe, die immer mehr darstellt als nur die Summe ihrer Mitglieder. Die Gruppe denkt, fühlt und handelt ganz anders, als es ihre Mitglieder tun würden, wären sie für sich allein. (Fußballzuschauer im Stadion sind regelmäßig „harmlos" – bei einem „Fanclub" hört die „Gemütlichkeit" des Auftretens oft auf!) In der Gruppe gelten bestimmte soziale Normen, also allgemein anerkannte Vorstellungen darüber, was man unter bestimmten Umständen tun und nicht tun sollte, um die gemeinsamen Werte zu verwirklichen. Die Gruppe bestimmt, was „in" ist.

  Die Normen der Gruppe können sich auch auf *bestimmte Konsumgewohnheiten* erstrecken, die *Kleidung* sowie das *Auto* betreffen. *Ausdruck der gemeinsamen Wertvorstellungen* kann sein: Man läßt sich die Haare lang wachsen, zieht die gleichen Hemden an, raucht die gleiche Zigarettenmarke und entwickelt einen Gruppenjargon, d. h. eine nur ,,Eingeweihten" voll verständliche Fach- oder Gruppensprache. All dies geschieht, um sich von anderen Gruppen äußerlich zu unterscheiden. Man bezeichnet diese äußerlichen Merkmale auch als Gruppensymbole.

  Diese Tatsachen macht man sich selten bewußt. Aber als Neuling in einer Arbeitsgruppe – auch als ,,frischgebackener" Ausbilder – wird man oft mit Schmerzen feststellen müssen, daß man trotz Facharbeiterbrief nicht so ohne weiteres in der neuen Umgebung zurecht kommt. Man muß erst lernen, ,,wer wer ist", wie man zu reden hat usw. Entsprechend urteilen die anderen: ,,Hoffentlich fügt sich der X bald ein, sonst müssen wir ihn ‚auf Vordermann' bringen!"
- Interaktion: Die Gruppenmitglieder stehen in Beziehungen zueinander. Was ein Mitglied der Gruppe tut, beeinflußt das Tun aller oder einzelner anderer und ist seinerseits auf die Aktionen dieser anderen abgestimmt. Die Gruppenmitglieder haben Kontakt – sie sprechen, arbeiten und streiten miteinander und untereinander. Durch den häufigen Umgang, das Aufeinanderbezogensein ihrer Tätigkeiten oder – wie der Soziologe sagt – ihre häufige Interaktion entwickeln sich Zuneigungen, passen sich die Mitglieder der Gruppe einander an. Ganz allgemein werden sich Personen, die häufig zusammen sind, in Arbeits- und Verhaltensweise angleichen.

  Zersägen zwei Männer zum Beispiel mit einer Handsäge einen Baum, so müssen sie interagieren, d. h. sie müssen zusammenarbeiten, aufeinander Rücksicht nehmen. Beim Sägen muß – soll es erfolgreich sein – dem Zug des einen der Zug des anderen an der Säge folgen. Diese Wechselbeziehung nennt der Soziologe – wie wir schon festgestellt haben – Interaktion. Interaktion liegt auch vor, wenn Paul den Fritz anschaut und dieser den Blick erwidert. Auf die Aktion folgt die Reaktion, wobei die Reaktion eine weitere Gegenreaktion auslösen kann. Weil sich Aktion und Reaktion zwischen den Partnern ereignet, spricht man von Interaktion. Dabei hat dann jedes Gruppenmitglied eine bestimmte Position (Stellung), die mit einem bestimmten Status (Ansehen oder Rang) versehen ist. *Beispiele* für diese Aufgaben- oder Arbeitsteilung sind die Positionen des Führers, des Geführten, des Mitläufers und des Außenseiters sowie Gruppenclowns.

Bei einer überschaubaren Gruppe – wie *zum Beispiel* einer Familie –, in der man sich von Angesicht zu Angesicht kennt, spricht man von Primärgruppe (auch „face-to-face-group"). Die sozialen Beziehungen sind hier persönlich, unmittelbar, oft emotional (gefühlsmäßig) bestimmt und häufig. In Sekundärgruppen – *wie Betrieben, Gewerkschaften, Parteien* – sind die Beziehungen oft unpersönlich, rational (stärker vom Verstand geprägt), förmlich und auch seltener; sie sind außerdem auf die Erfüllung bestimmter Aufgaben ausgerichtet, die zum Beispiel vom Betrieb vorgegeben sind. Persönliche Interessen, Gefühle, Zu- und Abneigungen müssen dabei zurücktreten. Allerdings kann auch eine Sekundärgruppe – zum Beispiel die Gruppe der Auszubildenden in der Werkstatt oder eine Akkordgruppe – in sich mehrere Primärgruppen enthalten.

| Primärgruppe | | Sekundärgruppe | |
|---|---|---|---|
| Beispiele: | Familie<br>Spielgruppe<br>Arbeitsgruppe<br>Skatrunde<br>Gruppe eines Ausbildungsjahrgangs | Beispiele: | Betrieb<br>Gewerkschaft<br>Partei<br>Kirche |
| Merkmale: | • Mitglieder kennen sich von Angesicht zu Angesicht<br>• Mitglieder haben unmittelbaren (= direkten) Kontakt | Merkmale: | • Mitglieder sind kaum persönlich miteinander bekannt<br>• Mitglieder haben nur mittelbaren (= indirekten) Kontakt |

- Dauerhaftigkeit: Die Gruppe ist – abhängig von der Art des verfolgten Zieles – auf Dauer ausgerichtet.

Bedeutung der sozialen Gruppe

Den Gruppen kommt im Leben jedes einzelnen eine große Bedeutung zu. Viele Bedürfnisse – wie Anerkennung, Lob, Freundschaft und Liebe – kann nur die Gruppe befriedigen. So ist es für das Wohlergehen der meisten Menschen besonders wichtig, daß sie als vollwertige Glieder einer oder mehrerer Gruppen gelten. In der Gruppe hilft man sich aus, fühlt man sich geborgen. Jeder hat es gern, wenn er dem Mitmenschen etwas bedeutet. Die Gruppe bietet Verständnis und Bestätigung. Für jeden ist es beruhigend zu wissen, daß er im Falle der Not auf Hilfe und Schutz rechnen kann. Das ist nicht nur in der Familie so. Im Betrieb befriedigt die Gruppe das Sicherheitsbedürfnis des Auszubildenden in hohem Maße und ist für die zwischenmenschlichen Beziehungen von nicht zu unterschätzender Bedeutung. Die Gruppe ermöglicht es, neue soziale Verhaltensweisen und soziale Kontrollen – wie Konkurrenz, Solidarität, Diskutieren, Sichdurchsetzen, Nachgeben, den anderen ,,schneiden" – zu erproben.

Durch die intime und dauerhafte Interaktion in der Primärgruppe Familie sowie in Klassen- und Jugendgruppen sowie Gruppen von Auszubildenden wird der Mensch zum Mitglied der Gesellschaft, zum sozialen Wesen. Wie man sich verhält, wie man denkt und handelt – das alles hängt von den biologischen Erbanlagen ab, aber ganz entscheidend auch von den Gruppen, in denen man aufwächst, in denen man die Schule besucht, in denen man in der Freizeit verkehrt. Das Verhalten des Tieres ist durch den Instinkt weitgehend festgelegt. Man denke an das Verhältnis Katze und Maus. Im Vergleich zum Tier ist der Mensch instinktarm, d. h. er kennt kaum angeborenes Verhalten. Er ist weltoffen und formbar. Der junge Mensch benötigt die soziale Gruppe, um Verhaltenssicherheit zu erlangen. Das gilt insbesondere für den Übergang vom Kind zum Erwachsenen. Die Gruppe der Jugendlichen als Übergangsgruppe gibt Orientierungshilfen. Sie stärkt den Rücken in der Auseinandersetzung mit der Welt der Erwachsenen. Sie hilft bei der Ablösung von der Familie. Sie erlaubt es, die Verhaltensweisen der Welt der Erwachsenen auszuprobieren. Gleichfalls bildet die Gruppe der Gleichaltrigen (oft auch als „peer group“ bezeichnet) in Abgrenzung von Kindern und Erwachsenen eigene Umgangsformen, Regeln, Normen, Vorlieben in Musik und Mode aus. Im Rahmen der gesellschaftlichen Gesamtkultur bildet die Jugend eine eigene Kultur aus – als jugendliche Subkultur bezeichnet.

Die Gruppe gibt dem einzelnen Jugendlichen durch die Vermittlung ihrer sozialen Normen Orientierungshilfe, entlastet ihn von Unsicherheit. Was bei den Tieren der Instinkt leistet, leisten in der sozialen Gruppe die Verhaltensregeln – die sozialen Normen.

### 1.3.2. Sozialisation

Im Umgang mit Vater und Mutter, mit Geschwistern, Schulfreunden und Lehrern lernt das Kind, den Erwartungen der anderen zu entsprechen. Es lernt Verhaltensweisen, die sozial anerkannt sind. Diesen wichtigen Lernprozeß, in dem sich das Kind die Lebensart, die Normen, die Kenntnisse, die Verhaltensmuster und die Denkweisen sowie Wertvorstellungen einer sozialen Gruppe und der sie umgebenden Umwelt, eben seine Rolle, aneignet bzw. lernt, nennt man Sozialisation oder auch Sozialisierung. Das Individuum verleibt sich Normen, Motive usw. ein. Es lernt, sich an den geltenden Normen zu orientieren. Dieses Hineinwachsen in die Gesellschaft wird ermöglicht und gefördert durch den Austausch von Informationen – durch Kommunikation – und Interaktion mit der sozialen Gruppe. Wichtig ist, daß dieser Sozialisationsprozeß nicht nur die gezielten erzieherischen Einwirkungen von Eltern, Lehrern und Ausbildern meint, sondern ebenso alle Einflüsse der sozialen Umwelt (Nachbarschaft, Betrieb, Freizeit, Massenmedien u. a.). Insofern ist Sozialisation mehr als Erziehung.

Kommunikation und Interaktion führen dazu, daß sich der einzelne mit den Werten, Normen und Verhaltensweisen einer bestehenden Sozialordnung identifiziert (sich mit ihnen gleichsetzt, sie als für sich passend erachtet) und sie sich aneignet, sie in sich hineinnimmt, verinnerlicht oder – wie der Soziologe sagt – internalisiert. So lernt das Kind beim Gruße die Hand zu geben, älteren und gebrechlichen Menschen behilflich zu sein – also Normen unserer Gesellschaft. Dieses Lernen ist am besten mit der Theorie des operanten Konditionierens und der Theorie des Modellernens zu erklären. Die Anwendung solcher Normen läuft schließlich automatisch ab, ist zur Gewohnheit geworden. Man denkt nicht mehr darüber nach. Erst wenn man zum Beispiel mit Engländern zusammentrifft, bei denen das tägliche Händeschütteln nicht üblich ist, wird einem klar, welche Werte und Normen man als die eigenen im Gegensatz zu anderen empfindet.

Die primäre Sozialisation in Familie, Verwandtschaft, Nachbarschaft, Spielgruppen, Kindergarten und Vorschule macht aus dem Kind ein soziales Wesen, eine Person, die nicht nur reagiert, sondern selbst aktiv sozial handelt, d. h. sein Handeln auf das Handeln anderer Personen bezieht und ihm einen bestimmten Sinn gibt. Die sozialen Werte und Normen – was „gut" und was „böse" ist – werden dabei in erster Linie durch die Sprache vermittelt. Die primäre Sozialisation verläuft weitgehend spontan, informell und in der Regel ungeplant.

Die sekundäre Sozialisation in der Schule und durch die ,,peer groups" sowie die tertiäre Sozialisation durch Berufsausbildung und Erwerbsarbeit erweitert den Kreis der Werte und Normen, die der einzelne als erwachsenes Mitglied unserer Gesellschaft mehr oder weniger respektieren muß. Neue Rollen müssen gelernt werden, und zwar in der Regel formell und planvoll. In der sekundären Sozialisation tritt der einzelne stärker aus der Primärgruppe Familie heraus. Er orientiert sich stärker an anderen Gruppen, mit anderen Worten: Mitgliedsgruppe und Bezugsgruppe fallen auseinander. Der Übergang von der Familie zur Schule, von der Schule zum Beruf, zur Bundeswehr, zur Hochschule usw. führt jeweils zu Normenkonflikten, weil in dem neuen Wirkungskreis in der Regel andere Verhaltensweisen und Wertvorstellungen üblich und sozial anerkannt sind.

### Sozialschichtsspezifische Sozialisation

Wir wissen, sowohl aus persönlicher Erfahrung als auch aus der Sozialforschung, daß es in der Gesellschaft viele Gruppen mit unterschiedlichen Lebens- und Arbeitsverhältnissen gibt. Faßt man diejenigen Gruppen zusammen, die sich ungefähr in gleichen Lebens- und Arbeitssituationen befinden, die ungefähr gleich ausgestattet sind mit Bildung, Geld, Prestige und Einfluß, so spricht man von ,,sozialen Schichten". Die Grenzen zwischen den einzelnen Sozialschichten sind fließend.

In jeder Schicht entstehen und verfestigen sich bestimmte ,,typische" (schichtenspezifische) Einstellungen und Verhaltensweisen, durch die sich die Angehörigen der einen Schicht von denen anderer sozialer Schichten unterscheiden. Auch im Erziehungsverhalten und in den Bildungschancen gibt es schichtenspezifische Unterschiede.

Im Sozialisationsprozeß spielt die Familie in allen Schichten eine entscheidende Rolle. Es ist bekannt, daß in der Familie der nachwachsenden Generation die grundlegenden Wertorientierungen sowie die entscheidenden Voraussetzungen für spätere Fähigkeiten, Leistungen und Antriebe vermittelt werden.

Die Familie als ,,ursprüngliche" Sozialisationsinstanz übernimmt und verantwortet zu einem wesentlichen Teil die Vorbereitung der Familienmitglieder auf ihre Stellung in der Gesellschaft. Was jemand wird, was jemand im Leben erreicht, hängt entscheidend von der prägenden Kraft der Familie ab. In der Familie findet das Kind, der Jugendliche seine Identität, seine geistige, soziale und emotionale Rolle.

Damit bestimmt die Familie ganz wesentlich Lebens- und Sozialchancen des einzelnen, seine künftige Existenz in der Gesellschaft. In welchem Maße das der Fall ist, können wir an den häufig unterschiedlichen Lebens- und Sozialchancen von Kindern aus ,,intakten" zu Kindern aus vergleichsweise ,,gestörten" Familien bzw. zu Kindern aus Heimen erkennen.

Kinder aus intakten Familien sind in ihren sozialen Kontaktmöglichkeiten ausgeprägter, erhalten mehr Anregungen und entwickeln ihre geistigen Fähigkeiten umfassender als ihre Altersgenossen aus Heimen. Sie sind in ihren sprachlichen Ausdrucksmöglichkeiten weiter, kurz: sie sind zunächst „lebenstüchtiger".

Ähnliche Unterschiede lassen sich zwischen Kindern aus einfachen Arbeiterhaushalten (= Unterschicht) und höheren Angestellten- bzw. Beamtenhaushalten (= Mittelschicht) feststellen. Die Unterschiede in der Erziehung zwischen Unterschichts- und Mittelschichtsfamilien zeigen sich vor allem in der affektiven Beziehung zwischen Eltern und Kindern. Aber: Ausnahmen bestätigen die Regel! (Mit anderen Worten: Derartige Aussagen gelten nur modellhaft – im Durchschnitt!)

Die Ursache in diesem unterschiedlichen Erziehungsstil der Unter- bzw. Mittelschicht liegt in den unterschiedlichen Werten, die in der Erziehung eine Rolle spielen. Während das Erziehungskonzept der Unterschichtseltern darauf ausgerichtet ist, die Kinder mehr auf die Beachtung äußerer Vorschriften zu lenken, wie gehorsam sein, sauber sein und respektvoll den Eltern gegenüber zu sein, legen Eltern der Mittelschicht im allgemeinen mehr Wert auf die Selbststeuerung, die Lernbegierde und das allgemeine Zufriedensein mit seiner Situation. Die Eltern der Unterschicht strafen die Kinder häufig ohne Rücksicht auf die Motive, dagegen bestrafen Mittelschichtseltern viel häufiger die Absicht eines Vergehens.

Die unterschiedlichen Wertsetzungen führen zu einer unterschiedlichen Leistungsmotivation, wobei die Anforderungen einer qualifizierten Berufsausbildung eher den Wertsetzungen der Mittelschicht entsprechen als denen der Unterschicht.

Das Leistungsstreben führt häufig zu Konfliktsituationen. Neben dem Streben nach Erfolg steht die Angst vor dem Mißerfolg. Die Erfahrungen, die ein Jugendlicher während seiner Lerngeschichte mit Erfolg und Mißerfolg gemacht hat, wird sein Anspruchsniveau bestimmen. So wird der Hauptschulabsolvent bei der Wahl des Ausbildungsplatzes sein Anspruchsniveau niedriger setzen als der Realschulabsolvent. Ein häufiges Versagen in der allgemeinbildenden Schule wird zu Rückwirkungen auf das Verhalten in Lernsituationen führen: Unsicherheit, Resignation und Lustlosigkeit, ein zu niedrig angesetztes Anspruchsniveau oder ein unvernünftiges Überschätzen der eigenen Möglichkeiten prägen die Arbeitsweise des an Mißerfolg gewöhnten Auszubildenden.

### Sprachunterschiede

Die verschiedenen sozialen Schichten sprechen eine unterschiedliche Sprache. Das hat die Soziolinguistik, die sich mit den Beziehungen zwischen Sprache und sozialer Herkunft beschäftigt, herausgefunden. Bekannt sind in diesem Zusammenhang die Untersuchungen von Basil Bernstein, auf die wir uns hier beziehen. Danach hat die untere soziale Schicht andere Sprachgepflogenheiten und Begriffe als der Mittelstand. Das Sprachverhalten der Unterschicht ist eingeengt – durch geringeren Wortschatz, durch geringeres Ausdrucksvermögen und durch einfachere Satzkonstruktionen.

Bernstein bezeichnet die einfachere, wenig differenzierte Sprache der Unterschicht als „restringierten" (= engen, begrenzten) Code und den Sprachgebrauch des Mittelstandes als „elaborierten" (= angereicherten, differenzierten) Code. Code meint in diesem Zusammenhang die Methode der Übersetzung von Vorstellungen in Sätze. Ein Vergleich der beiden „Codes" führt u. a. zu folgenden Unterschieden:

| Restringierter Code | Elaborierter Code |
| --- | --- |
| • kurze, einfache Sätze | • lange, komplizierte Sätze |
| • einfache Satzverknüpfungen (= „... und dann hab' ich ...,... und dann habe ich noch") | • vielfältige und komplizierte Satzverbindungen |
| • konkreter Wortschatz | • abstrakter Wortschatz (aus Schule, Dichtung und Wissenschaft) |
| • Bevorzugung von Dialekt | • komplizierte Wortwahl (Fremdworte) |
| • Häufiger Gebrauch von ichbezogenen Begriffen | • allgemeine, unpersönliche Sprechweise („man") |
| • wenig Adjektive (= Eigenschaftsworte) | • vielfältiger Gebrauch von Adjektiven und Adverbien (= Umstandsworte) |

## 1.3.3. Arten von Gruppen

Die Gruppe ist in gewisser Weise „Gesellschaft im kleinen", der einfachste Fall eines sozialen Systems. Was man an dem sozialen System „Gesellschaft" beobachten kann, gilt auch für die Gruppe: Arbeitsteilung, Organisation, Machtstruktur, Werte, Normen und Mittel der sozialen Kontrolle sowie Prestigeordnung.

Der einzelne gehört in der Regel mehreren Gruppen an. Im Industriebetrieb kann es sich dabei *zum Beispiel* um Ausbildungsgruppen, Platzkolonnen, das Gedinge im Bergbau, Arbeitsgruppen am Fließband, Montagegruppen, Teams oder Bedienungsmannschaften am Hochofen handeln, aber auch um Cliquen.

Cliquen

Betrachten wir dazu ein kleines *Beispiel:* Ausbildungsleiter Kohl ist auf Rente gegangen. Hennig und sein Freundeskreis in der Abteilung hatten von der Betriebsleitung erwartet, daß diese Hennig zum Ausbildungsleiter machen würde. Doch der Betriebsleiter hatte einen Ausbilder aus einem Zweigwerk zum Nachfolger bestimmt. Dieser gibt sich nun alle Mühe, mit Hennig und seinen Freunden auszukommen, aber diese „Gruppe" wirft ihm – wo sie nur kann – Knüppel zwischen die Beine, verunglimpft ihn in anderen Abteilungen, kurz: macht ihm das Leben schwer. Hennig und seine Freunde bilden eine sogenannte Clique. Eine Clique ist auch eine Gruppe, aber regelmäßig von schädlichem Einfluß auf das diese Gruppe umgebende größere Ganze, zum Beispiel die Abteilung oder den Gesamtbetrieb. Das Vorkommen von Cliquen zeigt, daß es auch in der Gruppe – wie in der

„Gesellschaft", von der sie ein Teil ist – zu Spannungen, Streitereien und Konflikten, die für den einzelnen zu schweren Belastungen führen können, kommt. In gewisser Weise ist die Clique eine entartete Gruppe. Sie ist oft sehr egoistisch ausgerichtet. Die Clique sondert sich regelmäßig von den anderen Gruppen ab, sie verschließt sich vor der Öffentlichkeit und nimmt nicht jedermann in sich auf. In der Regel verfolgt sie moralisch bedenkliche, wenn nicht sogar verwerfliche oder doch zumindest sehr egoistische Ziele.

Sie richtet sich oft gegen die Betriebsleitung, zum Beispiel durch Intrigen und Sabotageakte. Eine größere Gruppe – zum Beispiel eine Abteilung in einem Großbetrieb – kann unter Umständen mehrere Cliquen umfassen. Entsprechend kann die Gesamtgruppe der Auszubildenden aus mehreren Cliquen bestehen, die zum Teil auch gegen den Ausbilder eingestellt sein können.

## Formelle und informelle Gruppen

Stellen wir uns eine Fabrik zur Herstellung elektrischer Meßgeräte vor, so erfordert die Erreichung des Betriebszwecks – die Meßgeräteherstellung – und die Verwirklichung des Betriebsziels – ein zufriedenstellender Gewinn – die Erledigung einer Fülle von Aufgaben. Dies zweckmäßig, planvoll und wirtschaftlich sicherzustellen, ist Aufgabe der Organisation. Organisieren heißt dabei gestalten, eine Ordnung aufbauen, ein System von Regeln entwerfen. Die Tätigkeit des Organisierens soll zu einer planvollen, raum- und zeitgebundenen Zuordnung von Menschen und Sachen, Menschen und Menschen sowie von Sachen und Sachen zueinander und untereinander auf das Betriebsziel hin führen. Ausgangspunkt dieser Arbeit ist die Betriebsaufgabe, also die Herstellung von elektrischen Meßgeräten. Für die Herstellung wird man Maschinen, Werkzeuge, Materialien beschaffen, Mitarbeiter einstellen und Geldmittel besorgen müssen. Die Betriebsaufgabe enthält also eine Fülle von Teiltätigkeiten, die alle erledigt werden müssen, wenn das Ziel des Betriebes erreicht werden soll.

Der Organisator zergliedert bei seiner Arbeit die Gesamtaufgabe in die beispielhaft genannten Teiltätigkeiten. Erst wenn er einen Überblick über die insgesamt notwendigen Teiltätigkeiten besitzt, faßt er gleichartige Teiltätigkeiten zusammen und wird sie regelmäßig einem Arbeitnehmer zur Erledigung übertragen. Diese Zusammenfassung von Aufgaben und die Zuteilung auf einen Aufgabenträger nennt man Stellenbildung. Die Stelle stellt für den Organisator nichts anderes als ein Bündel von Aufgaben und Befugnissen dar – so *zum Beispiel* die Stelle des Sicherheitsingenieurs, der sich um die Einhaltung der Sicherheitsbestimmungen zu kümmern, die Mitarbeiter und die Betriebsleitung auf Mißstände aufmerksam zu machen und neue Mitarbeiter einzuführen hat.

## Funktionale Organisation

Werden derartige Stellen – zum Beispiel alle Schlosserstellen eines Betriebes – unter einer leitenden Stelle – zum Beispiel der eines Werkstattmeisters – zusammengefaßt, spricht man von einer Abteilung, nämlich der Schlosserei. Die leitende Stelle wird dabei Instanz genannt. Wird dem Werkstattmeister ein beratender Ingenieur zur Seite gestellt, so bezeichnet man die Stelle des Ingenieurs als Stabsstelle. Die Stabsstelle hat regelmäßig nur eine beratende Aufgabe, aber keine Anordnungsbefugnis – im Unterschied zur Instanz.

Durch die beschriebene Vorgehensweise könnte es in der Meßgerätefabrik *zum Beispiel* folgende Abteilungen geben:

- Auftragsbearbeitung,
- Beschaffung,
- Planung,
- Konstruktion,
- Versuchswerkstatt (Modellprüfung),
- Produktionsvorbereitung,
- Fertigung,
- Prüfstand,
- Lagerung,
- Verkauf,
- Forschung und Entwicklung,
- Finanzierung,
- Werbung.

Diese Abteilungen sind für die Erreichung des gesetzten Zieles – Herstellung und Verkauf von Meßgeräten zu zumindest kostendeckenden Preisen – alle gleich wichtig. Sie stehen gleichwertig nebeneinander. Jede hat eine gewisse Aufgabe zu erfüllen – wie die Glieder einer Kette. Fällt ein Glied in der Kette aus, so ist die ganze Kette unbrauchbar.

Die in den Abteilungen ablaufenden Arbeiten müssen aber sinnvoll ineinandergreifen, um das Gesamtziel zu erreichen. Die Regelung dieses Ineinandergreifens nennt der Soziologe funktionale Organisation. Jede Abteilung erbringt eine bestimmte Leistung oder erfüllt eine bestimmte Funktion im Hinblick auf das übergeordnete Ziel. Die funktionale Organisation kennt keine Über- oder Unterordnung.

### Skalare Organisation

Für den Arbeitsablauf muß jeder einzelne über „wann", „wo", „wie" usw. Bescheid wissen. Die einzelnen Tätigkeiten müssen miteinander koordiniert oder abgestimmt werden. Das geschieht regelmäßig durch Über- und Unterordnung der Stellen. Hat in der Arbeitsgruppe der Vorarbeiter das Wort, so entscheidet in der ganzen Halle der Werkmeister. Dieser bekommt aber wiederum vom Betriebsleiter seine Anweisungen usw. Damit entsteht ein ganzes System von leitenden Stellen – Instanzen also –, die einander über- bzw. untergeordnet sind. Ein solches System bezeichnet man als Hierarchie. Man spricht auch von hierarchischer Ordnung. Stellt man diese Ordnung in einem Organisationsplan dar, so ergibt sich eine Pyramide. Diese Pyramide verdeutlicht für den Soziologen die skalare Organisation, d. h. den Autoritäts- oder Machtaufbau des Betriebes, der durch folgenden Satz verdeutlicht werden kann: In jedem Betrieb gibt es wenige, die befehlen, aber viele, die gehorchen müssen! Einen vereinfachten Organisationsplan, der die beschriebenen Tatbestände verdeutlichen soll, zeigt die nachfolgende Abbildung:

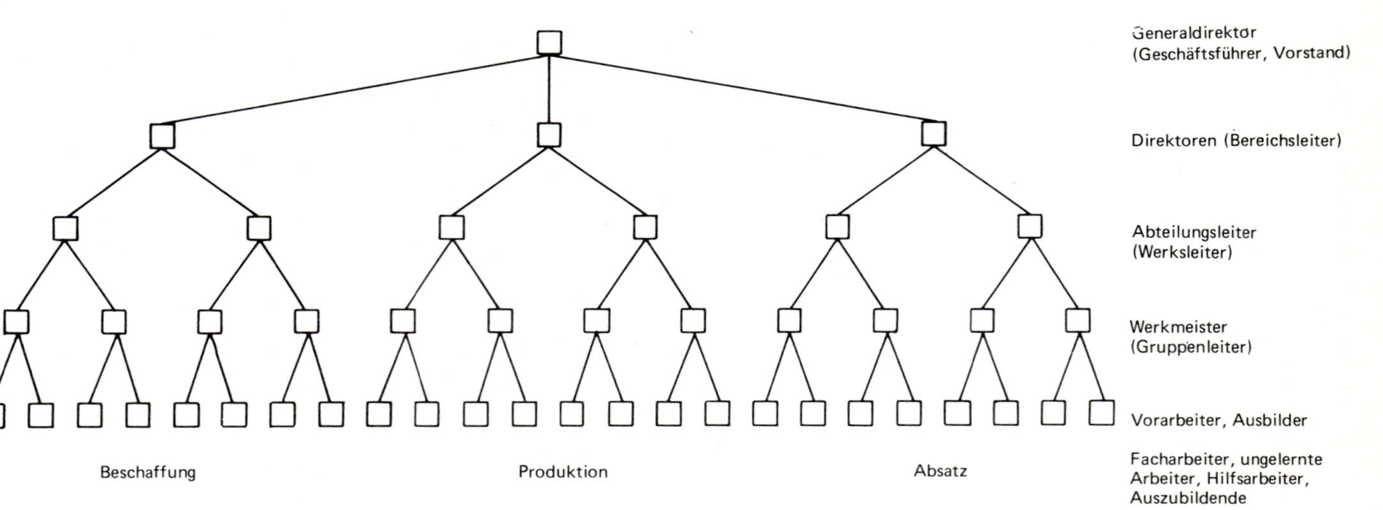


*Vereinfachter Organisationsplan eines Betriebes (hierarchische Ordnung)*

Funktionale und skalare Organisation ergeben zusammen die formelle oder formale Organisation des Betriebes. Sie ist Ergebnis dessen, was die Betriebsleitung geplant hat. Entsprechend stellt die Konstruktionsabteilung als bewußt geschaffenes, vom Betriebszweck her geplantes Gebilde eine sogenannte formelle oder formale Gruppe dar. Auch die Berufsschulklasse stellt eine formale Gruppe dar.

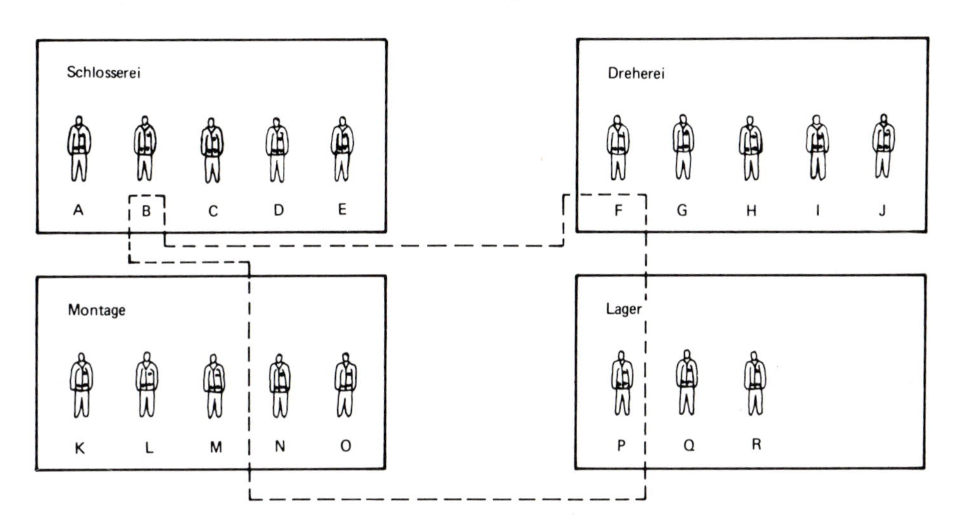


*B, F, N, O und P, die alle aus demselben Dorf kommen, gehen immer gemeinsam in die Kantine. Damit bilden sie eine „informelle Gruppe".*

Das gilt auch für Fließbandgruppen, Montagegruppen, Außendiensttrupps und die in der Ausbildung zusammenwirkenden Personen. Dennoch sind solche Arbeitsgruppen nicht einfach mit einer sozialen Gruppe im soziologischen Sinn gleichzusetzen – es sei denn, sie weisen die genannten Merkmale (vgl. S. 17 ff.) auf. Die betrieblichen Arbeitsgruppen sind ihrem Ziel nach auf einen ökonomischen Arbeitserfolg gerichtet. Dieser Erfolg kann im Erstellen eines Werkstückes, im Treffen einer Entscheidung sowie im Erreichen eines Lernziels bestehen. In solchen von der Organisationsabteilung absichtlich – nämlich beispielsweise zur Entwicklung von Bauplänen – geschaffenen Gruppe können mehrere Untergruppen, eventuell auch Cliquen, entstehen und existieren. Diese Untergruppen werden als informelle oder informale Gruppen bezeichnet, weil sie nicht förmlich von der Betriebsleitung geplant werden. Dabei können die Untergruppen auch aus Mitgliedern der verschiedensten Abteilungen bestehen, die in der Kantine oder nach Feierabend interagieren.

### Kennzeichen informeller Gruppen

Die informellen oder informalen Gruppen entstehen gegenüber der bewußt geschaffenen, formalen Organisation spontan, sind deswegen aber nicht weniger durch bestimmte Regeln gestaltet. Sie entstehen und vergehen, ohne daß die Betriebsleitung sie immer will oder verhindern kann. Sie können im Hinblick auf den Betriebszweck oder das Abteilungsziel förderlich und ergänzend wirken, sich indifferent, also gleichgültig oder neutral verhalten, aber auch stören.

Sie entstehen durch gemeinsame Interessen der Mitglieder, gemeinsamen Beruf, gemeinsamen Arbeitsweg und Arbeitsplatz, gemeinsame Vorgesetzte, gemeinsames Lebensschicksal, gemeinsame Parteizugehörigkeit, mitmenschliche Sympathie und viele weitere gemeinsame Faktoren.

So können in der Konstruktionsabteilung solche informalen Gruppen entstehen, weil zum Beispiel einige Kollegen von derselben Technikerschule kommen, im Fußballverein zusammenwirken, als Schrebergärtner dieselben Interessen haben oder sich gemeinsam an einer Abendschule auf das Abitur vorbereiten. Wie in jeder Gruppe verstehen die Mitglieder sich selbst als Gruppe („Wir-Bewußtsein"), werden von den anderen als solche angesehen und interagieren nach bestimmten Verhaltensregeln. Diese Regeln können *zum Beispiel* darin bestehen, daß sie immer gemeinsam in die Kantine gehen, daß sie sich untereinander helfen, mit ihrer Arbeit pünktlich fertig zu werden, damit sie rechtzeitig in ihren Abendkurs gehen können und daß sie Konflikten mit dem Abteilungsleiter aus dem Wege gehen, weil sie durch eine gute Beurteilung eine Förderung ihrer späteren Studienpläne erhoffen. Allerdings kann dieses „kameradschaftliche Verhalten" – die informelle Norm – mit dem geforderten „Gehorsam" gegenüber den Aufträgen des Vorgesetzten – der formellen Norm – in Konflikt geraten.

Sehr oft handelt es sich bei den informellen Gruppen um zahlenmäßig kleine Gruppen, deren Mitglieder unmittelbaren Kontakt haben („face-to-face-group" oder „Primärgruppe"). Sie sind oft wenig sichtbar. Ihr Vorhandensein und die Beziehungen der Gruppenmitglieder lassen sich durch das Soziogramm – wir werden etwas später darauf eingehen – erfassen.

Bedeutung informeller Gruppen

Für die betriebliche Aufgabenerfüllung leisten die informellen Gruppen erhebliche Beiträge – zum Beispiel bei der Einführung von neuen Mitarbeitern bzw. Auszubildenden. Sie bringen dem „Neuen" die Regeln der Gruppe bei, sie „sozialisieren" die neuen Mitarbeiter, indem sie ihnen das „richtige" Arbeitstempo demonstrieren, indem sie ihnen zeigen, was man sich in der betreffenden Abteilung vom Vorgesetzten nicht „bieten" lassen darf, was man an privaten Dingen während der Arbeitszeit erledigt . . . Die informellen Gruppen halten die Arbeitnehmer zusammen, schaffen und sichern die innerliche Bereitschaft zur Mitarbeit. Die Bindung des einzelnen kann soweit gehen, daß er einen besser bezahlten Arbeitsplatz in einer anderen Abteilung ablehnt.

Die informellen Gruppen geben dem Auszubildenden und Mitarbeiter das Gefühl der Geborgenheit, das Gefühl, Teil eines größeren Ganzen zu sein. Auch für die Information des einzelnen leisten die informellen Gruppen wichtige Beiträge – im Guten wie im Schlechten. Die betriebliche Organisation – die formale Organisation – regelt die Weiterleitung von Informationen. Die Summe dieser Regeln ergibt das formale oder offizielle Kommunikationssystem. Die informellen Gruppen errichten ihr eigenes Kommunikationssystem, welches oft das offizielle System ergänzt, aber auch stört. Das informelle oder inoffizielle Kommunikationssystem besteht aus den Beziehungen zwischen den Mitgliedern informeller Gruppen. Diese Kontakte können für den Arbeitsablauf sehr förderlich sein, weil zum Beispiel Informationslücken der formalen Organisation über sie geschlossen werden. Richteten sich die Mitarbeiter tatsächlich immer nach den offiziell vorgeschriebenen Wegen, so würde das in vielen Betrieben zu chaotischen Zuständen führen. Verdeutlicht wird das durch den sogenannten „Dienst nach Vorschrift", der heute schon eine Form des Streikens darstellt. Man denke an das Beispiel der Fluglotsen!

Aber auch Störungen des offiziellen Kommunikationssystems sind zu beobachten: Instanzen werden übergangen, vertrauliche Informationen werden weitergetragen, Klatsch und Gerüchte entstehen. Mittelpunkte solchen informellen Informationsflusses sind zum Beispiel Chefsekretärinnen, Werkstattschreiberinnen, Laufboten, Transportpersonal sowie Betriebskrankenschwester und Pförtner. Durch das informelle Kommunikationssystem werden Form und Inhalt der Nachrichten bewußt und unbewußt gefärbt, verzerrt, gefiltert, ausgewählt und sogar unterschlagen. Es liegt nahe, daß ein Mitarbeiter ,,Pannen" nur berichten wird, wenn sie sich gar nicht mehr verheimlichen lassen, weil er sie zum Beispiel allein nicht beheben kann.

Neben den positiven Beiträgen sind aber auch negative zu erwähnen. Informelle Gruppen können dem Ausbilder auch die Stirn bieten und die Durchsetzung von Maßnahmen erheblich erschweren bzw. verzögern, zum Beispiel durch passiven Widerstand, aber auch durch aktive ,,Sabotage" in der Werkstatt!

Welche Aufgaben erfüllt die informelle Gruppe?

Die Mitglieder einer Gruppe von Auszubildenden haben regelmäßig sehr klare Vorstellungen von dem, was man als „ordentlicher" Auszubildender zu tun und zu lassen hat. Ist man in der Gruppe zum Beispiel davon überzeugt, daß eine Reinigung des Arbeitsplatzes pro Tag genug sei, so wird die Gruppe diese eigene Leistungsnorm äußerst scharf kontrollieren und verteidigen. Dafür sprechen zwei Gründe: Leistet der Auszubildende Karl laufend mehr – er putzt in jeder Pause sein Werkzeug –, so besteht die Gefahr, daß der Ausbilder den Druck im Hinblick auf die Einhaltung erhöhter Sauberkeit und Werkzeugpflege erhöht. Es ist naheliegend, daß Karl in diesem Fall als „Sündenbock" entsprechend „bearbeitet" wird, damit die Gruppennorm nicht in Gefahr gerät. Man sagt ihm etwa: „Paß auf, Du machst Dich noch kaputt!" Man schildert ihm Nachteile, die er selbst hat. Hilft das nicht, dann kommt oft eine zweite Stufe: Man sagt dem „schwarzen Schaf", daß es eigentlich unkameradschaftlich gegenüber den anderen sei: „Du versaust uns die Pausen!" Ändert sich auch dann das Verhalten des Auszubildenden Karl nicht, so wird man nicht mehr mit ihm reden, aber gern über ihn reden, wenn er es hören kann. Spott, Bloßstellung, soziale Isolierung, kleine Sabotageakte am Werkzeug oder an der Maschine sind oft eingesetzte Mittel in solchen Fällen.

Schafft im anderen Fall ein Mitglied der Gruppe die fixierte Norm nicht, so wird man ihm helfen, weil man die im Betrieb erworbene soziale Anerkennung durch andere Gruppen nicht aufs Spiel setzen will. Letztlich führt ein solches Verhalten insgesamt zu einer Leistungseinschränkung, dem sogenannten ,,Bremsen". Werden in einer Arbeitskolonne oder einer Abteilung verhältnismäßig ähnliche Leistungsergebnisse erzielt, so spricht das für eine abgesprochene Leistungszurückhaltung. Eine Anhebung der Leistung wird nur dadurch zu erreichen sein, daß es dem Ausbilder gelingt, die Gruppennorm nach oben zu verschieben.

Wie es der Name sagt, setzt die Existenz der informellen Gruppe das Vorhandensein einer formellen Gruppe bzw. Organisation voraus. Die nach außen gerichtete Aufgabe der informellen Gruppe – ihre externe Funktion – besteht im Schutz gegen jeglichen Wandel in den Arbeitsbedingungen und den sozialen Beziehungen, es sei denn, es handele sich um Vorteile für die Gruppe. Die informelle Gruppe will dem einzelnen Sicherheit geben. Insofern entfalten die informellen Gruppen Solidarität als Hilfs- und Notgemeinschaft und stehen auch oder gerade gegen den Ausbilder zusammen. Ferner verschaffen sie dem einzelnen soziale Geltung, auch wenn ihm aufgrund seiner offiziellen Position – zum Beispiel als Sonderschüler – nur ein geringer sozialer Status zuteil wird. In der informellen Gruppe kann er aber als ,,Witzbold" große Anerkennung genießen.

Das Schaffen von Sicherheit für den einzelnen geschieht zum Beispiel durch die Entwicklung eigener Leistungsnormen. Eine solche Norm – im Grunde Ausdruck des gesunden Menschenverstandes – könnte lauten: ,,Arbeite nicht zu wenig, wenn die anderen viel zu tun haben!"

Die nach innen gerichtete Aufgabe der informellen Gruppen – ihre interne Funktion – liegt in der Regulierung des Verhaltens der Mitglieder. Das behandelte Beispiel von Seite 29 hat das schon etwas verdeutlicht. Ein weiteres *Beispiel* sind die ungeschriebenen Gesetze des geselligen Verkehrs für die Gruppenmitglieder. So kann es in einer Gruppe zum Beispiel verpönt sein, mit Ausbildern oder Gastarbeitern auch privat zu verkehren (und umgekehrt). Oder es kann üblich sein, den Geburts- oder Namenstag großartig zu feiern. Als Verhaltensvorschriften wird man in den meisten informellen Gruppen Normen wie die folgenden finden:

- Arbeite nicht zu viel, sonst bist Du ein Streber!
- Arbeite nicht zu wenig, sonst bist Du ein Faulenzer oder ,,Nassauer!"
- Informiere nie den Ausbilder oder Vorgesetzten über Dinge, die einem Kollegen schaden könnten, sonst bist Du ein Petzer!

Wer die informellen, also unter den Kollegen entwickelten Normen nicht erfüllt, wird mit starken Strafen rechnen müssen. Er gilt als „Akkordbrecher", „Streber", „Nassauer", „Petzer" oder „Radfahrer"! Unter Umständen wird er aus der Gruppe ausgeschlossen und nach Strich und Faden schikaniert und sabotiert. Diese Strafen sind in der Regel außerordentlich wirksam, weil es dem Betroffenen meistens weniger unangenehm ist, in den Augen des Ausbilders als „Dummkopf" zu gelten, als daß er sich von seinen Kameraden vorwerfen lassen muß, er sei ein „Radfahrer". Lieber möchte er ein „dufter Kumpel" sein! Gerade bei Jugendlichen bestimmt die Gruppe der Altersgenossen (auch als „peer group" bezeichnet) entscheidend das Verhalten.

Informale Führerschaft

Das bewußte Ziel der informellen Gruppe ist regelmäßig nicht die Opposition gegen den Ausbilder oder gegen den Vorgesetzten in der Abteilung. Insofern lassen sich über ihre informalen Führer beachtliche Wirkungen erzielen. Will der Ausbilder eine Sache schnell und gründlich durchdrücken, so wird er sein Ziel am schnellsten erreichen, wenn er sich an den anerkannten informellen Führer der Gruppe wendet und diesen für seinen Plan gewinnen kann.

Der informale Führer führt die Gruppe nicht aufgrund eines ihm von der Betriebsleitung oder den Gruppenmitgliedern zugeteilten Weisungsrechtes, sondern aufgrund einer in der Gruppe gewachsenen Anerkennung durch Alter, Gewerkschaftszugehörigkeit, besondere Vorbildung oder Fähigkeiten. Eine solche Rangordnung bildet sich erstaunlicherweise immer wieder gleichsam automatisch. Stets finden sich in einer Gruppe Mitglieder, die besondere Aktivitäten entfalten, Initiativen ergreifen, Anweisungen erteilen oder Aufsicht ausüben. Sie erfüllen die Normen der Gruppe meistens am besten. Andererseits gibt es immer wieder andere Mitglieder, die damit einverstanden sind.

Bei genauerem Hinsehen sind in fast jeder Gruppe zwei führende Rollen unentbehrlich – ein Führer im Hinblick auf die Aufgabe sowie ein Führer für den sozialen Zusammenhalt. Der erste leitet die Aktivitäten der Gruppe. Er ist derjenige, der vor allem darauf achtet, daß die Gruppe auf das angestrebte Ziel ausgerichtet bleibt. Der zweite ist der „gefühlsmäßige" (= emotionale) Ansprechpartner der Gruppe; er sorgt für die gute Stimmung! Untersuchungen bestätigen die Wichtigkeit dieser „Vater-" und „Mutterfunktion" für überdauernde Gruppenaktivitäten. Es ist möglich – wenn auch selten –, daß es nur einen Führer gibt, der beide Leistungen erbringt.

Der informale Führer – der ,,Meinungsmacher" der Gruppe – kann durch seine persönlichen Beziehungen zum Ausbilder, zum Betriebsratsvorsitzenden, aber auch zu anderen informalen Gruppen beträchtliche informale Macht besitzen, also die Möglichkeit, das Verhalten anderer zu bestimmen. Manchmal rücken solche Gruppenführer, die ,,den Ton angeben", zur ,,grauen Eminenz" auf – ihre Macht ist viel größer als ihre offizielle Stellung vermuten läßt.

### 1.3.4. Erfassung der Gruppenstruktur

Das Arbeiten in der Gruppe – man möge sie ,,Team" oder ,,Kollektiv" nennen – kann zum Beispiel bei folgenden Aufgabentypen leistungsmäßige Vorteile haben:

- Aufgaben vom Typus des Tragens und Hebens werden in der Gruppe durch Addition der Kräfte besser als individuell gelöst.
- Aufgaben vom Typus des Suchens und Beurteilens werden in der Gruppe durch den zwischen den Mitgliedern erfolgenden Fehlerausgleich besser als individuell gelöst. Hier gilt das Sprichwort: „Vier Augen sehen mehr als zwei!" Die Arbeiten können nach Menge und verlangter Güte je nach Stärke und Schwäche der Gruppenmitglieder in der Regel besser erledigt werden (= quantitative und qualitative Arbeitsteilung).
- Aufgaben vom Typus der Vereinheitlichung bzw. Veränderung des Verhaltens schafft die Gruppe besser als der einzelne („angemessene" Leistung pro Tag, einheitliche Sicht eines Problems; aber auch „Abschied" vom Alkohol u. ä. in Selbsthilfegruppen).

Allerdings ist dabei stets eine Abstimmung (= Koordination) der einzelnen Anstrengungen durch den Ausbilder vorausgesetzt, ohne die sich der Leistungsvorteil auch ins Negative kehren kann. Arbeit in und mit Gruppen setzt damit Kenntnis der Gruppenstruktur voraus. Arbeitet man mit Gruppen, ohne die bestehenden Zu- und Abneigungen zu berücksichtigen, kann es leicht zu Reibungen, Spannungen und Rivalitäten kommen, die einem die Arbeit verleiden und ihren Erfolg gefährden.

Soziometrie

Wie aber kann die Gruppenstruktur erfaßt werden? Wie können informale Gruppen erkannt werden? Wie erkennt der Ausbilder den „Star" der Gruppe, das „schwarze Schaf" oder die Clique innerhalb einer Gruppe? Eine Möglichkeit bietet die durch den aus Österreich stammenden amerikanischen Psychiater und Psychotherapeuten Jacob Levy Moreno (1892 ... 1974) entwickelte Soziometrie. Sie stellt zur Erfassung der Struktur und des Zusammenhalts von Gruppen das Soziogramm zur Verfügung.

Die Grundidee der Soziometrie besteht darin, die Struktur einer Gruppe anhand der geäußerten Vorlieben, Abneigungen und Indifferenzen zu erfassen. Die Soziometrie hat sich seit ihren Anfängen von einem relativ einfachen, wenig Aufwand verursachenden Beobachtungs- und Darstellungsverfahren zu einer nicht mehr wegzudenkenden quantitativen Technik für die Untersuchung von Gruppenstrukturen entwickelt. Diese Technik kann auch helfen, die menschlichen Beziehungen in Gruppen zu verbessern. Als *Beispiele* können gelten: Gestaltung von Sitzordnungen, Bildung von Gruppen von Auszubildenden mit optimalem Wirkungsgrad sowie Schlafraumbelegung im Internat.

### Soziometrischer Test

Grundlegend ist der soziometrische Test. Mit ihm versucht man, die zwischenmenschlichen Beziehungen – zum Ausdruck gebracht durch Sympathie, Antipathie und Gleichgültigkeit – unter den Auszubildenden zu ermitteln.

Dazu werden die Mitglieder der Gruppe zu möglichst spontanen Meinungsäußerungen in bezug auf eine konkrete Situation übereinander veranlaßt. Sie werden *zum Beispiel* gebeten, die anderen Gruppenmitglieder nach ihrer Attraktivität oder ihrer Erwünschtheit für bestimmte gemeinsame Tätigkeiten (Lösung eines Problems in einer Arbeitsgruppe, Sitzordnung bei Besprechungen bzw. wer geht mit wem in die Kantine) zu beurteilen und in eine Rangordnung zu bringen.

Mögliche Fragestellungen sind *zum Beispiel*:

- Neben wem möchten Sie in der Besprechung am liebsten bzw. auf gar keinen Fall sitzen?
- Mit wem möchten Sie gern am Betriebsausflug teilnehmen?
- Mit wem möchten Sie gern zusammenarbeiten?
- Wen schlagen Sie zum Gruppensprecher (Jugend- und Auszubildendenvertreter, Vertrauensmann) vor?

Es ist naheliegend, daß solche unterschiedlichen Fragen auch verschiedene Strukturen aufdecken. Die ersten beiden Fragen zielen auf eine Beliebtheitsrangordnung, die letzten beiden auf eine Tüchtigkeitsrangordnung.

Neben einer Fragebogenauswertung kommen als Unterlagen für ein Soziogramm in Betracht:

- Äußerungen der Auszubildenden,
- Eigene Beobachtungen (z. B. im Hinblick auf Sitzordnung, Pausen- und Gesprächspartner),
- Mitgeteilte Beobachtungen (z. B. von Ausbildungsgehilfen, Kollegen).

### Testbedingungen

Nach Jacob Levy Moreno sollen für den soziometrischen Test sechs Bedingungen erfüllt sein:

1. Die Gruppe soll genau definiert sein; die Wahlen und Ablehnungen sollen sich auf die Gruppenmitglieder beschränken.
2. Die Befragten sollen so viele Gruppenmitglieder wählen oder ablehnen können, wie sie wollen.
3. Die Befragten sollen ein genau bestimmtes Kriterium zur Verfügung haben, auf das sie ihre Wahlen und Ablehnungen stützen.
4. Die soziometrischen Daten sollen wirklich zur Umstrukturierung benutzt werden, und die Gruppenmitglieder sollen das auch wissen.
5. Die Gruppenmitglieder sollen die Wahlen unbeobachtet vornehmen können.
6. Die Fragen sollen so formuliert sein, daß die Gruppenmitglieder sie leicht verstehen können.

In der Regel wird von diesen Bedingungen derart abgewichen, daß die Anzahl der zulässigen Wahlen und Ablehnungen für jedes Gruppenmitglied begrenzt wird. Die sich auf die oben genannten Fragen ergebenden soziometrischen Beziehungen können unter dem Aspekt ihrer Richtung drei Formen annehmen:

- Der Auszubildende wird gewählt (z. B. weil er sympathisch ist, weil er akzeptiert wird).
- Dem Auszubildenden wird Gleichgültigkeit entgegengebracht: Er wird weder gewählt noch abgelehnt.
- Der Auszubildende wird abgelehnt (z. B. weil er unsympathisch ist, weil er nicht für „voll" genommen wird).

Soziomatrix

Die Intensität der Beziehungen zwischen den Gruppenmitgliedern wird durch die Anzahl der Wahlen (= Wahlen im engeren Sinne als auch Ablehnungen umfassend) zum Ausdruck gebracht. Die Anzahl der Wahlen, die ein Gruppenmitglied auf sich vereinigt, führt zur Aufstellung der soziometrischen Matrix und zur soziogrammatischen Darstellung der Gruppenstruktur.

Die Wahlen – positiv, negativ oder neutral – werden ausgezählt und in einer Liste zusammengefaßt, am besten in einer Matrix. Die Matrix besteht jeweils aus Reihen und Spalten. Die Matrixeingänge sind nach den Gruppenmitgliedern benannt (in gleicher Reihenfolge), so daß die Zellen der Matrix die verschiedenen Beziehungen zwischen den Gruppenmitgliedern der Reihe und denen der Spalten zum Ausdruck bringen. Eine Soziomatrix könnte *zum Beispiel* folgendes Aussehen haben:

| | A | B | C | D | E | F |
|---|---|---|---|---|---|---|
| A | – | 1 | –1 | 0 | 0 | 0 |
| B | 0 | – | 0 | 1 | –1 | 0 |
| C | 0 | 1 | – | 0 | –1 | 0 |
| D | 0 | 1 | 0 | – | –1 | 0 |
| E | 0 | 1 | –1 | 0 | – | 0 |
| F | 0 | 1 | –1 | 0 | –1 | – |
| Σ | 0 | 5 | –3 | 1 | –4 | 0 |

*Soziomatrix*

In unserem Beispiel einer sechs Mitglieder umfassenden Arbeitsgruppe ist B von fünf Gruppenmitgliedern gewählt, E von vier Gruppenmitgliedern abgelehnt worden (1 steht für „wählt", 0 für „verhält sich gleichgültig", –1 für „lehnt ab") usw. Es ergibt sich: B ist der „Star" der Gruppe, C und E stellen offensichtlich „Prügelknaben" in der Gruppe dar, während A und F in der Gruppe „isoliert" sind, da sie weder gewählt noch abgelehnt werden. D bleibt weitgehend unbeachtet.

Soziogramm

Anschaulicher wird die Struktur der Gruppe durch das Soziogramm erfaßt. Im Soziogramm wird jedes Mitglied der Gruppe durch einen Kreis oder ein Quadrat dargestellt. Diese Symbole werden anschließend durch gerichtete Strecken (Pfeile) verbunden, die die Wahlen des Tests verdeutlichen. Ablehnungen werden gestrichelt eingezeichnet. In unserem *Beispiel* könnte das Soziogramm wie folgt aussehen:

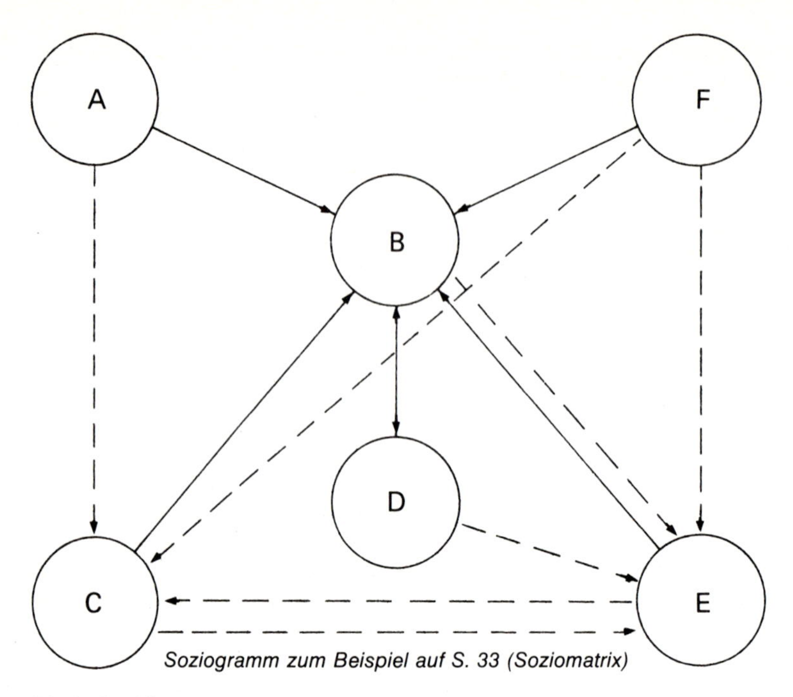


*Soziogramm zum Beispiel auf S. 33 (Soziomatrix)*

Typische Muster

Im Soziogramm entstehen regelmäßig folgende soziometrische Muster oder Konfigurationen:

- Der *„Führer"* oder *„Star"* – manchmal wird auch von Alpha-Position gesprochen – vereinigt die meisten positiven Wahlen auf sich. Die weiteren Gruppenmitglieder (Gamma-Positionen) gruppieren sich sternförmig um den Star. In unserem Beispiel ist B der Star der Gruppe.
- Der *„Außenseiter"*, *„Isolierte"* oder die *„Randfigur"* ist ein Gruppenmitglied, das weder gewählt noch abgelehnt wird. d. h. es vereinigt weder positive noch negative Wahlen auf sich (bzw. im Vergleich zu den anderen Gruppenmitgliedern nur sehr wenige). Es hält sich fern. Im strengen Sinne wählt diese Figur auch selbst keinen anderen. Oft wählen sie selbst „Stars" und lehnen „schwarze Schafe" ab. Aus einem „Außenseiter" – wie A und F in unserem Beispiel – kann schnell ein „schwarzes Schaf" werden! Liegt allerdings eine gegenseitige Beziehung zum Gruppenstar vor, dann wird das Gruppenmitglied auch als „graue Eminenz" bezeichnet, weil es den Star aus dem Hintergrund beeinflussen kann. Derartig einflußreiche Mitglieder nehmen die sogenannte Beta-Position ein. Das trifft evtl auf D zu.
- Das *„schwarze Schaf"* (der Prügelknabe, der Abgelehnte, der Sündenbock bzw. die Omega-Position) vereinigt die meisten negativen Wahlen auf sich, lehnt aber auch selbst andere Gruppenmitglieder ab. Es wählt selbst eventuell „Stars". In unserem Beispiel trifft das auf C und E zu.
- Der „Igel" lehnt nach allen Seiten ab und wird abgelehnt bzw. nicht beachtet.
- Die *„Clique"* besteht aus Gruppenmitgliedern, von denen jedes alle anderen Mitglieder der Clique wählt, jedoch weder Außenstehende wählt noch von diesen gewählt wird.

- Der *„Vergessene“* wählt, wird aber nicht gewählt.
- Das *„Paar“*: B und D wählen sich gegenseitig.
- Das *„Dreieck“*: drei Mitglieder wählen sich gegenseitig, weil sie z. B. untereinander befreundet sind (und eine informale Gruppe bilden).

Die Anzahl der positiven, negativen oder neutralen Stimmen bestimmt den „soziometrischen“ Status. Dieser Status – insbesondere in Form des „Außenseiters“, des „schwarzen Schafes“, des Cliquenmitgliedes usw. – kann für den Ausbilder ein Hinweis für besondere Beobachtungen und Bemühungen sein. Solche Informationen können zu einer Regulierung der sozialen Beziehungen anregen – mit dem Ziel, soziale Spannungen abzubauen. *Zum Beispiel* kann der Konfliktpegel oft dadurch niedrig gehalten werden, daß man dem informell Führenden auch formal leitende Aufgaben überträgt bzw. sich in schwierigen Fällen an ihn wendet und sich seines Einflusses auf die anderen Auszubildenden versichert.
Allerdings ist bei der Auswertung daran zu denken, daß das Soziogramm nur Beziehungen aufzeigt, noch nicht die Ursachen. Die Gründe für bestimmte soziale Beziehungen werden durch das Soziogramm nicht vermittelt. In dieser Hinsicht muß das Soziogramm durch sorgfältige Beobachtung ergänzt und lebendig gemacht werden, wenn es nicht ein leeres Gerüst formaler Art bleiben soll. Auch steht nicht fest, ob die Auszubildenden richtig antworten. Insofern muß die Gefahr beachtet werden, über der bloßen Erfassung von Wünschen und Vorlieben wesentliche Aspekte der Gruppenstruktur und des Gruppenzusammenhalts zu vergessen. *Beispielsweise* führt das Vorhandensein eines Außenseiters in der Gruppe regelmäßig zu einem regeren Meinungsaustausch, ist also nicht ohne weiteres negativ zu qualifizieren. Dieser Meinungsaustausch wirkt im Gegenteil positiv auf den inneren Zusammenhalt der Gruppe (sogenannte Kohäsion). Grundsätzlich gilt: Die Gruppenkohäsion ist proportional zum Meinungsaustausch in der Gruppe.

Folgerungen
Auf diese im Prinzip sehr einfache Weise können pädagogisch wichtige Informationen über die Stellung einzelner Auszubildender gewonnen werden, die sich anders oft nur schwer oder weniger zuverlässig ermitteln lassen. In vielen Fällen ergeben sich Vorlieben, die der Ausbilder niemals für möglich gehalten hätte. Die Testergebnisse sollten sich direkt in Veränderungen der formellen Gruppenstruktur umsetzen lassen können, sei es durch deren möglichst weitgehende Anpassung an die Wünsche der Mitglieder, sei es mit pädagogischer Absicht (z. B. durch Anknüpfung formeller Beziehungen zwischen einem Außenseiter und anderen Mitgliedern, von denen man sich eine Förderung der Integration des Außenseiters verspricht). Welche Merkmale weist eigentlich ein sogenannter Außenseiter bzw. Abgelehnter auf? Meist handelt es sich um Jugendliche mit anmaßenden, aggressiven und egozentrischen Eigenschaften. Sie denken in erster Linie an sich, weil sie als Kinder keine sozialen Fertigkeiten und wirksamen Verfahren zur Selbstbehauptung entwickelt haben. Zum Teil sind sie auch besonders zurückhaltend und nicht in der Lage, an Aktivitäten der Gruppe teilzunehmen. Wie kann man ihnen helfen? Neben den schon angesprochenen Möglichkeiten sollten dem Außenseiter bzw. Abgelehnten die Gründe einsichtig gemacht werden, die zu seiner Ablehnung bzw. Nichtbeachtung führen. Ferner sollten diejenigen seiner Fertigkeiten und Kenntnisse besonders gefördert werden, die seinen Status in der Gruppe erhöhen könnten.

Zur Überprüfung des Erfolges empfiehlt sich in der Praxis die wiederholte Anwendung des Verfahrens – nicht zuletzt auch mit dem Ziel, die sozialen Interaktionen zwischen Ausbilder und Gruppe in höherem Maße rational steuern zu können.

Zusammenfassend kann man folgende Leistung der Soziometrie zur Analyse der Gruppenstruktur, zur Erforschung der sozialen Interaktion in der Gruppe der Auszubildenden festhalten:

- Nachweis der Bereitschaft der Auszubildenden zu Interaktionen – zum Beispiel Partnerwahl – und ihre Bestimmungsgrößen (Aussehen, Beliebtheit, Sympathie, Sozialstatus der Eltern usw.),
- Ermittlung der sozialen Position der Auszubildenden,
- Ermittlung der Einbettung des einzelnen in die Gruppenstruktur,
- Messung der Kohäsion der Gruppe,
- Erfassung sozialer Struktureigentümlichkeiten von Gruppen verschiedener Berufe und Jahrgänge.

## Fragen, Aufgaben, Fallbeispiele

**14.** Welche Merkmale weist die soziale Gruppe auf?

**15.** Was versteht man unter einer Gruppennorm?

**16.** Welche Leistungen erbringt die Gruppe für den einzelnen?

**17.** Umschreiben Sie das mit dem Begriff ,,Sozialisation" Gemeinte!

**18.** Unterscheiden Sie zwischen primärer, sekundärer und tertiärer Sozialisation!

**19.** Kennzeichnen Sie eine Clique!

**20.** In welchen Verhaltensbereichen machen sich schichtenspezifische Unterschiede in der Sozialisation in besonderem Maße bemerkbar?

**21.** Welches Erzieherverhalten fördert Unabhängigkeit und Selbständigkeit beim Kinde und Jugendlichen?

**22.** Nennen Sie Unterschiede und Gemeinsamkeiten von formellen und informellen Gruppen!

**23.** Geben Sie Beispiele für formale Gruppen!

**24.** Skizzieren Sie ein Beispiel, das zeigt, wie eine Gruppe von Auszubildenden ihre eigenen Normen durchsetzt!

**25.** Können informale Gruppen vom Ausbildungsleiter oder Ausbilder organisiert werden?

**26.** Welche Aufgaben erfüllen informale Gruppen?

**27.** Wie kann man informale Gruppen sichtbar machen?

**28.** In einer Gruppe von acht Auszubildenden hat der soziometrische Test zu folgender Soziomatrix geführt:

| | A | B | C | D | E | F | G | H |
|---|---|---|---|---|---|---|---|---|
| A | – | –1 | 0 | 1 | 0 | 0 | 0 | –1 |
| B | 0 | – | 0 | 1 | 0 | 0 | –1 | –1 |
| C | –1 | 0 | – | 1 | 0 | 0 | 0 | –1 |
| D | 0 | 1 | 0 | – | 0 | 0 | –1 | –1 |
| E | 0 | 0 | 0 | 1 | – | 0 | –1 | –1 |
| F | 0 | 0 | 0 | 1 | 0 | – | –1 | –1 |
| G | 0 | 0 | 0 | –1 | 1 | 0 | – | 1 |
| H | 0 | 0 | 0 | 0 | 0 | 0 | 0 | – |

Zeichnen Sie das entsprechende Soziogramm und interpretieren Sie es!

### Hinweise auf Quellen und weiterführende Literatur


- Antons, Klaus: Praxis der Gruppendynamik, Göttingen: Verlag für Psychologie [4]1976.
- Baacke, Dieter: Die 13-18jährigen. Einführung in die Probleme des Jugendalters. München: Urban & Schwarzenberg [4]1985.
- Barinbaum, Lea: Psychologie in der Jugendarbeit. München: Kösel 1974.
- Button, Leslie: Gruppenarbeit mit Jugendlichen. München: Kösel 1976.
- Fischer., Arthur: Jugendliche und Erwachsene '85. Generationen im Vergleich. Leverkusen: Leske und Budrich 1985.
- Grigat, Rolf: So kommt man mit Jugendlichen klar. München: moderne verlags gmbh 1978.
- Höhn, Elfriede/Seidel, Gerhard: Das Soziogramm. Die Erfassung von Gruppenstrukturen. Göttingen: Verlag für Psychologie [4]1976.
- Hofstätter, Peter R.: Gruppendynamik. Reinbek bei Hamburg: Rowohlt 1971.
- Meyer, Evelies u. a.: Betriebliche Ausbildung und gesellschaftliches Bewußtsein. Die berufliche Sozialisation Jugendlicher. Frankfurt: Campus 1981.
- Milhoffer, Petra: Familie und Klasse. Ein Beitrag zu den politischen Konsequenzen familialer Sozialisation. Frankfurt: Fischer 1977.
- Moreno, J. L.: Die Grundlagen der Soziometrie. Opladen: Westdeutscher Verlag [3]1974.
- Oswald, Wolf D.: Grundkurs Soziogramm. Eine programmierte Einführung in Technik und Auswertung für Pädagogen und Psychologen. Paderborn: Schöningh 1977.


## 1.4. Rolle und Status

Betriebsleiter, Werkmeister, Gesellen, Ausbilder und Auszubildende stehen im Betrieb in gewissen Beziehungen zueinander. Insofern kann der Betrieb als ein großes Netz gesehen werden, in dem jeder Knoten – zum Beispiel der Ausbilder – durch den durchlaufenden Faden – nämlich die Arbeitsbeziehungen – mit anderen Knoten – zum Beispiel dem

Ausbildungsleiter – in Beziehung steht. Die Knoten- und Endpunkte heißen – soziologisch gesehen – Positionen. Die einzelne Position – *Ausbilder, Geselle und Facharbeiter beispielsweise* – ist also eine bestimmte Stelle oder ein bestimmter Ort im sozialen System Betrieb. Sie steht in bestimmten sozialen Beziehungen zu anderen Positionen. Jeder Positionsinhaber hat bestimmte Aufgaben zu erledigen.

Jede Position wird durch eine andere ergänzt: zum Vorgesetzen gehört der untergebene Mitarbeiter, zum Ausbilder der Auszubildende. Vom Inhaber solcher Positionen werden jeweils bestimmte Leistungen und Verhaltensweisen erwartet. Die Summe der Erwartungen im Hinblick auf das Verhalten nennt man Rolle. Zu jeder Position oder Funktion gehört eine Rolle, die das Verhalten des Inhabers der Position steuert. Rolle und Position sind in der Soziologie als Begriffe von zentraler Bedeutung. Sie dienen als Werkzeuge, mit denen die zwischenmenschlichen Beziehungen beschrieben werden.

Da wir den Betrieb als ,,soziales"System bereits kennengelernt haben, also als ein Gebilde, in dem die Handlungen der Mitglieder in besonderer Art und Weise aufeinander bezogen sind, können wir jetzt sagen: Der Betrieb ist ein System aufeinander bezogener Rollen.

Stellt man *zum Beispiel* einen Ausbilder ein, so erwartet man, daß er die Auszubildenden sicher und zuverlässig führt, erfolgreich unterweist und ihnen in allen Beziehungen ein Vorbild ist. Er soll allen anderen Mitarbeitern ein guter Kollege sein und den Anordnungen der Betriebsleitung pflichtbewußt folgen.

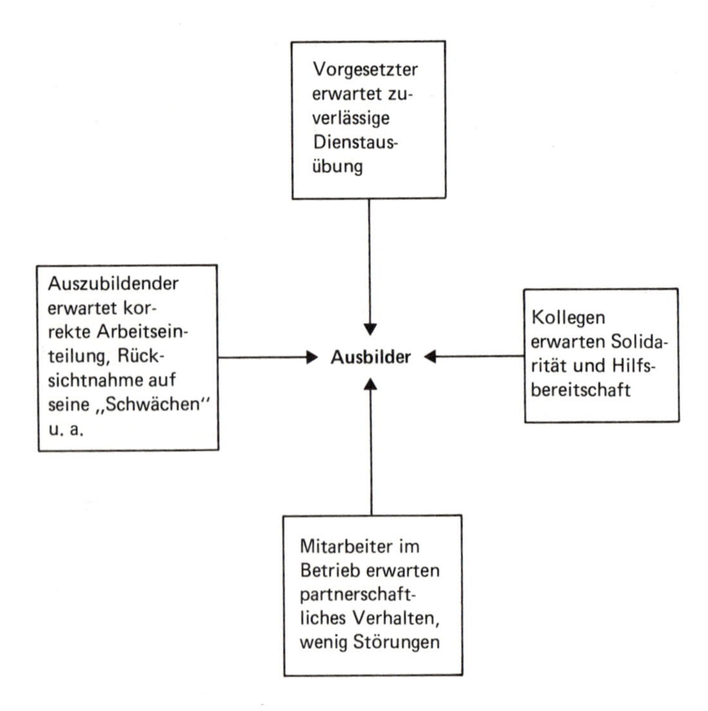


*Wie sich der Ausbilder zu verhalten hat – das sagt die Rolle als Zusammenfassung der Erwartungen der Umwelt, die in der Abbildung allerdings nur als Ausschnitt erfaßt ist.*

Diese Erwartungen machen zusammengefaßt die Rolle des Ausbilders aus. Als Ehemann begegnen dem Ausbilder nicht nur Erwartungen der Ehefrau, sondern auch der Schwiegermutter, der Kollegen, der Öffentlichkeit, schlechthin der sozialen Umwelt. Ähnlich ist es bei der Position des Auszubildenden – immer hat die Umwelt bestimmte Vorstellungen darüber, wie man sich zu verhalten hat, wie man die Rolle zu „spielen" hat. So darf man – will man nicht „aus der Rolle fallen" – als Auszubildender nicht fröhlich pfeifend durch die Vorstandsetage schlendern oder den „geheiligten" Kantinenplatz des Ausbildungsleiters in Beschlag nehmen.

Rolle als Summe von Verhaltenserwartungen

Jedes menschliche Verhalten ist weitgehend durch soziale Impulse gesteuert, nämlich durch die Verhaltenserwartungen der Gruppe, durch die Rolle. Beschreiben läßt sich die Rolle durch die Summe der Handlungen und Eigenschaften, die vom jeweiligen Inhaber der Position erwartet werden. Der Rollenbegriff kommt aus der Theatersprache, wo die Rolle – die Schriftrolle des Textes – bestimmt, was der Schauspieler wem zu sagen hat und wie er es auszudrücken hat. Zur Rolle gehören aber auch die Verhaltenserwartungen, die jemand in der betreffenden sozialen Funktion an seine soziale Umwelt stellen kann. Jede Rolle ist also mit bestimmten Rechten und Pflichten ausgestattet. Diese Rechte und Pflichten bestehen gegenüber einer Vielzahl verschiedener Mitmenschen, den sogenannten Bezugspersonen oder Bezugsgruppen des Rollen„spielers". Betrachtet man allein die Erwartungen der Untergebenen gegenüber dem Vorgesetzten, so spricht man von einem Rollensegment (Rollenabschnitt). Die einzelne Rolle läßt sich also in Rollenabschnitte oder Rollensegmente (auch: Rollensektoren) aufteilen. Die einzelnen Rollensegmente richten sich auf die verschiedenen Ergänzungsrollen – *beim Ausbildungsleiter zum Beispiel* auf die untergebenen Ausbilder und Ausbildungsbeauftragten, die Auszubildenden, den Ausbildungsberater und die Berufsschullehrer. Somit definiert eine Rolle gleichzeitig immer eine andere. Für den *Ausbilder* zeigt das folgende Schema den Rollensatz als Summe der Rollensegmente:

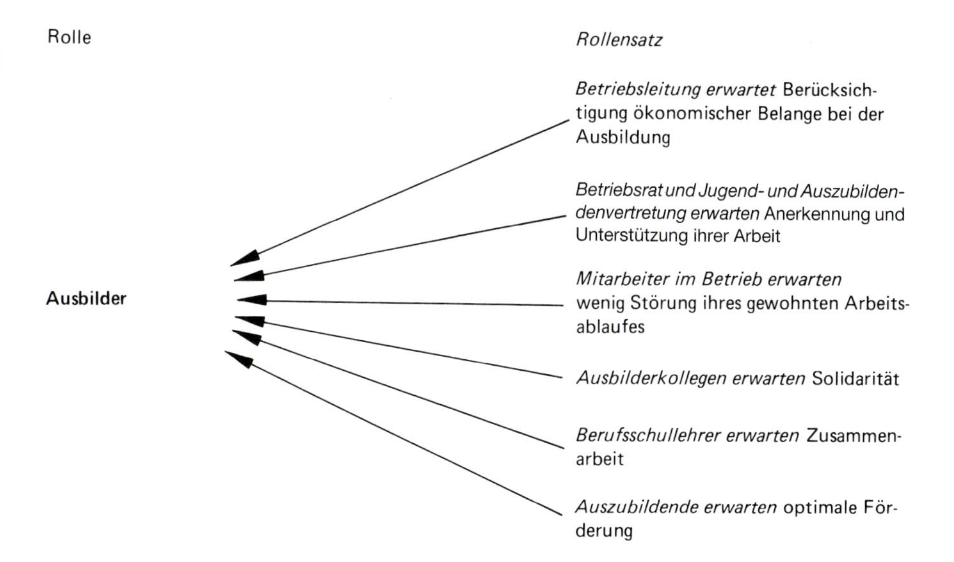

Ausbilderrolle als Problem

Gerade die Rolle des Ausbilders – ähnlich die Rolle des Vorarbeiters, Steigers, Aufsehers, Inspektors – als „Mann in der Mitte" – nämlich in der Mitte zwischen Ausbildungs- und Personalleitung, den Mitarbeitern und den Auszubildenden – verdeutlicht die Problematik von Berufsrollen.

Geschriebene und ungeschriebene Erwartungen

Die Erwartungen, denen ein Positionsinhaber ausgesetzt ist, gehen zum Teil aus der Beschreibung seiner Stelle, der sogenannten Stellenbeschreibung, hervor. Eine *kurze Stellenbeschreibung für den Ausbildungsleiter* könnte folgendes Aussehen haben:

Stellenbeschreibung: Ausbildungsleiter

I. Eingliederung in den Betrieb
Funktion: Ausbildungsleiter
Geschäftsbereich: Personalwesen
Unterstellung: Geschäftsleitung
Führungsbereich: Ausbildung und Fortbildung gewerblicher Arbeitnehmer
Vollmachten: Prokura

II. Aufgaben
1. Koordinierung und Steuerung aller Ausbildungs- und Fortbildungsmaßnahmen, insbesondere
   - Bedarfsermittlung
   - Verbesserung der Ausbildungsmethoden
   - Erfolgskontrolle
2. Kontakt zu Fachschulen, Hochschulen, Arbeitsämtern, Verbänden und Organisationen

III. Anforderungen
1. Abgeschlossenes Studium (vorzugsweise ingenieurwissenschaftlicher Richtung) und gute Allgemeinbildung
2. Fünfjährige Berufserfahrung im Personalwesen
3. Ausbildereignungsprüfung
4. Ausgeprägte Kontaktfähigkeit und pädagogische Überzeugungsfähigkeit

Darüber hinaus bestehen Erwartungen, die selten schriftlich niedergelegt sind, zum Beispiel an die Kleidung und die Umgangsformen. Ebenfalls ungeschrieben und unausgesprochen setzt man voraus, daß ein Ausbildungsleiter die folgenden Erwartungen erfüllt:

Als Mitarbeiter erwartet man von ihm:

- Bereitschaft zu selbständigem Handeln und Entscheiden,
- Bereitschaft zur Beratung und Information,
- Bereitschaft zu kooperativem Verhalten,
- Fähigkeit zum Ausbau des Aufgabenbereiches.

Als Vorgesetzter erwartet man von ihm:

- Bereitschaft, Mitarbeiter selbständig entscheiden und handeln zu lassen,
- Fähigkeit zu konsequenter Kontrolle der Mitarbeiter,
- Positive Einstellung zu Kritik und Anerkennung an bzw. von Mitarbeitern,
- Bereitschaft, sich von Mitarbeitern beraten zu lassen,
- Positive Einstellung zur Förderung von Mitarbeitern.

Neben einem bestimmten Verhalten – dem Rollenverhalten – werden regelmäßig bestimmte Ansprüche an das Aussehen – zum Beispiel im Hinblick auf Kleidung, eventuell Dienstkleidung, Haarschnitt usw. – sowie Charakter – die sogenannten Rollenattribute – gestellt. Die Handlungsvorschriften oder Verhaltensregeln bezeichnet der Soziologe auch als soziale Normen. Sie bringen das zum Ausdruck, was in der jeweiligen Gruppe als richtig, anständig usw. gilt. Insofern ist in jeder Rolle ein Bündel an sozialen Normen vereinigt.

Durch die Rolle wird das Verhalten des einzelnen verallgemeinert und dadurch innerhalb gewisser Schwankungsbreiten vorhersehbar, jedenfalls in bezug auf die Bezugspersonen oder Bezugsgruppen. Kann man das Verhalten anderer Personen vorhersehen, so wird dadurch die Personalführung erleichtert. Aktionen und Reaktionen können besser geplant werden. Aber auch derjenige, der die Rolle gelernt hat, der sie „spielen" kann, gewinnt Sicherheit in seinem sozialen Umfeld und wird von der ständigen Angst, ins „Fettnäpfchen" treten zu können, entlastet.

Zugeschriebene und erworbene Rollen

Der einzelne nimmt regelmäßig mehrere Positionen ein: Schlosser bei der XY-GmbH, Gewerkschaftsmitglied, praktizierender Katholik . . . Jede Position ist mehreren, unterschiedlichen Partnern zugewandt. Insofern „spielt" jeder Positionsinhaber auch regelmäßig eine Mehrzahl von Rollen, zum Beispiel:

- Altersrollen (Baby, Kind, Teenager, Twen, Erwachsener, Senior, Greis),
- Geschlechtsrollen (Mann, Frau),
- Kulturrollen (Bayer, Preuße, Ostfriese),
- Verwandtschaftsrollen (Vater, Mutter, Onkel, Tante, Schwiegermutter),
- Berufsrollen (Vorgesetzter, untergebener Mitarbeiter; Schlosser, Elektriker; Diplom-Ingenieur, Facharbeiter, Hilfsarbeiter, Auszubildender).

Zu jeder sozialen Position gehört also eine Reihe von Rollen, der sogenannte Rollensatz. Er umfaßt zugewiesene oder zugeschriebene Rollen – *wie Alters- und Geschlechtsrollen* – und erworbene Rollen – *wie Berufsrollen und zum Teil Verwandtschaftsrollen*.

Analysiert man die Rollen im Betrieb, so stellt man fest, daß die Rollenzumutungen mit steigendem Rang der Position abnehmen, d. h. der ungelernte Arbeiter und der Auszubildende sieht sich viel genauer und zwingender formulierten Erwartungen gegenüber als der Ausbilder und Betriebsleiter, denen ein größerer Spielraum für eigene Entscheidungen und Rollengestaltung zugebilligt wird. Sie haben viel mehr Möglichkeiten, ihre Rolle nach eigenen Vorstellungen auszugestalten. Allerdings hat grundsätzlich jeder Rollenträger einen Spielraum der Rollengestaltung – er kann die Rolle ganz neuartig interpretieren, wenn auch die auf ihn zukommenden Reaktionen sehr verschieden sein werden.

## Status

Eng verknüpft mit dem Rollenbegriff ist der des Status, des Platzes oder Ortes auf einer sozialen Rangskala, der der jeweiligen Position zugeschrieben wird.

Ein Ausbildungsleiter hat gesellschaftlich ein höheres Berufsprestige als ein Dreher, egal was er für ein Mensch sein mag. Seine menschlichen und fachlichen Qualitäten, sein Verhalten werden darüber entscheiden, ob er von seinen Mitmenschen auch geschätzt oder geachtet wird. Die Position des Ausbildungsleiters hat ein höheres soziales Ansehen, also mehr Prestige, damit in der Regel auch mehr Rechte und Pflichten. Robinson Crusoe hat keinen „Status", auch kein Prestige, weil nur die Gruppe dem Individuum einen Status zuschreiben kann, ihm Prestige verleihen kann.

Sozialer Status und soziale Rolle sind wie die zwei Seiten einer Münze – sie ergänzen sich. Der soziale Status bringt die Rangstellung eines Individuums bzw. einer Rolle innerhalb einer geschichteten Sozialstruktur zum Ausdruck. Allerdings ist die Erfassung des Gesamtstatus einer Person in unserer Gesellschaft sehr schwierig, da eine allgemeingültige soziale Rangordnung nicht existiert.

## Soziale Schichtungsmodelle

Früher ließ sich der soziale Standort des einzelnen sicherer bestimmen: in der ständischen Gesellschaft des Mittelalters wurde durch Geburt und soziale Herkunft Lebenslage und Schicksal des einzelnen weitgehend festgelegt – man gehörte zum Stand des Adels, der Geistlichkeit, der Kaufleute und Krämer, der Handwerker oder Bauern. Der Wechsel in einen anderen Stand – wir nennen ihn soziale Mobilität – war fast unmöglich.

Ähnliche Verhältnisse gibt es noch heute in der indischen Kastengesellschaft, deren Schichten auf religiöse Ursprünge zurückgehen.

Die einzelnen Kasten – zum Beispiel die Brahmanen (Priester und Lehrer) als Oberschicht und die Parias (sozial Verachtete) als Unterschicht – sind starr abgeschlossen. Ein Aufstieg in eine andere Kaste – zum Beispiel durch Einheirat – ist kaum möglich. Damit bestimmt die Zugehörigkeit zu einer Familie die Zugehörigkeit zu einer Kaste.

Karl Marx (1818 . . . 1883) sah die industrielle Gesellschaft des 19. Jahrhunderts nach wirtschaftlichen Gesichtspunkten in zwei soziale Klassen geteilt: Diejenigen, die über Produktionsmittel (Kapital) verfügen, nannte er Kapitalisten, manchmal auch Ausbeuter („Expropriateure"); diejenigen, die keine Verfügungsrechte über Kapital hatten, hießen Lohnarbeiter oder Proletarier. Jede Klasse führte ein durch bestimmte Merkmale, beispielsweise Macht bzw. Machtlosigkeit, bestimmtes Leben und kämpfte um Macht bzw. Machterhaltung gegen die andere Klasse (Idee des Klassenkampfes). Es dürfte einleuchten, daß eine derartige Zweiteilung nach nur einem Gesichtspunkt die soziale Wirklichkeit nur ungenügend widerspiegelt.

Auch die heutige Gesellschaft in der Bundesrepublik Deutschland weist verschiedene Schichten auf – manche sprechen auch von sozialen Lagen oder Milieus. Die soziale Schichtung weist dem einzelnen nicht den gleichen, sondern einen von anderen oft unterschiedenen Rang zu. Unter sozialer Schicht wird dabei eine Personengruppe verstanden, deren Mitglieder die gleichen oder ähnliche Statusmerkmale aufweisen. Allerdings sind die Grenzen der heute vorhandenen sozialen Schichten nicht mehr scharf absteckbar, da sie sich überlappen und einem stärkeren Wandel unterworfen sind. Die sozialen Abstände zwischen Arbeitern und Angestellten, Unternehmern, Managern und Mitarbeitern werden verkürzt bzw. aufgelöst. Heute spielen mehrere Merkmale für den sozialen Standort oder den Status eine Rolle: Familienherkunft, Schulbesuch, Beruf, Vermögen, Einkommen u. a. All diese Merkmale bestimmen zusammen, inwieweit man unter- bzw. übergeordnet ist. Sie erlauben auch einen sozialen Auf- bzw. Abstieg, eine soziale Beweglichkeit (soziale Mobilität). Insofern ist die Sozialstruktur der Bundesrepublik Deutschland vergleichsweise offen und hat bewegliche Grenzen. Sie kann nach vielfältigen Gesichtspunkten dargestellt werden. Eine Sichtweise – das soziale Prestige in den Vordergrund stellend – liefert zum Beispiel das folgende Schichtungsbild:

| Schichten | Anteil in % der Gesamtgesellschaft | Beispiele |
|---|---|---|
| I. Oberschicht | ca. 2 | Großunternehmer<br>Spitzenbankiers.<br>Hochadel<br>Spitzenpolitiker<br>Bischöfe |
| II. Mittelschicht | | |
| • obere Mitte | ca. 5 | Professoren, Ärzte Richter, Staatsanwälte, leitende Angestellte und Beamte |
| • mittlere Mitte | ca. 15 | Fachschullehrer, Apotheker, Elektroingenieur, mittlere Angestellte und Beamte |
| • untere Mitte | ca. 28 | Malermeister, Einzelhändler, untere Angestellte und Beamte |
| III. Unterschicht | | |
| • oberes Unten | ca. 29 | Kellner, Fleischergeselle, Facharbeiter, unterste Angestellte und Beamte |
| • unteres Unten | ca. 17 | Straßenarbeiter<br>Landarbeiter, an- u. ungelernte Arbeiter |
| IV. Soziale Randgruppen | ca. 4 | Gelegenheitsarbeiter, Berufs-, Obdach- und Wohnungslose, Stadt- und Landstreicher, Asylanten, „Penner“ . . . |

*Schichtungsbild der Bundesrepublik Deutschland*

## Merkmale des Status

Wenn Herr Lehmann die Position des Ausbildungsleiters bekleidet, so kann diese Position von verschiedenen Seiten gesehen werden. Man kann bei der Betrachtung das Einkommen in den Vordergrund stellen, aber auch seine Verantwortung und seine Entscheidungsbefugnisse. Jeder dieser Aspekte kann den Status der Position entscheidend beeinflussen. Da nun mehrere Betrachtungsstandpunkte möglich sind, hat Herr Lehmann als Individuum auch mehrere Status, die jeweils an den einzelnen Merkmalen der Position festgemacht sind. Als Bankkunde hängt das Prestige des Herrn Lehmann als Element seines Status sicher ganz entscheidend von der Höhe des eingezahlten Guthabens ab. In der Öffentlichkeit wird der ausgeübte Beruf für das gesellschaftliche Ansehen von entscheidender Bedeutung sein. Dabei gilt grundsätzlich:

Der soziale Status ist nicht identisch mit der formalen Position, sondern stets an die soziale Bewertung der eingenommenen Position gebunden. Im einzelnen ist der soziale Status abhängig von der sozialen Bewertung einer Reihe von Merkmalen, *zum Beispiel*:

- Beruf,
- Einkommen,
- Herkunft (Adel, Akademiker, Beamte, Angestellte oder Arbeiter als familiäre Herkunft),
- Ausbildung (Hauptschule, Realschule, Gymnasium, Studium),
- Alter,
- Geschlecht,
- Familienstand,
- Konfession,
- Parteizugehörigkeit.

Diese und noch weitere Faktoren bestimmen den Gesamtstatus, das Sozialprestige, mit andern Worten: den in der Rangordnung objektiv begründeten Geltungsanspruch des Individuums, seinen Anspruch auf Wertschätzung.

Wenn es auch heute kein Merkmal mehr gibt, welches den Gesamtstatus allein anzeigt, so ist in vielen Fällen doch die Berufstätigkeit oder Berufsposition – und damit verbunden Einkommens- und Lebensstandard sowie Ausbildung – von herausragender Bedeutung für den Status, insbesondere in gesamtgesellschaftlicher Hinsicht. Berufsposition und -erfolg entscheiden in unserer Gesellschaft weitgehend über Beziehungen und Kontaktmöglichkeiten.

Für eine solche Stufenfolge von Berufen ist die von den anderen vermutete Schwierigkeit der Arbeit, ihre „Sauberkeit", die Länge der notwendigen Vor- und Ausbildung, das Ausmaß der Kontrolle durch andere, Anordnungs- und Entscheidungsbefugnis und die Bedeutung der Tätigkeit für die Gesellschaft entscheidend. Bei den Kontrollmöglichkeiten spielt es wiederum eine Rolle, was man kontrolliert. So genießt der Vorgesetzte einer kleinen Gruppe von „Akademikern" (Forschungsteam) regelmäßig einen höheren Status als der Vorgesetzte einer großen Gruppe von nur „Ungelernten".

Prestige-Status-Skala

Ordnet man die Berufe nach ihrem Prestige in der Bevölkerung, so erhält man immer wieder in etwa folgende Status- bzw. Prestigeskala, die es gestattet, den jeweiligen Status der Höhe nach zu bestimmen:

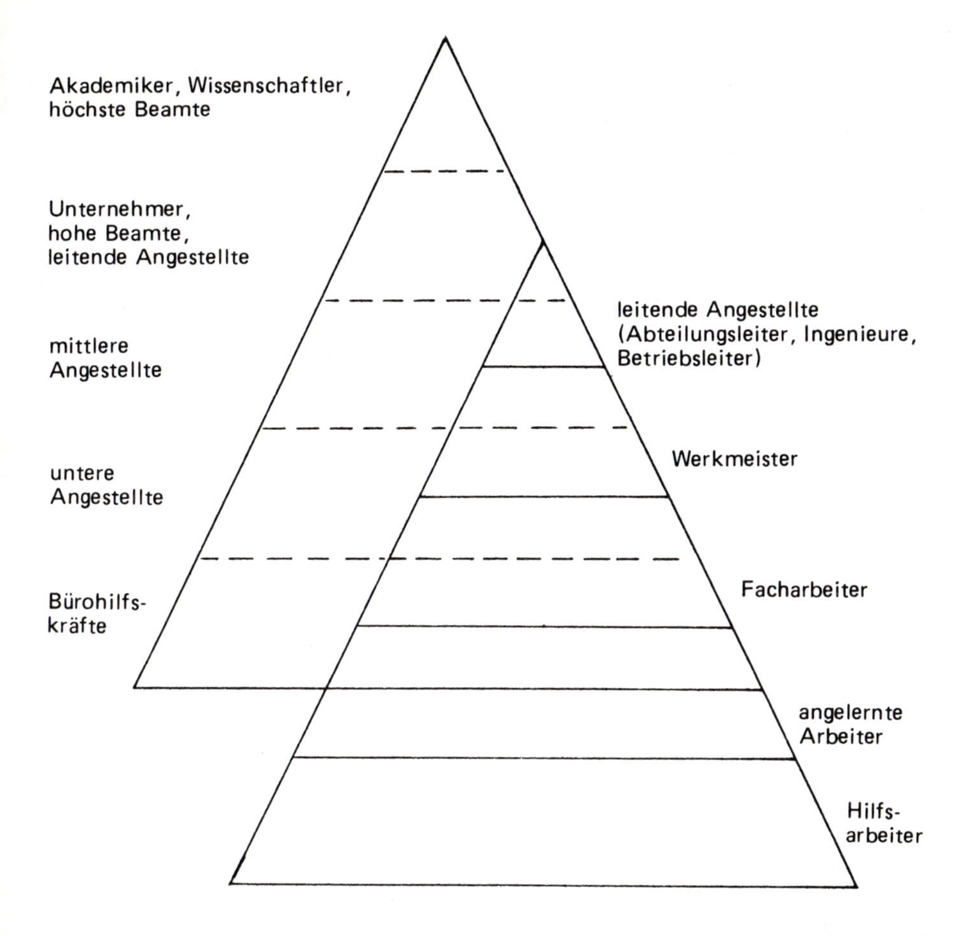


*Status- bzw. Prestigehierarchie*

Eine derartige Rangordnung ist erstaunlich, denn die Berufsbezeichnung allein sagt doch recht wenig. Ein Maschinenschlosser kann Werkmeister, Betriebsleiter, Vorstandsmitglied, aber auch selbständiger Unternehmer sein. Auch Herr Müller als Pförtner des Betriebes hat sicher keinen hohen Berufsstatus. Sein Einkommensstatus dürfte ebenfalls bescheiden sein. Aber im Taubenzüchterverein, deren Vorsitzender er seit vielen Jahren ist, genießt er das höchste Ansehen aufgrund seiner im ganzen Landkreis bekannten und anerkannten Zuchterfolge.

Positions- und Funktionsstatus

Für betriebliche Verhältnisse – für den internen Status – ist ein wichtiger Faktor die Stellung in der Betriebshierarchie – sie gewährt den Status der Position. Der Positionsstatus des Direktors des Bereiches „Forschung und Entwicklung" wird *zum Beispiel* größer sein als der des Abteilungsleiters „Forschungsbibliothek und Dokumentation", weil der Positionsstatus entscheidend gekennzeichnet wird durch den Umfang der Leitungsbefugnisse und die zu tragende Verantwortung. Allerdings kann bei unterschiedlicher Betriebsgröße ein Vergleich schwierig sein. Auch bei gleichem Positionsstatus muß der Gesamtstatus nicht gleich sein, weil er mit Sicherheit durch die unterschiedliche Bedeutung der Aufgaben beeinflußt wird, also durch den Status der Funktion. *So wird z. B.* der Status des Bereiches „Forschung und Entwicklung" in der Raumfahrtindustrie wohl größer sein als der des Bereiches „Materialbeschaffung". Es kann auch vorkommen, daß die Arbeiter der Abteilung A ihre Arbeit für besser halten als die Arbeit in der Abteilung B, obwohl objektiv kaum Unterschiede im Schwierigkeitsgrad oder in der Bezahlung vorhanden sind. Die Arbeiter halten sich wegen der besseren Arbeit auch selbst für etwas Besseres. Wenn es ihnen gelingt, die anderen davon zu überzeugen, so werden sie einen höheren Status als die Arbeiter der Abteilung B einnehmen. Ganz allgemein kann der Status von Fall zu Fall beeinflußt werden durch den guten oder schlechten Ruf des Betriebes, durch eine angesehene Abteilung, durch die Arbeit an ganz bestimmten Maschinen oder den Umgang mit neuartigen Techniken.

Schichtungselemente

Positionen, die man als gleichwertig einstuft, ergeben – wie wir schon wissen – zusammengefaßt eine bestimmte soziale Schicht oder einen Rangplatz, der anderen nur über-, aber auch nur untergeordnet sein kann. Das soziale Schichtungs- und damit Statusgefüge orientiert sich zwar an der formalen Rang- und Autoritätshierarchie des Betriebes, stimmt aber nicht mit ihr überein. Von Bedeutung sind neben der Positionshierarchie folgende Elemente der Schichtung:

- Karrierehierarchie (oder Laufbahnordnung)
  Von entscheidender Bedeutung ist hier die Frage, ob nach Alter (Senioritätsprinzip) oder nach Leistung (Leistungsprinzip) befördert wird. Dementsprechend kann allein die Betriebszugehörigkeit soziales Ansehen verleihen, weil damit eine höhere Anwartschaft auf Beförderung gegeben ist. Andererseits können fehlende Schulzeugnisse oder fehlende Studien bei Geltung des Leistungsprinzips zu Aufstiegshemmungen werden und schwere Konflikte für den einzelnen und den betreffenden Betrieb heraufbeschwören.

- Einkommenspyramide
  Die Einkommenspyramide kann anders aussehen als die Karrierepyramide, weil Arbeiten, die nicht gern übernommen werden, eventuell besser bezahlt werden müssen, als beliebte und saubere Arbeiten im Büro. Hoher Bildungsstatus ist nicht zwangsläufig mit hohem Einkommensstatus verbunden und umgekehrt. Aber auch die Art des Einkommens (Lohn oder Gehalt) spielt für den Status eine Rolle. Dabei kann der „Lohnempfänger" durch Akkordzuschläge durchaus mehr Geld bekommen als der „Gehaltsempfänger" – sein Status bleibt dennoch niedriger. Allerdings ist für den Status nicht die Einkommenshöhe entscheidend, sondern die Einkommensdifferenz zur nächst höheren bzw. nächst tieferen Position im Betriebe. Schrumpft der Abstand der Ungelerntenbezahlung zur Angelerntenbezahlung, so werden die Angelernten diesen Vorgang als Statusbedrohung empfinden. Konflikte können die Folge sein.

- Prestigeskala
  Statusbedeutsam sind ferner Unterscheidungen in anordnende und kontrollierende gegenüber ausführender Tätigkeit, Büro- und Werkstattarbeit, „Kopf"arbeit und „Hand"arbeit sowie die generelle Trennung der Arbeitenden in die da „oben" und wir da „unten".

Statusstreben

Der Kampf um den höheren Status, das größere soziale Ansehen oder Prestige ist oft wichtiger als die Bezahlung. Die Befriedigung oder Unzufriedenheit, die die Mitarbeiter bei ihrer Tätigkeit empfinden, hängt sehr entscheidend von dem Status ab, den sie einnehmen. Das Streben nach einem hohen Status ist begründet im Streben nach der Erhaltung und Steigerung des Selbstwertgefühls. Dabei ist zu berücksichtigen, daß für viele Menschen die Arbeitsgruppe die einzige Gelegenheit darstellt, Anerkennung zu finden. So wird ein Facharbeiter nur höchst ungern die Tätigkeit eines Hilfsarbeiters verrichten, weil er auch bei unveränderter Bezahlung um seinen sozialen Status fürchtet. Der Vorarbeiter träumt wahrscheinlich von der Position des Meisters. Dabei denkt er in erster Linie daran, daß dieser ausgezeichnet ist durch eine „Bude" mit Schreibtisch und Telefon und einen weißen Kittel, der ihn sofort von den Mitarbeitern abhebt. Die Gehaltserhöhung ist ihm auch wichtig, insgesamt aber doch zweitrangig. So kann Prestige in starkem Maße Einkommen und fehlende Autorität ausgleichen – Geltung statt Entgelt!
Immer wieder kann beobachtet werden, daß der noch fehlende höhere Status durch die Anschaffung von Symbolen des höheren Status – Wagen, Wohnung, Einrichtung oder Reise – vorweggenommen wird. Das zeigen die oft harten Auseinandersetzungen um Statusprivilegien und Statussymbole.

Statusprivilegien und Statussymbole

Zu den Statusprivilegien – also den besonderen Vorrechten eines Status – können gehören:

- Zeichnungsvollmacht (Handlungsvollmacht, Prokura),
- reservierter Parkplatz,
- besondere Waschräume,
- Vorrang in der Kantine oder sogar separates Kasino,
- Dienstwagen (mit oder ohne Chauffeur),
- großzügige Arbeitszeitregelung (keine „Stechuhr"!).

Als Statussymbole – also Abzeichen, die den Status anzeigen sollen – unterscheiden wir *zum Beispiel*:

- Titel (Direktor, Prokurist, Obermeister),
- Namensschilder mit Angabe von erworbenen Diplomen und Qualifikationen,
- besonderer Kleidungsaufwand (differenziert nach Farben und Formen, ähnlich wie beim Militär),
- Zimmerlage und Zimmergröße,
- Zimmerausstattung (Teppich, Sitzecke usw.).
- Vorzimmerdame (Sekretärin, Schreibkraft),
- direkte Telefonverbindung nach außen.

- Schlüssel (Hausschlüssel, Generalschlüssel für alle Schlösser),
- Größe (Hubraum) und Preis des gefahrenen Autos,
- Ziel der Urlaubsreise.

Die Statussymbole haben mitunter aber auch eine sachliche Berechtigung. Sie sind ein Orientierungsmittel für Betriebsfremde und Betriebsneulinge. Diese erfahren durch die entsprechenden Symbole sofort, mit wem sie es zu tun haben bzw. an wen sie sich zu wenden haben.

### Fragen, Aufgaben, Fallbeispiele

**29.** Geben Sie eine Umschreibung für „Position" und „Rolle"!

**30.** Inwiefern bringt die Rolle des Ausbilders besondere Probleme mit sich?

**31.** Versuchen Sie zu beschreiben, welche Rollensegmente zum Rollensatz des Leiters einer Schule gehören!

**32.** Erklären Sie die Begriffe Status, Statussymbol, Statusprivileg, Prestige und Image!

**33.** Welche Bedeutung haben Statussymbole im Betrieb?

**34.** Umschreiben Sie die Altersrolle des Jugendlichen!

**35.** Inwiefern ist der Betrieb ein „soziales System"?

**36.** Welchen Inhalt hat eine Stellenbeschreibung?

**37.** Unterscheidet sich der Status von Auszubildenden im 1. Ausbildungsjahr mit dem Ausbildungsberuf Industriemechaniker/Fachrichtung Betriebstechnik, die in verschiedenen Ausbildungsbetrieben lernen?

**38.** Haben Auszubildende „Statusprivilegien"?

### Hinweise auf Quellen und weiterführende Literatur


- Bellebaum, Alfred: Soziologische Grundbegriffe. Eine Einführung für Soziale Berufe. Stuttgart: Kohlhammer [10]1984.
- Bolte, Karl Martin/Hradil, Stefan: Soziale Ungleichheit in der Bundesrepublik Deutschland. Opladen: Leske und Budrich [6]1989.
- Geißler, Rainer: Die Sozialstruktur Deutschlands. Opladen: Westdt. Verlag 1992.
- Lauster, Peter: Statussymbole. Wie jeder jeden beeindrucken will. Stuttgart: Deutsche Verlags-Anstalt 1975.


## 1.5. Konflikte in Betrieb und Ausbildung

Soziale Normen – wir können auch von Verhaltensregeln sprechen – steuern das Verhalten des Menschen. Einige Normen – wie das *christliche Gebot:* Du sollst nicht töten! und seine Niederlegung in unserem Rechtssystem, aber auch die *Verkehrsregeln* der Straßenverkehrsordnung – gelten für alle Mitglieder der Gesellschaft gleichermaßen. Andere Normen – wie das Rauchverbot in der Sprengstoffabrik – haben nur für die in diesem Betrieb arbeitenden bzw. ihn besuchenden Menschen Bedeutung.

Manche Normen sind schriftlich festgelegt – in juristischen Gesetzen wie dem Strafgesetzbuch *zum Beispiel* –, manche werden erst deutlich, wenn man sie verletzt hat. Klopft der Auszubildende dem Chefingenieur am ersten Arbeitstag auf die Schulter und fragt nach einer Zigarette, dann wird man wohl am Gesicht des Ingenieurs und der die Szene miterlebenden Kollegen merken, daß sich der Auszubildende danebenbenommen hat.

Aber auch er wird durch das Fehlverhalten lernen, was er nicht tun darf, will er sich nicht alle Sympathien verscherzen. So verhilft Fehlverhalten oft erst zu klaren Vorstellungen darüber, was man tun sollte, was soziale Norm ist. Das gilt insbesondere für gewisse Gepflogenheiten, Gewohnheiten, Bräuche, Sitten und Moden, die von Gruppe zu Gruppe, von Betrieb zu Betrieb anders sein können.

Soziale Normen gehen aus dem tatsächlichen sozialen Verhalten der Menschen hervor und beeinflussen es. Allerdings neigen einmal festgelegte Normen dazu, sich langsamer als das wirkliche soziale Verhalten zu ändern. Die sozialen Normen regeln zwar das Zusammensein im Betrieb, führen aber auch zu Auseinandersetzungen über ihren Sinn, zu persönlichen und betrieblichen Konflikten. Verhalten sich Personen oder Gruppen deutlich nicht so wie andere Personen derselben sozialen Schicht es wünschen, dann sprechen wir von Konflikt.

### Rollen-Konflikte

Jede Position in der Gesellschaft wird durch die Ansprüche der verschiedensten Bezugspersonen bzw. -gruppen definiert. Oft widersprechen sich diese Ansprüche, weil die Bezugspersonen bzw. -gruppen unterschiedliche Normen vertreten. Damit werden an den Positionsinhaber sehr unterschiedliche Erwartungen gerichtet. Wir können auch sagen: Rollen-Konflikte gehören zur sozialen Rolle, die der Positionsinhaber „spielt". So sieht sich beispielsweise der Ausbilder den folgenden Erwartungen gegenüber:

- den Erwartungen des Ausbildungsleiters,
- den Erwartungen der Ausbilderkollegen,
- den Erwartungen der Mitarbeiter (Fach- und Sachbearbeiter usw.).

Im Betrieb sieht sich jeder Mitarbeiter zumindest zwei Arten von Rollenerwartungen ausgesetzt: den Verhaltenserwartungen – in der Stellenbeschreibung niedergelegt – der formalen Organisation sowie den Erwartungen der informalen Elemente der Organisation.

### Inter-Rollen-Konflikt

Da jeder Mensch nicht nur eine soziale Position einnimmt, sondern viele – Ausbilder, Ehemann, Parteimitglied usw. –, kann es zu Konflikten zwischen den einzelnen Rollen kommen, da die Verhaltenserwartungen in bestimmten Situationen von den verschiedenen Rollen her konkurrieren. Dies führt zum Inter-Rollen-Konflikt, d. h. zum Konflikt zwischen den verschiedenen Rollen. Die Erfüllung der Erwartungen der einen Rolle ist in der Regel gleichbedeutend mit der Verletzung der Erwartungen der anderen Rolle. *So* wird die berufstätige Frau und Mutter nicht all ihren Rollen hundertprozentig gerecht werden können. Diese Schwierigkeit gilt allgemein für das Verhältnis von Familien- und Berufsrollen. Ein *weiteres Beispiel* stellt der Ausbilder dar, der zwischen den Erwartungen des Auszubildenden und denen der Geschäftsleitung steht. Bildlich läßt sich der Inter-Rollen-Konflikt wie folgt veranschaulichen:

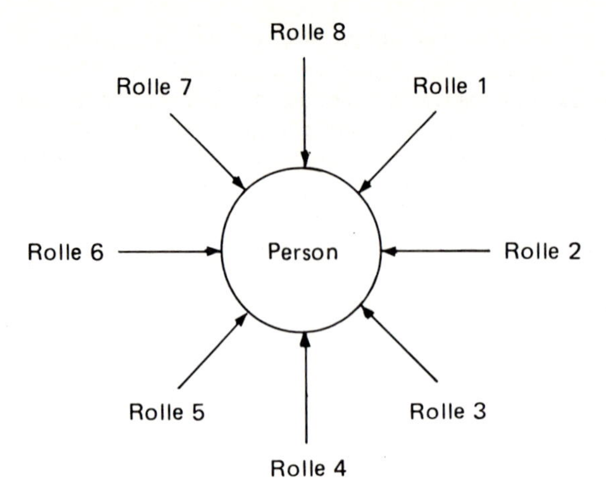


*Inter-Rollen-Konflikt*

Intra-Rollen-Konflikt

Begegnen einem Menschen als Inhaber einer Position von seiten verschiedener Bezugspersonen oder -gruppen, die seine ,,Rollensender" darstellen, abweichende, sich widersprechende Erwartungen, so befindet sich der Positionsinhaber in einem Intra-Rollen-Konflikt. Der Konflikt spielt sich innerhalb ein und derselben Rolle ab, deren Rollensegmente sich nicht miteinander vertragen. Die folgende Abbildung möge diesen Sachverhalt verdeutlichen:

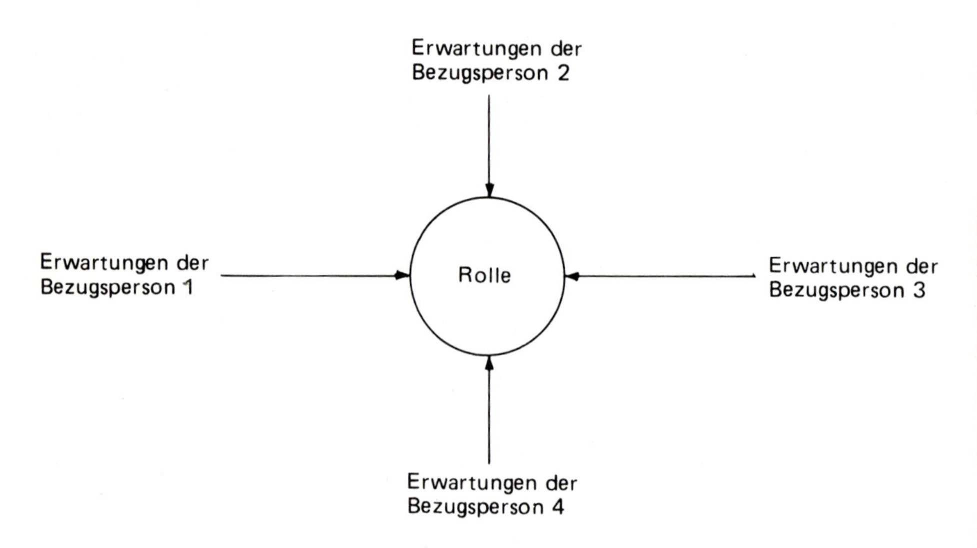


 *Intra-Rollen-Konflikt*

*Zum Beispiel* legt der Abteilungsleiter großen Wert auf die mengenmäßige Leistung der Abteilung, die Revision aber auf die Qualität und der Ausbilder auf den Ausbildungserfolg. Oder: Ein neu ernannter Ausbilder wird sehr bald feststellen, daß er den Erwartungen der anderen Ausbilder und denen seiner früheren Kollegen nicht gleich gut entsprechen kann. Die Kollegen erwarten Nachsicht und ,,kumpelhaften" Ton, die anderen Ausbilder erwarten, daß er für Ordnung sorgt und den nötigen Abstand zu den Leuten wahrt.

Intra-Rollen-Konflikt des Ausbilders

Gewöhnlich soll der Ausbilder zwischen ,,oben" und ,,unten", zwischen Management und Auszubildenden vermitteln. Er dient (,,Gehorsamspflicht nach oben") und herrscht (,,Befehlsgewalt nach unten") in einer Person. Als Mann in der Mitte hat er den Brückenschlag zwischen ,,oben" und ,,unten" zu leisten, d. h. einmal Anordnungen des Managements zu konkretisieren und zu erteilen, zum anderen Beschwerden nach oben zu geben. Er muß das Vertrauen von ,,oben" und ,,unten" genießen, also die Sprache beider Seiten sprechen.

Schaubildlich kann man sich die unterschiedlichen Erwartungen, die auf ihn gerichtet sind, wie folgt vorstellen:

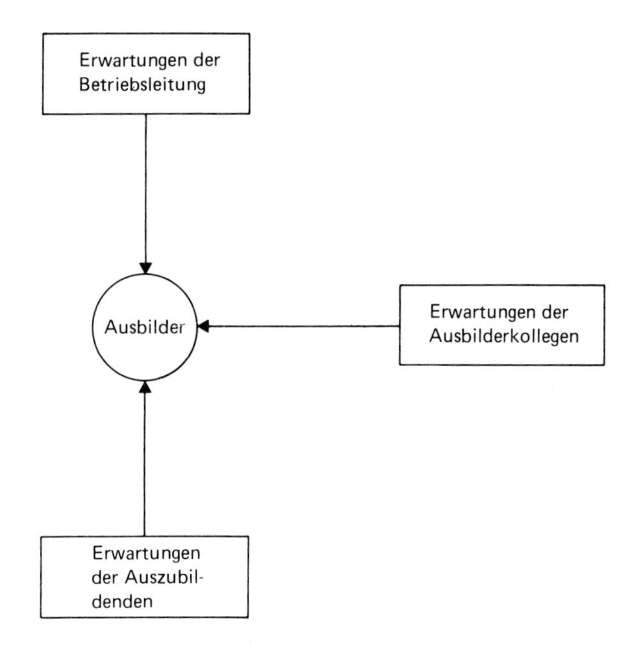


*Intra-Rollen-Konflikt des Ausbilders*

Wem soll es der Ausbilder Recht machen? Wie kann ein derartiger Konflikt gelöst werden?

## Sanktionen

Grundsätzlich werfen solche Konfliktsituationen die Frage auf: Welche Erwartungen sollen in erster Linie erfüllt werden? Es liegt nahe, diejenigen Erwartungen nicht zu erfüllen, welche die geringsten „Bestrafungen" mit sich bringen, bzw. umgekehrt gerade die Erwartungen zu erfüllen, die die größten „Belohnungen" nach sich ziehen. „Belohnungen" und „Bestrafungen", die auf die Erfüllung oder Nichterfüllung von Rollenerwartungen folgen, werden von den Soziologen als Sanktionen bezeichnet. Wir können die Sanktionen auch als Reaktionen der Bezugsgruppen auffassen.

Solche Sanktionen reichen von voller Zustimmung (positive Sanktion) bis zu höchster Ablehnung und Verachtung (negative Sanktion). Positive oder negative Sanktionen sind von Bezugsgruppe zu Bezugsgruppe verschieden. Sie wirken also auf die einzelnen Rollensegmente unterschiedlich stark ein. Fertigt sich ein Auszubildender in der Ausbildungszeit ein Ersatzstück für seinen Wagen, so werden die anderen Auszubildenden ihn wahrscheinlich positiv sanktionieren, indem sie ihm die Richtigkeit und Mutigkeit seines Verhaltens anerkennend zum Ausdruck bringen. Der Ausbilder wird wahrscheinlich mit einem Verweis reagieren.

Entscheidend sind jeweils die Sanktionen der Bezugsperson oder Bezugsgruppe, also der Person oder Gruppe, zu der der betrachtete Rollenträger Beziehungen unterhält oder unterhalten möchte, mit der er sich vergleicht und auch identifiziert (gleichsetzt), deren Wertvorstellungen und Normen sein Verhalten am stärksten beeinflussen. In der Regel werden das im Betrieb die anderen Auszubildenden sein, also die Gruppe, zu der man gehört. Die Mitgliedschaftsgruppe stimmt in diesem Fall mit der Bezugsgruppe überein. Das muß aber nicht so sein! Man kann sich auch an einer Gruppe orientieren, der man noch nicht angehört, der man aber eines Tages angehören möchte, zum Beispiel der Gruppe der Vorgesetzten (Werkmeister, Abteilungsleiter, Betriebsleiter).

### Sanktionsformen

Die Sanktionen können nicht nur positiv oder negativ sein, sondern auch in materieller oder immaterieller Form gewährt werden. Allerdings lassen sich auch Kombinationen feststellen. Einen Überblick über „Belohnungen" und „Bestrafungen", die das menschliche Verhalten steuern, also Rolle und Rollendarstellung zur Deckung bringen sollen, gibt die Tabelle auf Seite 53.

Das Gewicht der verhängten Sanktionen wird sich grundsätzlich nach der Art der verletzten bzw. erfüllten Erwartung richten. Die Erwartungen können zum Beispiel mit Hilfe der folgenden Fragen unterschieden werden:

- Grundfrage:
  Wie zwingend ist das erwartete Verhalten?
- Unterfragen:
  Muß man sich unbedingt so verhalten?
  Soll man sich so verhalten?
  Kann man sich „etwas anders" verhalten?

### Muß-, Soll- und Kann-Erwartungen

Auf die eben gestellten Fragen kann man mit der Unterscheidung in Muß-, Soll- und Kann-Erwartungen antworten. Bei den Muß-Erwartungen handelt es sich um rechtlich ge-

| | Positive Sanktionen | Negative Sanktionen |
|---|---|---|
| materiell: | • Gehaltserhöhung<br>• Prämienzahlung | • Gehaltskürzung (zum Beispiel durch Streichung von Zuschlägen und Prämien) |
| | | • Lohnausfall (zum Beispiel bei Unpünktlichkeit, ,,Krankfeiern") |
| | | • Entlassung |
| immateriell: | • Beförderung | • Degradierung (zum Beispiel auch durch Beschneidung des Entscheidungsspielraumes) |
| | • Anerkennung | • Mißbilligung |
| | • Lob | • Tadel |
| | • Prestigeerhöhung (durch Gewährung von Privilegien, Ausdehnung des Entscheidungsspielraumes) | • Prestigeverlust (durch Entzug von Privilegien) |
| | • Versetzung in angesehenere Abteilung | • Versetzung in weniger angesehene Abteilung |

*Überblick über positive und negative Sanktionen*

regelte Erwartungen. Die rechtliche Regelung kann im *Strafgesetzbuch* verankert sein, aber auch im *Tarifrecht* oder im *Betriebsverfassungsgesetz*. Die Mißachtung solcher Muß-Erwartungen – ein Diebstahl im Betrieb zum Beispiel – führt zu rechtlichen Folgen. Die Erfüllung dagegen gilt als selbstverständlich und wird nicht besonders belohnt.

Soll-Erwartungen können betrieblich fixiert sein, *zum Beispiel* durch *Betriebsvereinbarung, Betriebsordnung, Arbeitsanweisung, Betriebsnorm, DIN-Vorschriften und Ausbildungsvertrag.* So kann die Betriebsordnung beispielsweise vorsehen, daß der Arbeiter und Angestellte auch andere als die im Arbeitsvertrag vereinbarten Arbeiten verrichten muß, soweit dies aus betrieblichen Gründen erforderlich ist. Die Verletzung solcher Vorschriften führt nicht zu allgemeingültig angebbaren Folgen. Die Sanktion kann in einer Ermahnung, in der Aufforderung, den entstandenen Schaden zu ersetzen, aber auch in der angedrohten oder vollzogenen Erfassung liegen. Weitere Soll-Erwartungen sind weder rechtlich noch betrieblich fixiert, sondern in dem, was wir unsere Kultur nennen, verankert. Das gilt *zum Beispiel* für die Forderung, dem Mitmenschen höflich und freundlich zu begegnen, aber auch für Kleidung, Haarschnitt usw. Gegenüber dem Auszubildenden wird gemäß dem Spruch „Lehrjahre sind keine Herrenjahre!" gern Unterordnung, Erledigung von Hilfs- und Dreckarbeit u. ä. erwartet.

Kann-Erwartungen sind regelmäßig nicht schriftlich festgelegt oder kodifiziert. Im Betrieb kann die *Geburtstagslage* oder die *Einstandslage* eine solche Kann-Erwartung bilden. Hält man sich nicht an sie, dann wird man gehänselt, man verliert die Sympathie der Kollegen, gilt eventuell als Außenseiter oder Sonderling. Als solcher wird man vielleicht nicht beachtet, nicht gegrüßt, gesellschaftlich ,,geächtet", kurzum: ,,geschnitten".

Soziale Steuerung

Es ist durchaus möglich, daß betriebliche Soll-Erwartungen nicht erfüllt werden, weil die soziale Steuerung durch die nicht kodifizierten Erwartungen der Kollegen stärker wirkt. Allerdings handelt es sich nicht nur um „äußere" Sanktionen, sondern auch um „innere", nämlich die Kontrolle durch das Gewissen. Unsere Einstellung und unsere Gefühle wie Scham und Reue sind entscheidend durch die soziale Umwelt geprägt. Viele Normen haben wir internalisiert (= verinnerlicht) – sie sind uns so gewohnt, daß wir gar nicht mehr merken, daß unser Denken und Handeln von ihnen gesteuert wird.

Die soziale Steuerung durch Sanktionen zielt darauf ab, die drei Rollenbestandteile, nämlich Rollenzumutung oder Rollenerwartung als Soll, Rollenselbstdeutung oder Rolleninterpretation durch den Träger der Rolle und praktische Rollenentsprechung als Ist laufend zur Übereinstimmung zu bringen. Wer seine Rolle nicht „spielt", wird „bestraft"; wer sie „spielt", bleibt ohne „Strafe", eventuell wird er sogar „belohnt".

Motivkonflikte

Wir wissen bereits: Menschliches Verhalten wird in der Regel von vielen Motiven gleichzeitig beeinflußt. Dabei kommt es auch vor, daß die Ziele, Bedürfnisse oder Motive, die durch das Verhalten erreicht bzw. befriedigt werden sollen, nicht miteinander vereinbar oder verträglich sind. Gegensätzliche Meinungen und Interessen prallen aufeinander. Man möchte das Problem lösen, scheut aber die Schwierigkeiten! Man kann seine Karriere auf zwei Wegen machen – welchen soll man wählen?

Treten zwei miteinander nicht verträgliche Motive gleichzeitig auf oder kann ein Motiv auf zwei Wegen befriedigt werden, so steht der Mensch vor dem Zwang zur Entscheidung über die Rangfolge der Befriedigung. Jedes Motiv drängt auf Erfüllung. Was ist zuerst zu tun? Die Qual der Wahl – das macht den Konflikt aus! Unter Konflikt ist also die Notwendigkeit der Wahl zwischen Alternativen (= Handlungsmöglichkeiten) zu verstehen, und zwar derart, daß es zu einem Widerstreit der verschiedenen Strebungen kommt (abgeleitet von lat. confligere = zusammenschlagen).

Verdeutlichen wir uns die Möglichkeiten der Form von Konflikten:

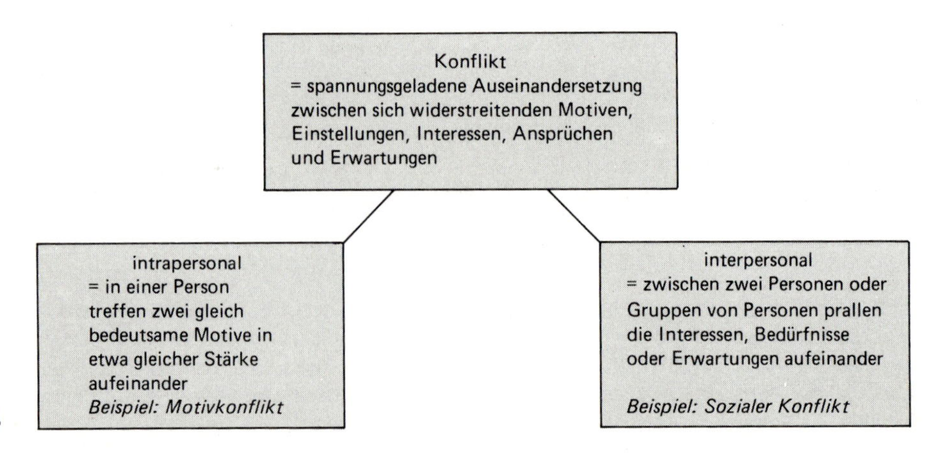

In der Berufsausbildung können die Motive des Geldverdienens, des sachlichen Interesses, des Statusstrebens und des Strebens nach Gruppenzugehörigkeit aufeinander treffen. Es ergibt sich ein Motivkonflikt – unvereinbare Motive von gleicher Stärke stehen sich gegenüber. Selbstverständlich ist es auch denkbar, daß der einzelne diese aus seinem Inneren kommenden Motive miteinander vereinbaren kann. Der Konflikt kann aber auch äußere Ursachen haben: ein Mitmensch durchkreuzt die Zielerreichung. Unterschiedliche Interessen prallen aufeinander.

Gehen wir von zwei Alternativen (= Handlungsmöglichkeiten) aus, so kann es grundsätzlich zu folgenden Konfliktarten kommen:

- Anziehungs-Anziehungs-Konflikt
  Beide Alternativen sind positiv. Sie ziehen an. Die Anziehungskraft der Alternative wird Appetenz bzw. Attraktion genannt. Daher wird auch von Appetenz-Appetenz-Konflikt gesprochen. Die Alternativen schließen sich aus: Ein Schritt in die eine Richtung führt gleichzeitig einen Schritt von der anderen Richtung weg. Es geht hier um das Problem von Buridans hungrigem Esel, der, von zwei im gleichen Abstand befindlichen Heubündeln gleich stark angezogen, verhungern muß, weil er sich für keines von beiden entscheiden kann. So kann es auch einem karrierebewußten Auszubildenden gehen, der am Ende seiner Ausbildung zwischen einer Anstellung in der Forschungs- oder der Planungsabteilung entscheiden soll.
- Vermeidungs-Vermeidungs-Konflikt
  In diesem Fall sind beide Alternativen negativ besetzt. Sie stoßen ab. Die Abneigung wird als Aversion bezeichnet. Daher spricht man auch von Aversions-Aversions-Konflikt. Meidet man die eine Alternative, so nähert man sich automatisch der anderen. Als Lösungsmöglichkeit für den Konflikt kommt der Kompromiß in Frage.
  *Beispiel:* Ausbilder Lehmann – stolz auf seine hervorragenden Fachkenntnisse – hat in den innerbetrieblichen Zwischenprüfungsaufgaben einen schweren Fehler übersehen. Was ist zu tun? Entweder er unterstellt die wegen fehlender Zahlenangaben unlösbare Aufgabe als gelöst (= Zensurenaufbesserung) oder er muß eine neue Zwischenprüfung ansetzen. Beide Alternativen sind ihm äußerst unangenehm! Wie kann er den Konflikt lösen?
- Anziehungs-Vermeidungs-Konflikt
  Die Alternativen haben positive und negative Seiten. Die Bedingungen, unter denen das Motiv befriedigt werden kann, ziehen an und stoßen gleichzeitig ab. Die Zielerreichung setzt voraus, daß man auch die negativen Bedingungen in Kauf nimmt (*z. B.* Lernwiderstände).
  Man spricht auch von Appetenz-Aversions-Konflikt.
  *Beispiel:* Dem auf Geltung bedachten Ausbilder Meier wird angeboten, auch in der Mitarbeiterweiterbildung als Dozent aufzutreten. Meier fühlt sich geschmeichelt – er würde ja im ganzen Werk bekannt werden. Gleichzeitig hat er auch Angst, sich zu blamieren. Wie soll er sich verhalten?

Konfliktlösungsmöglichkeiten

Welche grundsätzlichen Möglichkeiten gibt es, um sich aus der Qual der Wahl – dem Konflikt – zu befreien? Als grundsätzliche Möglichkeiten kommen in Frage:

- Den Schwierigkeiten fest ins Auge sehen, sie meistern und auch die negativen Folgen auf sich nehmen.

- Den Schwierigkeiten zu entgehen suchen, sie umgehen. Der Auszubildende entwickelt *zum Beispiel* die Lösung nicht selbst, sondern schreibt sie von einem Kameraden ab. Eine andere Möglichkeit: Probleme über Beziehungen lösen!

Sind die Alternativen gleichwertig (negativ oder positiv), dann sollte versucht werden, die eine oder andere Seite noch positiver oder negativer erscheinen zu lassen, damit eine Entscheidung fällt und eine Bedürfnisbefriedigung ermöglicht wird. Gelingt es nicht, das Bedürfnis zu befriedigen, so führt das zur Frustration. Man ist enttäuscht über das Scheitern, sein Ziel zu erreichen. Die Frustration (=verhinderte Bedürfnisbefriedigung) führt in der Regel zu Aggression oder Angst. Aggression bzw. Angst werden zuweilen nicht gezeigt. Grundsätzlich kann dem „Angriff auf das Selbstwertgefühl bzw. Selbstbewußtsein" mit Hilfe der folgenden Abwehrmechanismen begegnet werden:

- Aggression (= Angriff, Feindseligkeit)
  Unter Aggression ist grundsätzlich das Austeilen schädigender Reize im weitesten Sinne des Wortes zu verstehen. Der Aggressor will einem anderen ,,Schmerzen" oder ,,Schaden" zufügen.
  Der Abwehrmechanismus der Aggression führt nicht zur Problemlösung, aber zu einem ,,Luftablassen" (*Beispiel:* Wutausbruch bei Kontrolle durch den Ausbilder).
  Die Aggression kann sich direkt oder verschoben äußern. Richtet sich das aggressive Verhalten unmittelbar auf das Hindernis, welches der Zielverwirklichung bzw. Motivbefriedigung im Wege steht, so wird von direkter Aggression gesprochen.
  Richtet sich die Aggression auf einen Gegenstand oder eine Person (den unschuldigen ,,Sündenbock"), die an der Frustration keine Schuld trägt, wird von Verschiebung bzw. verschobener Aggression gesprochen (*Türen knallen, Maschine mutwillig zerstören*). Man wählt sich ein anderes Ziel.

- Dem Konflikt ausweichen, indem man aus dem Felde geht (Rückzugsreaktion). Man verzichtet auf die Zielerreichung, weil einem die Kosten zu hoch sind. Man resigniert. Diese Rückzugsreaktion ist in der Regel mit einer gefühlsmäßigen Abkapselung verbunden (Verweigerung persönlicher Kontakte). Es gibt auch Menschen, die sich vor der Entscheidung drücken: Sie sind plötzlich ,,krank" oder ,,bauen" sogar einen Unfall!

- Kompensation: Statt des unerreichbaren Hauptzieles gewinnt man Befriedigung durch ein Ersatzziel. Man schließt einen Kompromiß.

- Rechtfertigung oder Rationalisierung
  Um dem Konflikt zu entgehen, kann ein positives Ziel nachträglich als negativ ausgegeben werden. Der Mißerfolg wird durch Scheinargumente entschuldigt. Man redet sich heraus, indem man das Ziel als gar nicht wünschenswert darstellt (= Saure-Weintrauben-Rationalisierung: Der Fuchs bezeichnet die Weintrauben, an die er nicht gelangen kann, als ungenießbar; Umkehrung: Süße-Zitronen-Rationalisierung: Die guten Seiten des Mißerfolges werden herausgestellt!). Eine Abwandlung davon: die Nichterreichung des Zieles wird der Umwelt angelastet, den widrigen Umständen. Auch hier wird in gewisser Weise ein Kompromiß geschlossen.

- Regression
  Bei der Konfliktlösung durch Regression wird auf Verhaltensweisen früherer Entwicklungsstufen zurückgegriffen – *Auszubildende fangen plötzlich an zu weinen* (andere Erscheinungsformen: am Daumen lutschen, Nägel kauen). Vor der eigentlichen Konflikt- oder Problemlösung wird zurückgewichen. Es handelt sich um eine Rückzugsreaktion.

- Verdrängung
  Die peinliche Situation wird aus dem Gedächtnis „gestrichen". Man will sich nicht mehr daran erinnern!

Beschwerde und Streit

Oft entladen sich Konflikte lautstark – die Kontrahenten geraten aneinander. Sie werden sehr persönlich, verlieren die Sache aus den Augen, handeln nur noch emotional (= gefühlsmäßig). Handelt es sich um Auszubildende, dann kann der Ausbilder sich nicht sagen: „Wenn zwei sich streiten, dann freut sich der Dritte!" Er muß handeln. Aber wie?

Der Ausbilder sollte sich in etwa an folgende „Spielregeln" halten:

- Es gilt in erster Linie, den Sachverhalt genau zu ermitteln!
- Der Ausbilder sollte als „Unparteiischer" zwischen die „Streithähne" treten! Er darf keinen Kontrahenten abwerten, beleidigen oder gar begünstigen!
- Dabei muß der Ausbilder selbst die Ruhe in Person sein. Er sollte sich selbst in der Gewalt haben und sachlich die Standpunkte der Streitenden klären.
- Sind die Positionen bekannt, kann der Ausbilder unter Umständen die Ursachen und Zusammenhänge ermitteln und eventuell sogar die Störfaktoren beseitigen.
- Gelingt die „Heilung" nicht auf Anhieb, so ist im gemeinsamen Gespräch eine Lösung zu suchen, die jedem der Gegner eine teilweise Befriedigung seiner Motive erlaubt (= Kompromiß).
- Liegen eindeutig aggressive Verhaltensweisen vor, dann sollte der Ausbilder die Zielerreichung auf jeden Fall vereiteln, damit die Aggressionen nicht noch bekräftigt werden.

Ein ähnliches Vorgehen empfiehlt sich bei Beschwerden. Beschwerden können sachlich begründet sein, aber auch auf persönlichen Ärger zurückgehen. *Zum Beispiel:* Ein Auszubildender fühlt sich zu wenig beachtet und anerkannt, hat Ärger mit den anderen Auszubildenden. Um mehr in den Mittelpunkt des Interesses zu rücken, formuliert er Beschwerden. Er kann sogar zum „ewigen" Beschwerdeführer (oder Nörgler) werden.

Von welcher Qualität die Beschwerde ist, das läßt sich nicht immer auf den ersten Blick erkennen. Daher sollte jede Beschwerde ernst genommen und vertraulich behandelt werden. Sie sollten dem Beschwerdeführer immer erst einmal Gelegenheit geben, „Dampf abzulassen". Das Erzählen führt zumeist schon zu einem Abbau von Aggression. Insofern muß der Ausbilder gut zuhören können. Der Ausbilder sollte dann eine Informationskontrolle einleiten, d. h. nicht gleich Stellung nehmen, sondern eine Prüfung der Aussagen zusichern. Erst nach Aufnahme der Tatbestände (Zusammenhänge, Ursachen usw.) sollte der Ausbilder Stellung nehmen und mit dem Auszubildenden, der sich beschwert hat, die möglichen Lösungen diskutieren.

### Sozialer Konflikt

Neben dem Konflikt in der Person selbst sind Konflikte zu berücksichtigen, welche die Gruppe der Auszubildenden, die Abteilung oder den ganzen Betrieb betreffen. Der Betrieb als soziales System stellt durch seine um der gemeinsamen Leistungserstellung willen notwendige Unter- und Überordnung der einzelnen Mitglieder auch einen Zwangsverband dar. Die Interessen der Mitglieder dieses Zwangsverbandes gehen oft auseinander.

Was für die Betriebsleitung Kosten – zum Beispiel Löhne und Gehälter – darstellt, die man gern senken möchte, stellt für den Arbeitnehmer Einkommen dar, das er nach Möglichkeit erhöhen möchte. Solche gegensätzlichen Interessen lassen die einen für Veränderung, die anderen für Aufrechterhaltung des Systems stimmen. Im Kern handelt es sich bei diesem Konflikt um Lohn und Leistung um Auseinandersetzungen um die Macht- und Einkommensverteilung. Insbesondere wird das heute im Streit um die 35-Stunden-Woche deutlich und im sich Jahr für Jahr wiederholenden Tarifkonflikt um höhere Löhne und Gehälter.

Gegenstände solcher Konflikte können aber auch die Arbeitsorganisation mit ihrer Herrschaftsstruktur und die Arbeitsbedingungen sein, die Furcht vor Veränderungen durch technischen Fortschritt, neue Formen der Zusammenarbeit, Auseinandersetzungen mit Vorgesetzten, Betriebsräten oder Kollegen, Lohnforderungen, Forderung nach besserer Ausbildung, Aufstiegschancen sowie der Wunsch nach höherem Status und Prestige. Die unterschiedlichen Standpunkte von Betriebsleitung und Arbeitnehmerschaft und von Ausbildungsleitung und Auszubildenden bei solchen Gegenständen führen zum Konflikt, d. h. zu Spannungen zwischen den Parteien.

**Auf der Ebene der Auszubildenden können gegensätzliche Wünsche, Interessen und Motive aufeinander prallen. Einer kann oft nur der „Sieger" sein. Der „Verlierer" ist „frustriert" – seine Bedürfniserfüllung ist vereitelt. Aggression und Resignation können die Folge sein! Dadurch entstehen in den persönlichen Beziehungen Konflikte, die sich in Streitereien und Beleidigungen oder Nichtbeachtung („aus dem Weg gehen") äußern. Solche Konflikte vergiften die Betriebsatmosphäre, das Betriebsklima. Die Leistung sinkt ab!**

Konfliktformen

Der Konflikt kann sich in verschiedenen Formen offenbaren und mit verschiedenen Mitteln vorangetrieben werden: Ausbilder und Vorgesetzte werden abgelehnt, man meldet sich krank, wechselt den Betrieb (Fluktuation), arbeitet langsam („bremst"), droht einen Streik an, legt die Arbeit spontan nieder („wilder" Streik), sabotiert die Arbeit anderer oder man verhandelt, unter Umständen auf höchster Ebene, zum Beispiel der der Gewerkschaft und der des Arbeitgeberverbandes. Der Konflikt kann also vertikal, aber auch horizontal angelegt sein. In der Regel wird er sich in der Vertikalen zwischen Vorgesetzten und Untergebenen sowie zwischen Arbeitgebern und Arbeitnehmern abspielen.

Man kann grundsätzlich drei Konfliktformen unterscheiden:

- Informeller Konflikt

  Der informelle Konflikt wird – wie der Name es zum Ausdruck bringen soll – in der informellen Gruppe abgewickelt bzw. von ihr getragen. Er tritt nicht für alle offen zutage. Daher spricht man auch vom „verdeckten" oder „latenten" Konflikt. Die aggressive Tendenz wird unterdrückt. Das gelingt den einzelnen Auszubildenden bzw. Mitarbeitern unterschiedlich lange. Ihre Geduld, Bedürfnisbefriedigung aufzuschieben bzw. Mißerfolge zu ertragen und so zu verarbeiten, daß der Einfluß auf das Verhalten gering bleibt, wird als „Frustrationstoleranz" bezeichnet. Sie bestimmt darüber, wie lange der einzelne einen latenten Konflikt aushält, ohne aggressiv zu werden.

  Bei dieser Konfliktform gehen die Verhaltensabweichungen regelmäßig nur soweit, daß eine scharfe disziplinarische Maßnahme wie Kündigungsdrohung oder Entlassung nicht gerechtfertigt werden kann.

Anhaltspunkte für einen bestehenden informellen Konflikt sind:

- Ablehnung bestimmter Personen (Beschimpfung des Vorgesetzten!),
- Leistung schlechter Arbeit (Produktion von Ausschuß!),
- Leistungszurückhaltung (Bremsen, Minderleistung!),
- Verteilung von „bösartigen" Spitznamen („Streber", „Akkorddrücker"!),
- Widerstand bzw. Meuterei gegen Maßnahmen wie Versetzung und Überstunden,
- Dienst nach Vorschrift, d. h. Einhaltung aller nur bestehenden Regeln und Vorschriften, auch wenn die Situation es nicht erfordert (Bummelstreik!).

- Umgeleiteter Konflikt
  Wird durch die vereitelte Befriedigung eines Motivs Aggression ausgelöst, so kann diese auch – statt auf den Verursacher – auf andere Personen oder Gegenstände („Tür laut zuknallen!") verschoben werden (sogenannte Verschiebung). Der Konflikt führt in dieser Form nicht zur direkten Auseinandersetzung, sondern zeigt sich in veränderten Verhaltensweisen in anderen Bereichen, *zum Beispiel* dem familiären. Der Konflikt kann im familiären Bereich seinen Niederschlag finden, indem man seine Wut am Ehepartner oder den Kindern „abreagiert". Im Betrieb kann ein solcher Konflikt zu höheren Unfallzahlen führen. Aber auch ungewöhnlich viele Krankmeldungen und Kündigungen können auf umgeleitete Konflikte verweisen, ebenfalls die Erscheinung des sogenannten Absentismus, d. h. unentschuldigtes Fehlen bzw. „Krankfeiern", insbesondere am Freitag (bzw. Sonnabend) und am Montag. Auch der Griff zur Flasche oder Droge können Ausdruck eines umgeleiteten Konflikts sein!

- Manifester Konflikt
  Beim manifesten Konflikt handelt es sich um eine organisierte Auseinandersetzung zwischen Betriebsrat und Betriebsleitung bzw. zwischen Arbeitgeberverband und Gewerkschaft. Dabei kann es *zum Beispiel* zu Streik und Aussperrung kommen.

Bedeutung des Konflikts

Oft wird der Konflikt als etwas Schädliches angesehen, als Störung des „normalen" Ablaufs, gar als Krankheit des Systems Betrieb. Das ist aber nur bedingt richtig! Konflikte sind wesentliches Merkmal des Industriebetriebes. Jeder Konflikt leistet auch Nützliches:

- Er führt zur Offenlegung der bestehenden Gegensätze!
- Er zwingt die Partner des Konflikts dazu, ihre Forderungen offen zu begründen!
- Er ermöglicht dadurch vernünftige Verhandlungen und eventuell einen ausgeglichenen Kompromiß!
- Er führt zur Erhaltung des sozialen Systems „Betrieb" in einem neuen Gleichgewicht, indem er die wechselseitig erwarteten Verhaltensweisen neu festlegt!

Damit ist der Konflikt die Quelle des sozialen Wandels und des Fortschritts. Allerdings bedarf er, um die oft in den Vordergrund gestellten negativen Seiten zu vermeiden, der Steuerung durch bestimmte Regeln. Die Konfliktursachen selbst lassen sich nicht sämtlich aus der Welt schaffen, aber man kann dafür sorgen, daß der Konflikt in geregelten Bahnen verläuft. Zum Beispiel können bestimmte Verhandlungen über den Betriebsrat, Vermittlungsversuche durch neutrale Dritte und Schlichtungsstellen sowie Schiedsgerichte Konflikte in vernünftige Kanäle lenken.

**39.** Welchen Erwartungen folgt der Auszubildende in erster Linie – den formalen oder den informalen?

**40.** Kennzeichnen Sie die Bezugsgruppe der Auszubildenden im 1. bzw. 3. Ausbildungsjahr!

**41.** Was ist unter Internalisation von Normen zu verstehen?

**42.** Wie erfolgt soziale Steuerung?

**43.** Kennzeichnen Sie den Inter-Rollen-Konflikt und den Intra-Rollen-Konflikt! Geben Sie jeweils ein Beispiel!

**44.** Wir wissen, daß jede Bezugsperson bestimmte Erwartungen hat. Was erwarten zum Beispiel die Auszubildenden einerseits, die Abteilungsleiter andererseits vom Ausbilder?

**45.** Der vielbeschäftigte Ausbilder Kienbaum, der auch dem Kirchenchor der Gemeinde als erster Tenor angehört, steht vor folgendem Problem: Soll er am Sonnabend mit seiner Frau die schon lange geplanten Einkäufe erledigen oder zur angesetzten Chorprobe in die Gastwirtschaft gehen? Erwächst die notwendig werdende Entscheidung aus einem Inter- oder einem Intra-Rollen-Konflikt? Warum?

**46.** Welche Funktionen haben „Normen“ in Gruppen bzw. in der Gesellschaft?

**47.** Was versteht der Soziologe unter Sanktionen?

**48.** Welchen Zweck verfolgt die Verhängung von Sanktionen?

**49.** Welche Folgen hat die Erfüllung bzw. Nichterfüllung von Muß-, Soll- und Kann-Erwartungen?

**50.** Wie setzt eine Gruppe ihre Normen durch?

**51.** Wodurch wird ein Konflikt gekennzeichnet?

**52.** Johannes hatte bisher kaum Ärger mit der Qualität seiner Übungsstücke. Er machte nur 100%ige Sachen. Doch seit der letzten Woche, in der er mit Ausbilder Simpel eine Auseinandersetzung wegen seines Urlaubs hatte, stimmt kaum noch eine Bohrung. Die Auseinandersetzung, die mit einem Kompromiß endete, hat er schon vergessen. Der Ausbilder ist wegen der vielen Fehler und Unsauberkeiten in der Arbeit von Johannes ratlos. In der Kantine fragt er einen Kollegen, der gerade von einem Kurs über „Konfliktbewältigung“ zurück ist. Welche Erklärung könnte dieser Ausbilder Simpel wohl geben?

**53.** Um welche Konfliktformen handelt es sich in den folgenden kleinen Fallausschnitten:
a) Karl will gute Noten erreichen, aber sich nicht anstrengen!
b) Karl hat Zahnschmerzen. Wenn er an den Zahnarzt denkt, wird ihm ganz übel. Er fragt sich: Geh' ich zum Zahnarzt, oder ertrage ich lieber die Schmerzen?
c) Karl hat großes Interesse an seiner Arbeit. Er ist fast ein „Streber“. Gleichzeitig strebt er auch nach Anerkennung als „dufter Kumpel“ bei seinen Kameraden. Oft steht er vor der Wahl zwischen Bier und Kegeln einerseits, Rechenschieber und Volkshochschule andererseits.

## Hinweise auf Quellen und weiterführende Literatur


- Burisch, Wolfram: Industrie- und Betriebssoziologie. Berlin: de Gruyter [7]1973.
- Mann, Leon: Sozialpsychologie. Weinheim: Beltz [8]1987.
- Oppolzer, Alfred A.: Hauptprobleme der Industrie- und Betriebssoziologie. Köln: Kiepenheuer & Witsch 1976.
- Schäfers, Bernhard: Gesellschaftlicher Wandel in Deutschland. Stuttgart: Enke [5]1990.
- Seger, Imogen: Knaurs Buch der modernen Soziologie. München: Knaur 1970.


# 1.6. Autorität und Führungsstil

Die Aufgabe des Ausbilders als Vorgesetzter der Auszubildenden, aber auch der Ausbildungsbeauftragten, besteht darin, zu planen (z. B. Ziele und Mittel), Entscheidungen zu treffen, anzuordnen, zu organisieren, zu koordinieren, zu motivieren und zu kontrollieren. Der Anteil dieser Tätigkeiten an der Gesamtarbeitszeit ist abhängig von der Stellung des Ausbilders in der Betriebshierarchie – die Entscheidungs- und Planungsaufgaben werden beim Ausbildungsleiter zum Beispiel einen größeren Umfang haben als beim Ausbilder.

Im einzelnen lassen sich die folgenden Teilaufgaben nennen:

- Einführung neuer Auszubildender,
- Information der Auszubildenden und Mitarbeiter über Lernziele und Lernerfolge,
- Durchführung von Unterricht und Unterweisung,
- Durchführung von Lernkontrollen,
- Beobachtung, Beurteilung und Bewertung der Auszubildenden,
- Sicherheits- und Umwelterziehung.

Diese vielfältigen Aufgaben werfen die Frage nach den Anforderungen an den Ausbilder als Vorgesetzten auf.

Anforderungen an den Ausbilder als Vorgesetzten im Betrieb

Besondere Eigenschaften des Vorgesetzten haben sich auch durch vielfältige Untersuchungen nicht nachweisen lassen. Insofern wird die „Eigenschaftstheorie des Führens" (Zum Führen wird man geboren!) nicht mehr vertreten. Der Ausbilder als Vorgesetzter sollte die Eigenschaften haben, die man ganz allgemein am Mitmenschen schätzt. Im einzelnen hängen diese Eigenschaften und Verhaltensweisen weitgehend von den Auszubildenden, den Mitarbeitern und den Situationen des Betriebes ab. Es gilt also mehr die „Situationstheorie des Führens" – ruhige Zeiten erfordern andere Eigenschaften als Krisensituationen. Umgekehrt kann gesagt werden: Wer in der Katastrophe gut führt, muß nicht auch automatisch in ruhigen Zeiten der geeignete Führer sein.

Sieht man von besonderen Fällen ab, so sollte der Ausbilder als Vorgesetzter die folgenden Eigenschaften aufweisen:

- Fachliche Überlegenheit
  Sie ist die Voraussetzung für die Anerkennung des Ausbilders – seine Autorität – durch die Auszubildenden und die anderen Mitarbeiter. Dabei sollte der Ausbilder ständig be-

reit sein, dazuzulernen und auch Neuerungen einzuführen. Allerdings bedeutet fachliche Überlegenheit heute nicht immer, daß der Ausbilder jede Arbeit selbst in allen Einzelheiten besser als andere Mitarbeiter verrichten kann, sondern zielt auf die Kenntnis der Zusammenhänge und auch auf das Einsetzenkönnen geeigneter Ausbildungsgehilfen. Dieses Führungskönnen wird besonders durch die folgenden Eigenschaften mitbestimmt:

- Initiative und Entschlußfähigkeit.

- Überzeugungskraft
  Angesichts weitgehender Arbeitsteilung sollte der Vorgesetzte den Mitarbeitern, insbesondere den Auszubildenden, vorgegebene Ziele und ihre Sinnzusammenhänge – die Bedeutung ihrer Arbeitsleistung im Ganzen – überzeugend erläutern können. „Allgemeine" Ziele sind für den Mitarbeiter in „Klartext" zu übersetzen. Der Mitarbeiter, insbesondere der Auszubildende, muß verstehen, was von ihm erwartet wird, und einsehen, warum er es tun soll.

- Verantwortungsbewußtsein
  Das Verantwortungsbewußtsein sollte sich auch auf die Gesundheit und das Wohlergehen der Auszubildenden und Mitarbeiter erstrecken.

- Kontaktfähigkeit
  Dabei sollte sich der Vorgesetzte nicht aufdrängen oder anbiedern und sich auch keine „plumpen Vertraulichkeiten" leisten.

- Verständnis für menschliche Probleme
  Der Ausbilder sollte für die Auszubildenden da sein und ein „Ohr" für ihre Probleme haben. Das setzt voraus, daß er zuhören kann. Nach Möglichkeit sollte der Ausbilder für jeden Auszubildenden die für diesen geeignetste Lösung finden. Dabei sollte Verschwiegenheit, Diskretion und gegenseitiges Vertrauen selbstverständlich sein.

- Vorbildlichkeit
  Vorbildlich sein bedeutet nicht unbedingt, frei von Fehlern zu sein. Aber: Der Ausbilder sollte immer selbst das tun, was er von den Auszubildenden in fachlicher und persönlicher Hinsicht verlangt! Dazu gehört auch Selbsterkenntnis und -beherrschung. Führen heißt: Mit gutem Beispiel vorangehen!

- Sachlichkeit und Gerechtigkeit
  Der Ausbilder sollte sich stets bemühen, ohne Zuneigung oder Abneigung für bestimmte Auszubildende aufkommende Streitfälle zu beurteilen. „Günstlingswirtschaft" zahlt sich auf die Dauer nicht aus! Zur Gerechtigkeit gehört auch die Anerkennung von guten Leistungen und selbständigem Arbeiten.

### Menschenführung

Menschenführung beginnt mit der Führung der eigenen Person. Was man selbst nicht schätzt – zum Beispiel ungerechte Behandlung –, sollte man auch seinen Auszubildenden nicht zumuten. Eine gerechte und menschenwürdige Behandlung der Auszubildenden durch den Ausbilder hat eine hervorragende Bedeutung für ein gutes Betriebsklima. Hinzu kommen sollten Kenntnisse der „angewandten Psychologie". Das bedeutet, man sollte die Verfahren kennen, die einen Auszubildenden geneigt machen, freiwillig das zu tun, was man als Ausbilder will (vgl. Abschnitt „Motivierung", Band 1, Seite 247 ff.).

Worauf beruht nun die Wirksamkeit eines Vorgesetzten überhaupt? Sie beruht auf seiner Dienst- oder Amtsgewalt, seinem Prestige und seiner Autorität.

Jeder Ausbilder hat in einem gewissen Umfang die Befugnis, bestimmte Dinge anzuordnen, Handlungen zu untersagen und die Leistungen der Auszubildenden zu kontrollieren. Diese ,,Gewalt" – wir nennen sie Dienstgewalt – wird ihm von seiner vorgesetzten Stelle verliehen.

Eng mit der Dienstgewalt verbunden ist der Status und das Prestige. Im Betrieb sind insbesondere die Statussymbole von Bedeutung. Sie verdeutlichen die Stellung des Ausbilders als Vorgesetzten und verschaffen ihm Ansehen. Zum Beispiel kann das ein besonderer Kittel, ein eigenes Zimmer, Telefon, reservierter Parkplatz und ein Universalschlüssel sein.
Ähnlich wie die Dienstgewalt werden auch die äußeren Prestige-Abzeichen von der Betriebsleitung verliehen. Der wichtigere Teil des Prestiges – Achtung und Ansehen, Wertschätzung und Beliebtheit – müssen oft langwierig durch korrekte Haltung, Zuhörenkönnen, Behutsamkeit im Umgang mit den Auszubildenden erworben werden.
Ähnlich verhält es sich bei der Autorität, die nicht verliehen werden kann. Sie kann aber erworben werden durch überlegenes Können, Gerechtigkeit den Auszubildenden gegenüber, menschliche Anteilnahme und Selbstkontrolle.

,,Spielregeln"

Allgemeingültige Vorgesetzteneigenschaften oder gar allgemeingültige Regeln der Menschenführung (,,Erfolgsrezepte"!) kann es nicht geben. Dazu sind die Menschen und die Situationen zu vielfältig. Was in einem Fall richtig ist, kann beim nächsten falsch sein! Es können allenfalls einige Hinweise auf Verhaltensweisen gegeben werden, die man am besten als Ausbilder und Vorgesetzter vermeidet, weil man damit den Mitmenschen regelmäßig nur verärgert. Insofern ist in der Menschenführung das wohlüberlegte Vermeiden mindestens ebenso wichtig wie das Handeln. Im wesentlichen sind es sechs Dinge, die der Normalmensch nicht leiden kann: Nichtbeachtung, plötzliche Veränderung, Ungewißheit, unerfüllte Hoffnungen, Schimpfen und Brüllen sowie Ironie.

- Nichtbeachtung
  bedeutet für den anderen Geringschätzung, Verletzung seines Selbstwertgefühls, ja sogar Beleidigung. Hinzu kommt, daß die Nichtbeachtung auch den Leistungswillen schwächt.

- Plötzliche Veränderungen
  verstoßen gegen liebgewordene Gewohnheiten. Gewohnheiten sind notwendige Schutzhaltungen, die den Menschen entlasten. Die Umstellbarkeit des Menschen ist anlagemäßig sehr unterschiedlich, auf jeden Fall sinkt sie mit den Jahren. Mitunter sind in dieser Beziehung weibliche Mitarbeiter besonders empfindlich: Sie sind oft mehr als der Mann von der gewohnten Arbeitsumwelt, von den vertrauten Personen in ihrer Umgebung abhängig. Auch wenn nun Veränderungen im Betriebsleben unvermeidlich sind, so kann man ihnen durch Vorbereitung und Erklärung das Überraschungsmoment nehmen. Dies gilt auch für die Auszubildenden.

- Ungewißheit
  wird von fast allen Menschen gefürchtet. Warten und Ungewißheit, was wohl kommen mag, führen regelmäßig zur Lähmung des Leistungswillens, zur Niedergeschlagen-

heit, aber auch zur Unruhe, Ungeduld und Gereiztheit. Wo immer möglich, sollte man die Ungewißheit verkürzen und klare Verhältnisse schaffen.

- Unerfüllte Versprechungen
  und enttäuschte Hoffnungen fördern nicht die Zusammenarbeit zwischen Ausbilder und Auszubildenden.

- Schimpfen und Brüllen
  sowie jeglicher erhöhter Stimmaufwand wirken nicht überzeugend, sondern fördern die Ablehnung. Der Ausbilder sollte nicht lautstark befehlen, sondern überzeugen und für seine Anordnungen Verständnis wecken.

- Ironie
  geht darauf aus, den anderen klein und lächerlich zu machen – wer kann das schon ausstehen.

Das „Klima", in dem die Ausbildung stattfindet, wird entscheidend vom Verhalten des Ausbilders geprägt. Sein Verhalten in Sprache und Benehmen, sein Einsatz von Autorität und Härte bzw. von Freizügigkeit und Geduld strahlt – ihm bewußt oder unbewußt – auf die Auszubildenden aus und formt ihr Verhalten mit. Die Auszubildenden beurteilen die Qualität der Ausbildung in hohem Maße nach dem Verhalten der mit der Ausbildung betrauten Personen, wobei Fachwissen und Fachkönnen als selbstverständlich vorausgesetzt werden.

### Autorität

Im Mittelpunkt des Betriebes steht – entgegen in Feiertagsreden geäußerten Meinungen – nicht der Mensch, sondern die Betriebsaufgabe. Die in der Regel rational formulierte Betriebsaufgabe ist aber in ihrer Erfüllung verknüpft mit menschlichen Leistungen. Die Führungsaufgabe des Ausbilders umfaßt somit sachbezogene und menschbezogene Tatbestände.

Durch das Wachstum der Betriebe, ihre Spezialisierung und Komplizierung hat die menschbezogene Seite der Führungsaufgaben zugenommen. Die Konfliktsituationen im menschlichen Bereich haben sich vervielfacht.

Was heißt Führen? Führen bedeutet allgemein, die Auszubildenden zum Handeln auf ein bestimmtes Ziel hin zu veranlassen, die Richtung ihres Handelns zu bestimmen.

Der Ausbilder soll die Auszubildenden so beeinflussen, daß möglichst gut und viel gelernt wird und eine primäre, aus der Sache hervorgehende Motivation geschaffen wird bzw. erhalten bleibt. Diese Beeinflussung der Auszubildenden auf ein Ziel hin setzt Sanktionsmöglichkeiten („Belohnungen" und „Bestrafungen" bzw. Autorität) voraus.

Das Urbild der Autorität als Grundlage jeder Menschenführung war die Autorität des Vaters in der Großfamilie – seine patriarchalische Stellung. Autorität war in diesem Zusammenhang das Ansehen des Vaters, sein Einfluß und seine Geltung, letztlich die Möglichkeit, das Handeln der anderen Familienmitglieder zu lenken durch Meinung, Rat, Entscheidung, Anordnung und Verbot.

Diese Auffassung von Autorität als Über- und Unterordnung wurde auch auf den Betrieb und andere soziale Gebilde übertragen. Die ganze Gesellschaft wurde familienkonform aufgebaut. Über ihr thronte Gott Vater, aus ihm leitete der Landesvater seine Autorität ab, aus seiner Vollmacht regierte der Familienvater. Auch die übrigen Bereiche der Gesellschaft – Wirtschaft, Kirche, Schule – wurden nach dem gleichen patriarchalischen Prinzip gestaltet.

So wie die Autorität des Vaters als Führungsamt durch das Schicksal vorgegeben war, so galten auch andere Amtsträger in Staat, Kirche, Gemeinde, Schule und Betrieb als „gottgegebene" Autoritäten. Im Vordergrund stand nicht so sehr die Autorität der einzelnen Persönlichkeiten, sondern die Autorität des Amtes (Amtsautorität).

Die Stellung des Vaters in der Familie hat sich erheblich gewandelt – und damit auch die Auffassung von Autorität. Es ist nicht mehr selbstverständlich, daß der, dem ein Amt übertragen wird, auch Autorität, d. h. Anerkennung, genießt. Der Anspruch auf Autorität muß heute durch die Persönlichkeit des Ausbilders, durch seine Eigenschaften und durch seine Handlungen immer wieder aufs neue erworben und gerechtfertigt werden. Das erzwungene äußere Respektieren des Amtes hat sich zur freiwilligen, inneren Anerkennung des Führungsverhaltens einer Person verschoben.

### Formen der Autorität

Der Wandel der Autoritätsauffassung gilt auch für den Betrieb. Wohl gründet sich die Autorität des Ausbilders im Betrieb auf einer klar abgegrenzten rechtlichen Stellung und den damit verbundenen Befugnissen. Sie sind dem Ausbilder von der Betriebsleitung übertragen worden. Eventuell beruht die Autorität auch auf einer Wahl, zum Beispiel zum Betriebsrat oder zum Gruppensprecher (Auftragsautorität). Doch die durch den Betrieb „von Amts wegen" oder durch eine Wählerschaft übertragene Autorität im Sinne von Befehls- und Kontrollgewalt darf nicht mehr als eine geliehene, vorgegebene Autorität sein, die vom Ausbilder (bzw. Gewählten) auszufüllen ist.

Die Autorität der Position wird als objektive oder formale Autorität bezeichnet (Amtsautorität). Das Befolgen einer Anordnung setzt nun voraus, daß die objektive Autorität auch subjektiv, nämlich von den untergebenen Auszubildenden, anerkannt wird. Die subjektive Autorität eines Ausbilders hängt ab von

- dem Prestige, welches er kraft seiner Position besitzt (Amtsautorität),
- dem Respekt, den man ihm aufgrund seiner persönlichen Charaktereigenschaften entgegenbringt (persönliche Autorität),
- der Achtung, die er aufgrund seines überlegenen Wissens und Könnens erhält (fachliche oder funktionale Autorität),
- dem Einfluß, den er über seine formale Autorität hinaus einsetzen kann (informale Autorität).

Insofern zeigt sich die wirkliche Autorität eines Ausbilders erst dann, wenn er auch für eine Weisung Gehorsam findet, die gegen die Einstellung und Gewohnheiten der Auszubildenden verstößt. Weiß der Ausbilder *zum Beispiel*, daß den Auszubildenden der Feierabend „heilig" ist, so wird sich seine wahre Autorität dann zeigen, wenn er sie wegen einer wichtigen Demonstration an einer Maschine oder Anlage bzw. wegen der Vorbereitung eines Versuches dazu bewegt, länger zu bleiben bzw. früher zu kommen (insbesondere wenn sie dadurch eine Sportübertragung versäumen oder eine Verabredung verschieben müssen). Der Ausbilder „herrscht", wenn die „Beherrschten" seiner Herrschaft zustimmen, wenn sie innerlich das Recht des „Befehlenden" anerkennen und nicht allein wegen der drohenden Sanktionen gehorchen. Die Zustimmung der Untergebenen kann zum Beispiel bei Einsatz der Fachautorität durch die vernünftige Begründung von Anordnungen erzielt werden.

Autorität kann schnell in autoritäres Verhalten umschlagen. Der Ausbilder verhält sich autoritär, wenn er vom Auszubildenden widerspruchslose, bedingungslose Unterwerfung unter einen kritiklos anerkannten Autoritätsanspruch verlangt. Auch der Ausbilder, der solche Vorstellungen weit von sich weist, eher auf Fachautorität bedacht ist, läuft ständig Gefahr, bei Schwierigkeiten und fehlender Überzeugungskraft auf die Amtsautorität zurückzugreifen.

Mißbraucht der Ausbilder seine rechtliche Stellung – seine Amtsautorität – durch persönlichen Zwang, durch Androhung von Strafen oder Gewalt, durch Schikanen und Machtanwendung „kraft seines Amtes", geht er also autoritär vor, dann werden sich schwere Konflikte mit den Auszubildenden wohl kaum vermeiden lassen. Autorität „kraft Amtes" steht im Widerspruch zum mündigen Bürger, der sich auch im Betrieb weitgehend selbst bestimmen will. Der Ausbilder sollte bedenken: Autorität wird immer übelgenommen, wenn sie selten und unter Umständen ausgeübt wird, in denen ihre Notwendigkeit nicht offenbar ist.

### Führungsstil

Der Führungsstil – es wird auch von Ausbildungs- bzw. Erziehungsstil gesprochen – ergibt sich als Antwort auf die Fragen: Wie setzt der Ausbilder seinen Willen gegenüber den Auszubildenden durch? Welche Mittel setzt er zur Zielerreichung ein? Wie verhält er sich? Der Ausbilder bringt durch seinen Führungsstil sein Selbstverständnis für seine Rolle zum Ausdruck.

Führungsstil ist also die Art und Weise, in der der Ausbilder Entscheidungen trifft, Anordnungen übermittelt, koordiniert, anleitet, erklärt, kontrolliert, Kritik übt bzw. Anerkennung ausspricht. Die ständig wiederkehrenden Merkmale, Mittel und Verhaltensweisen machen den Erziehungsstil, den Führungs- oder Ausbildungsstil des Ausbilders aus!

Diese Art und Weise des Verhaltens wird immer von der gesellschaftlichen und wirtschaftlichen Ordnung abhängig sein, von der Art des Betriebes und der Branche. Insofern können nur gedachte Führungsstile beschrieben werden – in der Wirklichkeit werden sie nicht in dieser reinen Form, sondern immer nur in Mischformen vorzufinden sein.

Gekennzeichnet werden kann der Führungsstil durch Benennung seiner Merkmale, wobei dann die besondere Ausprägung eines oder mehrerer Merkmale dazu führt, daß man das Führungsstil genannte Verhaltensmuster von anderen abheben kann.

Die Spielarten des Führungsstils reichen von autoritären Führungsformen (patriarchalischer sowie bürokratischer Führungsstil), die von den Auszubildenden grundsätzlich Unterordnung verlangen, über Formen der kooperativen Führung bis hin zum Laissez-faire-Verhalten, d. h. bis zum Verzicht auf die Durchsetzung eines Führungswillens durch konkrete Führungsmaßnahmen.

Es gibt allerdings keinen Führungsstil, der für alle Situationen empfehlenswert wäre. Es muß jeweils untersucht werden, welcher Führungsstil den jeweiligen Bedingungen des

Betriebes und seiner Auszubildenden gerecht wird. Die Bandbreite an möglichen Führungsstilen kann durch die Entscheidungsart des betreffenden Ausbilders verdeutlicht werden.

Die folgenden Möglichkeiten charakterisieren den
- autoritären (autokratischen oder dominant-lenkenden) Ausbilder,
- kooperativen (sozial-integrativen oder demokratischen) Ausbilder,
- Laissez-faire-Ausbilder:

1. Entscheidet alles, nämlich wer was wann und wo wie tun muß. („Man kann das nur auf eine Art und Weise machen, und zwar so!")

2. Entscheidet, wer was wann und wo tun muß!

3. Entscheidet nur, was getan werden muß!

4. Entscheidet, daß etwa getan werden muß, überläßt es aber einer Beratung mit seinen Auszubildenden, was durch wen und wie geschehen muß!

5. Entscheidet nichts, sondern überläßt die Entscheidung, ob etwas getan werden soll, der Gruppe der Auszubildenden! Auf Wunsch gibt er Anregungen und Informationen.

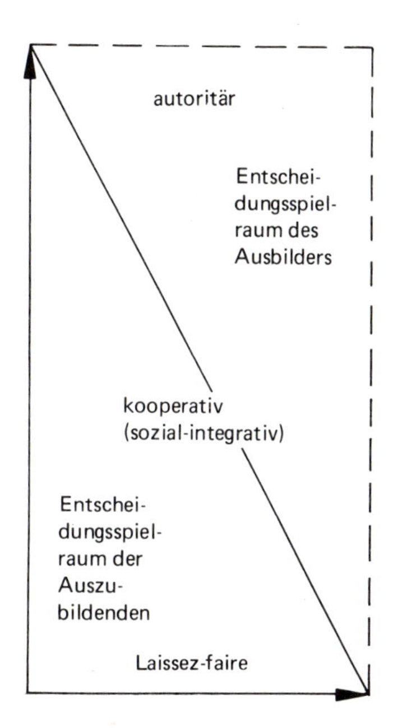


Auf das ,,Laissez faire" (= Laßt sie nur machen!) oder das Gleichgültigkeitsverhalten soll nicht vertieft eingegangen werden, weil es sich im engeren Sinne um keinen Führungsstil handelt: Es wird ja nicht aktiv in die Gruppe der Auszubildenden und ihr Geschehen eingegriffen! Das soll aber nicht bedeuten, daß in der Praxis derartige Ausbilder nicht existieren. Aber eine derartige ,,weiche Welle" führt bei den Auszubildenden letztlich zu Unzufriedenheit, Unsicherheit und fehlenden Erfolgsbestätigungen. Diese wiederum lassen die Lernleistungen absinken. Insofern kann ein solches Verhalten für den engagierten Ausbilder nicht in Frage kommen.

### Kooperativer Führungsstil

Allgemein geht die Tendenz in Wirtschaft und Gesellschaft auf einen kooperativen Stil hin – aus politischen Gründen, aber auch aus technischen Gründen. Der Bürger in der Republik will und kann nicht weiter ,,Untertan" sein. Der technische Fortschritt fordert: Selbstdenkenkönnen, Umstellungsfähigkeit, Kooperation.

Je nach seiner Persönlichkeit, seinem Rollenverständnis und der Wahl seines Führungsstiles wird der Ausbilder den Schwerpunkt auf die Vermittlung von Sachkenntnissen und technischen Fertigkeiten legen oder dem Jugendlichen eine Hilfe auf seinem Weg von der Welt des Jugendlichen in die Welt der Erwachsenen sein. Am besten ist wohl eine Kopplung der Ziele. Dies ermöglicht insbesondere der kooperative Führungsstil.

Der kooperative Führungsstil – auch als sozial-integrativer, partizipativer, partnerschaftlicher oder demokratischer Führungsstil bezeichnet – stellt die Zusammenarbeit zwischen Ausbilder und Auszubildenden in den Mittelpunkt. Er zeichnet sich durch die folgenden Merkmale aus:

- Ziele werden vorgegeben und ihr Sinn erläutert. Eventuell werden Ziele gemeinsam mit den Auszubildenden formuliert.
- Aus den Zielen werden gemeinsam die zu treffenden Maßnahmen abgeleitet.
- Die abgeleiteten Teilaufgaben werden erklärt und begründet.
- Einzelheiten werden von den Auszubildenden weitgehend selbständig entschieden.
- Die Auszubildenden haben stets ein Vorschlags- und Beschwerderecht.
- Entscheidend ist nicht der Ausbildungsstand (erstes oder drittes Ausbildungsjahr), sondern die Vernünftigkeit der angeführten Gründe.

Gegenseitige Hilfe und Zusammenarbeit, Überzeugung statt Befehl – Mitwissen, Mitdenken, Mitarbeit, Mitverantwortung kennzeichnen diesen Führungsstil. Dieser Verhaltensstil scheint letztlich allein geeignet, Tüchtigkeit und Mündigkeit als Ziele der beruflichen Erstausbildung zu erreichen. Er kommt am besten bei den Jugendlichen an. Allerdings setzt ein solcher Führungsstil auch Auszubildende voraus, die diese Anforderungen nicht nur bejahen, sondern auch erfüllen.

Grundsätzlich ist der zu praktizierende Führungsstil stets auch auf die Erwartungen und Möglichkeiten (gelernte Arbeitsweisen in Schule und Elternhaus, Lernschwierigkeiten usw.) der Auszubildenden abzustimmen. Auszubildende, die aus Schule und Elternhaus nur „Gehorchenmüssen“ mitbekommen haben, können nur langsam an einen sozial-integrativen Führungsstil herangeführt werden. Ein starkes und plötzliches Eingehen auf ihre Wünsche, ein Drängen auf Mitsprache u. ä., würde sie verunsichern. Sie suchen oft Anlehnung und wollen „geführt“ werden. Gewährt der Ausbilder Freiräume, die sie noch nicht nutzen können, so wird ihm das als Schwäche ausgelegt. Sie müssen langsam und behutsam auf einen anderen Führungsstil vorbereitet werden.

Merkmale und Auswirkungen eines autoritären und eines kooperativen (sozial-integrativen) Führungsstils sind in der folgenden Übersicht zusammengefaßt:

| | Autoritärer Ausbildungs- bzw. Erziehungsstil | Sozial-integrativer Ausbildungs- bzw. Erziehungsstil |
|---|---|---|
| Ausbilderverhalten | • entscheidet alles allein unter Berufung auf seine Position (Amtsautorität) – allerdings ausgerichtet auf die Aufgabe (fachliche Wissensvermittlung) | • berät zusammen mit den Auszubildenden, zeigt Alternativen und stellt sein Fachwissen zur Verfügung (Fachautorität)<br>sieht neben der Aufgabe auch den Auszubildenden als Partner, der menschlich zu entwickeln und zu fördern ist |
| | • läßt keine Kritik bzw. Diskussion an seinen Ausführungen bzw. Entscheidungen zu<br>Beiträge, Anregungen der Auszubildenden werden abgewürgt<br>hält sich als Fachmann für unfehlbar | • ist dankbar für Kritik und Anregungen |
| | • befiehlt (beauftragt) bis in die Einzelheiten, d. h. bestimmte Teilziele und Arbeitstechniken, und zwar immer nur bis zum nächsten Schritt, so daß die Auszubildenden keine Vorausschau haben | • empfiehlt und regt zur Selbstentscheidung in den Einzelheiten an |
| | • informiert die Auszubildenden nur über das Notwendigste | • gibt Informationen weiter und berät die Auszubildenden |
| | • erwartet in erster Linie:<br>Pünktlichkeit, Ordnung, Aufrechterhaltung der Disziplin, Anerkennung der gegebenen Zustände | • erwartet in erster Linie:<br>Zusammenarbeit, Mitdenken, Mitverantwortung |
| | • ist mißtrauisch und hat eine pessimistische Einstellung gegenüber den Auszubildenden | • ist voll Vertrauen und hat eine optimistische Einstellung gegenüber den Auszubildenden |
| Art der Autoritätsausübung | • absolute Überwachung mit ständigen Kontrollen, Drohungen und Strafen | • Steuerung der Auszubildenden durch sachliche Begründung und Überzeugung; Autorität beruht auf Tüchtigkeit und Überlegenheit und findet Zustimmung und Anerkennung; Auszubildende melden ihre Ergebnisse; weitgehende Selbstkontrolle |
| | • nichtkonstruktive Kritik | • konstruktive Kritik (Zeigen des besseren Weges!) |
| | • persönliches Lob und Anerkennung | • sachliche Anerkennung der geleisteten Arbeit (beurteilt wird die Gruppe und ihre Arbeit, nicht die Person!) |

| | Autoritärer Ausbildungs- bzw. Erziehungsstil | Sozial-integrativer Ausbildungs- bzw. Erziehungsstil |
|---|---|---|
| Verhalten der Auszubildenden | • Gehorsam, Disziplin, hohe Leistung unter Druck, d. h. bei Anwesenheit des Ausbilders; Anpassung, evtl. Opposition; wenig Motivation und Engagement<br><br>• Gefahr einer schlechten Gruppenmoral („Radfahrerei", „Suche nach dem Sündenbock"); Wettbewerbsverhalten, evtl. Cliquenbildung | • bedingte Entscheidungsfreiheit – eingeengt durch Empfehlung, Anregung und Übereinkunft in der Gruppe<br><br>• hohe Lern- und Arbeitsleistung – insbesondere hinsichtlich der Qualität – ohne ständige „Gängelei" durch den Ausbilder<br><br>• stabile und gute Motivation in der Gruppe |
| Verantwortung | • Ausbilder fühlt sich für alles allein verantwortlich<br><br>• ich-bestimmte Haltung | • Ausbilder und Auszubildende fühlen sich gemeinsam verantwortlich<br><br>• wir-bestimmte Haltung |
| Ausbildungsklima | • gespannte Atmosphäre (Die Beziehungen sowohl zwischen den Gruppenmitgliedern als auch dem Ausbilder gegenüber sind gespannt.)<br><br>• Auszubildende sind in der Regel unzufrieden und daher apathisch oder aggressiv<br><br>• Bedürfnis nach Achtung und Anerkennung sowie Selbstentfaltung bleibt unbefriedigt | • gelockerte Atmosphäre<br><br>• Auszubildende sind in der Regel zufrieden, lernen und arbeiten freundlich und vertrauensvoll zusammen<br><br>• Soziale Bedürfnisse, Statusstreben und Selbstverwirklichung werden in der Gruppe weitgehend abgesättigt |
| Vorteile | • klare, einheitliche und schnelle Entscheidungen<br><br>• einfache und durchschaubare Trennung von Entscheidung und Ausführung | • höhere Ausbildungsqualität<br><br>• Identifikation der Auszubildenden mit den Zielen, Entscheidungen und Maßnahmen – führt zu geringen Fehlzeiten und geringer Fluktuation |
| Nachteile | • Denkfähigkeit der Auszubildenden bleibt unentwickelt und unausgenutzt;<br>sie wird nicht gefördert<br><br>• erzeugt Desinteresse an der Ausbildung | • Entscheidungen werden durch lange Diskussionen evtl. verzögert<br><br>• verlangt von den Auszubildenden entsprechende Qualifikation und ständiges Engagement |

### Fragen, Aufgaben, Fallbeispiele

**54.** Welche Eigenschaften kennzeichnen einen guten Ausbilder als Vorgesetzten?

**55.** Welche Fehler machen die Ausbilder in den folgenden Fällen?

a) Bei einer Montage stellt der Ausbilder plötzlich fest, daß ein wichtiges Teil nicht angeliefert worden ist. Er macht sich selbst schnell auf den Weg, holt es und veranlaßt die Auszubildenden, die Montage noch fertigzustellen. Dabei wird der Feierabend überschritten. Keiner murrt! Als er dies gelegentlich lobend beim Ausbildungsleiter Hartmann erwähnt, erwidert dieser kühl: „Sie sterben noch einmal an Ihrer Gefühlsduselei! Was Sie und Ihre Auszubildenden da gemacht haben, ist doch wohl selbstverständlich!"

b) Ausbilder Müller taucht plötzlich in der Ausbildungswerkstatt auf und fordert Peter Neumann auf, sein Werkzeug zusammenzusuchen und sich beim betrieblichen Stördienst zu melden. Dort sei ab sofort sein Arbeitsplatz. Er habe sich ja dort schon einmal umgesehen und bewährt. Er müsse dort einen erkrankten Hilfsarbeiter vertreten. Den Schweißlehrgang könne er später immer noch einmal nachholen.

c) Ausbildungsleiter Griemlich wird nach einem Schulungskurs von Eifrig, einem Auszubildenden im dritten Jahr, gefragt, ob er dessen Antrag, die Abschlußprüfung vorzeitig ablegen zu dürfen, unterstützen würde. Eifrig ist in der Tat als Spitzenkönner in Betrieb und Berufsschule anerkannt. Offensichtlich ist aber der Ausbildungsleiter anderer Meinung. Er geht auf sein Büro zu und sagt zwischen Tür und Angel über die Schulter zu Eifrig: „Eifrig – das schlagen Sie sich mal aus dem Kopf! So gut sind Sie ja auch wieder nicht. Das halbe Jahr hat noch keinem geschadet!"

**56.** Welche Merkmale weisen „demokratisch" geführte Gruppen von Auszubildenden auf?

### Hinweise auf Quellen und weiterführende Literatur


- Kazmier, Leonard J.: Einführung in die Grundsätze des Management – programmiert. München: Verlag Moderne Industrie 1971.
- Küchle, Erwin.: Menschenkenntnis für Manager. Der Schlüssel zum anderen. München: Wirtschaftsverlag Langen-Müller/Herbig $^{2}$1977.
- Weber, E.: Erziehungsstile. Donauwörth: Auer $^{2}$1971.
- Withauer, Klaus F.: Menschen führen. Stuttgart: Taylorix $^{6}$1992.


## 1.7. Beruf, Berufswahl und Berufsberatung

Jeder Schulentlassungstermin stellt Eltern wie Schüler Jahr für Jahr vor ein brennendes Problem: die Wahl des künftigen Berufes. Er soll krisenfest sein, gute Verdienst- und Aufstiegsmöglichkeiten bieten und der Eignung und Neigung des einzelnen entsprechen. Dabei wird unter der Vielzahl der Ausbildungsberufe für manchen die Wahl zur Qual. Ohne Zweifel ist die Wahl des Berufs eine der folgenreichsten Entscheidungen im menschlichen Leben. Gesellschaftliche und ökonomische Stellung hängen entscheidend vom ausgeübten Beruf ab. Der Beruf entscheidet über die Möglichkeit, inwieweit der

Mensch seine persönlichen Ziele verwirklichen kann, über Anerkennung und Achtung sowie finanzielle Spielräume und Sicherheit verfügt. Insofern ist die Berufschance oft gleichzeitig die Lebenschance. Die Berufswahl entscheidet über den weiteren Lebensweg. Daher sollten die ersten Schritte im Berufswahlprozeß bereits in der vorletzten Klasse unternommen werden.

Beruf

Was ist eigentlich der Beruf? Eine eindeutige Antwort fällt schwer. Um 1600 gab es in Europa rund 200 klar voneinander abgrenzbare Berufe – wie Bäcker, Schlosser, Pfarrer, Bauer usw. Beruf und sonstiges Leben bildeten eine Ganzheit – der Gedanke der „Berufung" spielte eine große Rolle und auch die lebenslange Bindung an den Beruf als Mittel der Selbstverwirklichung und Sinnerfüllung des Lebens. Das ist heute anders geworden. Es gibt kaum noch den „krisenfesten", lebenslang ausübbaren Beruf. Viele werden den Beruf – oft nur als „job" im Sinne einer Chance zum Gelderwerb verstanden – in Zukunft wegen des ständigen Wandels in Wirtschaft, Technik und Gesellschaft wechseln müssen.

Der Anteil derjenigen, die einen Dienstleistungsberuf ausüben, an der Gesamtzahl der Erwerbstätigen nimmt ständig zu. Die Konzentration der Berufsentscheidung auf wenige Berufskategorien läßt sich aus der statistischen Erfassung der Ausbildungsberufe ablesen.

1986 waren bei den Jungen am stärksten gefragt:

Kraftfahrzeugmechaniker, Elektroinstallateur, Maschinenschlosser, Maler und Lackierer sowie Tischler. Ein Viertel der männlichen Auszubildenden lernte diese Berufe.

Bei den Mädchen konzentrierte sich ein Drittel auf: Friseurin, Verkäuferin, Bürokauffrau, Fachverkäuferin im Nahrungsmittelhandwerk sowie Industriekauffrau.

Fast ein Fünftel aller Auszubildenden wurde 1986 in nur fünf der 420 anerkannten Ausbildungsberufe gezählt.

1992 drängten die meisten Auszubildenden (= Mädchen und Jungen) in folgende 10 Berufe:

| Alte Bundesländer | | Neue Bundesländer | |
|---|---|---|---|
| 25 460 | Kaufmann im Einzelhandel | 5 877 | Kaufmann im Einzelhandel |
| 23 606 | Bankkaufmann | 4 900 | Bürokaufmann |
| 23 587 | Kraftfahrzeugmechaniker | 3 704 | Energieelektroniker |
| 22 720 | Industriekaufmann | 3 383 | Koch |
| 22 247 | Bürokaufmann | 3 147 | Kraftfahrzeugmechaniker |
| 21 164 | Energieelektroniker | 3 016 | Bankkaufmann |
| 19 252 | Arzthelfer | 2 811 | Zahnarzthelfer |
| 18 672 | Kaufmann im Groß- und Außenhandel | 2 352 | Gas- und Wasserinstallateur |
| 16 069 | Friseur | 2 344 | Maler und Lackierer |
| 12 936 | Zahnarzthelfer | 2 193 | Friseur |

Der Beruf ist heute in erster Linie die Erwerbschance, aus der man sein Einkommen bezieht. Auch die Abgrenzung der Berufe wird immer schwieriger – die „Klassifikation der Berufe des Statistischen Bundesamtes“ von 1975 bzw. „Klassifikation der Berufe der Bundesanstalt für Arbeit“ von 1988 zählt ca. 25 000 Berufstätigkeiten für Erwachsene. Die Anzahl der Ausbildungsberufe ist dagegen relativ klein. Sie betrug im Jahr 1993 376. Wegen der Konzentration der Berufswünsche der Jugendlichen auf einige wenige Ausbildungsberufe fällt es oft schwer, allen Bewerbern den gewünschten Ausbildungsplatz zu vermitteln, und es kommt zu Übergangsschwierigkeiten zwischen Ausbildungsberuf und der Fülle der Einsatzberufe.

Die offizielle Statistik des Statistischen Bundesamtes versteht unter Beruf „die auf Erwerb gerichteten, charakteristischen Kenntnisse und Fertigkeiten sowie Erfahrungen erfordernden und in einer typischen Kombination zusammenfließenden Arbeitsverrichtungen, durch die der einzelne an der Leistung der Gesamtheit im Rahmen der Volkswirtschaft mitschafft“. Für die Entscheidung über den Startberuf ist allerdings ein Ansatz an den dort aufgezählten Berufen nicht sehr fruchtbar, weil sie sich kaum noch genau abgrenzen lassen. Deswegen spricht man heute mehr von Berufsfeldern. In einem Berufsfeld werden verwandte Berufe zusammengefaßt. Die Verwandtschaft wird in der Regel begründet durch die Gemeinsamkeit in den zu verarbeitenden Materialien, durch die Arbeit an einem Werk oder durch die Übereinstimmung in den Tätigkeitsmerkmalen.

Berufswahlproblem

Wenn es schon der Wissenschaft schwer fällt, die Berufe sinnvoll auseinanderzuhalten und exakt ihre Anforderungen sowie Entwicklungsmöglichkeiten zu beschreiben, so darf man sich nicht wundern, wenn heute die Berufswahl im 9. bzw. 10. Schuljahr für viele der 15- bis 16jährigen Jugendlichen und ihre Eltern eine Überforderung darstellt. Wovon hängt die Berufsentscheidung ab? Oft von familiären Gewohnheiten (Tradition), Ansichten von Familienmitgliedern, einseitigen Informationen, Vorurteilen („saubere Büroberufe“), Wunschträume (vgl. dazu „Mit Zuversicht in die Zukunft“ auf S. 74 und Zufällen. Das ist gefährlich. In einer Zeit, in der der technische Fortschritt unser Wissen von Jahr zu Jahr vermehrt und Berufsbilder verändert oder neu schafft, sollte niemand mehr die „Berufswahl über den Daumen“ riskieren. Im einzelnen können als Orientierungspunkte aufgezählt werden (vgl. dazu auch die Abbildung auf S. 76: „Einflußgrößen der Berufswahlentscheidung“):

- Ausrichtung des Berufswunsches nach den Eltern (ihr Einfluß ist bei jedem fünften Jugendlichen ausschlaggebend), Erziehern, Lehrern oder weiteren Autoritätspersonen unter Zurücktreten der eigenen Interessen.
- Ausrichtung des Berufswunsches nach den eigenen Interessen, Neigungen und Eignungen, die klar erkannt und bewußt vorgetragen werden (evtl. angeregt durch betriebliche Praktika und Betriebsbesichtigungen).
- Ausrichtung des Berufswunsches an Idolen und Hobbyvorstellungen unter Betonung von Prestige- und Modeberufen.
  Wenn der Jugendliche einen von der Gesellschaft hoch bewerteten Beruf ergreift, tut er dies in der Meinung, die hohe Bewertung werde auch auf ihn übergreifen. Damit möchte er sein Bedürfnis nach Achtung und Anerkennung absättigen.
- Ausrichtung des Berufs„wunsches“ an den freien Ausbildungsplätzen.

Nach dem Grundsatz der Chancengleichheit sollte jeder Mensch seinen Beruf nach Eignung und Neigung wählen können. Allerdings liegen dafür die Voraussetzungen nur in wenigen Fällen vor. Oft ist sich der Jugendliche nicht klar über Eignung und Neigung.

Jugend '92

## Mit Zuversicht in die Zukunft

**Die meisten Jugendlichen in Ost- und Westdeutschland sind leistungsorientiert – sie wollen im Beruf vorwärtskommen. Für einen guten Job wird auch der Umzug gerne in Kauf genommen. Bei den Berufswünschen sind die jungen Leute allerdings weniger pragmatisch: Viele wollen Künstler werden. Zu diesen Ergebnissen kommt die neue IBM-Jugendumfrage.**

Die heutige Jugend denkt in Sachen Berufstätigkeit und Kindererziehung nicht anders als ihre Eltern – die traditionelle Rollenverteilung zwischen den Geschlechtern hat also Zukunft. So wollen 67 Prozent der jungen Männer unbedingt berufstätig bleiben. Unter den jungen Frauen denkt nur jede zehnte in diese Richtung. Für die weiblichen Teens und Twens kommt eher das Phasenmodell in Frage:

**Jede zweite Frau möchte ihre Berufstätigkeit für ein paar Jahre für die Kindererziehung unterbrechen, dann aber wieder arbeiten.**

Weitere 10 Prozent der jungen Frauen wollen nur so lange ihren Beruf ausüben, bis ein Kind da ist. Arbeit und Familie miteinander zu kombinieren, beabsichtigen immerhin 30 Prozent der weiblichen und 25 Prozent der männlichen Befragten.

Unabhängig von der Frage der Kindererziehung ist für die Mehrzahl aller Jugendlichen (58 Prozent) absolut klar: Wenn schon berufstätig – dann wollen sie richtig ranklotzen, Karriere machen und viel Geld verdienen. Sehr viele junge Frauen (51 Prozent) denken ähnlich.

Besonders leistungsbereit sind die ostdeutschen Jugendlichen: Zwei Drittel wollen es beruflich möglichst weit bringen – im Westen sind es mit 56 Prozent nicht ganz so viele.

Wichtiger als Geld und Karriere ist den jungen Leuten von heute allerdings ein gesundes Betriebsklima:

**Rund 70 Prozent der Jugendlichen in Ost und West sind der Spaß an der Arbeit und nette Kollegen wichtiger als Aufstiegsmöglichkeiten und Gehalt. Vor allem Frauen legen Wert darauf (74 Prozent).**

Absolut unterschiedlicher Meinung sind westdeutsche und ostdeutsche Jugendliche in Fragen der Ausbildung für Hochbegabte: Von den jungen Leuten in den neuen Bundesländern sprechen sich 58 Prozent für eine verstärkte Einrichtung von Eliteschulen und Universitäten aus. Im Westen treten lediglich 33 Prozent dafür ein.

Über Unternehmen wissen die meisten Jugendlichen wenig: Jeder zweite antwortete mit „weiß nicht" auf die Frage „Glaubst Du, daß von der Wirtschaft genug für die Jugend getan wird?".

Aber auch Vorurteile halten sich in vielen jugendlichen Köpfen.

**Trotz der Tatsache, daß 1992 in Westdeutschland 120 000 Ausbildungsplätze nicht besetzt werden können, erheben 13 Prozent aller Befragten die Forderung nach mehr Ausbildungs- und Praktikantenplätzen.**

Arbeitslosigkeit ist für 81 Prozent der westdeutschen Jugendlichen aber kein unlösbares Problem. Selbst im Osten sind immerhin 66 Prozent dieser Auffassung. Zwei von drei Jugendlichen würden im Falle von Arbeitslosigkeit lieber ihren Wohnort wechseln als Arbeitslosengeld oder soziale Leistungen beziehen. Hier unterscheiden sich ostdeutsche von westdeutschen und männliche von weiblichen Befragten so gut wie nicht.

Knapp 70 Prozent der jungen Leute haben einen Traumberuf. Hoch im Kurs stehen vor allem künstlerische Berufe wie Schriftsteller, Maler, Designer, Fotograf und Schauspieler. Jede vierte Frau und jeder sechste Mann träumt davon (Grafik).

Bei den anderen Berufen sind die Geschmäcker der Geschlechter jedoch wieder verschieden. Ganz klassisch streben die Jungen in die eher technischen Berufe. So steht bei den jungen Männern die Datenverarbeitung an dritter Stelle der Wunschberufe; bei den jungen Frauen rangieren EDV-Berufe unter ferner liefen – sie bevorzugen dagegen Pflege- und Lehrberufe.

Am Ende der Berufswunsch-Liste stehen bei den jungen Männern der Psychologe und der Apotheker. Bei den jungen Frauen sind die Berufe der Politikerin und Diplomatin eher Alptraum als Traum.

(iwd, Nr. 50 (1992))

## Die Traum-Jobs der jungen Leute

Von je 1.000 Jugendlichen nannten als Wunschberuf

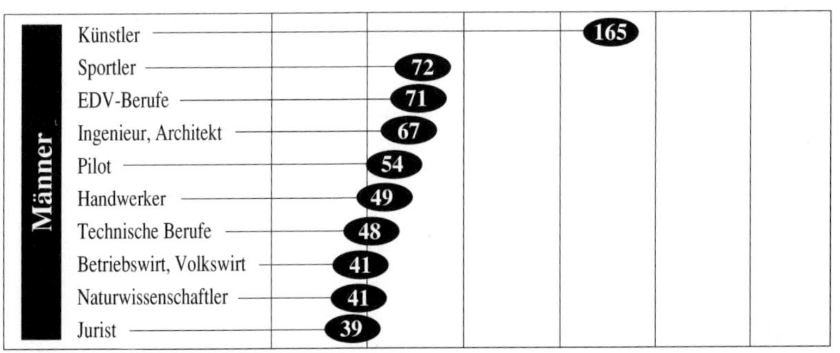


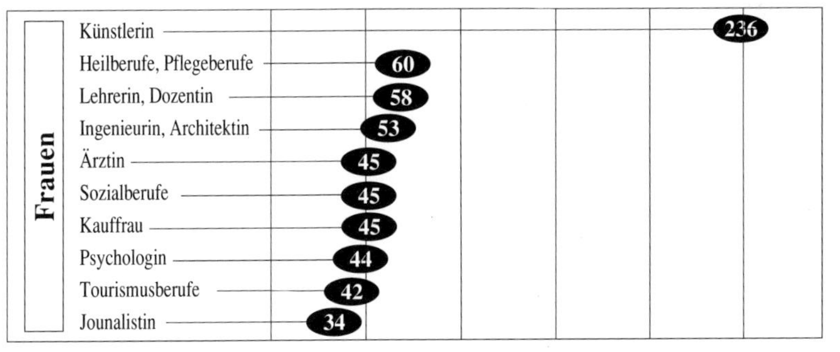


Umfrage des Instituts für empirische Psychologie bei Jugendlichen im Alter zwischen 16 und 24 Jahren.
Quelle: IBM-Jugendstudie '92

Institut der deutschen Wirtschaft Köln

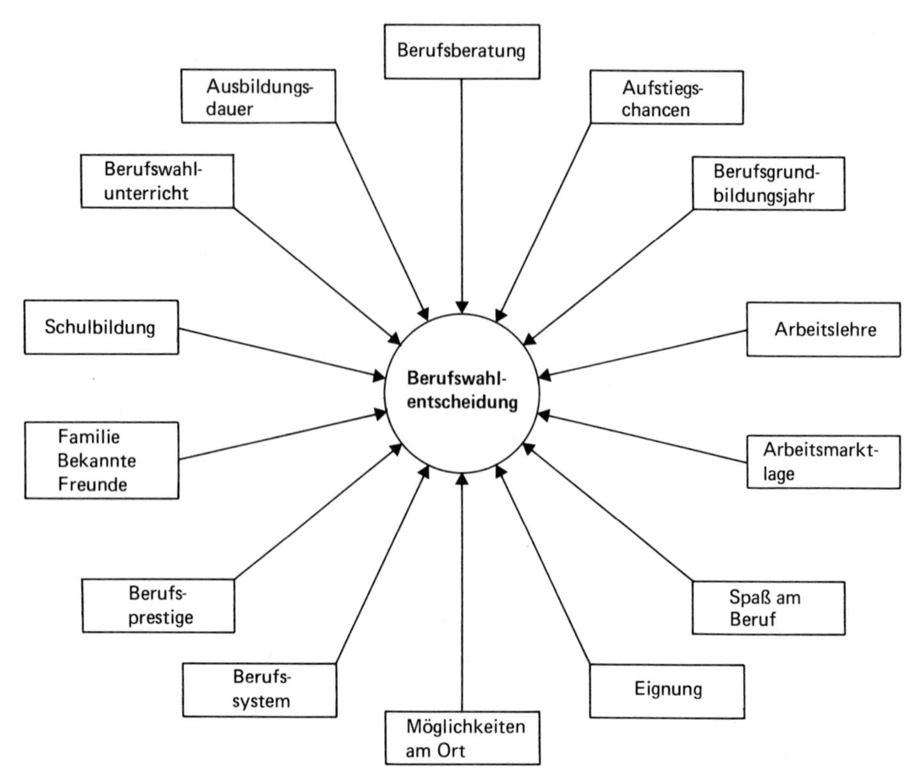


*Einflußgrößen der Berufswahlentscheidung*

Hinzu kommen die Wünsche der Eltern, die oft dahin gehen, daß ihr Kind einen Beruf ergreifen soll, den die Eltern selbst nicht wählen konnten – nach dem Motto: „Unsere Kinder sollen es besser haben als wir!" Die Berufswahl ist dann in erster Linie status- und prestigeorientiert.

Besonders schwer haben es oft die behinderten und die ausländischen Mitbürger. Hier ist auch der Ausbildende bzw. Ausbilder u. a. im Hinblick auf ihre Integration (= Eingliederung) verpflichtet. Er kann und sollte Hilfe leisten. Sie kann sich zum Beispiel darin zeigen, daß er sich für Ausbildungsplätze bzw. Fort- und Weiterbildungsmöglichkeiten für Behinderte und ausländische Arbeitnehmer einsetzt.

Es geht für alle an der Berufsausbildung Beteiligten darum,

- die ausländischen Jugendlichen und Behinderten bei der Ausbildungsplatzsuche zu unterstützen,
- ihnen zu helfen, negative Erlebnisse bei Bewerbungsgesprächen zu vermeiden bzw. zu verarbeiten und
- im Betrieb darauf hinzuweisen, daß Menschen mit Behinderungen, anderer Hautfarbe oder anderer Nationalität oft nicht den üblichen Einstellungsvoraussetzungen entsprechen und dennoch für eine Ausbildung bzw. Beschäftigung geeignet sind.

In diesem Zusammenhang sollte auch erkannt und anerkannt werden, daß sich inzwischen eine Reihe von ehemaligen Gastarbeitern selbständig gemacht hat und auch Ausbildungsplätze anbietet.

Der Jugendliche erwartet in der Regel von seinem Beruf wirtschaftliche Sicherheit, soziales Ansehen und Aufstiegschancen. Gehen diese Erwartungen nicht in Erfüllung, dann sind Arbeitsunlust und Unzuverlässigkeit im Beruf die Folge. Wie kann so etwas vermieden werden? Welche Hilfen gibt es? Eine wesentliche Entscheidungshilfe bietet die Berufsberatung.

### Berufsberatung

**Während früher Eltern und fast ausschließlich Lehrer die Berufsberatung übernahmen, helfen heute immer mehr öffentliche Informations- und Beratungsdienste. Die wachsende Komplexität der Arbeitswelt, die vertikale Bildungsorganisation sowie die Veränderungen der Berufsanforderungen im Zuge des wissenschaftlichen und technischen Fortschrittes kann der einzelne kaum noch überblicken. Hinzu kommen die Probleme der Weiterbildung, des Berufswechsels und der** Wiedereingliederung nach Krankheit und Unfällen (= Rehabilitation)**. Bei der Bewältigung derartiger Probleme soll die Berufsberatung helfen.**

**Die Berufsberatung ist eine Aufgabe der Bundesanstalt für Arbeit in Nürnberg. So bestimmt es das Arbeitsförderungsgesetz (AFG) vom 25. Juni 1969 (vgl. § 3 II 1 AFG).**

Die Mitarbeiter der Bundesanstalt beraten in allen Fragen der Berufswahl und des beruflichen Fortkommens – einschließlich der Wahl der entsprechenden Schule. Dabei werden Lage und Entwicklung des Arbeitsmarktes und der Berufe angemessen berücksichtigt. Allerdings sind die Belange einzelner Branchen und Berufe allgemeinen wirtschaftlichen und sozialen Gesichtspunkten unterzuordnen (vgl. § 26 AFG).

Die Bundesanstalt für Arbeit hat die Arbeitsämter mit der kostenlosen Berufsberatung und Vermittlung beruflicher Ausbildungsstellen betraut. Die elf Landesarbeitsämter mit ihren 184 Arbeitsämtern sowie etwa 650 Nebenstellen sollen diese Aufgabe bundeseinheitlich und unabhängig von Gruppeninteressen wahrnehmen. Dabei soll eine vorrangige Orientierung an der individuellen Situation, keine Lenkung mit wirtschaftspolitischer Absicht (= Berufslenkung) stattfinden. Daher sind bei der „Erteilung von Rat und Auskunft in Fragen der Berufswahl einschließlich des Berufswechsels“ (= Berufsberatung § 25 AFG) die „körperlichen, geistigen und charakterlichen Eigenschaften, die Neigung und die persönlichen Verhältnisse des Ratsuchenden“ (§ 27 I AFG) zu berücksichtigen.

Hauptaufgabe der Berufsberatung ist es, zu helfen, die Berufschance wahrzunehmen, und zwar unter Berücksichtigung von Neigungen (= Interessen) und Fähigkeiten. Im einzelnen hat sie vier Aufgabengebiete pädagogischer, psychologischer und sozialer Art:

1. Information über die Berufswelt (Berufsaufklärung und -orientierung zur Berufswahlvorbereitung – Eignung, Neigung, Berufsanforderungen, Verwirklichungsmöglichkeiten, Zukunftsaussichten, Weiterentwicklungsmöglichkeiten).
2. Eignungsabklärung und berufliche Einzelberatung.
3. Mithilfe bei der Verwirklichung der Berufsziele (Vermittlung von beruflichen Ausbildungsstellen – zum Beispiel computerunterstützt durch COMPAS).
4. Finanzielle Förderung der betrieblichen und überbetrieblichen Berufsausbildung (u. a. durch Berufsausbildungsbeihilfen).

„Information über die Berufswelt" heißt im einzelnen:
- Verteilen von Dokumentationsmaterial (Broschüren u. ä.),
- Auskunft über Bildungs- und Lehrgänge,
- Auskunft über Berufsanforderungen und berufliche Ausbildungsangelegenheiten,
- Durchführung von Schul- und Elterngesprächen bzw. entsprechenden Vortragsveranstaltungen,
- Organisation von berufskundlichen Ausstellungen,
- Organisation von Betriebsbesichtigungen (einschließlich Praktika und „Schnupperlehren")

  Unter „Schnupperlehre" versteht man Betriebspraktika und Betriebserkundungen, in denen Schüler der Abschlußklassen vor Beginn ihrer Berufsausbildung das Leben im Betrieb und insbesondere in der Ausbildungswerkstatt sowie die beruflichen Tätigkeiten kennenlernen sollen. Die Jugendlichen sollen ihre neue Umgebung rechtzeitig und ausgiebig „beschnuppern" können. Als „Lehre auf Probe" (= verbotene Beschäftigung von Kindern) während der Schulzeit – hier allerdings nicht gemeint – ist die „Schnupperlehre" nach dem JugArbSchG nur unter bestimmten Voraussetzungen möglich!

  (Auch namhafte Anbieter von Ausbildungsstellen veranstalten Orientierungsveranstaltungen – ein Beispiel: „Ausbildung aktiv erleben": (s. S. 79).

- Einrichtung von Berufsinformationszentren (= BIZ) bzw. -stellen (= BIS).
- Selbstinformationseinrichtungen mit Filmen, Videos, Texten, Info-Mappen, Dia-Reihen, Hörprogrammen sowie Möglichkeiten eines Computerdialoges (= Abfragen per Terminal).

Ein neuer Versuch, um die Berufswahl besser vorzubereiten, ist „Mobis" bzw. „BIZ-mobil" (= mobile, d. h. bewegliche Selbstinformationseinrichtung). Mobis (abgekürzt von „mobiles Informations-System") ist ein mit vielfältigen audiovisuellen Einrichtungen ausgestatteter Lastwagen, der die Schulen besucht und die Möglichkeit bietet, sich in zwölf Berufsfeldern zu orientieren – zum Beispiel durch Kurzfilme, durch Berufsreports, die über Kopfhörer angehört werden können, und durch Tonbildschauen. Das Selbsterkundungsprogramm STEP-PLUS kann im beruflichen Entscheidungsprozeß wichtige Hilfen geben.

Von besonderem Einfluß auf die berufliche Eingliederung ist die Eignungsabklärung – in erster Linie durch die berufliche Einzelberatung. Sie soll die fähigkeits-, kenntnis- und interessenmäßigen Schwerpunkte im Verhältnis zu den Anforderungen der gewünschten Berufs- und Studienrichtungen durch Leistungs- und Fähigkeitstests sowie Arbeitsproben sichtbar machen. In diesem Sinne sind regelmäßig berufswichtig: Konzentrationsfähigkeit, Lernfähigkeit, Merkfähigkeit, Ausdauer, Fleiß, Zuverlässigkeit. . . Allerdings halten sich Eignungsdiagnose (= Feststellen der Eignung) und Erfolgsprognose (= Voraussage des Erfolges im Beruf) aus vielen Gründen in engen Grenzen. Ein Beratungsgespräch hat in der Regel die folgenden Grundlagen:

- Informationen aus dem Gespräch mit dem Jugendlichen und seinen Eltern,
- Lebenslauf und Schulzeugnisse,
- Lehrerauskunftsbogen,
- Zeugnisse der Arbeitgeber (soweit schon vorhanden),
- eventuell psychologische Gutachten und Testergebnisse (gem. § 27 II AFG),
- eventuell ärztliche Gutachten (gem. § 27 II AFG).

## Ausbildung aktiv erleben

**Ferienseminare für Schüler bieten Orientierungshilfe für den Beruf**

STUTTGART – Ein Angebot mit großer Anziehungskraft sind die Ferienseminare für Schüler der Aus- und Weiterbildungsabteilungen in Bühl, Feuerbach, Hildesheim und Salzgitter. Die jungen Leute können dabei die beruflichen Möglichkeiten in der Industrie kennenlernen und ihre eigenen Fähigkeiten und Neigungen praktisch erproben.

Am Standort Feuerbach, wo 39 kommende Schulabgänger, darunter 20 Mädchen, der Haupt- und Realschulen in die industrielle Welt hineinschnupperten, gab es in diesem Sommer drei Angebote: „Datenverarbeitung zum Ausprobieren“, sowie „Technik erleben: Bereich Metall und Bereich Elektronik“.

Bei allen Kursen war aktive Mitarbeit angesagt. Unterstützt wurden die Jugendlichen dabei nicht nur von erfahrenen Ausbildern, sondern auch von Lehrlingen, die den Schülern aus eigener Erfahrung gute Hinweise geben konnten. So übernahmen beim Kurs „Datenverarbeitung“ drei Tage lang zwei künftige Kauffrauen für Bürokommunikation die Schulung für das Textverarbeitungsprogramm „Komforttext“; die Einführung in das Tabellenverarbeitungsprogramm „Lotus 1-2-3“ begleiteten angehende Industriekaufleute.

Das je einwöchige Programm im Metall- und Elektronikbereich vermittelte Einblicke in die Ausbildungsberufe Industriemechaniker und Industrieelektroniker. Auch hier wurde unter der Anleitung von Ausbildern und Lehrlingen praktisch gearbeitet und experimentiert.

„Die Jungen und Mädchen waren mit erfreulich viel Begeisterung bei der Sache“, sagt Gabriele König-Scheuble von der Ausbildungsabteilung in Feuerbach. Sie hat die Seminare zusammen mit einer Praktikantin organisiert und sieht darin eine zielgruppenspezifische und kostengünstige Maßnahme zur Unterstützung der Akquisition von Lehrlingen für die Zukunft.
kg/we

(Bosch-Zünder 7/93)

Die Beratung kann sich auf die folgenden Gebiete konzentrieren:

- Schul- und Berufslaufbahnberatung (= allgemeine Berufsberatung),
- Erziehungsberatung,
- Berufsberatung für Behinderte,
- Akademische Berufsberatung,
- Studien- und Bildungsberatung.

Grundsätzlich gilt die Beratung den Jugendlichen und den Erziehungsberechtigten (= in der Regel: Eltern), aber auch den Arbeitgebern und ihren Ausbildungsbeauftragten.

Im Mittelpunkt der „Mithilfe bei der Verwirklichung der Berufsziele“ steht der Nachweis und die Vermittlung geeigneter Ausbildungsstätten (Betriebe, Schulen). Offene Stellen werden unter Berücksichtigung arbeitsmarktpolitischer und gesamtwirtschaftlicher Aspekte (zum Beispiel Ausgleich der Nachfrage in Modeberufen) vermittelt. Auch finanzielle Hilfen können in bestimmten Fällen gewährt werden.

Die Arbeitsämter arbeiten unparteiisch, unentgeltlich und neutral. Unparteilichkeit heißt, daß eine Bevorzugung oder Benachteiligung bestimmter Wirtschaftszweige oder Betriebe und eine unterschiedliche Behandlung von Arbeitnehmern und Arbeitssuchenden aufgrund ihrer Zugehörigkeit zu einer Partei, Gewerkschaft, Konfession oder sonstigen Organisation nicht erlaubt ist. Die Neutralität bezieht sich auf Arbeitskämpfe (Streik bzw. Aussperrung), bei denen die Arbeitsämter bemüht sind, keinen Einfluß auszuüben.

Welche Angebote kann das Arbeitsamt machen?

- Vermittlung in eine Ausbildungsstelle,
- Weitergabe der Unterlagen an die Arbeitsvermittlung (insbesondere Jugendlichen-Vermittlung)
  Bei der Hilfe auf der Suche nach einem Arbeitsplatz können auch die in der Folge genannten Lehrgänge sowie weitere finanzielle Hilfen angeboten werden.

Als finanzielle Hilfen kommen in Betracht:

- abH = Ausbildungsbegleitende Hilfen

  Sie haben das Ziel, bei auftretenden Schwierigkeiten den Ausbildungserfolg der Auszubildenden zu sichern. Ein spezieller Stützunterricht und sozialpädagogische Betreuung tragen zum Abbau von Sprach- und Bildungsdefiziten bei und/oder fördern das Erlernen fachtheoretischer Kenntnisse und fachpraktischer Fertigkeiten.

- AZ = Ausbildungszuschuß

  Für die Ausbildung von körperlich, geistig oder seelisch Behinderten kann dem Ausbildungsbetrieb ein Ausbildungszuschuß gewährt werden. Der Zuschuß wird für die gesamte Ausbildungszeit gezahlt.

- AbG = Ausbildungsgeld

  Behinderte Auszubildende erhalten bei einer beruflichen Rehabilitationsmaßnahme (z. B. betrieblicher Ausbildung) Ausbildungsgeld.

- BAB = Berufsausbildungsbeihilfe

  Mit einer Berufsausbildungsbeihilfe werden Auszubildende unterstützt, die auf eine auswärtige Unterbringung angewiesen sind. Die Beihilfe ist abhängig von der Höhe der Ausbildungsvergütung und dem Einkommen der Eltern.

- FdA = Förderung der Arbeitsaufnahme/Ausbildungsaufnahme

  Falls die Aufnahme einer Ausbildung an finanziellen Schwierigkeiten zu scheitern droht, kann die Berufsberatung unter bestimmten Voraussetzungen dem Ausbildungsplatzbewerber entsprechende Kosten (z. B. zur Bewerbung und Vorstellung) erstatten.

Die Berufsberatung kann folgende Maßnahmen anbieten:

- berufsvorbereitende Maßnahmen, *zum Beispiel:*
  - Grundausbildungslehrgänge zur Vorbereitung auf die Berufsausbildung in einem anerkannten Ausbildungsberuf.
    Der Jugendliche hat in diesem Jahr Zeit, sich in Ruhe zu orientieren und zu überprüfen, ob er für die gewünschte Berufsrichtung geeignet ist. Das folgende Schaubild zeigt einige Möglichkeiten:

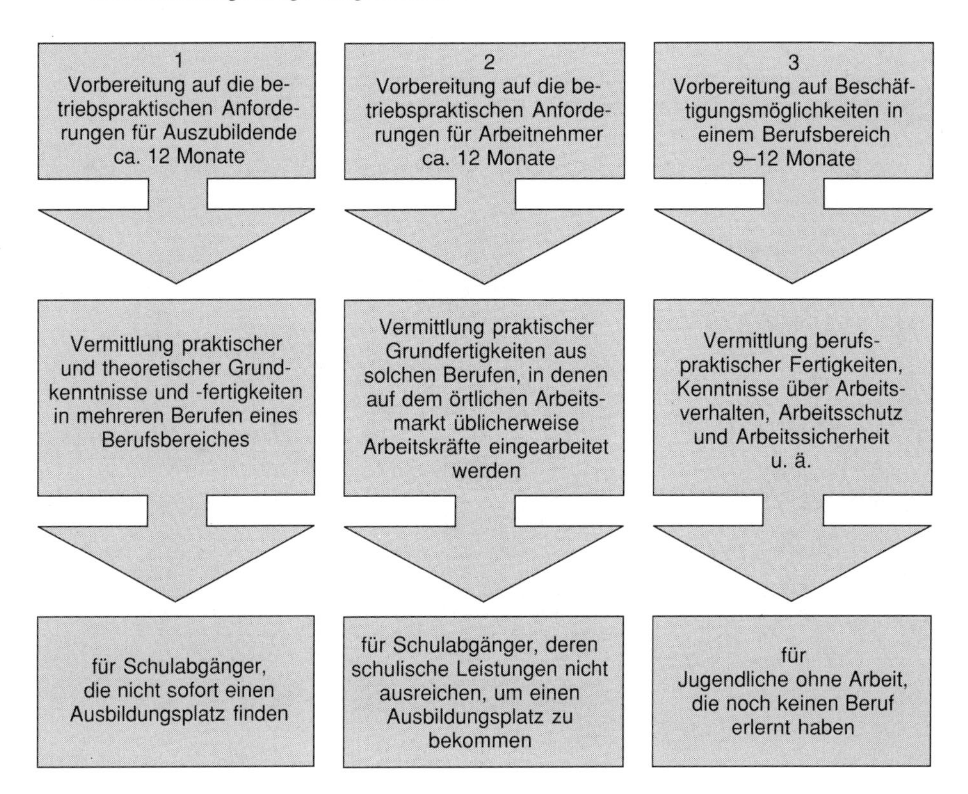


  - Förderungslehrgänge zur Vermittlung beruflicher Grundkenntnisse für diejenigen, die einer Berufsausbildung noch nicht gewachsen sind (z. B. Lernbehinderte).
  - Lehrgänge zur Verbesserung der Eingliederungsmöglichkeiten für diejenigen, die einer sofortigen Arbeitnehmertätigkeit noch nicht gewachsen sind (z. B. Behinderte) und in keinen Ausbildungsberuf gehen werden. Diese Lehrgänge vermitteln Grundkenntnisse und Grundfertigkeiten in bestimmten Berufsbereichen (z. B. Metallverarbeitung) und verbessern so die Chance, einen geeigneten Arbeitsplatz zu finden.

Die genannten Maßnahmen werden nach dem AFG finanziell gefördert. Gezahlt werden können: Lehrgangsgebühren, Aufwand für Arbeitskleidung und Lernmittel, Zuschuß zu den Lebenshaltungskosten in Abhängigkeit vom Einkommen der Eltern.

Einjährige Lehrgänge für Schulabgänger ohne Hauptschulabschluß (z. B. von zahlreichen Großbetrieben im Auftrag des Arbeitsamtes durchgeführt).
Ein solcher Lehrgang umfaßt zum Beispiel fachpraktische und fachtheoretische Unterweisungen in der Metall- und Holzbearbeitung sowie der Schweiß- und Elektrotechnik. Ziel des Lehrgangs ist, Anhaltspunkte für Begabungen und Fähigkeiten herauszufinden, die den Weg in eine berufliche Tätigkeit aufzeigen.
Die Erfahrung mit den Lehrgängen hat gezeigt, daß die Teilnehmer leichter in eine berufliche Tätigkeit vermittelt werden und an Selbstsicherheit gewinnen.

- Maßnahmen zur Berufsvorbereitung und sozialen Eingliederung junger Ausländer (MBSE) mit dem Ziel, vorrangig die Möglichkeit der Aufnahme eines Ausbildungsverhältnisses sowie ihre gesellschaftliche Handlungsfähigkeit zu verbessern.

Einen zusammenfassenden Überblick über die Wege ins Arbeitsleben gibt das folgende Schaubild:

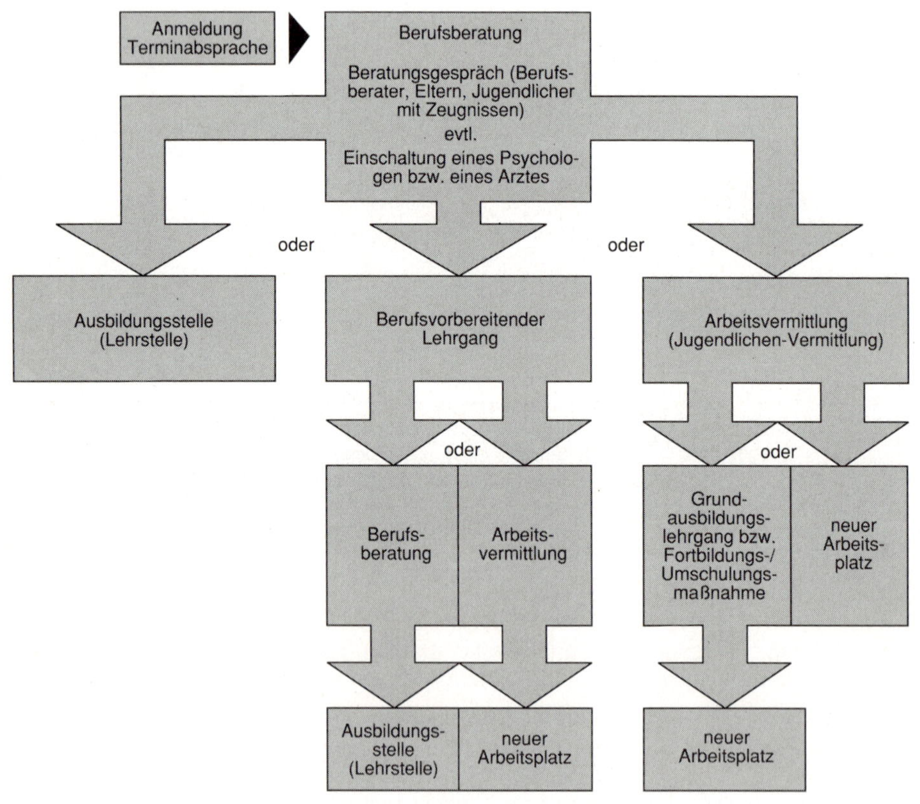


Quelle: Fit ins Arbeitsleben ... Hrsg. vom Minister für Arbeit, Gesundheit und Soziales des Landes NRW in Zusammenarbeit mit dem Landesarbeitsamt, Juli 1976 (mit Änderungen).

Kritik an der Berufsberatung

Die Berufsberatung wird immer wieder mit Vorwürfen und Vorurteilen überdeckt. Zu den Kritikpunkten gehören zum Beispiel:

- Die Berufsberatung ist freiwillig. Viele lassen sich nicht beraten. Fehlentscheidungen werden erst spät bemerkt. Sie lassen sich dann nur schwer korrigieren. Es wäre daher besser, die Berufsberatung verpflichtend zu machen.
- Die Berufsberatung ist unzureichend ausgestattet und kann daher die anspruchsvollen Forderungen (Eignungsuntersuchungen u. ä.) kaum erfüllen.
- Die Berufsberatung hat kaum wissenschaftlich gesicherte Unterlagen zur Verfügung. Oft wird recht willkürlich „beraten".
- Die Berufsberatung versucht, ihre „offenen Stellen" zu besetzen statt die für den Jugendlichen wirklich geeignete Lösung zu finden.

### Fragen, Aufgaben, Fallbeispiele

**57.** Welche Bedeutung hat die Entscheidung für einen Beruf für den Jugendlichen?

**58.** Welche Einflußgrößen bestimmen die Berufsentscheidung?

**59.** Ist die Berufswelt für den Jugendlichen übersichtlich genug, um die Berufswahl vernünftig anzupacken?

**60.** Wodurch wird die Berufswahlfreiheit in der Praxis eingeschränkt?

**61.** Was ist unter Berufsberatung zu verstehen?

**62.** Inwieweit bereitet die Berufsausbildung auf verschiedene Tätigkeiten vor?

### Hinweise auf Quellen und weiterführende Literatur


- Bundesanstalt für Arbeit (Hrsg.): Handbuch zur Berufswahlvorbereitung (Ausgabe 1992). Mannheim: MEDIALOG 1992.
- Eichner, Harald u. a.: Berufsberatung und Berufslenkung. Göttingen: Schwartz 1976.
- Lauster, Peter: Berufstest. Die wichtigste Entscheidung im Leben richtig treffen. Reinbek bei Hamburg: Rowohlt 1976.
- Seifert, K. H. (Hrsg.): Handbuch der Berufspsychologie. Göttingen: Hogrefe 1977.


## 1.8. Erziehung und Erziehungsschwierigkeiten

Der Ausbildende hat nach § 6 I 5 BBiG dafür zu sorgen, daß der Auszubildende charakterlich gefördert sowie sittlich und körperlich nicht gefährdet wird. Damit gewinnt das Ausbildungsverhältnis auch eine erzieherische Dimension. Gerade aber Erziehung scheint heute im Rahmen der Ausbildung eine problematische Sache geworden zu sein. Viele Lehrer und Ausbilder würden sie gern dem Elternhaus überlassen. Worum handelt es sich, wenn von Erziehung gesprochen wird?

## 1.8.1. Begriff und Mittel der Erziehung

Der Begriff der Erziehung ist heute mehrdeutig geworden. Daher wird er auch von einigen Fachleuten abgelehnt und zum Teil durch den Begriff der Sozialisation ersetzt. Wir wollen davon ausgehen, daß Erziehung stets Hilfe zur Entwicklung oder Entfaltung des Selbst ist. Eltern und Erzieher wirken auf das Kind und den Jugendlichen ein, damit er letztlich selbständig oder mündig wird. Er soll selbst auf sich aufpassen können, sich schützen können, sich durchsetzen können usw. Diese Arbeit setzt der Ausbilder zum Teil fort. Wenn er den Auszubildenden zu einem höflichen Umgang mit den Kunden bringen will, weil er den höflichen Umgang als wertvoll und wichtig erachtet, wird er gute Ansätze des Auszubildenden in dieser Richtung anerkennen und damit verstärken.

Alle Handlungen des Ausbilders, die um dieses Zieles willen ausgeübt werden, werden als Erziehung bezeichnet. Erziehung ist insofern also absichtliche, planvolle Einwirkung auf den Jugendlichen – ausgerichtet auf die dauerhafte Verbesserung des bzw. Erhaltung wertvollen Verhaltens (*z. B.* Ehrlichkeit, Abneigung gegen Alkohol, Drogen u. ä.). In einem weiteren Sinne bezeichnet der Begriff „Erziehung" die Summe der Handlungen, durch die Menschen auf andere einwirken, um ihnen Kenntnisse, Fertigkeiten, Einstellungen möglichst dauerhaft zu vermitteln. Entsprechend bedeutet erziehen: Dem Jugendlichen bei seinem Mündigwerden helfen, ihn zu befähigen, selbständig, sachkundig, sinnvoll und verantwortlich mit Beruf und Freizeit fertig zu werden, und zwar orientiert an den geltenden sozialen Normen.

Das Erziehen bewirkt Veränderungen. Der mündige Mensch bedarf nicht mehr der Erziehung, er ist imstande, sich fortlaufend selbst zu verändern. Insgesamt ist der absichtlichen oder intentionalen Erziehung die unbeabsichtigte oder funktionale Erziehung – durch gutes oder schlechtes Vorbild in Sprache, Handeln und Verhalten – gegenüberzustellen.

Erziehungsmittel

Wie kann der Ausbilder erzieherisch einwirken? Welche Maßnahmen kann er ergreifen? Welche Erziehungsmittel stehen ihm zur Verfügung? Sehen wir von seiner persönlichen Vorbildwirkung ab, so sind als Erziehungsmittel – wir können auch von Sanktionen sprechen – die folgenden besonders zu unterscheiden:

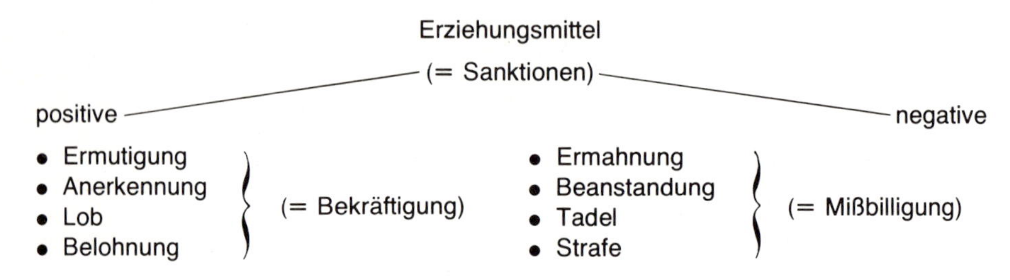


Diese Mittel sind zum Teil schon behandelt worden – im Zusammenhang mit der Motivation und den Lerntheorien. Wie kann nun der Ausbilder konkret „bekräftigen" bzw. „mißbilligen"? Nach ihrer Stärke geordnet können die folgenden Maßnahmen erwogen werden:

Bekräftigung

- Kopfnicken
- Zulächeln
- Auf die Schulter klopfen
- Loben (unter vier Augen)
- Besonders interessante Aufgabe übertragen
- Verantwortung übertragen
- Belohnung

Mißbilligung

- Kopfschütteln
- Fehlerhafte Arbeit wiederholen lassen
- Ermahnung unter vier Augen
- Tadel unter vier Augen
- Androhung von zusätzlicher Arbeit
- Ermahnung vor der Gruppe
- Evtl. Versetzung in eine andere Gruppe
- Rücksprache mit den Eltern
- Evtl. Auflösung des Ausbildungsvertrages

Die Wirkung dieser Erziehungsmittel ist sehr unterschiedlich. Manchmal wirkt das eine oder andere Mittel auch gar nicht – weil der betreffende Auszubildende ,,abgestumpft" ist, weil er sich bei dem bestimmten Ausbilder nichts aus einem Lob macht oder weil er unbeirrt von sozialen Sanktionen seinen eigenen Weg geht. Die Wirkung von Erziehungsmitteln ist *zum Beispiel* von der zugrundeliegenden Motivationsstruktur des Auszubildenden abhängig. Der nach Anerkennung und Geltung strebende Auszubildende – in der Fachsprache: der extrinsisch motivierte Auszubildende – wird auf Lob sehr positiv reagieren. Der von der Sache begeisterte Auszubildende wird seine Bekräftigung in der Problemlösung finden, nicht aber im Lob des Ausbilders. Unter Umständen wird das Lob sogar als peinlich empfunden, als ,,Lobhudelei"!

Grundsätzlich gilt aber: Positive Sanktionen spornen mehr an, motivieren, erhöhen das Anspruchsniveau, vermögen das Verhalten zu verstärken und das Selbstbewußtsein zu heben! Der Ausbilder sollte also häufiger anerkennen als kritisieren! *Ein Beispiel:* Der Ausbilder weist Fritz an, seinen Arbeitsplatz aufzuräumen. Fritz tut es – mit wenig Begeisterung. Der Ausbilder erkennt die Leistung von Fritz an: ,,Ich finde es gut, daß Du so gründlich gearbeitet hast. Aufräumen gehört dazu. Es ist ja nicht gerade aufregend. Gerade deswegen – mach weiter so!" Fritz wird mit größerer Wahrscheinlichkeit seinen Arbeitsplatz wieder aufräumen, wenn ihn der Ausbilder dazu auffordert, nachdem er für sein Verhalten anerkannt wurde, als wenn der Ausbilder dies nicht getan hätte.

Anerkennung, Beanstandung, Lob und Tadel

Je nach dem Ausfall der gemachten Arbeit sollte Anerkennung oder Beanstandung (Kritik) bzw. Lob oder Tadel die Folge sein. Der Auszubildende sollte die Ergebnisse seiner Arbeit immer unmittelbar erfahren. Untersuchungen haben klar gezeigt, daß die genaue Kenntnis der Arbeitsergebnisse den Lernfortschritt außerordentlich fördert. Entscheidend ist dabei, daß die Ergebnisse unmittelbar nach dem Arbeitsgang bekanntgegeben werden. Wird der zeitliche Zwischenraum zu groß, so daß andere Arbeiten inzwischen die Aufmerksamkeit beanspruchen, so verliert die Bekanntgabe des Ergebnisses viel von ihrer Wirksamkeit!

Anerkennung und Beanstandung sind Impulse zur Leistungsverbesserung bzw. zur Sicherstellung von Quantität. Sie beziehen sich auf das Arbeitsergebnis, während Lob und Tadel stets auf die Person gerichtet sind. Mit Lob und Tadel sollte der Ausbilder recht sparsam umgehen, um diese Erziehungsmittel nicht zu verschleißen, da Steigerungsmöglichkeiten kaum vorhanden sind. Auch Zwischenformen (vgl. die Aufstellung auf S. 85) tun ihre Wirkung, wie Einverständnis durch Kopfnicken oder behutsame Korrektur. Allerdings beansprucht auch die Normalleistung des Auszubildenden den Ausdruck des Einverständnisses. Der Auszubildende hat ein Recht darauf, daß seine Leistung bestätigt wird. Mit der Einstellung: „Wenn ich nichts sage, ist das schon ein Lob! Wenn ich unzufrieden bin, werde ich mich schon melden!", wird der Ausbilder seine Auszubildenden kaum erfolgreich ins Ziel bringen. Der Ausbilder sollte Leistungen stets anerkennen. Das ist in der Regel wichtiger als Fehler und Mängel herauszustellen.

Lob ist nur dann angebracht, wenn die gezeigte Leistung wirklich überdurchschnittlich ist und als Beispiel hervorgehoben werden kann. Das Lob sollte sparsam und sachlich, nicht überschwenglich eingesetzt werden. Öffentlichkeit ist dabei in der Regel zu vermeiden, um nicht ,,Eifersucht" und ,,Neid" hervorzurufen.

Beanstandung oder Kritik ist eine sachliche und fachliche Klarstellung und Richtigstellung. Sie bezieht sich auf die geleistete Arbeit und die Tatsache, daß diese unbefriedigend ausgefallen oder fehlerhaft gemacht worden ist. Die Schuldfrage ist dabei unerheblich. Bezieht die Kritik die Person des Betreffenden ein, so gewinnt sie bereits die Färbung einer Mängelrüge oder eines Tadels. Die Beanstandung oder Kritik bezweckt in erster Linie eine Verbesserung der Leistung oder des Arbeitsergebnisses, der Tadel hingegen eine Änderung der Leistungsgesinnung. Leistung und Leistungsgesinnung oder Arbeitsergebnis und Arbeitsleistung können jeweils gut oder schlecht sein. Es kann sich jemand große Mühe gegeben und dennoch wenig zustandegebracht haben und umgekehrt. Der Ausbilder sollte also immer Arbeitsleistung und Arbeitsergebnis als zwei verschiedene Dinge auseinanderhalten!

Tadel richtet sich bewußt gegen die Person des Getadelten, gegen seine Leistungsgesinnung. Tadel und Kritik im Beisein Dritter werden oft nie vergessen – egal ob ,,objektiv" berechtigt oder nicht. Deshalb sollte ein Tadel nur unter vier Augen ausgesprochen werden! Auf diese Weise wird der betroffene Auszubildende nicht gedemütigt, und seinem sozialen Ansehen in der Gruppe wird nicht unnötig geschadet. Etwas anderes ist die Fehlerbesprechung. Sie soll sogar in der Gruppe erfolgen, weil sie den einzelnen auch darüber informiert, daß er nicht allein Fehler macht.

Kritik einer fehlerhaften Arbeit

Hat der Auszubildende eine Übung beendet, so wird er in der Regel auf die Beurteilung und Bewertung gespannt sein. Erwartungsvoll wird er dem Ausbilder sein Arbeitsergebnis vorweisen. Dieser hat durch seine Erfahrung und seinen Überblick einen Vergleichsmaßstab in der Hand, um die Leistung beurteilen zu können. Auch wenn der Ausbilder mit einem Blick erkennt, daß die Arbeit nicht ohne Fehler ausgeführt worden ist, sollte er sich beherrschen und zuerst einmal die Gesamtarbeit anerkennen.

Sicher werden auch gute Einzelheiten zu erwähnen sein. Die zu beanstandenden Teile werden anschließend kritisiert – in ruhigem und sachlichem Ton. Der Ausbilder wird gut tun, wenn er sich die Fehler erklären läßt: Wie ist es dazu gekommen? Wie hätte man es vermeiden können? Lenkt er den Auszubildenden behutsam auf die Mängel, so bedarf es unter Umständen gar nicht der eigenen Kritik, weil der Auszubildende seine Fehler selbst erkennt, einsieht und in Zukunft wahrscheinlich mehr auf ihre Vermeidung achtet als bei einer lautstarken Beschimpfung durch den Ausbilder. Es ist ja auch möglich, daß Gründe für die Fehler vorliegen, für die der Auszubildende gar nichts kann (Krankheit, Maschinenschaden, schlechtes Material, schlechte Anleitung). Die Anteilnahme des Ausbilders an solchen Hintergründen wird auch die Beanstandung zu einem positiven Ergebnis führen.

Kritikgespräch

Nicht immer wird der Ausbilder jede Unordentlichkeit, Unpünktlichkeit oder „Rüpelhaftigkeit" mit Sanktionen belegen. Wird die Unpünktlichkeit aber eine Dauererscheinung, hinter der auch noch Absicht zu vermuten ist, dann muß der Ausbilder mit dem Auszubildenden ein sogenanntes Kritikgespräch führen. Ein solches Gespräch ist eine heikle Angelegenheit. Insofern sollte es geplant verlaufen. Folgende Schrittfolge hat sich bewährt:

- Das Gespräch sollte unter vier Augen stattfinden, nicht vor der Gruppe oder anderen Zeugen. Der Ausbilder riskiert sonst durch eine Bloßstellung (= Verletzung des Selbstwertgefühls) vor anderen den Bruch des Vertrauensverhältnisses.
- Positiven Einstieg wählen („Bisher ist immer alles gut gelaufen! Sie haben stets gut gearbeitet! Ich war immer zufrieden mit Ihnen!").
- Kritik ruhig und sachlich vortragen (Fehler ganz deutlich nennen oder zeigen!).
- Den Auszubildenden um Bestätigung bitten („Sehen Sie den Fehler? Erkennen Sie Ihr Fehlverhalten? Stimmt das, was der Ausbildungsbeauftragte berichtet hat?").
- Fehler erklären lassen (den Auszubildenden um Stellungnahme bitten: Warum ist das passiert? Woran liegt das?).
- Diskussion der Fehlerursachen.
- Darstellung des richtigen Verhaltens bzw. Arbeitens: Bei der „konstruktiven" (= aufbauenden, wegweisenden) Kritik muß der Auszubildende in erster Linie erfahren, was richtig ist. Der Auszubildende soll ja auf den richtigen Weg gebracht werden!
- Festlegung der Konsequenzen: Wie kann das Fehlverhalten zukünftig vermieden werden? Wie ist richtig zu handeln? Welche Schritte müssen unternommen werden, um ein korrektes Verhalten bzw. eine korrekte Arbeit zu erzielen?

Nach einiger Zeit sollte der Ausbilder sich von der weiteren Entwicklung ein Bild machen. Hat der Auszubildende einen Fortschritt erzielt, dann sollte das unbedingt entsprechend anerkannt werden. Der Ausbilder sollte seiner Freude Ausdruck verleihen, daß der Auszubildende es geschafft hat!

In seiner Ausbildungspraxis wird der Ausbilder immer wieder auf Auszubildende stoßen, die in ihrem Fortkommen durch „Lernschwierigkeiten" oder „Verhaltensauffälligkeiten" beeinträchtigt sind. In diesen Fällen stellt sich gewöhnlich die Frage, ob der betreffende Jugendliche mangelhaft begabt ist, oder ob andere Ursachen für die Lern- und Verhaltensschwierigkeiten verantwortlich sind. Zu fragen ist auch: Handelt es sich um eine Lernbehinderung oder eine Lernstörung?

### 1.8.2. Lernstörungen

Die Fachleute gebrauchen den Begriff Lernstörung synonym (= gleichbedeutend) mit den Begriffen Lernhemmung, Lernschwierigkeit, Leistungsschwierigkeit, Leistungsangst, Schulschwierigkeit, Erziehungsschwierigkeit, Schulversagen, abweichendes Verhalten, Verhaltensstörung, Fehlverhalten usw.

Welche Symptome oder Erscheinungsweisen rechnet man dazu?

- Gestörte Motivation (= mangelnde Lernbereitschaft bzw. Anstrengungsbereitschaft, Desinteresse, „Faulheit"). Die „Faulheit" kann auch eine Schutzhaltung sein – der Auszubildende hat Angst vor Mißerfolgen.

- Konzentrationsschwierigkeiten
  Konzentriert nennen wir jemanden, der eine mehr oder weniger anstrengende geistige oder körperliche Tätigkeit über einen längeren Zeitraum ohne Leistungsverringerung durchführen kann. Er richtet dann seine Aufmerksamkeit willentlich auf einen bestimmten Sachverhalt oder Gegenstand, und zwar für längere Zeit. Von Konzentrationsstörungen wird dann gesprochen, wenn die aufgrund früherer Leistungen erwarteten Grade der Körperbeherrschung und motorischen Koordination plötzlich nicht mehr erreicht werden, wenn die mehr oder weniger anstrengende, verlangte geistige Tätigkeit nicht ohne Leistungsverringerung durchgeführt werden kann, wenn unerwartet Fehlleistungen auftreten.
  Während die Konzentrationsstörung kurzfristiger Natur ist, tritt eine Konzentrationsschwäche langfristig auf.
  Eine Konzentrationsstörung kann zum *Beispiel* bei Übermüdung auftreten – die Aufmerksamkeit läßt nach. Man wird oberflächlich. Bei einer Konzentrationsschwäche ist der Auszubildende allgemein geringer belastbar – er braucht mehr Pausen usw. Konzentrationsschwierigkeiten äußern sich durch leichte Ablenkbarkeit, Schwatzen, Dösen, Tagträumerei u. a.

- Plötzlicher Leistungsabfall
  Hier gilt es im Gespräch, die Ursachen zu ermitteln (evtl. übermäßige Ablenkung im Freizeitverhalten: Fernsehen, Tanz, Sport; Schwierigkeiten mit den Eltern) und dann entsprechende Aufgaben zu stellen, die zu Erfolgserlebnissen auch in der Ausbildung führen.

- Aggressives Verhalten
  Jemand verhält sich aggressiv, wenn er sich absichtlich feindselig und verletzend gegen Personen oder Sachen wendet. Trotz, Aufsässigkeit, Zerstörungswut und Tätlichkeiten können die äußeren Zeichen sein. Trotz kann aber auch ein Hinweis auf verstärktes Selbständigkeitsstreben sein!

- Unordentlichkeit und Unsauberkeit,

- Albernheiten, Clownerien, Imponiergehabe,

- Bummeln, Schwänzen, Krankfeiern, evtl. um schwierigen Situationen aus dem Weg zu gehen,

- Lügen, Aufschneiden
  evtl. aus Mangel an Vertrauen oder aus Furcht vor Strafe,

- Kriminalität (Diebstahl, Gewaltanwendung, Sittlichkeitsdelikte)
  Beim Stehlen fehlt dem Auszubildenden oft die Bereicherungsabsicht – man will damit jemanden ärgern, bestrafen bzw. damit angeben (Mutprobe!).
- Alkoholismus,
- Griff zur Droge – aus Neugier, um der „Mode" zu folgen, aus Verzweiflung und Opposition gegen die Gesellschaft,
- Verwahrlosung
  zeigt sich in durchgehender Ungeordnetheit und Haltlosigkeit („Blaumachen", Schule schwänzen, Forderungen aus dem Wege gehen, Lügen, Stehlen) in allen Beziehungen.

Die geschätzte Häufigkeit von Lernstörungen pro schulpflichtigem Jahrgang liegt bei drei bis vier Prozent. Bei zehn Prozent aller Kinder und Jugendlichen treten zeitlich begrenzte Lernschwierigkeiten auf.

Der Begriff Lernstörung bezieht sich allgemein auf den „durchschnittlich" begabten und entwickelten Jugendlichen, dessen Leistungen nicht nur kurzfristig, sondern gewohnheitsmäßig unter dem Durchschnitt liegen. Das Verhalten erfüllt nicht die gesellschaftlichen Normen. Was aber ist die Norm?

Der „unterdurchschnittlich" begabte Jugendliche wird als lernbehindert bezeichnet. (Lernbehinderung = Intelligenzschwäche oder unterdurchschnittliche Begabung mit Intelligenzquotienten unter 90).

Lernstörungen gibt es in allen Fächern und Ausbildungssparten. Sie können partiell auftreten – z. B. Rechenschwäche – oder auch generell (Lernversagen in allen Fächern). Es ist außerordentlich schwierig, normales Lernen (bzw. Verhalten), gestörtes Lernen (bzw. Verhalten) und behindertes Lernen auseinanderzuhalten. Ein sicherer Maßstab ist nicht vorhanden. Ob das Lernen des Jugendlichen als „gestört" bezeichnet wird, hängt auch davon ab, mit welchen Erwartungen der Ausbilder an den Jugendlichen herantritt.

Insofern können wir die Lernstörung auch als Absinken der Lernleistung des Auszubildenden unter die Normen des Ausbilders bzw. Lehrers bezeichnen. Der Auszubildende zeigt im kognitiven, affektiven oder psychomotorischen Verhaltensbereich ein von den Erwartungen abweichendes Verhalten. Daher spricht man oft auch kurz von abweichendem Verhalten oder Verhaltensauffälligkeiten. Der Ausbilder sollte erkennen, daß der Auszubildende Schwierigkeiten macht, weil er selbst welche hat – mit der Umwelt, mit der Sexualität, mit den Eltern usw.

Die Abbildung auf der nächsten Seite gibt einen Überblick über eine mögliche Aufgliederung von Verhalten.

Verknüpfung von Erscheinung und Ursache

Die Erscheinungsformen sind vielfältig, ebenso vielfältig sind die Ursachen. In vielen Fällen fällt es außerordentlich schwer, zwischen Erscheinungsform und Ursache auseinanderzuhalten. Angst kann *zum Beispiel* zu Hemmungen führen, aber auch zu Aggressionen. Die Angst kann angeboren sein, aber auch erworben. Die Hemmungen wiederum können die Angst verstärken. Die gleiche Erscheinungsform kann unterschiedliche Ursachen haben. Die gleiche Ursache kann sich aber auch in verschiedenen Erscheinungsformen äußern.

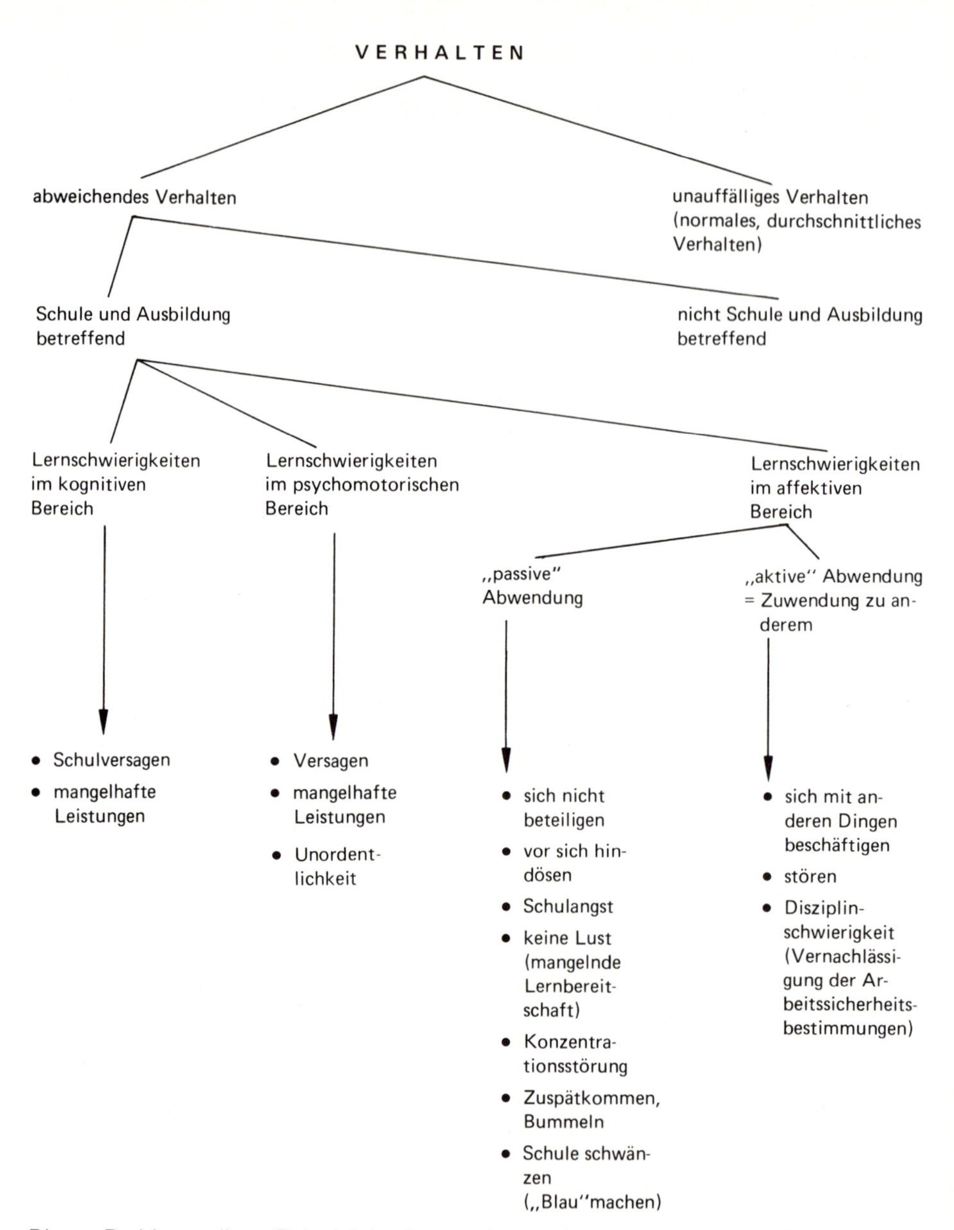


Dieses Problem soll am *Beispiel* der Aggression noch etwas verdeutlicht werden: Nach der Auffassung von Sigmund Freud (1856...1938) ist die Aggression eine erbmäßig bedingte Erscheinungsform menschlichen Verhaltens – ein menschlicher Trieb. Eine andere Auffassung verneint einen Aggressionstrieb und erklärt aggressives Verhalten mit dem Hinweis auf das Lernen am Modell. Noch etwas verwirrender gestaltet sich die Landschaft durch die Frustrations-Aggressions-Hypothese (nach Dollard und Miller): Aggression ist die Folge von Frustration! Was ist nun unter Frustration zu verstehen? Die

Frustration ist eine Vereitelung, eine Verhinderung, eine Zunichtemachung, eine Störung einer Handlung, die ein Ziel erreichen bzw. ein Motiv befriedigen wollte. Sie ist aber auch ein Versagen in einer Situation, die man eigentlich zu bewältigen glaubte. In der Ausbildung werden solche Frustrationen *zum Beispiel* ausgelöst durch:

- zu schnelles Voranschreiten bei Unterweisung und Unterricht,
- zu lange Ausbildungsabschnitte (ohne Untergliederungen),
- Störungen bei Lernvorgängen (z. B. bei Demonstrationen oder Unterweisungen),
- Nichtbeantwortung von Fragen („Das werden Sie später schon noch erfahren!“),
- Voraussetzen von Kenntnissen, die nicht vorhanden sind,
- ständige Fehlersuche durch den Ausbilder,
- Nichtbeachtung der Leistung der Auszubildenden.

Sie führen zu aggressivem Verhalten – abweichend von der Hypothese aber auch teilweise zu Angst und Resignation. Allerdings ist die Fähigkeit des Menschen, für eine längere Zeit auf die Befriedigung von Bedürfnissen zu verzichten bzw. Mißerfolge zu ertragen und so zu verarbeiten, daß der Einfluß auf das Verhalten gering bleibt (= Frustrationstoleranz bzw. Mißerfolgsstabilität) unterschiedlich ausgeprägt. Sie ist auch Folge der erhaltenen Erziehung. Übermäßige Verwöhnung und übermäßige Härte führen in der Regel zu einer Entmutigung. Der junge Mensch lernt dann nicht, die Frustration durch eigene Anstrengung zu überwinden. Seine Hilflosigkeit mündet in Angst. Diese kann in Aggression umschlagen: Auflehnung, Widerstand, Beschimpfung von Mitmenschen, kriminelle Handlungen, Zerstörungen. Die aggressive Handlung kann sich auch gegen die eigene Person richten: Selbstmord!

Worauf zielt das auffällige Verhalten? Die Ziele können – wie die Ursachen – vielfältig sein. Unfug und Streberei, Faulheit und Clownerien wollen Beachtung finden. Insofern ist ein Ziel: Aufmerksamkeit erregen. Der Auszubildende, der Streit anfängt, möchte in der Regel seine Überlegenheit zeigen. Er läßt es auch auf eine Machtprobe mit dem Ausbilder ankommen. Diebstähle im Betrieb sind manchmal auch Racheakte (neben Mutproben und „kriminellem“ Diebstahl mit Bereicherungsabsicht). Manche auffälligen Verhaltensweisen – wie die Lüge zum Beispiel – dienen auch dem Selbstschutz: man will Fehler nicht zugeben!

Ursachen von Lernstörungen

In der Regel sieht der Ausbilder nur das Symptom (= Anzeichen) der Störung – *zum Beispiel* den oberflächlich mit Faulheit „erklärten“ Leistungsabfall –, nicht aber die Ursache. Ihr ist aber nachzugehen, will man dem Jugendlichen wirklich helfen:

- Organisch bedingte Lernstörungen werden Störungen genannt, die durch gestörte Drüsenfunktionen (z. B. Schilddrüse) oder gestörte Funktionen des Zentralnervensystems (z. B. frühkindliche Hirnschädigung) zustande kommen. Letztere können verursacht sein durch Schädigungen während der Schwangerschaft, der Geburt und nach der Geburt. Folgesymptome sind neben Schwachsinn und Lernbehinderung auch Leistungsstörungen bei durchschnittlich und überdurchschnittlich intelligenten Kindern. Dazu gehören auch die Lernstörungen während der pubertären Wachstums- und Entwicklungsschübe (Körperwachstum, Kreislaufstörungen, Geschlechtsreife). In dieser Zeit absorbiert das Wachstum einen großen Teil der Kraft und führt zu einem Leistungsabfall. Kurz- und mittelfristig können auch Krankheiten ursächlich für Lernstörungen sein! Diagnose (= Feststellung) und Therapie (= Heilbehandlung) gehören auf diesem Gebiet in die Hand des Arztes!

- Psychisch bedingte Lernstörungen werden dann angenommen, wenn keine organische Ursache nachgewiesen werden kann. Das ist sehr häufig der Fall. Man geht dann davon aus, daß die Lernstörung durch psychische (= „seelische") Konfliktsituationen verursacht ist. Meist ist das Auftreten von Lernschwierigkeiten dieser Art gekoppelt mit Verhaltensauffälligkeiten und/oder Beschwerden wie z. B. Magen- und Kopfschmerzen.
  Als Ursachen für solche psychischen Konflikte, die Lernstörungen auslösen, sind in erster Linie Faktoren des häuslichen Milieus, unterschiedliche Normen in Elternhaus und Schule/Ausbildung sowie Faktoren der Schul- und Ausbildungssituation zu nennen. Im einzelnen bedeutet das:

  - Faktoren des häuslichen Milieus:
    - Verhältnis der Eltern zueinander,
    - Erziehungsstil (autoritär/sozial-integrativ),
    - Erziehungsfehler [Überforderungen, übermäßige Strenge; Unterforderung, Overprotection (= übermäßig behütete Erziehung), Verwöhnung, Vernachlässigung],
    - Einzelkind/Geschwister,
    - unvollständige Familie (durch Tod oder Scheidung),
    - Jugendlicher fühlt sich unverstanden (findet kaum Unterstützung),
    - Schwierigkeiten im sexuellen Bereich,
    - Desinteresse der Eltern bzw. des Partners/der Partnerin an Schule und Ausbildung.
  - Unterschiedliche Normen in Elternhaus und Schule/Ausbildung:
    - Pünktlichkeit und Ordnung werden unterschiedlich eingeschätzt,
    - Sprache weicht zwischen der Unterschichtfamilie und der mittelschichtsorientierten Schule ab,
    - Leistung wird zum Teil als Selbstzweck, zum Teil nur als Mittel zum Zweck gesehen.
  - Faktoren der Schul- und Ausbildungssituation:
    - Lehrer- bzw. Ausbilderpersönlichkeit
      (Die soziale Unangepaßtheit und emotionale Störung des Ausbilders „provozieren" unter Umständen Störungen in der Lern- und Leistungsbereitschaft des Auszubildenden, wie Unausgeglichenheit, Launen, übertriebene Reaktionen; auch der Ausbilder kann Fehlverhalten zeigen, z. B. wenn er die Entwicklungsschwierigkeiten des Jugendlichen gänzlich unbeachtet läßt.)
    - Interaktionsformen
      (Autokratischer Erziehungsstil als auch Laissez-faire-Stil „begünstigen" die Entstehung von Lernstörungen; dies gilt auch von Außenseiterpositionen in der Gruppe der Auszubildenden),
    - Unterschiedliche Zusammensetzung der Auszubildendengruppe bzw. Berufsschulklasse (vom Abiturienten bis zum Sonderschüler!),
    - Unter- oder Überforderungen durch die Ausbildungsziele und das Tempo des Unterrichts (u. U. Störungen durch fehlenden Praxisbezug),
    - Lernmilieu (Ausbildungsräume und -materialien; häusliche Lern- und Arbeitsmöglichkeiten, Lernfehler wie falsche Zeitwahl und -einteilung),
    - mangelnde Abstimmung zwischen betrieblicher und schulischer Ausbildung,
    - mangelnder Praxisbezug bzw. nicht ersichtlicher Sinn der Forderungen in der Ausbildung,
    - fehlende Berufsmotivation (z. B. wegen fehlender Neigung).

Sehr häufig lassen sich die Formen auffälligen Verhaltens auf Verwöhnung, Overprotection und Versagung zurückführen:

- Verwöhnung
  Beim verwöhnten Jugendlichen haben die Eltern in der Regel stets für eine sofortige Bedürfniserfüllung gesorgt. Der Jugendliche wurde „verhätschelt". Warten, Entbehrungen, Verzichtenmüssen – dies wurde ihm nicht zugemutet. Damit wurde er letztlich unterfordert. Es wurden keine Forderungen an ihn gestellt. Die Folge ist eine gewisse Entmutigung: Der Jugendliche hat nicht gelernt, sich auf sich selbst und seine Leistungsfähigkeit zu verlassen. Er konnte sich kaum in entsprechenden Situationen bewähren. Daher ist seine Ängstlichkeit, Unsicherheit, sein mangelndes Selbstvertrauen nicht verwunderlich.
- Overprotection (Aktivitätseinengung)
  Übererziehung bzw. übermäßig behütete Erziehungsmaßnahmen wollen das Kind vor allen Gefahren bewahren. Das Kind darf kaum etwas. Seine Kräfte kann es nicht erproben. Die Folge ist wie bei der Verwöhnung Entmutigung.
- Versagung
  Eine übermäßig strenge Erziehung führt zur Bedürfnisunterdrückung. Das Kind darf sich nie schmutzig machen, austoben, nach seinen gegenwärtigen Bedürfnissen richten. Damit wird es aber überfordert. Die Folge der Überforderung ist regelmäßig auch die Entmutigung, die schon bei der Verwöhnung kurz beschrieben wurde.

Die nachfolgende Übersicht faßt wichtige Ursachen kurz zusammen:

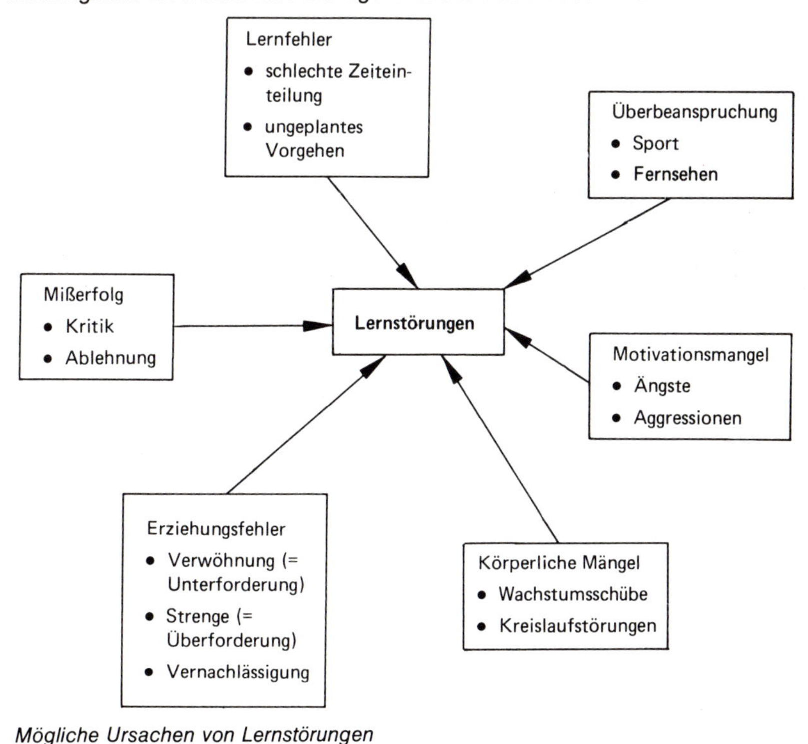


*Mögliche Ursachen von Lernstörungen*

Diese Faktoren können neben den Lernstörungen Ängste, vermindertes Selbstwertgefühl, geringe Leistungsmotivation und Konzentrationsstörungen hervorrufen. Ein Teufelskreis tut sich auf: Diese Anzeichen (= Symptome) sind ursächlich für eine Lernstörung. Sie können durch die Lernstörung selbst wiederum verstärkt werden. Schematisch sind zwei Fälle zu unterscheiden:

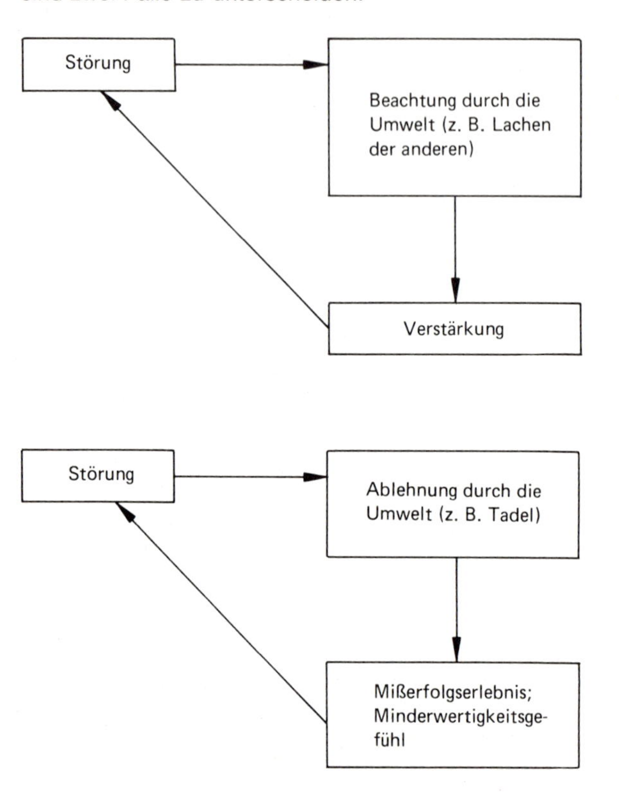


In beiden Fällen verschlimmert sich die Störung. Ihre Auftrittswahrscheinlichkeit erhöht sich.

Zur Gegensteuerung empfiehlt es sich, weder zu strafen noch positiv zu verstärken. Die Verhaltensabweichung sollte übersehen werden – selbstverständlich wird das in vielen Fällen (zum Beispiel in Sicherheitsfragen) nicht möglich sein. Nur das angemessene Verhalten sollte verstärkt und anerkannt werden. Langfristig wird dann das Fehlverhalten verschwinden. In einfachen Fällen kann der Ausbilder durch viel Verständnis und großes Einfühlungsvermögen „Erste Hilfe" leisten. In den Fällen, wo der Jugendliche keinen rechten Halt hat, kann und sollte der Ausbilder die Zügel fest in die Hand nehmen. Schwierige Fälle – insbesondere dauerhafter Natur – gehören aber in die Hand der psychologischen Beratungsstellen bzw. der zuständigen Stellen (u. a. Fürsorge) und ihrer Sozialarbeiter. Dies gilt insbesondere für das Drogenproblem. Hier kann man nur in einem gründlichen Gespräch versuchen, daß sich der Jugendliche in ärztliche Beratung und Behandlung begibt. Zu empfehlen ist eine Beratung für den Ausbilder selbst – über Anzeichen des Drogenmißbrauchs, Folgen und Eingriffsmöglichkeiten.

Welche Maßnahmen können ergriffen werden?

- Funktionstraining
  Spezielle Übungen für bestimmte Leistungsbereiche („Nachhilfestunden")
- Verhaltenstherapie
  Versuch, durch gezielte Veränderung des Verhaltens Verhaltensauffälligkeiten, die Ursache einer Lernstörung sein können, zu beseitigen.
  Unter Verhalten wird in diesem Zusammenhang jede beobachtbare Aktion, Äußerung oder Reaktion einer Person im kognitiven, affektiven oder psychomotorischen Bereich verstanden. Es wird als Ergebnis eines Wechselwirkungsprozesses von vier Faktoren angesehen:
  - Erbanlage,
  - augenblickliche körperliche Verfassung,
  - frühere Lernprozesse,
  - Umweltbedingungen (vorangegangene, gegenwärtige und wahrscheinlich folgende Ereignisse).

  Wie wir schon wissen, legt die Verhaltens- oder Lerntheorie der behavioristischen Schule bei der Erklärung des Verhaltens das größte Gewicht auf die Umweltbedingungen (vgl. das operante Konditionieren nach Skinner und das Modellernen nach Bandura). Insofern besteht die Aufgabe des Ausbilders in erster Linie darin, das problematische Verhalten zu analysieren und zu erklären (= Ursachen ermitteln), in zweiter Linie in der Planung bzw. Durchführung der Veränderung des Verhaltens (= Verhaltensmodifikation).

  Das problematische Verhalten wird in der Regel von mehreren Komponenten bestimmt und verstärkt: Dieses Bündel von Einflußfaktoren und Konsequenzen ist von Fall zu Fall verschieden. Daher ist es praktisch aussichtslos, dem Ausbilder ein „Erfolgsrezept" als eindeutige Handlungsanweisung vermitteln zu wollen, das „immer" und „überall" Lernschwierigkeiten beseitigt. In der Regel gleicht kein Problemfall dem anderen – wegen der Vielgestaltigkeit der menschlichen Beziehungen wie auch der betrieblichen Situationen. Deshalb können dem Ausbilder lediglich einige Anregungen und Hinweise zur Diagnose des Einzelfalls an die Hand gegeben werden. Ein Kernsatz der Therapie (= Heilbehandlung) – manchmal außerordentlich schwer zu praktizieren – lautet: Unerwünschtes Verhalten konsequent nicht beachten!
- Psychoanalytische Behandlung
  Versuch, die die Lernstörung verursachenden psychischen Konflikte zu beseitigen. Diese Möglichkeit ist die Sache von Fachleuten. Der Ausbilder kann lediglich in schwerwiegenden Fällen diesen Weg vorschlagen und erste Informationen geben bzw. vermitteln.

Als allgemeine Empfehlungen zur Vermeidung eines Lernstörungen hervorrufenden Ausbildungsklimas können gelten:

- Kontakt herstellen und halten!
- Zusammenarbeiten (auch bei der Lösung von Problemfällen der Ausbildung)!
- Den Jugendlichen ernst nehmen!
- Vertrauen der Auszubildenden erwerben durch Verständnis! Zuhören! Selbst Vertrauen entgegenbringen!
- Motivieren!

- Forderungen stellen, aber auch begründen!
  (Dabei ist die individuelle Belastbarkeit zu berücksichtigen.)
- Selbst Vorbild sein!
- Hilfestellung leisten – beim Lernen, aber auch in anderen Bereichen (Freizeit, Familie, Weiterbildung usw.)!
- Leistungen anerkennen!
- Gerecht sein!
- Verhaltensabweichungen nicht persönlich nehmen!
- Gelassen bleiben! Nicht explodieren!
- Kritik menschlich und aufbauend gestalten – immer einen Weg aus der Situation zeigen!
- Nicht Macht und Drohungen, sondern eher Humor einsetzen (auf keinen Fall: Ironie!)!
- Zielerreichung des Auszubildenden durch überraschende Reaktion durchkreuzen, weil es sonst zu einer Verstärkung des auffälligen Verhaltens kommt!
- Bei wiederkehrenden Auffälligkeiten im Gespräch nach einer gemeinsamen Lösung suchen! Dabei muß Verschwiegenheit gegenüber Dritten gewährleistet sein!

## Fragen, Aufgaben, Fallbeispiele

**63.** Unterscheiden Sie Unterrichten, Unterweisen und Erziehen!

**64.** Die herkömmlichen Erziehungsmittel Lob und Strafe sind heute im Betrieb kaum noch anwendbar, ganz abgesehen davon, ob sie überhaupt wirksam sind. Der Ausbilder hat keine Druckmittel, um seine Auszubildenden zu besseren Leistungen zu bringen. Was kann er in dieser Lage tun?

**65.** Welche Verhaltensauffälligkeiten sind typisch für das Jugendalter?

**66.** Der Ausbilder Alt „zwingt“ den Linkshänder Klaus, beim Arbeiten die rechte Hand zu gebrauchen. Bisher hat der Auszubildende stets alle Arbeiten mit gutem Erfolg erledigt. Jetzt sinkt die Leistung ab, es ist kaum noch Interesse an der Ausbildung vorhanden, und der Auszubildende reagiert aufsässig. Wie ist das zu erklären?

**67.** Karl ist immer zu einem Gespräch aufgelegt. Ständig schaut er nach einer Gelegenheit für einen „kleinen Schwatz“. Flüchtigkeitsfehler sind in seinen Arbeiten an der Tagesordnung. An welcher Leistungsstörung leidet Karl?

**68.** Wie kann der Ausbilder charakterlich fördern?

**69.** In welcher Reihenfolge sollte der Ausbilder – wenn nötig – „sanktionieren“?

**70.** Bei der Kontrolle an der Stanzmaschine bemerkt Ausbilder Alt: „Räumen Sie Abfälle beiseite! Arbeiten Sie sauber!“ Der Auszubildende Eifrig entgegnet: „Sie können wohl nur meckern! Was ich schon geschafft und wie oft ich die Abfälle zur Seite gebracht habe, sehen Sie nicht! Sie kommen immer schnüffeln, wenn man noch gar nicht fertig ist!“ Der Ausbilder erwidert: „Was Sie hier betonen, ist doch selbstverständlich!“ Wie beurteilen Sie das Verhalten von Ausbilder Alt?

**71.** Was versteht man unter Aggression?

**72.** Wie sollte man sich gegenüber einem Auszubildenden verhalten, der lügt?

**73.** Der Auszubildende Fritz ist seit einiger Zeit ausgesprochen „bockig". Er ist grundsätzlich erst einmal dagegen – auch bei ganz sachlichen Anordnungen, Belehrungen und Forderungen. Der Ausbilder kann es kaum noch ertragen. Wissen Sie eine Erklärung und einen Rat?

**Hinweise auf Quellen und weiterführende Literatur**


- Krumm, Volker: Lernschwierigkeiten bei Schülern beruflicher Schulen. In: Arbeitsheft zum Medienpaket „Lernschwierigkeiten bei Berufsschülern". Grünwald: Institut für Film und Bild in Wissenschaft und Unterricht 1975, S. 42ff.
- Lewin, Kurt: Die Lösung sozialer Konflikte. Bad Nauheim 1968.
- Rischar, Klaus: Konfliktfälle aus der betrieblichen Praxis. Darstellung und Lösungsversuche. Ludwigshafen: Kiehl [2]1975.
- Schenk-Danzinger, Lotte: Mögliche Verursachungen von Lern- und Verhaltensstörungen. Wien: Jugend und Volk 1976.
- Sigrell, B.: Problemkinder in der Schule. Weinheim: Beltz 1972.
- Strohmeyer, Herbert: Schwierigkeiten mit Jugendlichen im Betrieb. In: Betriebspädagogik für Ausbilder. Köln: Deutsche Industrieverlags-GmbH [2]1972.
- Tausch, Reinhard/Tausch, Anne-Marie: Erziehungspsychologie. Psychische Prozesse in Erziehung und Unterricht. Göttingen: Hogrefe [7]1973.
- Zedler, Reinhard: Pädagogische Praxis für den Ausbilder. Köln: Deutscher Instituts-Verlag 1977.


## 1.9. Fragen der Arbeitssicherheit, des Umweltschutzes und der rationellen Energieverwendung

### 1.9.1. Gesundheitsvorsorge und Unfallverhütung

Unter Gesundheit versteht man ein hohes Maß an körperlichem, seelischem und sozialem Wohlbefinden. Dieses Wohlbefinden gilt es dem Jugendlichen in der Ausbildung zu erhalten. Zu bedenken ist dabei stets: Im ersten Jahr der Berufszugehörigkeit ereignen sich doppelt so viele Unfälle wie in allen späteren Arbeitsjahren zusammen.

Gesundheitsvorsorge und Unfallverhütung ist dabei nicht nur in bezug zum einzelnen Auszubildenden zu sehen, sondern auch im Hinblick auf die Mitmenschen und die Umwelt. Mit anderen Worten: Bei allen Arbeiten ist als Grundsatz oder Prinzip Arbeitssicherheit, Unfallverhütung, Gesundheitsschutz und Schutz der Umwelt sowie rationelle Energieverwendung zu vermitteln!

§ 6 I 5 und § 6 II des BBiG bestimmen:

- Der Ausbildende hat dafür zu sorgen, daß der Auszubildende charakterlich gefördert sowie sittlich und körperlich nicht gefährdet wird.
- Dem Auszubildenden dürfen nur Verrichtungen übertragen werden, die dem Ausbildungszweck dienen und seinen körperlichen Kräften angemessen sind.

Es ist Aufgabe des Ausbilders, auf die Angemessenheit der verlangten Leistungen zu achten und damit gegen Berufskrankheiten vorzubeugen. Bei Planung und Durchführung der Ausbildung ist die Leistungsmöglichkeit des Jugendlichen zu berücksichtigen. Was ist aber Leistung? Wodurch wird das Leistungsangebot bestimmt? Einen Überblick gibt das folgende Schema:

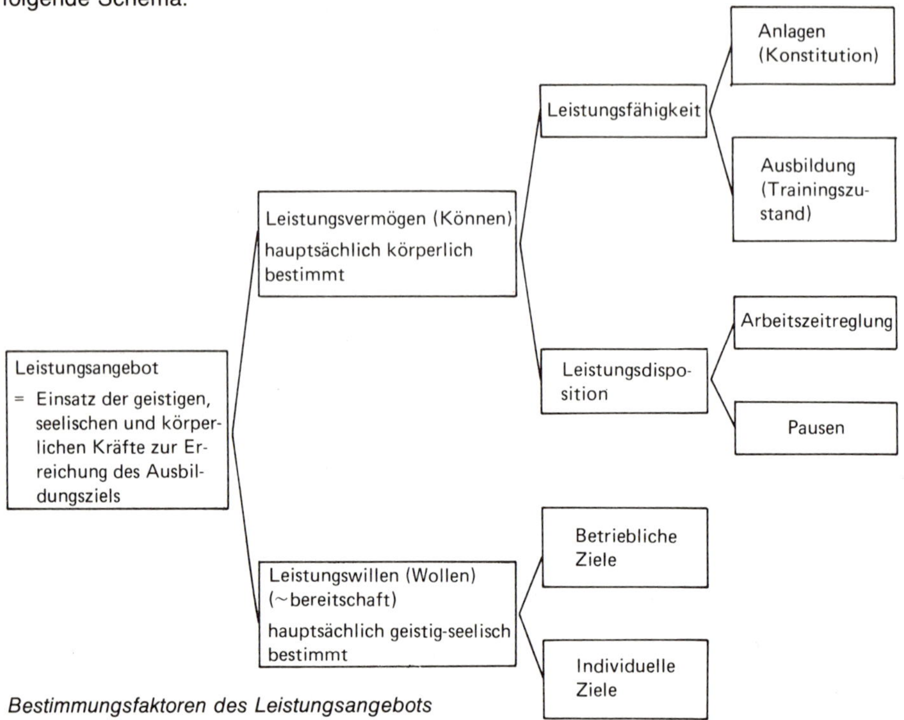


*Bestimmungsfaktoren des Leistungsangebots*

In der Technik werden Anlagen vor Beschädigungen und Zerstörungen durch eine zu starke Ausschöpfung ihrer Leistungsfähigkeit dadurch geschützt, daß man Sicherungen, Schutzschalter oder Ventile einbaut. Ihre Funktion liegt darin, Überschreitungen bestimmter Leistungsgrößen durch Abschalten, Entlasten usw. unmöglich zu machen. Ein ähnliches Sicherungssystem besteht für den Menschen in den sogenannten autonom geschützten Leistungsreserven. Ein bestimmter Teil der absoluten Leistungsfähigkeit kann nicht willentlich mobilisiert und eingesetzt werden. Der Zugang zu diesem autonom geschützten Bereich ist nur über besondere Leistungsanreize möglich, wie sie bei Reflexbewegungen im Angstzustand usw., aber auch durch bestimmte Drogen und Dopingmittel ausgelöst werden. Ein regelmäßiges Eingreifen in die autonom geschützten Reserven hat fast immer schwere gesundheitliche Schäden zur Folge. Deshalb scheidet dieser Teil der Leistungsfähigkeit für die betriebliche Ausbildung vollkommen aus. Der Jugendliche ist vor einer Inangriffnahme dieser Leistungsreserve zu bewahren.

Zieht man von der absoluten Leistungsfähigkeit die autonom geschützte Leistungsreserve und die Leistungsmenge, die für die Erhaltung des Leistungsvermögens im Zeitablauf sowie das natürliche Wachstum notwendig ist, ab, so verbleibt die Leistungsmenge, welche für die Ausbildung genutzt werden kann.

Während von der autonom geschützten Leistungsreserve angenommen wird, daß sie im Tagesverlauf eine konstante Größe annimmt, wird für die Lebenserhaltung und das natürliche Wachstum unterstellt, daß die dafür notwendigen Leistungsmengen im Tagesablauf gewissen rhythmischen, biologisch bestimmten Schwankungen unterliegen. Verdeutlicht wird dies durch die biorhythmische Leistungskurve:

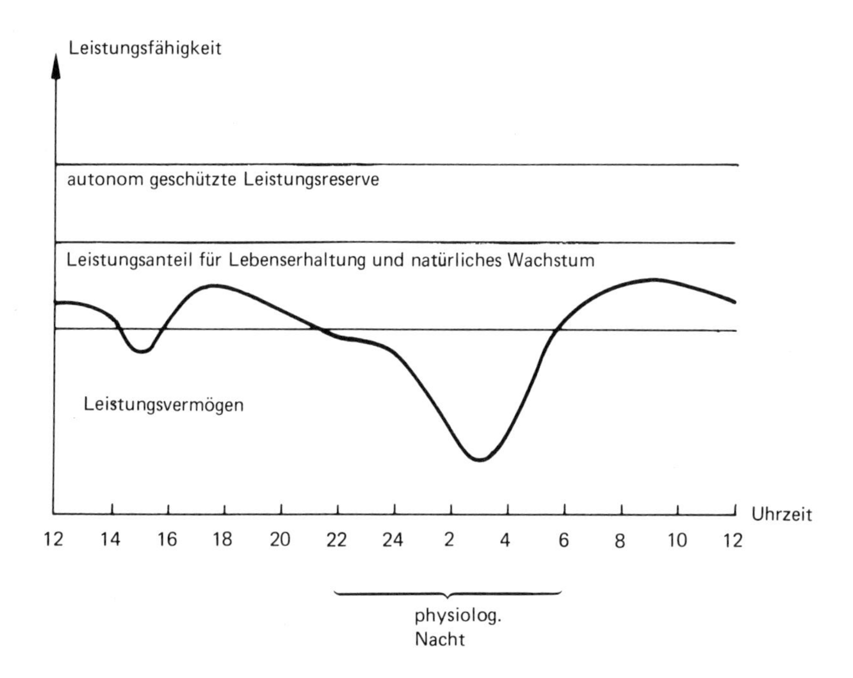


*Biorhythmische oder physiologische Schwankungen des Leistungsangebots im Laufe des Tages*

Die Kurve zeigt, daß das körperliche Leistungsvermögen tagsüber erheblich höher ist als nachts. Die beste Leistungszeit ist am Vormittag zwischen 8.00 und 11.00 Uhr. Dann sinkt die Kurve ab, um zwischen 16.00 und 20.00 Uhr wieder etwas anzusteigen. Zu einem Leistungsabfall kommt es um die Mittagszeit zwischen 14.00 und 15.00 Uhr und in der Nacht (um 3.00 Uhr nachts liegt der absolute Tiefpunkt).

Die Kurve macht verständlich, warum Nachtarbeit einen geringeren Nutzen bringt: Man braucht nachts für die gleiche Arbeit wesentlich mehr Kraft, um das biologisch begründete Leistungstief zu überwinden.

Unabhängig von diesem allgemeinen Tagesrhythmus gibt es noch einen Monatszyklus, dem die weiblichen Jugendlichen unterliegen: Sie sind in den Tagen vor und während der Menstruation (= Monatsblutung, Regel) oft gereizt und weniger belastungsfähig, ohne deswegen aber krank oder arbeitsunfähig zu sein. Der Ausbilder sollte beim Arbeitseinsatz darauf Rücksicht nehmen.

Selbstverständlich ist die Kurve nur tendenziell zu interpretieren. Einflußfaktoren wie Übung, Ermüdung, Erholung, Arbeitszeit, Leistungswille und nicht zuletzt die Arbeitstechnik bestimmen das Leistungsergebnis mit.

Das Schema macht deutlich, daß es sich beim Leistungsvermögen um eine Restgröße handelt. Wenn man annimmt, daß die autonom geschützten Leistungsreserven im Zeitverlauf konstant sind, dann bestimmen neben den Größen, die die Höhe der absoluten Leistungsfähigkeit festlegen – nämlich den Anlagen und dem Entwicklungsstand der Anlagen –, nur noch die Faktoren das Leistungsvermögen, die die jeweilige Höhe des Leistungsanteils beeinflussen, der für die Lebenserhaltung und das natürliche Wachstum notwendig ist.

Als Einflußfaktoren auf das Leistungsvermögen wurden die Leistungsfähigkeit und die Leistungsdisposition herausgestellt. Die Leistungsfähigkeit hängt ihrerseits von den vorhandenen Anlagen und der Ausbildung der Anlagen ab.

Die Leistungsdisposition ist im wesentlichen von der Tageszeit, der Ermüdung und Erholung abhängig. Ermüdung und Erholung sind zum Teil von den Anforderungen der Tätigkeit, zum Teil aber auch durch die Leistungsfähigkeit des Individuums bestimmt. Deshalb können die Anlagen des Auszubildenden, sein Ausbildungsstand (Entwicklung der Anlagen) und die Arbeitszeit sowie Pausenregelung als Bestimmungsgrößen der Leistung betrachtet werden.

Das Leistungsvermögen ist in seiner Größe regelmäßig kurzfristig gegeben. Inwieweit es eingesetzt wird, hängt vom Willen des Auszubildenden ab.

Die körperliche Leistungsfähigkeit kann in gewissen Grenzen gemessen werden. Hinweise erhält man über

- Dynamometer auf die Muskelkraft,
- Handgeschicklichkeitstest auf die motorische Leistungsfähigkeit,
- Ergometer auf die Herz-Lungen-Funktionsfähigkeit.

Die Messung der Leistungsfähigkeit führt bei Jungen und Mädchen bis zur Pubertät kaum zu unterschiedlichen Ergebnissen. Allerdings verlangsamt sich die Entwicklung der Leistungsfähigkeit bei den Mädchen etwa vom 15. Lebensjahr und kommt meistens schon mit dem 16. Lebensjahr zum Abschluß. Dagegen geht die Entwicklung bei den Jungen bis zum 18. Lebensjahr unverändert weiter, verlangsamt sich dann und erreicht mit etwa 20 Jahren ihren Endpunkt.

Um eine gesundheitliche Gefährdung der Jugendlichen durch die Ausbildung zu vermeiden, sollte der Leistungsgesichtspunkt im Rahmen der Ausbildung stets nebensächlich sein. Wichtiger sind fachgerechte und sichere Arbeit. Leistungstraining schadet regelmäßig der Arbeitsqualität und führt zu mannigfachen Gefährdungen. Allerdings ist der Jugendliche oft selber an hohen Leistungen interessiert. Hier ist es Aufgabe des Ausbilders, unmißverständlich Einhalt zu gebieten, weil der Jugendliche die Gefahren nicht kennt, denen er sich aussetzt bzw. sie nicht ernst nimmt.

Die geringsten gesundheitlichen Schäden verursacht schwere Arbeit, wenn sie im günstigen Bereich der Leistungskurve verrichtet werden kann, also zwischen 8.00 und 11.00 Uhr sowie etwa zwischen 15.00 und 17.00 Uhr.

Selbstverständlich treffen diese Aussagen nicht auf jeden einzelnen Auszubildenden zu – sie sind nur im Durchschnitt vieler Fälle zutreffend. Abweichungen zeigen sich daher von Auszubildenden zu Auszubildenden. Abweichungen werden auch durch den Jahresrhythmus verursacht. Die Belastbarkeit liegt im Sommer etwas tiefer als im Winter – jedenfalls gemessen an den Unfallzahlen. Auch im Laufe der Woche sind Schwankungen in der Leistungsbereitschaft festzustellen (Montag – hohe Unfallziffern!). Als weitere Einflußfaktoren gelten: Schlaf, Ernährung (Umfang und Anzahl der Mahlzeiten) sowie die Umgebungseinflüsse (Lärm, Feuchtigkeit, Wärme).

### Wachstumsphasen

Die Leistungsfähigkeit des Jugendlichen wird in den Wachstumsphasen herabgesetzt, weil die Wachstumsprozesse wie Arbeitsleistungen Energie verbrauchen. Der Ausbilder sollte bei einem Absinken der Leistung auch sogenannte Wachstumsschübe als Erklärung berücksichtigen. Wachstumsvorgänge verlaufen im Grunde kontinuierlich, aber wir nehmen sie in Schüben oder Sprüngen wahr. Die Steuerung dieser Vorgänge wird durch die Hormone geleistet, deren Umstellung auch Widerspenstigkeit, Unverträglichkeit, Reizbarkeit u. ä. zur Folge haben, die der Jugendliche willentlich nicht beeinflussen kann. Insbesondere bei weiblichen Jugendlichen ist die mit der Menstruation einhergehende Einschränkung der Leistungsfähigkeit zu berücksichtigen. Generell ist die Leistungsfähigkeit der Frau wegen ihrer geringeren Körpergröße und ihres geringeren Körpergewichts sowie ihres schwächeren Muskel- und Kreislaufapparates geringer. Besonders wichtig ist daher in diesem Zusammenhang die Einhaltung der vom Jugendarbeitsschutzgesetz vorgeschriebenen Pausen sowie der sonstigen Schutzvorschriften (verbotene Arbeiten allgemein und für besondere Jugendliche gemäß Einstellungsuntersuchung).

### Fragen der Unfallverhütung

„Safety first!" – zuerst die Sicherheit! Dieser Spruch sollte nie zu spät kommen. Arbeitssicherheit sollte bei jedem Ausbilder Vorrang haben. Das Bemühen um die Arbeitssicherheit gehört mit zu seiner Aufgabe. Der Ausbilder als Vertreter der Betriebsleitung ist rechtlich verpflichtet und moralisch verantwortlich, für die Sicherheit der ihm anvertrauten Auszubildenden zu sorgen. Diese Verpflichtung und Verantwortung zwingen den Ausbilder darüber zu wachen, daß in seinem Bereich

- nur an Betriebseinrichtungen gearbeitet wird und solche Arbeitsgeräte benutzt werden, die den Sicherheitsvorschriften entsprechen,
- die vorhandenen Schutzeinrichtungen und Schutzmittel benutzt werden,
- die Sicherheitsvorschriften von seinen Auszubildenden und Mitarbeitern eingehalten werden.

### Regelung durch Rechtsvorschriften

Jedes Arbeitsverhältnis verpflichtet den Arbeitgeber und die Personen, denen er entsprechende Aufgaben und Befugnisse überträgt, zur Fürsorge für den Arbeitnehmer. Diese Verpflichtung des privaten Rechts ergibt sich ganz klar aus § 618 I BGB: „Der Dienstberechtigte (das ist der Arbeitgeber bzw. Ausbildende, Anm. des Verf.) hat Räume, Vorrichtungen oder Gerätschaften, die er zur Verrichtung der Dienste zu beschaffen hat, so einzurichten und zu unterhalten und Dienstleistungen, die unter seiner Anordnung oder seiner Leitung vorzunehmen sind, so zu regeln, daß der Verpflichtete gegen Gefahr für Leben und Gesundheit soweit geschützt ist, als die Natur der Dienstleistung es gestattet".

Vor dem Gesetz trägt der Unternehmer (= Ausbildende) die volle Verantwortung für die Beachtung der Unfallverhütungsvorschriften und für die Durchführung der notwendigen Sicherheitsmaßnahmen. Allerdings kann der Arbeitgeber diese Aufgaben mit den dazugehörigen Befugnissen auch auf den Betriebsleiter oder andere leitende Angestellte übertragen (§ 775 RVO). Das kann auch ein Ausbilder sein.

Seit dem 1. Juli 1963 müssen in jedem Betrieb nach § 719 RVO mit mehr als 20 Beschäftigten Sicherheitsbeauftragte bestellt werden. Ihre Anzahl richtet sich nach der Größe und der Gefahrenklasse des Betriebes. Die Bestellung hat unter Mitwirkung des Betriebsrates zu erfolgen.

Der Sicherheitsbeauftragte hat die Aufgabe, den Unternehmer bei der Durchführung des Unfallschutzes zu unterstützen, insbesondere sich von dem Vorhandensein und der ordnungsgemäßen Benutzung der vorgeschriebenen Schutzvorrichtungen fortlaufend zu überzeugen. Zu diesem Zwecke soll er Betriebsbegehungen durchführen. Ferner soll er den Arbeitssicherheitsgedanken pflegen. Allerdings hat der Sicherheitsbeauftragte keine Anordnungsbefugnis. Seine Aufgaben sind ausschließlich beratender und unterstützender Natur. Die Verantwortung für die Durchführung der vorgeschriebenen Unfallverhütungsvorschriften liegt ausschließlich beim Unternehmer oder seinen betrieblichen Aufsichtspersonen. Für die Ausbildung der Sicherheitsbeauftragten sorgen die Berufsgenossenschaften. Sie tragen auch die Kosten. Sind mehr als drei Sicherheitsbeauftragte vorhanden, so soll ein Sicherheitsausschuß gebildet werden. Dieser hat jährlich mindestens eine Sitzung mit dem Arbeitgeber und dem Betriebsrat durchzuführen.

In größeren Betrieben werden diese Aufgaben regelmäßig auch noch von sogenannten Sicherheitsingenieuren wahrgenommen. Seit dem 1. Dezember 1974 muß der Arbeitgeber – durch das Arbeitssicherheitsgesetz veranlaßt – unter bestimmten Voraussetzungen sogar zusätzlich zu dem Sicherheitsingenieur einen Betriebsarzt einsetzen, um die Gesundheit der Arbeitnehmer zu erhalten. Arbeitgeber, zwei Mitglieder des Betriebsrates, Betriebsärzte, die Fachkräfte für Arbeitssicherheit und die Sicherheitsbeauftragten bilden in Unternehmen mit mehr als 50 Arbeitnehmern, in denen mindestens ein Betriebsarzt oder eine Sicherheitsfachkraft fest angestellt sind, den Arbeitsschutzausschuß. Dieser tritt mindestens einmal im Vierteljahr zusammen und hat die Aufgabe, Anliegen des Arbeitsschutzes und der Unfallverhütung zu beraten (§ 11 ASiG).

Das angesprochene Arbeitssicherheitsgesetz (kurz: ASiG; genau: Gesetz über Betriebsärzte, Sicherheitsingenieure und andere Fachkräfte für Arbeitssicherheit) verpflichtet in § 1 den Arbeitgeber, Betriebsärzte und Fachkräfte für Arbeitssicherheit zu bestellen, die ihn beim Arbeitsschutz und bei der Unfallverhütung unterstützen. Das sind nach § 6 ASiG insbesondere der Sicherheitsingenieur, der Sicherheitstechniker und der Sicherheitsmeister (= Arbeitssicherheitsfachkräfte). Diese Kräfte sind bei Anwendung der sicherheitstechnischen Fachkenntnisse von Weisungen des Arbeitgebers frei. Sie sollen bei Planungs- und Gestaltungsaufgaben mitwirken.

Über die Vielfalt an Arbeitsschutzregelungen informiert die folgende Übersicht:

## Arbeitsschutzregelungen

Im Grundgesetz der Bundesrepublik Deutschland ist in Artikel 2 das Grundrecht auf Leben und körperliche Unversehrtheit verankert. Dieses Grundrecht des einzelnen bedeutet für die Gesetzgebung, Verwaltung und Rechtsprechung: Verpflichtung, die Arbeitnehmer gegen vermeidbare Gefahren der Arbeitswelt (Verletzungen, Erkrankungen, vorzeitige Einbuße der Arbeitsfähigkeit) zu schützen. Diesem Auftrag ist der Staat durch zahlreiche gesetzliche Regelungen nachgekommen.

Dem Schutz des menschlichen Lebens dienen u. a. die folgenden Bestimmungen:

**Gesetze, Rechtsvorschriften und vergleichbare Verordnungen**

- Gesetz über technische Arbeitsmittel (Gerätesicherheits- bzw. Maschinenschutzgesetz genannt). Das Gesetz verpflichtet alle Hersteller, Importeure und Händler zur Lieferung von ungefährlichen Geräten, die im Gesetz „technische Arbeitsmittel" genannt werden. So sollen die Gefahren, die von den Maschinen ausgehen, weitgehend ausgeschaltet werden. Für die Überwachung und Beglaubigung der Sicherheitsanforderungen wurden Prüfstellen und -zeichen geschaffen, die ihrerseits von der Gewerbeaufsicht kontrolliert werden (TÜV-Zeichen, VDE, GS-Zeichen = „Geprüfte Sicherheit").
- Gesetz über Betriebsärzte, Sicherheitsingenieure und andere Fachkräfte für Arbeitssicherheit (ASiG)
  sogenanntes Arbeitssicherheitsgesetz
- Arbeitszeitordnung (AZO)
  Sie regelt die höchstzulässige tägliche Arbeitszeit, Mindestruhepausen und -zeiten u. ä.
- Arbeitsstättenverordnung
  Sie bestimmt in vielen Einzelvorschriften, wie die Fabriken und Werkstätten, die Büros und Verwaltungen, die Läger und Läden nach modernen Gesichtspunkten gestaltet sein müssen, um den Arbeitnehmern einen menschengerechten und menschenwürdigen Arbeitsplatz zu bieten (z. B. Pausenräume).
- Verordnung über gefährliche Stoffe (Gefahrstoffverordnung)
  Sie soll den Arbeitnehmer vor Gesundheitsgefahren am Arbeitsplatz schützen. Sie enthält Vorschriften für die Verpackung und Kennzeichnung von giftigen, ätzenden und schädliche Reize erzeugenden Arbeitsstoffen. Sie verpflichtet den Arbeitgeber, die Arbeitnehmer durch entsprechende hygienische und technische Maßnahmen vor gesundheitlichen Schäden zu schützen.
- Mutterschutzgesetz
- Heimarbeitsgesetz
- Gesetz zum Schutz der arbeitenden Jugend, sogenanntes Jugendarbeitsschutzgesetz
- Unfallverhütungsvorschriften der gewerblichen Berufsgenossenschaften

**Richtlinien und Empfehlungen**

- Liste der Werte maximaler Arbeitsplatz-Konzentrationen gesundheitsschädigender Stoffe, sogenannte MAK-Werte
- Richtlinien des Vereins Deutscher Ingenieure (VDI)
- Merkblätter der Vereinigung der Technischen Überwachungsvereine (TÜV)
- Normen des Deutschen Instituts für Normung (DIN)
- Empfehlungen des Internationalen Arbeitsamtes (ILO)
- Ergonomische Prüfliste für den Arbeitsschutz

Die Gefahrstoffverordnung schreibt zum *Beispiel* vor:

Mit explosionsgefährlichen, brandfördernden und leicht entzündlichen Stoffen dürfen Jugendliche nur unter fachkundiger Aufsicht umgehen. Mit giftigen, ätzenden und gesundheitsschädlichen Reizstoffen dürfen Jugendliche auch unter Aufsicht nur umgehen, wenn es die Berufsausbildung erfordert und wenn dem Arbeitgeber eine ärztliche Bescheinigung über die gesundheitliche Unbedenklichkeit vorliegt.

# Gefahrensymbole und Gefahrenbezeichnungen zur Kennzeichnung gefährlicher Arbeitsstoffe

explosionsgefährlich

brandfördernd

leicht entzündlich

Gift

ätzend

gesundheitsschädlich
Reizstoff

Arbeitssicherheit als Aufgabe des Betriebsrats

Der Betriebsrat ist bei Maßnahmen zur Arbeitssicherheit zur Mitwirkung verpflichtet (§§ 87–89 BetrVG). Das macht § 89 BetrVG ganz deutlich: „Der Betriebsrat hat bei der Bekämpfung von Unfall- und Gesundheitsgefahren die für den Arbeitsschutz zuständigen Behörden, die Träger der gesetzlichen Unfallversicherung und die sonstigen in Betracht kommenden Stellen durch Anregung, Beratung und Auskunft zu unterstützen sowie sich für die Durchführung der Vorschriften über den Arbeitsschutz und die Unfallverhütung im Betrieb einzusetzen". Nach § 91 BetrVG kann der Betriebsrat in bestimmten Fällen angemessene Maßnahmen zur Abwendung, Milderung oder zum Ausgleich von Belastungen durchsetzen.

Arbeitssicherheit als Aufgabe des Ausbilders

Allerdings sollte sich der Ausbilder nie auf den Sicherheitsbeauftragten, den Sicherheitsingenieur und den Betriebsrat in diesen Fragen der Sicherheit verlassen. Selbst ist der Mann bzw. die Frau! Der Ausbilder muß sich aktiv um die Arbeitssicherheit kümmern. Das gilt insbesondere für alle Neulinge im Betrieb. Die neuen Mitarbeiter bzw. Auszubildenden kennen den Betrieb noch nicht. Sie sind unerfahren und oft auch leichtsinnig. Insofern sollte die Anleitung zum sicheren Arbeiten bei ihnen sehr ernst genommen werden. Jede Unterweisung sollte auch ein Beitrag zur Sicherheits- und gegebenenfalls Umwelterziehung sein! Im übrigen sind die Themen „Arbeitssicherheit, Umweltschutz und rationelle Energieverwendung" in den Ausbildungsrahmenplänen als Mindestinhalt – allerdings unterschiedlich detailliert – vorgeschrieben.

Im Rahmen der Sicherheitserziehung muß der Ausbilder die

- Unfallursachen und Unfallfolgen,
- Sicherheitsbestimmungen,
- Beschäftigungsverbote für Jugendliche (vgl. Abschnitt Bestimmungen des Jugendarbeitsschutzgesetzes auf S. 208 ff.) kennen.

Unfallursachen und Unfallfolgen

Der Unfall ist ein komplexes Geschehen – vielfältige Faktoren bewirken sein Zustandekommen. Wir unterscheiden als Unfallursachen hauptsächlich:

- Technische Unfallursachen
  *Beispiele:* fehlende Schutzvorrichtungen, sicherheitswidrige Zustände durch Verschleiß.

  Unfallfreies Arbeiten ist zunächst weitgehend an das Vorhandensein gewisser technischer Voraussetzungen gebunden. So können etwa falsch konstruierte, mangelhaft erstellte, ungenügend gesicherte oder schadhaft gewordene Betriebseinrichtungen wie Arbeitsmaschinen, elektrische Anlagen, Fördereinrichtungen, Beförderungsmittel, Arbeitsgeräte, Arbeitsschutzmittel u. a. zu technischen Unfallursachen werden. Sie können verstärkt werden durch organisatorische Mängel, beispielsweise im Bereich des innerbetrieblichen Transports oder durch fehlende oder unzureichende Markierung von Gefahrenstellen.

- Physische Unfallursachen
  *Beispiele:* Seh- und Hörstörungen, übergroße Nervosität oder Ermüdungserscheinungen (auch durch übermäßigen Nikotin-, Alkohol- oder Tablettenkonsum; Drogen).

- Psychische Unfallursachen
  *Beispiele:* persönliche Trägheit, Bequemlichkeit oder Gereiztheit und Unaufmerksamkeit durch vorangegangene Streitereien; unpassende Kleidung.

- Soziale Unfallursachen
  *Beispiele:* sicherheitswidrige Verhaltensweisen (Angeberei, „Mutproben") sowie mangelhafte Aufsicht und Unterweisung.

Immer wieder sollte man sich und den Auszubildenden sowie sonstigen Mitarbeitern klarmachen: Jährlich finden bei etwa ein bis zwei Millionen Arbeitsunfällen rund 2000 Menschen den Tod am Arbeitsplatz. Etwa alle 22 Sekunden wird ein Arbeitsunfall registriert. Etwa alle vier Stunden verliert ein Mensch sein Leben bei einem solchen Unfall. Die gewerblichen Berufsgenossenschaften müssen für Unfallentschädigung und Unfallverhütung jährlich etwa 10 Milliarden DM ausgeben.

Was ist ein Unfall? Was bedeutet er?

Der Gesetzgeber definiert als „Arbeitsunfall": Arbeitsunfall ist ein körperlich schädigendes, zeitlich eng begrenztes Ereignis, das mit einer versicherten Tätigkeit in ursächlichem Zusammenhang steht. Folgende Voraussetzungen müssen erfüllt sein:

- Körperschaden (also kein Sachschaden),
- zeitlich eng begrenzt, d. h. innerhalb der Arbeitszeit (bzw. auf dem Weg nach Hause bzw. auf dem Weg zur Arbeit),
- ursächlicher Zusammenhang zwischen der versicherten Tätigkeit und dem eingetretenen Körperschaden.

**Folgen eines Unfalls**

für den Betroffenen:

- eventuell tödlicher Ausgang
- eventuell bleibender Körperschaden
- Schmerzen und Behinderung in Arbeit und Ausbildung
- Sorge und Leid bei den Angehörigen

für den Betrieb und die Allgemeinheit:

- Verlust wertvoller Arbeitskraft
- Betriebsstörung
- Materialschaden
- Erhöhung der Beiträge zur Berufsgenossenschaft
- Minderung des Sozialprodukts

Dem Ausbilder kommt in diesem Zusammenhang die Aufgabe zu, Unfälle durch Aufklärung und Vorsorgemaßnahmen (Sicherheitserziehung und Aufsicht) zu verhüten. Aufklärung heißt, die Auszubildenden eingehend auf die drohenden Gefahren und Rechtsfolgen hinweisen. Die Rechtsfolgen können zivil- und strafrechtlicher Natur sein. Nach zivilrechtlichen Grundsätzen hat derjenige für einen Schaden aufzukommen, der ihn verursacht hat. Dies gilt insbesondere bei Vorsatz und grober Fahrlässigkeit. Ersatz des Schadens ist die Folge. Bei grob fahrlässigen oder vorsätzlichen Verstößen gegen Unfallverhütungsvorschriften kann die Berufsgenossenschaft Ordnungsstrafen bis zu DM 10000 über den Ausbilder bzw. den Auszubildenden verhängen (vgl. § 710 UVNG).

Bei Körperverletzung und Unfällen mit tödlichem Ausgang können strafrechtliche Folgen (u. a. Gefängnisstrafen) eintreten.

Sicherheits- und Umweltschutzerziehung

Wenn der Ausbilder sieht, daß ein Auszubildender ohne Schutzbrille an der Schleifmaschine steht oder in der Nähe hochexplosiver Stoffe eine Zigarette anzündet, kann man sicher von Nachlässigkeit und Fahrlässigkeit sprechen. Eine Änderung der sicherheitswidrigen technischen Zustände ist im allgemeinen einfacher herbeizuführen als eine Überwindung solcher sicherheitswidrigen Verhaltensweisen. Wie kann der Ausbilder sie ändern? Seine „Moralpredigt" wird sicherlich nur in wenigen Fällen eine Verhaltensänderung bewirken.

Für den Ausbilder ist die Steigerung des Sicherheits- und Umweltbewußtseins eine Daueraufgabe. Besonders unfallgefährdet sind jugendliche Arbeitnehmer durch ihren oft zu beobachtenden Leichtsinn und falschen Ehrgeiz sowie ihre Unerfahrenheit im Betrieb. Daher sollte der Ausbilder als erste Maßnahme die Betriebseinführung und Unterweisung mit der Sicherheits- und Umwelterziehung koppeln. Eine Hauptregel sollte für jeden sein: Gute Arbeit ist stets auch sichere sowie umweltschonende Arbeit!

Die Daueraufgabe des Ausbilders, für die Sicherheit, für Umweltschutz und umsichtigen Energieeinsatz zu sorgen, kann durch betriebliche Sicherheitswettbewerbe, Preisausschreiben, Prämien für unfallfreies Arbeiten, Warnungs- und Aufklärungsplakate („Bohr' in die Wand und nicht in die Hand!") sowie entsprechende Markierung von Gefahrenstellen unterstützt werden. Helfen kann auch die Werkzeitschrift, die vielleicht in jeder Nummer den „Lappes", den unbekümmerten, leichtsinnigen und gedankenlosen „Unfäller" besonders darstellt. Eine weitere Möglichkeit ist die „Vierfachmethode":

„Vierfachmethode"

Die „Vierfachmethode" der Sicherheitserziehung versucht, den Auszubildenden von vier Seiten her für die sichere Arbeitsweise zu gewinnen:

1. Der Ausbilder sollte stets das Positive sicheren Arbeitens anerkennen und diese Anerkennung auch stets aussprechen, möglichst sogar in Gegenwart weiterer Auszubildender.

   Die offizielle Auszeichnung unfallfrei arbeitender Auszubildender durch den Ausbilder bzw. die Betriebsleitung – eventuell sogar unter Zahlung einer Prämie – stärken mit Sicherheit die Einhaltung der Arbeitsschutzvorschriften.

   Insbesondere dem „Neuen" im Betrieb wird es oft schwer gemacht, die Unfallverhütungsvorschriften einzuhalten, da die schlechten Vorbilder der sogenannten „alten Hasen" auf ihn einwirken. Oft betrachten diese ihre Arbeitsweise als besonders männlich oder mutig. Wer da nicht mittut, gilt schnell als Angsthase oder Feigling. Richtig ist aber: „Vorsicht ist keine Feigheit und Leichtsinn kein Mut!"

   Selbstverständlich gehört das vorbildliche Verhalten dazu. Wer als Ausbilder erklärt: „Hier müssen Sie stets einen Schutzhelm tragen!", selbst aber ohne einen Helm an der Gefahrenstelle steht, wird wenig Erfolg haben!

2. Der Ausbilder sollte stets nach Möglichkeiten suchen, die Nachteile sicheren Arbeitens (u. a. Zeitverlust, Umständlichkeit) zu beseitigen bzw. zu mindern.

   Riskantes Arbeiten bringt oft – vordergründig betrachtet – einige Vorteile mit sich: Man ist schneller fertig, hat es ohne Schutzhelm, Schutzhandschuhe und Sicherheitsschuhe bequemer usw. Wenn Sicherheitsvorkehrungen die Arbeit behindern, dann sollte der Ausbilder nach Verbesserungen suchen – auch unter Einschaltung von Fachleuten. Werden beim Werkzeugumtausch oder Empfang von Arbeitsschutzmitteln durch die zuständigen Büros unnötige Schwierigkeiten gemacht – Fragebogen, Antrag, Begründung, Abzeichnen des Werkmeisters oder Betriebsleiters, Quittung usw. –, dann darf man sich nicht wundern, wenn mit abgenutzten Werkzeugen und mit schadhaften Schutzbekleidungen oder sogar ohne sie gearbeitet wird.

3. Der Ausbilder sollte stets unmißverständlich sein Mißfallen bei sicherheitswidrigem Verhalten zum Ausdruck bringen.

   Der Auszubildende legt in der Regel großen Wert auf die Wertschätzung durch seinen Ausbilder und wird sein Verhalten doch langfristig korrigieren. Der Ausbilder sollte sich nicht nur von unfähigen, unpünktlichen und unzuverlässigen Auszubildenden (in der Probezeit oder bei Abschluß der Ausbildung) trennen, sondern auch von Auszubildenden, die laufend gegen die Sicherheitsvorschriften verstoßen, denn sie beschwören Schmerzen, Not und Arbeitsunfähigkeit nicht nur für sich allein herauf.

4. Der Ausbilder sollte dem falschen Geltungsstreben unmißverständlich entgegentreten, das sich bei sich sicherheitswidrig verhaltenden Auszubildenden oft breit macht.

   Sicherheitswidrige Verhaltensweisen sind nicht als „Heldentum" oder Mutproben einzustufen – sie sind kindisches Protzertum, unreife Angeberei, Dummheit. Das muß den Auszubildenden ohne Beschönigung klar gemacht werden.

## 1.9.2. Umweltschutz und rationelle Energieverwendung

Der Umweltschutz will uns die natürlichen Lebensgrundlagen bewahren. Dabei sind u. a. folgende Aufgaben zu bewältigen:

- Die Umwelt soll für die eigene Gesundheit gesichert und erhalten bleiben.
- Boden, Luft und Wasser, Pflanzen und Tiere sollen vor nachteiligen Einwirkungen geschützt werden.
- Die bereits angerichteten Schäden sollen beseitigt werden.

In der betrieblichen Ausbildung stehen – auch nach den Ausbildungsordnungen – im Vordergrund:

- Maßnahmen zur Erhaltung von Luft, Wasser und Boden,
- Maßnahmen, um arbeitsplatzbedingten Umweltbelastungen zu begegnen,
- Maßnahmen der rationellen (= vernünftigen bzw. sparsamen) Energieverwendung.

Erhaltung von Luft, Wasser und Boden

Rohstoffe, Energien, Wasser, Luft u. a. werden im Produktionsprozeß zu Produkten umgeformt. Dabei wird der Mensch gefährdet (Verletzungs- und Erkrankungsgefahr) und die Umwelt durch Abgase, Abwässer, Abfall und Lärm belastet.

Hier versuchen zahlreiche Gesetze und Verordnungen Einhalt zu gebieten. Ein Beispiel: Das Gesetz zum Schutz vor schädlichen Umwelteinwirkungen durch Luftverunreinigungen, Geräusche, Erschütterungen und ähnliche Vorgänge vom 15. März 1974 (Bundesimmissionsschutzgesetz) bildet eine wichtige Grundlage für den Umweltschutz. Dieses Gesetz ist u. a. Grundlage für:

– TA Luft = Technische Anleitung zur Reinhaltung der Luft sowie
– TA Lärm = Technische Anleitung zum Schutz gegen Lärm.

Gesetze und Verordnungen müssen aber durch Menschen umgesetzt werden. Daher ist es wichtig, daß der Ausbilder frühzeitig als Vorbild und „Aufklärer" tätig wird. Oft können schon recht einfache Maßnahmen – wie getrennte Abfallsammlung und „pingeliger" Umgang mit Altöl – einen wichtigen Beitrag leisten. Der Ausbilder sollte auch rechtzeitig eine Zusammenarbeit zwischen den angehenden Mitarbeitern und dem Umweltschutzbeauftragten anbahnen.

Arbeitsplatzbedingte Umweltmaßnahmen

Luftverunreinigungen entstehen zum Beispiel am Arbeitsplatz durch Lösemitteldämpfe, durch Staub und durch Schweißvorgänge. Hier muß unmißverständlich auf den ordnungsgemäßen Gebrauch der Schutzvorrichtungen gedrungen werden. Selbstverständlich sollte sein, daß die Vorrichtungen einwandfrei arbeiten. An anderen Arbeitsplätzen entstehen Abwärme, Abwässer, Abfälle – zum Teil können sie – evtl. nach einer Wiederaufarbeitung – wiederverwertet werden. Die Wiederaufbereitung von Abfall bzw. gebrauchten Produkten (in Fachkreisen „Remanufacturing") ist eine Möglichkeit, der zunehmenden Rohstoffverknappung und gleichzeitig dem wachsenden „Müllberg" zu begegnen. Daher gilt es Altglas, Altpapier, Kunststoffe, Schrott (Aluminium, Weißblech usw.) zu sammeln und entsprechend zu sortieren, was wieder in den Kreislauf der Rohstoffe eingegliedert werden kann (sogenanntes Recycling.) Bei bestmöglichen Maßnahmen können zum Beispiel 85 % des Materials eines PC (Personal Computer) verwertet werden, müssen also nicht auf dem Müll landen.

Stoffe, die nicht wiederverwendungsfähig sind, sind sachgemäß zu „entsorgen", also so zu lagern, daß sie uns und der Umwelt nach Möglichkeit keine Sorge mehr bereiten (Ausschluß der Gefährdung des Grundwassers durch Altöl, Klärschlämme usw.).

Grundsätzlich sollte schon bei der Fertigungsplanung auf Abfallvermeidung geachtet werden. Wo sich Abfälle nicht vermeiden lassen, sollte rechtzeitig an die Abfallverwertung und Abfallbeseitigung bzw. Entsorgung gedacht werden.

Rationelle Energieverwendung

Wir sollten uns alle bewußt sein, daß nur ein ganz kleiner Teil der „Ressourcen" (= was uns die Natur an Boden, Rohstoffen und Energieträgern zur Verfügung stellt) wiedergewonnen werden kann. Die Lagervorkommen werden immer geringer, die Ausbeute dürftiger. Dies gilt insbesondere für Kohle und Öl und die daraus abgeleiteten Energien Elektrizität und Gas. Hier bieten sich nicht nur von den Produktionstechniken sparsamere Lösungen an, sondern auch für den tagtäglichen Umgang in Betrieb, Haushalt und Freizeit!

## Fragen, Aufgaben, Fallbeispiele

**74.** Liegt in den folgenden Fällen ein Arbeitsunfall vor?

a) Ausbilder Bauch schickt Jürgen Willig los, um Getränke für die Pause zu besorgen. Jürgen verläßt noch kurz den Betrieb, um sich eine Packung Zigaretten zu holen. Dabei stürzt er unglücklich und bricht sich einen Arm.

b) Jürgen Willig hat den Arm in Gips. Dennoch kann er sich mit den Kameraden in der Gruppe raufen. Um einen Streich mit dem Lineal abzuwehren, läßt er seinen Gipsarm rotieren. Peters Brille geht zu Bruch. Auch das Auge ist verletzt.

c) Es ist Monatsende und Zahltag. Ausbilder Progress fährt auf dem Heimweg noch zu seiner Bank, um ,,Kostgeld" für seine Frau abzuholen. Dabei hat er Pech – er baut einen Unfall. Der Wagen sieht bös aus – er selbst hat einige Prellungen und Quetschungen. Mit der Ausbildung wird es in den nächsten Tagen wohl nichts werden!

**75.** Es wird oft gegen die Monotonie am Arbeitsplatz argumentiert. Worum handelt es sich eigentlich bei ihr?

**76.** Warum ist die Sicherheitserziehung in der Regel ein schwieriges und mitunter wenig erfolgreiches „Geschäft"?

## Hinweise auf Quellen und weiterführende Literatur


- Arbeitsgestaltung in Produktion und Verwaltung. Hrsg. vom Institut für angewandte Arbeitswissenschaft e. V. Köln: Wirtschaftsverlag Bachem 1989.
- Arbeitssicherheitsgesetz. Gesetz über Betriebsärzte, Sicherheitsingenieure und andere Fachkräfte für Arbeitssicherheit. Kommentar von Georg Kliesch u. a. Berlin: Schmidt 1978.
- Declair, Josef u. a.: Arbeitssicherheit für Ausbilder. Ein Leitfaden für die Berufsausbildung. Köln: AGV Metall Köln [7]1988.
- Förster, Gerhard: Arbeitsstättenverordnung für Betriebspraktiker. München: Hanser 1977.
- Kirchner, J.-H./Rohmert, W.: Ergonomische Leitregeln zur menschengerechten Arbeitsgestaltung. München: Hanser 1974.
- Siller, Ewald: Führungsziel Arbeitssicherheit. Leitfaden für Unternehmer, Führungskräfte und Sicherheitsausbilder. Berlin: Schmidt 1992.
- Siller, Ewald/Schliephacke, Jürgen: Neues Recht im Arbeitsschutz. – Arbeitssicherheitsgesetz – Für die Praxis mit Beispielen und Lösungsvorschlägen. Köln: Berufsgenossenschaft der Feinmechanik und Elektrotechnik [6]1982.
- Skiba, Reinald: Taschenbuch Arbeitssicherheit. Berlin: Schmidt [7]1991.
- Voss, Gerhard: Umweltschutzproblem – Umweltschutz. Köln 1987.
- Walletschek, Hartwig/Graw, Jochen (Hrsg.): Öko-Lexikon. Stichworte und Zusammenhänge. München: Beck 1988.

# 2.

# Rechtsgrundlagen

## 2.1. Überblick über die Rechtsquellen

Der Ausbilder muß die für die Berufsausbildung bedeutsamen Gesetze, Verordnungen und Richtlinien kennen, wenn er ordnungsgemäß und konfliktfrei ausbilden will. „Gefühl" und „gesunder Menschenverstand" reichen in der Regel nicht aus, um rechtlichen Folgen aus Fehlhandlungen zu entgehen. Welche Folgen kann die Nichtbeachtung der einschlägigen Bestimmungen haben? Es kann zu Schwierigkeiten mit den Auszubildenden kommen – Streitereien im täglichen Umgang, aber auch zu Rechtsstreitigkeiten. Diese können zu Geldbußen, zur Leistung von Schadenersatz und zum Verlust der Ausbildungsberechtigung führen.

Die folgenden Gesetze, Verordnungen und Richtlinien sollte der Ausbilder im Hinblick auf die Vorschriften zur Berufsausbildung kennen (teilweise haben wir die Bestimmungen schon besprochen, teilweise wird das in den folgenden Abschnitten geschehen):

- Grundgesetz (= Verfassung der Bundesrepublik Deutschland),
- jeweilige Landesverfassung,
- Berufsbildungsgesetz,
- Jugendarbeitsschutzgesetz (insbesondere die §§ 10ff.),
- Jugendschutzgesetz (Gesetz zum Schutz der Jugend in der Öffentlichkeit),
- Betriebsverfassungsgesetz (insbesondere § 80 sowie die §§ 96ff.),
- Mutterschutzgesetz,
- Arbeitsförderungsgesetz (insbesondere die §§ 33ff.),
- Bundesausbildungsförderungsgesetz,
- Jugendgerichtsgesetz,
- Gesetz über die Verbreitung jugendgefährdender Schriften,
- Arbeitsplatzschutzgesetz,
- Tarifvertragsgesetz,
- Arbeitszeitordnung,
- Schulpflichtgesetz des jeweiligen Bundeslandes,
- IHK-Gesetz,
- Handwerksordnung (insbesondere die §§ 21ff.),
- Kündigungsschutzgesetz,
- Reichsversicherungsordnung,
- Gewerbeordnung,
- Ausbildereignungsverordnung (nach § 21 BBiG),
- Ausbildungsordnung (nach § 25 BBiG),
- Berufsgrundbildungsjahr-Anrechnungs-Verordnung,
- Berufsfachschul-Anrechnungs-Verordnung,

- Prüfungsordnung,
- BGB,
- HGB.

Das an der Spitze stehende Grundgesetz ist der oberste Maßstab für alle anderen Gesetze, Verordnungen und Richtlinien. Bestimmungen, die nicht im Einklang mit dem Grundgesetz stehen, sind nichtig. Die Reihenfolge der Rechtsquellen zeigt die folgende Übersicht:

**Grundgesetz**

**Gesetze**

z. B. Berufsbildungsgesetz – werden vom Parlament beschlossen.

**Rechtsverordnungen**

z. B. Berufsgrundbildungsjahr-Anrechnungs-Verordnung oder Ausbilder-Eignungs-Verordnung – werden vom zuständigen Minister aufgrund von in Gesetzen ausgesprochenen Ermächtigungen erlassen.

**Satzungen** (Statuten)

z. B. Prüfungsordnung der zuständigen Stelle (= statutarisches Recht) – werden von Körperschaften wie Gemeinden und Kammern aufgrund gesetzlicher Ermächtigungen erlassen. Diese Körperschaften sind mit dem Recht der Selbstverwaltung ausgestattet.

**Richterrecht**

z. B. Grundsatzentscheidung des Bundesarbeitsgerichts – Urteile und Entscheidungen der verschiedenen Gerichte, die Gesetzeslücken füllen bzw. Deutungen festlegen.

**Gewohnheitsrecht**

z. B. Weihnachtsgeld, Beihilfen im Geburts- oder Todesfall – entwickelt sich durch ständige Übung.

**Vertragsrecht**

z. B. Berufsausbildungsvertrag oder Arbeitsvertrag sowie Kauf- und Mietvertrag – die Partner vereinbaren, was Recht sein soll (im Rahmen allgemeiner Rechtsgrundsätze).

Das Grundgesetz enthält die Grundrechte, die jedem Staatsbürger einen gewissen Rechtsschutz gegenüber der Staatsgewalt garantieren. Zu diesen Grundrechten gehören:

- Unantastbarkeit und Schutz der Menschenwürde (Art. 1 I GG).
- Anspruch auf freie Entfaltung der Persönlichkeit (Art. 2 I GG).
- Gleichheit vor dem Gesetz/Gleichberechtigung von Mann und Frau/Benachteiligungs- bzw. Bevorzugungsverbot (Diskriminierungsverbot) [Art. 3 GG].
- Recht auf Freiheit des religiösen und weltanschaulichen Bekenntnisses (Art. 4 GG).
- Recht auf freie Meinungsäußerung (Art. 5 GG).
- Recht auf Schutz von Ehe und Familie (Art. 6 GG).
- Den unehelichen Kindern sind durch die Gesetzgebung die gleichen Bedingungen für ihre leibliche und seelische Entwicklung und ihre Stellung in der Gesellschaft zu schaffen wie den ehelichen Kindern (Art. 6 V GG).
- Recht auf freie Wahl des Berufes, des Arbeitsplatzes und der Ausbildungsstätte (Art. 12 GG).

Der die Berufsfreiheit garantierende Artikel 12 hat folgenden Wortlaut:

(1) Alle Deutschen haben das Recht, Beruf, Arbeitsplatz und Ausbildungsstätte frei zu wählen. Die Berufsausübung kann durch Gesetz oder auf Grund eines Gesetzes geregelt werden.

(2) Niemand darf zu einer bestimmten Arbeit gezwungen werden, außer im Rahmen einer herkömmlichen allgemeinen, für alle gleichen öffentlichen Dienstleistungspflicht.

(3) Zwangsarbeit ist nur bei einer gerichtlich angeordneten Freiheitsentziehung zulässig.

Die Berufsfreiheit enthält also im einzelnen das Recht

- der Berufswahl,
- der Berufsausübung,
- der Wahl des Arbeitsplatzes,
- der Wahl der Ausbildungsstätte,
- das Verbot der Zwangsarbeit.

Durch die Änderung des Grundgesetzes vom 24. Juni 1968 – auf die sogenannten Notstandsgesetze zurückzuführen – kann der Grundsatz, daß niemand zu einer bestimmten Arbeit oder Ausbildung gezwungen werden kann, eingeschränkt werden. Nach Artikel 12 a Abs. 5 GG kann die Verpflichtung zu einer bestimmten Ausbildung ausgesprochen werden (Verpflichtung zu einer allgemeinen öffentlichen Dienstleistung). Dies ist allerdings eine Ausnahme von der Berufsfreiheit.

Berufsfreiheit heißt nicht, daß jeder uneingeschränkt und voraussetzungslos jeden Beruf ausüben kann. Die Plätze in einem bestimmten Beruf reichen mitunter nicht aus, um die Nachfrage zu befriedigen. Ferner ist es notwendig, den Zugang in bestimmte Berufe – wie Arzt, Rechtsanwalt u. ä. – zu überwachen und an bestimmte Voraussetzungen (Mindestausbildung u. a.) zu koppeln. Insofern wird also die Berufsfreiheit begrenzt durch

- Vorbildung (Schulabschluß),
- vorhandene Ausbildungsstätten,
- vorhandene freie Stellen (z. B. numerus clausus an den Hochschulen),
- Nachfrage nach den entsprechenden beruflichen Leistungen,
- Wertvorstellungen („Mädchen heiraten sowieso!"; Mädchen- und Jungenberufe),
- beschränkte Geldmittel, um die Ausbildung zu finanzieren,
- mangelnde Übersicht über die Berufe und ihre Möglichkeiten.

Das Bundesrecht des Grundgesetzes bricht im Zweifelsfall das Landesrecht, wenn dieses ihm widerspricht. In einigen Fällen kann nur der Bund Gesetze erlassen (zum Beispiel auf dem Gebiet der Verteidigung). Im Kulturbereich – zum Beispiel das Schulwesen betreffend – haben die Länder das Recht, eigene Gesetze zu erlassen. Es gibt also keine Schulgesetze des Bundes.

Dagegen wird die betriebliche Berufsausbildung durch die Gesetze des Bundes geregelt. Sie gehören in das größere Gebiet des Arbeits- und Wirtschaftsrechtes. Die beiden wichtigsten Gesetze sind das Berufsbildungsgesetz und das Arbeitsförderungsgesetz.

## 2.2. Berufsbildungsgesetz

### 2.2.1. Geltungsbereich und Zuständigkeiten

Das Recht der Berufsbildung war bis zum Inkrafttreten des Berufsbildungsgesetzes vom 14. August 1969 (in Kraft getreten am 1. September 1969) nicht umfassend und nicht einheitlich geregelt. Es galten Gewerbeordnung, Handelsgesetzbuch, Bürgerliches Gesetzbuch, tarif- und arbeitsrechtliche Bestimmungen und die Bestimmungen der Handwerkskammern sowie Industrie- und Handelskammern.

Der Gesetzgeber hat mit dem Erlaß des Berufsbildungsgesetzes zwei Ziele erreichen wollen:

- Zum einen sollte das unübersichtlich gewordene Berufsbildungsrecht vereinheitlicht, neu geregelt, übersichtlicher gestaltet, zusammengefaßt und für den einzelnen verbindlicher werden.
- Zum anderen sollte die Berufsausbildung als öffentliche Aufgabe anerkannt und stärker gefördert werden (*z. B.* durch zwingende Vorschriften zur Eignung und zur staatlichen Überwachung).

Das heutige Berufsbildungsgesetz regelt die Berufsausbildung in allen Wirtschaftszweigen, allerdings mit einigen Sonderbestimmungen für das Handwerk. Für dieses gilt im übrigen die Handwerksordnung vom 17.September 1953 in der Fassung vom 28. Dezember 1965. Die Bestimmungen der Handwerksordnung sind den Regelungen des BBiG weitgehend angepaßt worden. Ausgeklammert wurden die Berufsausbildung in einem öffentlich-rechtlichen Dienstverhältnis (d. h. für Beamte, Richter und Soldaten), die Berufsausbildung auf Kauffahrteischiffen (d. h. Hochseefischerei, Fracht- und Passagierschiffahrt auf den Weltmeeren) sowie die Ausbildung des Krankenpflegepersonals und der Beschäftigten der Kirchen. Grundsätzlich sind wichtige Punkte des alten Berufsbildungsrechts erhalten geblieben – *zum Beispiel:*

- Die Berufsausbildung ist eine Selbstverwaltungsaufgabe der Wirtschaft.
- Der Ausbildungsvertrag ist ein privatrechtlicher Vertrag.
- Die Ausbildung wird von Betrieb und Schule partnerschaftlich getragen (Erhaltung des dualen Systems).

Neu geregelt wurden die Bezeichnungen:

- Auszubildender (früher: Lehrling; Ausnahme: im Bereich des Handwerks kann weiterhin von Lehrlingen gesprochen werden),
- Berufsausbildungsvertrag (früher: Lehrvertrag),
- Ausbildungsbetrieb (früher: Lehrbetrieb),
- Ausbildender (früher: Lehrherr),
- Verzeichnis der Berufsausbildungsverhältnisse (früher: Lehrlingsrolle).

§ 1 BBiG gibt Auskunft über den Gegenstand des Gesetzes – was unter Berufsbildung zu verstehen ist, welche Ziele sie hat und wo sie durchgeführt wird. Wörtlich heißt es dort:

(1) Berufsbildung im Sinne dieses Gesetzes sind die Berufsausbildung, die berufliche Fortbildung und die berufliche Umschulung.

(2) Die Berufsausbildung hat eine breit angelegte berufliche Grundbildung und die für die Ausübung einer qualifizierten beruflichen Tätigkeit notwendigen fachlichen Fertigkeiten und Kenntnisse in einem geordneten Ausbildungsgang zu vermitteln. Sie hat ferner den Erwerb der erforderlichen Berufserfahrungen zu ermöglichen.

(3) Die berufliche Fortbildung soll es ermöglichen, die beruflichen Kenntnisse und Fertigkeiten zu erhalten, zu erweitern, der technischen Entwicklung anzupassen oder beruflich aufzusteigen.

(4) Die berufliche Umschulung soll zu einer anderen beruflichen Tätigkeit befähigen.

(5) Berufsbildung wird durchgeführt in Betrieben der Wirtschaft, in vergleichbaren Einrichtungen außerhalb der Wirtschaft, insbesondere des öffentlichen Dienstes, der Angehörigen freier Berufe und in Haushalten (betriebliche Berufsbildung) sowie in berufsbildenden Schulen und sonstigen Berufsbildungseinrichtungen außerhalb der schulischen und betrieblichen Berufsbildung.

Berufsbildung ist also im Sinne des Gesetzes ein Oberbegriff für die berufliche Erstausbildung (mit den beiden Abschnitten der Grund- und Fachbildung), die Fortbildung und die Umschulung. Der Geltungsbereich des Gesetzes erstreckt sich auf die Berufsbildung, soweit sie nicht in berufsbildenden Schulen durchgeführt wird, die den Schulgesetzen der Länder unterstehen.

### Zuständigkeiten

Das Berufsbildungsgesetz hat für die verschiedenen Bereiche sogenannte „zuständige Stellen" geschaffen, die in ihrem Bereich für die Betreuung, Durchführung und Überwachung (einschließlich Prüfung) der Berufsbildung verantwortlich sind. So sind die Industrie- und Handelskammern *zum Beispiel* gemäß § 75 BBiG die zuständige Stelle für die Berufsbildung in Gewerbebetrieben, die nicht zum Handwerk gehören. Die 83 Industrie- und Handelskammern sind daher zuständig für alle kaufmännischen Berufe (wie z. B. Bank-, Industrie- und Einzelhandelskaufmann bzw. -frau, industriell-gewerbliche Berufe (wie zum Beispiel Maschinenschlosser – neue Bezeichnung: Industriemechaniker, Fachrichtung Betriebstechnik bzw. Maschinen- und Systemtechnik)] und für sogenannte kaufmännisch-verwandte Berufe (wie zum Beispiel Koch, Kellner, Tankwart, Florist, d. h. für Berufe mit überwiegend kaufmännischen, aber auch teilweise praktischen Ausbildungsschwerpunkten).

Für die Berufsausbildung in Handwerksbetrieben oder handwerksähnlichen Betrieben sind die 59 Handwerkskammern die „zuständigen Stellen" (vgl. § 74 BBiG). Weitere „zuständige Stellen" enthält die folgende Tabelle:

| zuständige Stelle | zuständig für |
|---|---|
| Landwirtschaftskammer | Berufsbildung in den Betrieben der Landwirtschaft einschließlich der ländlichen Hauswirtschaft (§ 79 I BBiG) |
| Rechtsanwaltskammer | Berufsbildung der Rechtsanwaltsgehilfen (§ 87 I BBiG) |
| Patentanwaltskammer | Berufsbildung der Patentanwaltsgehilfen (§ 87 I BBiG) |
| Notarkammer | Berufsbildung der Notargehilfen (§ 87 I BBiG) |
| Kammer der Steuerberater und Steuerbevollmächtigten | Berufsbildung der Gehilfen in wirtschafts- und steuerberatenden Berufen (§ 89 I BBiG) |
| Ärzte-, Zahnärzte- und Apothekerkammern | Berufsbildung der Arzt-, Zahnarzt- und Apothekenhelfer (§ 91 I BBiG) |

Im öffentlichen Dienst bestimmt für den Bund die oberste Bundesbehörde für ihren Geschäftsbereich die zuständige Stelle (§ 84 I BBiG).

Die jeweilige zuständige Stelle hat insbesondere die Durchführung der Berufsausbildung zu überwachen und diese durch Beratung der Ausbilder und der Auszubildenden zu fördern (§ 45 BBiG, § 41a HwO).

Der bei jeder zuständigen Stelle zu errichtende Berufsbildungsausschuß beschließt die von der zuständigen Stelle zu erlassenden Rechtsvorschriften für die Durchführung der Berufsbildung und muß in allen wichtigen Angelegenheiten der beruflichen Bildung unterrichtet und gehört werden. Die zu erlassenden Rechtsvorschriften – wie Prüfungs- und Zulassungsordnungen – werden als ,,statutarisches Recht" bezeichnet. Dem Berufsbildungsausschuß gehören Vertreter der Arbeitgeber und der Arbeitnehmer sowie – mit beratender Stimme – Lehrer der berufsbildenden Schulen an.

Im einzelnen hat die zuständige Stelle folgende Aufgaben im Rahmen der Berufsausbildung:

- Überwachung der persönlichen und fachlichen Eignung der Ausbildenden bzw. Ausbilder sowie der Eignung der Ausbildungsstätte (§ 23 I BBiG),
- Entscheidung über Anträge zur Verkürzung bzw. Verlängerung der Ausbildungszeit (§ 29 II, III BBiG),

- Einrichtung und Führung der Verzeichnisse der Berufsausbildungsverhältnisse (§ 31 BBiG) bzw. Lehrlingsrolle im Handwerk (enthält den wesentlichen Inhalt des Berufsausbildungsvertrages) als Grundlage für die Kontrolle,
- Errichtung von Prüfungsausschüssen zur Abnahme von Abschluß- und Zwischenprüfungen (§ 36 bzw. § 42 BBiG),
- Zulassung zur Abschlußprüfung (§ 39 II BBiG),
- Erlaß von Prüfungsordnungen (§ 41 BBiG),
- Überwachung und Förderung der Berufsausbildung, insbesondere durch Bestellung von Ausbildungsberatern (§ 45 BBiG),
- Durchführung von Prüfungen im Rahmen der beruflichen Fortbildung und der beruflichen Umschulung (§ 46 und § 47 BBiG),
- Überwachung der beruflichen Umschulung (§ 47 IV BBiG),
- Bildung eines Güte- bzw. Schlichtungsausschusses (= Ausschuß zur Beilegung von Streitigkeiten zwischen Ausbildenden und Auszubildenden aus einem bestehenden Berufsausbildungsverhältnis) (§ 102 BBiG),
- Abgabe von Stellungnahmen bezüglich der Eignung von Ausbildungsstätten und der fachlichen Eignung zum Ausbilden gegenüber der zuständigen Landesbehörde (§ 82 BBiG),
- sonstige Regelungen zur Durchführung der Berufsbildung, soweit keine Vorschriften bestehen (§ 44 BBiG).

Wenig geregelt sind berufliche Fortbildung und berufliche Umschulung. Daher haben die zuständigen Stellen hier besondere Arbeitsmöglichkeiten. Die zuständigen Stellen können nach § 46 I BBiG zum Nachweis von Kenntnissen, Fertigkeiten und Erfahrungen, die durch berufliche Fortbildung erworben worden sind, Prüfungen durchführen. Diese müssen den besonderen Erfordernissen beruflicher Erwachsenenbildung entsprechen. Die zuständige Stelle regelt den Inhalt, das Ziel, die Anforderungen, das Verfahren dieser Prüfungen, die Zulassungsvoraussetzungen und errichtet Prüfungsausschüsse. Dies gilt nach § 47 BBiG auch für die berufliche Umschulung. Für sie gelten das Ausbildungsberufsbild des anerkannten Ausbildungsberufs, der Ausbildungsrahmenplan und die Prüfungsanforderungen unter besonderer Berücksichtigung der besonderen Erfordernisse der beruflichen Erwachsenenbildung.

Über verschiedene Abschlußprüfungen informiert die Tabelle auf Seite 120.

Ein Wort zur Meisterprüfung: Sie geht auf die Zunftregelungen des Mittelalters zurück. Gemäß § 46 II des Gesetzes zur Ordnung des Handwerks (Handwerksordnung) ist durch die Meisterprüfung festzustellen, „ob der Prüfling befähigt ist, einen Handwerksbetrieb selbständig zu führen und Lehrlinge ordnungsgemäß auszubilden; der Prüfling hat insbesondere darzutun, ob er die in seinem Handwerk gebräuchlichen Arbeiten meisterhaft verrichten kann und die notwendigen Fachkenntnisse sowie die erforderlichen betriebswirtschaftlichen, kaufmännischen, rechtlichen und berufserzieherischen Kenntnisse besitzt“. Der Meistertitel ist gesetzlich geschützt. Im Rahmen der angestrebten Gleichstellung von beruflicher und allgemeiner Bildung wird in Niedersachsen die mit mindestens „befriedigend“ bestandene Meisterprüfung wie ein Sekundarabschluß I (= Realschulabschluß) eingestuft.

| Ausbildungsbereich | zuständige Stelle | typische Abschlußprüfung | Meisterprüfung (in der Regel nach 5jähriger Tätigkeit möglich) |
|---|---|---|---|
| Industrie, Handel, Dienstleistungsgewerbe | Industrie- und Handelskammer | Facharbeiterprüfung (gewerblich – industriell) bzw. Kaufmannsgehilfenprüfung (kaufmännisch) | Industriemeisterprüfung bzw. Fachmeisterprüfung bzw. Ausbildungsmeister |
| Handwerk | Handwerkskammer | Handwerksgesellenprüfung | Meister |
| Landwirtschaft, einschl. ländliche Hauswirtschaft | Landwirtschaftskammer | Landwirtschaftsgehilfenprüfung | Meisterprüfung (z. B. Melkermeister bzw. Meisterin der ländl. Hauswirtschaft) |
| Öffentlicher Dienst | Oberste Dienstbehörde des Landes bzw. Oberste Bundesbehörde | Inspektorenprüfung | |
| Rechtsanwalts-, Patentanwalts- und Notargehilfen | Rechtsanwalts-, Patentanwalts- bzw. Notarkammer | Gehilfenprüfung | |
| Gehilfen in wirtschafts- und steuerberatenden Berufen | Wirtschaftsprüferkammer bzw. Berufskammern der Steuerberater und der Steuerbevollmächtigten | Gehilfenprüfung | |
| Arzt-, Zahnarzt- und Apothekenhelfer | Ärzte-, Zahnärzte- bzw. Apothekerkammer | Helferinnenprüfung | |
| Hauswirtschaft | wird jeweils vom Bundesminister für Arbeit und Sozialordnung durch Rechtsverordnung bestimmt | Hauswirtschaftsgehilfenprüfung | Hauswirtschaftsmeisterin |
| Bergbau | Bergamt | Knappenprüfung (Gesellenprüfung) | Hauerprüfung |

### Fragen, Aufgaben, Fallbeispiele

1. Was bedeutet „Kulturhoheit der Länder"?
2. Wer beaufsichtigt das Schulwesen einerseits, die betriebliche Berufsausbildung andererseits?
3. Welche Rechte fallen im einzelnen unter das Grundrecht der Berufsfreiheit?
4. Welche Aufgabe hat der Ausbildungsberater?
5. Welche Aufgaben hat der Ausbildende im Rahmen der Überwachung der Berufsausbildung?
6. Was ist unter der zuständigen Stelle zu verstehen?

### Hinweise auf Quellen und weiterführende Literatur


- Die anerkannten Ausbildungsberufe 1992: Verzeichnis der anerkannten Ausbildungsberufe nach § 6 Abs. 2 Nr. 5 des Berufsbildungsförderungsgesetzes (BerBiFG) vom 23. Dezember 1981 mit Verzeichnis der zuständigen Stellen im Sinne des Berufsbildungsgesetzes (BBiG) vom 14. August 1969, hrsg. vom Bundesinstitut für Berufsbildung. Bielefeld: W. Bertelsmann Verlag KG 1992.
- Herkert, Josef: Berufsbildungsgesetz. Kommentar mit Nebenbestimmungen. Loseblattsammlung. Regensburg: Walhalla und Praetoria Verlag 1981 ff.
- Knopp, Anton/Kraegeloh, Wolfgang: Berufsbildungsgesetz. Köln: Heymanns [2]1982.
- Natzel, Benno: Berufsbildungsrecht. Stuttgart: Fachverlag für Wirtschaft und Steuern [3]1982.


## 2.2.2. Begründung eines Berufsausbildungsverhältnisses und Berufsausbildungsvertrages

Ein Berufsausbildungsverhältnis als privatrechtliches Verhältnis zwischen Auszubildenden und Ausbildenden wird nach § 3 I BBiG durch Vertrag begründet. Der Berufsausbildungsvertrag kommt durch die Einigung der Vertragspartner zustande.

Früher besiegelte man solche Verträge mit einem Handschlag. Besser als die mündliche Vereinbarung ist die Schriftform – jeder kann dann schwarz auf weiß seine Rechte und Pflichten nachlesen. Heute ist der sogenannte „Berufsausbildungsvertrag" zwischen Ausbildendem (früher: Lehrherr, Meister) und dem Auszubildenden (früher: Lehrling) vor Beginn der Berufsausbildung vorgeschrieben (§ 3 BBiG).

Wer als Ausbildender einen anderen zur Berufsausbildung einstellt, hat mit diesem – dem sogenannten Auszubildenden – einen Berufsausbildungsvertrag zu schließen. Für den Abschluß eines solchen Berufsausbildungsvertrages gelten, soweit sich aus seinem Wesen, seinem Zweck und aus dem Berufsbildungsgesetz nichts anderes ergibt, die für den Arbeitsvertrag geltenden Rechtsvorschriften und Rechtsgrundsätze.

Ausbildender ist derjenige, der einen anderen zur Berufsausbildung einstellt. Die betriebliche Berufsausbildung wird in Betrieben der Wirtschaft und in vergleichbaren Einrichtungen außerhalb der Wirtschaft, insbesondere des öffentlichen Dienstes und der Angehörigen freier Berufe sowie in Haushalten durchgeführt (§ 1 BBiG). Im öffentlichen Dienst gelten die Vorschriften des Berufsbildungsgesetzes für Personen, die bei Bund, Ländern,

Gemeinden oder Körperschaften, Anstalten und Stiftungen des öffentlichen Rechts zu Arbeitern oder Angestellten ausgebildet werden. Vom Ausbildenden ist derjenige zu unterscheiden, der die Ausbildung durchführt. Das kann der Ausbildende selbst oder ein von ihm beauftragter Ausbilder sein.

Auszubildender ist derjenige, der ausgebildet wird. Ist er noch minderjährig, muß zum Vertragsschluß die Zustimmung des gesetzlichen Vertreters eingeholt werden. Vertretungsberechtigt sind grundsätzlich beide Eltern gemeinsam, in Ausnahmefällen ein Elternteil oder ein Vormund. Der Vormund muß eine Genehmigung des Vormundschaftsgerichts vorweisen, um den Berufsausbildungsvertrag wirksam abschließen zu können. Für den Berufsausbildungsvertrag ist heute – wie schon gesagt – die schriftliche Niederlegung vorgeschrieben (§ 4 BBiG): Der wesentliche Inhalt des Berufsausbildungsvertrages muß vom Ausbildenden unverzüglich nach der Vereinbarung, auf jeden Fall aber vor Beginn der Berufsausbildung schriftlich niedergelegt werden. Ein Verstoß gegen diese Vorschrift wird als Ordnungswidrigkeit mit einer Geldbuße von bis zu DM 2000 geahndet, der Vertrag selbst wird jedoch dadurch nicht unwirksam (vgl. § 99 I 1, 2 BBiG).

Als Mindestangaben muß dieser Vertrag enthalten:

- Art, sachliche und zeitliche Gliederung sowie Ziel der Berufsausbildung, insbesondere die Berufstätigkeit, für die ausgebildet werden soll,
- Beginn und Dauer der Berufsausbildung,
- Ausbildungsmaßnahmen außerhalb der Ausbildungsstätte,
- Dauer der regelmäßigen täglichen Ausbildungszeit,
- Dauer der Probezeit,
- Zahlung und Höhe der Vergütung,
- Dauer des Urlaubs,
- Voraussetzungen, unter denen der Berufsausbildungsvertrag gekündigt werden kann.

Jede Vertragspartei – also in der Regel der Ausbildende, der Auszubildende und sein gesetzlicher Vertreter (in der Regel beide Elternteile gemeinsam) – muß die Vertragsniederschrift unterschreiben und erhält eine Niederschrift des Vertrages. Dadurch hat jeder Partner des Ausbildungsverhältnisses eine Unterlage über den wesentlichen Inhalt des Vertrages in den Händen.

Ungültig sind Vereinbarungen im Vertrag, die den Auszubildenden für die Zeit nach seiner Berufsausbildung in der Ausübung seiner beruflichen Tätigkeit beschränken. Keine Gültigkeit haben auch Vereinbarungen, die eine Verpflichtung des Auszubildenden zur Zahlung einer Entschädigung für die Berufsausbildung, Vertragsstrafen, den Ausschluß oder die Beschränkung von Schadensersatzansprüchen sowie die Festsetzung der Höhe eines Schadensersatzes in Pauschbeträgen vorsehen (§ 5 BBiG).

Obwohl für die Wirksamkeit des Berufsausbildungsvertrages keine bestimmte Schriftform zu beachten ist, empfiehlt es sich, die hierfür vorgesehenen Formulare der zuständigen Kammer zu benutzen, da diese unter Mitwirkung der Berufsausbildungsausschüsse, in denen auch Vertreter der Arbeitnehmer mitarbeiten, erarbeitet wurden und die gesetzlichen Mindestbestimmungen sowie in der Regel die Empfehlungen des Bundesausschusses für Berufsausbildung vom 9. 6. 1971 berücksichtigen.



Ein Ausbildungsvertragsmuster ist auf den folgenden Seiten abgedruckt:

Angaben zum nachfolgenden
# Berufsausbildungsvertrag
und Antrag auf Eintragung

**Bitte nur die weißen Felder mit Schreibmaschine oder in Druckschrift ausfüllen!**

Eingetragen unter Nr. ____ am
bei der Innung ____
Kreishandwerkerschaft

Handwerkskammer
i. A.
Tag | Monat | Jahr
Bearbeitungstag

Ausbildungsvertrags-Nr.

Zwischen dem Ausbildenden (Unternehmer)

Genaue Betriebsanschrift mit Tel.-Nr.

Ausbildungsstätte, wenn vom Betriebssitz abweichend | PLZ | Ort

Straße, Haus-Nr.

u. der/dem Auszubildenden männl. ☐ 1 weibl. ☐ 2

Vor- und Familienname

Straße, Haus-Nr.

PLZ Ort

Geburtsdatum | Staatsangehörigkeit | Schl

die Eltern ☐ 1 nur Vater ☐ 2 nur Mutter ☐ 3 Vormund ☐ 4

Vorname, Familienname des Sorgeberechtigten

Straße, Haus-Nr.

PLZ Ort

wird nachstehender Vertrag
zur Ausbildung im Ausbildungsberuf ____

(ggf. mit Fachrichtung/Schwerpunkt) ____
nach Maßgabe der Ausbildungsordnung geschlossen.

**A** Die **Ausbildungszeit** beträgt nach der Ausbildungsordnung ____ Monate. Diese verringert sich durch die

Ausbildung/Vorbildung ____

____

um ____ Monate ____ Tage. Das Berufsausbildungsverhältnis

beginnt am (Tag | Monat | Jahr)

und endet am (Tag | Monat | Jahr)

**B** Die **Probezeit** beträgt 3 Monate (Vertrag § 1 Nr. 2) [1])

**C** Die **Ausbildung** findet in der oben genannten Betriebs- bzw. Ausbildungsstätte und den damit für die Ausbildung üblicherweise zusammenhängenden sonstigen Arbeitsstellen statt.

**D** Die **Vergütung** richtet sich nach der tarifvertraglichen Regelung bzw. den jeweils empfohlenen Sätzen der Fachverbände (Vertrag § 4 Nr. 1). Sie beträgt z. Zt. monatlich:

DM ____ brutto im 1. Ausbildungsjahr

DM ____ brutto im 2. Ausbildungsjahr

DM ____ brutto im 3. Ausbildungsjahr

DM ____ brutto im 4. Ausbildungsjahr

**E** Die regelmäßige **tägl. Ausbildungszeit** beträgt 8 Stunden. [2])

**F** Der Ausbildende gewährt dem Auszubildenden Urlaub nach den geltenden Bestimmungen (Vertrag § 5 Nr. 2). Es besteht Anspruch auf:

____ Werk- ____ Arbeitstage im Jahre ____

____ Werk- ____ Arbeitstage im Jahre ____

____ Werk- ____ Arbeitstage im Jahre ____

____ Werk- ____ Arbeitstage im Jahre ____

____ Werk- ____ Arbeitstage im Jahre ____

**G** **Sonstige Vereinbarungen**

## Achtung

Unterschriften der Vertragsparteien einzeln auf jedem Blatt der blauen Formulare.

Dieses Blatt ist auf der Rückseite vom Ausbildenden (Betrieb) zu unterschreiben.

**Dieser Vertrag ist unverzüglich zur Eintragung in das Verzeichnis der Berufsausbildungsverhältnisse über die zuständige Kreishandwerkerschaft/Innung der Handwerkskammer zuzuleiten; das gilt auch für die Änderungen seines wesentlichen Inhalts und Auflösungen.**

1) Die Probezeit muß mindestens einen Monat und darf höchstens drei Monate betragen.
2) Nach dem Jugendarbeitsschutzgesetz beträgt die höchstzulässige tägliche Arbeitszeit (Ausbildungszeit) bei noch nicht 18 Jahre alten Personen 8 Stunden. Im übrigen sind die Vorschriften des Jugendarbeitsschutzgesetzes über die höchstzulässigen Wochenarbeitszeiten zu beachten. Soweit tarifliche Regelungen bestehen, gelten diese.
Hinweis: Die sich aus dem Berufsausbildungsverhältnis ergebenden Daten werden bei der zuständigen Handwerkskammer und Innung gespeichert.

# ANTRAG

**auf Eintragung in das Verzeichnis der Berufsausbildungsverhältnisse (§ 30 HwO; § 33 BBIG)**

**- Gilt auch für Umschulungs- und Praktikantenverträge -**
Mit Vorlage von drei (bei einem Mündel vier) Ausfertigungen des mit dem Auszubildenden abgeschlossenen Berufsausbildungsvertrages wird die Eintragung in das Verzeichnis der Berufsausbildungsverhältnisse der Handwerkskammer beantragt.
Hierzu werden folgende Angaben gemacht: (Bitte **nur** die weißen Felder mit Schreibmaschine oder in Druckschrift ausfüllen)

An die Handwerkskammer ______
über
KREISHANDWERKERSCHAFT/INNUNG
______

**Gründe für eine Verkürzung der Ausbildungszeit:**
(Zutreffendes bitte ankreuzen)

**Zeugnisse bzw. Unterlagen bitte beifügen!**

- 1 Abschluß der allgemeinbildenden Schule
- 2 Berufsgrund-/Berufsfachschule
- 3 Alter
- 4 vorausgegangene Ausbildung/Tätigkeit

**Vorausgegangene Ausbildung/Tätigkeit** (Angabe zu Nr. 4)
von: ______ bis: ______
bei: ______
als: ______

Eintritt ins ☐ Ausbildungsjahr

**Ausbildung im elterlichen Betrieb:** (wenn ja X)

- 1

**Kost und Wohnung beim Ausbildenden:** (wenn ja X)

- 1 Kost beim Ausbildenden
- 2 Kost und Wohnung beim Ausbildenden

**Ausbildungsverhältnis:** (Zutreffendes ankreuzen)

- 1 Auszubildender
- 4 Umschüler
- 7 Praktikant

**Ärztliche Untersuchung** gem. Jugendarbeitsschutzgesetz:
(Zutreffendes ankreuzen)

- 1 Bescheinigung über Erstuntersuchung ist beigefügt.
- 2 Bescheinigung über Nachuntersuchung ist beigefügt.

Die angekreuzte Bescheinigung lag vor und wurde wieder ausgehändigt/zurückgeschickt.
Kreishandwerkerschaft/Innung i.A. ______

Bei welcher Berufsschule angemeldet?
Name: ______
Ort: ______

**Zuletzt besuchte Schule** (Zutreffendes ankreuzen)

- 11 Sonderschule für Lernbehinderte
- 12 Andere Sonderschulen
- 13 Hauptschule
- 14 Realschule
- 15 Gymnasium, Kolleg zur Erlangung der Hochschulreife
- 16 Hochschule
- 17 Gesamtschule
- 21 Berufsvorbereitungsjahr
- 22 Berufsgrundschuljahr **(Zeugnis beifügen)**
- 23 Berufsfachschule **(Zeugnis beifügen)**
- 24 Fachoberschule

**Schulabschluß**

- 1 ohne Hauptschulabschluß
- 2 Hauptschulabschluß (einschl. Hauptsch. Kl. 10, Typ A)
- 3 Fachoberschulreife
- 4 Hochschul-, Fachhochschulreife
- 5 Fachhochschul-/Hochschulabschluß

**Abgangsklasse**

## Betriebsdaten

Jahr | Anzahl — Gesamtzahl der Beschäftigten einschließlich Inhaber und Auszubildende

Anzahl — davon sind Fachkräfte im Ausbildungsberuf

Anzahl — Zahl der bei Vertragsabschluß bestehenden Ausbildungsverhältnisse im Ausbildungsberuf

**Bildet der Betriebsinhaber (Ausbildender) selbst aus?**
(wenn ja, ankreuzen)

- 1

Wenn nein, alle folgenden Felder ausfüllen.

## Ausbilder (nicht Betriebsinhaber)

Name, Vorname — Berechtigung siehe unten

1 männl. | 2 weibl. — **Geschlecht** (ankreuzen)

Tag | Mon. | Jahr — **Geburtstag**

**Der Ausbilder ist ausschließlich in der Ausbildung tätig:**
(wenn ja, ankreuzen)

- 1

**Ausbildungsberechtigung**
(Zutreffendes ankreuzen)

- 1 Meisterprüfung als
- 2 Ingenieur (§ 22,1 HwO)
- 3 Sonstige gleichgestellte Prüfung
- 4 Zuerkennung der fachlichen Eignung durch Reg. Präs.
- 6 Übergangsregelung (§ 120 HWO)

Abschlußprüfung als (z.B. Bürokaufmann)

**und**

- 7 Befreiung nach Ausbildereignungsverordnung
- 8 Ausbildereignungsprüfung
- 9 Übergangsregelung nach der Ausbildereignungsverordnung

Die Richtigkeit und Vollständigkeit der gemachten Angaben wird bestätigt. Die Ausbildungsordnung wird dem Auszubildenden vor Beginn der Berufsausbildung ausgehändigt.

______
Ort, Datum

______
Unterschrift des Ausbildenden (Betriebsinhaber)

# Berufsausbildungsvertrag

**(§§ 3,4 Berufsbildungsgesetz – BBiG)**
**Diese Durchschrift gilt als Original.**

**Hinweis für den Ausbildungsbetrieb:**
**Bei der Aushändigung des Vertrages bitten wir Sie, einen Ausbildungsplan beizufügen.**

Eingetragen unter Nr. ______ am ______
bei der Innung ______
Kreishandwerkerschaft

Handwerkskammer
i. A.

| Tag | Monat | Jahr |
|---|---|---|
| | | |

Bearbeitungstag

Ausbildungsvertrags-Nr.

Zwischen dem Ausbildenden (Unternehmer)

Genaue Betriebsanschrift mit Tel.-Nr.

Ausbildungsstätte, wenn vom Betriebssitz abweichend — PLZ — Ort

Straße, Haus-Nr.

u. der/dem Auszubildenden — männl. ☐ 1 — weibl. ☐ 2

Vor- und Familienname

Straße, Haus-Nr.

PLZ — Ort

Geburtsdatum — Staatsangehörigkeit — Schl

die Eltern ☐ 1 nur Vater ☐ 2 nur Mutter ☐ 3 Vormund ☐ 4

Vorname, Familienname des Sorgeberechtigten

Straße, Haus-Nr.

PLZ — Ort

wird nachstehender Vertrag
zur Ausbildung im Ausbildungsberuf ______

(ggf. mit Fachrichtung/Schwerpunkt) ______
nach Maßgabe der Ausbildungsordnung geschlossen.

**A** Die **Ausbildungszeit** beträgt nach der Ausbildungsordnung ______ Monate. Diese verringert sich durch die Ausbildung/Vorbildung ______

______

um ______ Monate ______ Tage. Das Berufsausbildungsverhältnis

beginnt am

| Tag | Monat | Jahr |
|---|---|---|
| | | |

und endet am

| Tag | Monat | Jahr |
|---|---|---|
| | | |

**B** Die **Probezeit** beträgt 3 Monate (Vertrag § 1 Nr. 2) [1])

**C** Die **Ausbildung** findet in der oben genannten Betriebs- bzw. Ausbildungsstätte und den damit für die Ausbildung üblicherweise zusammenhängenden sonstigen Arbeitsstellen statt.

**D** Die **Vergütung** richtet sich nach der tarifvertraglichen Regelung bzw. den jeweils empfohlenen Sätzen der Fachverbände (Vertrag § 4 Nr. 1). Sie beträgt z. Zt. monatlich:

DM ______ brutto im 1. Ausbildungsjahr

DM ______ brutto im 2. Ausbildungsjahr

DM ______ brutto im 3. Ausbildungsjahr

DM ______ brutto im 4. Ausbildungsjahr

**E** Die regelmäßige **tägl. Ausbildungszeit** beträgt 8 Stunden. [2])

**F** Der Ausbildende gewährt dem Auszubildenden Urlaub nach den geltenden Bestimmungen (Vertrag § 5 Nr. 2). Es besteht Anspruch auf:

______ Werk- ______ Arbeitstage im Jahre ______

______ Werk- ______ Arbeitstage im Jahre ______

______ Werk- ______ Arbeitstage im Jahre ______

______ Werk- ______ Arbeitstage im Jahre ______

______ Werk- ______ Arbeitstage im Jahre ______

**G** **Sonstige Vereinbarungen**

______

______

______

**H** Die umstehenden **Vereinbarungen** sind Gegenstand dieses Vertrages und werden anerkannt.
Ort:

______, den ______

Der Ausbildende:

______

Der Auszubildende: (Stempel/Unterschrift)

______
Vor- und Familienname

Die Eltern des Auszubildenden:

______

Vormund: Vater **und** Mutter

______

Falls nur ein Elternteil unterschreibt, ist ein Beleg über das alleinige Sorgerecht oder ein Vermerk, z. B. Vater/Mutter verstorben, erforderlich.

**Dieser Vertrag ist unverzüglich zur Eintragung in das Verzeichnis der Berufsausbildungsverhältnisse über die zuständige Kreishandwerkerschaft/Innung der Handwerkskammer zuzuleiten; das gilt auch für die Änderungen seines wesentlichen Inhalts und Auflösungen.**

1) Die Probezeit muß mindestens einen Monat und darf höchstens drei Monate betragen.
2) Nach dem Jugendarbeitsschutzgesetz beträgt die höchstzulässige tägliche Arbeitszeit (Ausbildungszeit) bei noch nicht 18 Jahre alten Personen 8 Stunden. Im übrigen sind die Vorschriften des Jugendarbeitsschutzgesetzes über die höchstzulässigen Wochenarbeitszeiten zu beachten. Soweit tarifliche Regelungen bestehen, gelten diese.
Hinweis: Die sich aus dem Berufsausbildungsverhältnis ergebenden Daten werden bei der zuständigen Handwerkskammer und Innung gespeichert.

## § 1 - Ausbildungszeit

1. **Dauer:** siehe A*)
   Die Ausbildungsdauer richtet sich nach der Ausbildungsordnung.
2. **Probezeit,** siehe B*).
   Wird die Ausbildung während der Probezeit um mehr als ein Drittel dieser Zeit unterbrochen, so verlängert sich die Probezeit um den Zeitraum der Unterbrechung.
3. **Vorzeitige Beendigung:**
   Besteht der Auszubildende vor Ablauf der unter A vereinbarten Ausbildungszeit die Abschlußprüfung, so endet das Berufsausbildungsverhältnis mit Bestehen der Abschlußprüfung.
4. **Verlängerung:**
   Besteht der Auszubildende die Abschlußprüfung nicht, so verlängert sich das Berufsausbildungsverhältnis auf sein Verlangen bis zur nächstmöglichen Wiederholungsprüfung, höchstens um ein Jahr.

## § 2 - Pflichten des Ausbildenden

Der Ausbildende verpflichtet sich,

1. **(Ausbildungsziel)**
   dafür zu sorgen, daß dem Auszubildenden die Fertigkeiten und Kenntnisse vermittelt werden, die zum Erreichen des Ausbildungszieles nach der Ausbildungsordnung erforderlich sind, und die Berufsausbildung nach den beigefügten Angaben zur sachlichen und zeitlichen Gliederung des Ausbildungsablaufs so durchzuführen, daß das Ausbildungsziel in der vorgesehenen Ausbildungszeit erreicht werden kann;
2. **(Ausbilder)**
   selbst auszubilden oder einen persönlich und fachlich geeigneten Ausbilder ausdrücklich damit zu beauftragen und diesen dem Auszubildenden jeweils bekanntzugeben;
3. **(Ausbildungsordnung)**
   dem Auszubildenden vor Beginn der Ausbildung die Ausbildungsordnung kostenlos auszuhändigen;
4. **(Ausbildungsmittel)**
   dem Auszubildenden kostenlos die Ausbildungsmittel, insbesondere Werkzeuge und Werkstoffe zur Verfügung zu stellen, die für die Ausbildung in den betrieblichen und überbetrieblichen Ausbildungsstätten und zum Ablegen von Zwischen- und Abschlußprüfungen, auch soweit solche nach Beendigung des Berufsausbildungsverhältnisses und in zeitlichem Zusammenhang damit stattfinden, erforderlich sind;
5. **(Berufsschule und Ausbildungsmaßnahmen außerhalb der Ausbildungsstätte)**
   den Auszubildenden zum Besuch der Berufsschule anzuhalten und freizustellen. Das gleiche gilt, wenn Ausbildungsmaßnahmen außerhalb der Ausbildungsstätte vorgeschrieben sind;
6. **(Berichtshefte/Ausbildungsnachweise)**
   dem Auszubildenden vor Ausbildungsbeginn und später die Berichtshefte für die Berufsausbildung kostenfrei auszuhändigen und die ordnungsgemäße Führung durch regelmäßige Abzeichnung zu überwachen, soweit Berichtshefte im Rahmen der Berufsausbildung verlangt werden;
7. **(Ausbildungsbezogene Tätigkeiten)**
   dem Auszubildenden nur Verrichtungen zu übertragen, die dem Ausbildungszweck dienen und seinen körperlichen Kräften angemessen sind;
8. **(Sorgepflicht)**
   dafür zu sorgen, daß der Auszubildende charakterlich gefördert sowie sittlich und körperlich nicht gefährdet wird;
9. **(Ärztliche Untersuchungen)**
   von dem jugendlichen Auszubildenden sich eine Bescheinigung gemäß §§ 32 oder 33 Jugendarbeitsschutzgesetz darüber vorlegen zu lassen, daß dieser
   a) vor der Aufnahme der Ausbildung untersucht und
   b) vor Ablauf des ersten Ausbildungsjahres nachuntersucht worden ist;
10. **(Eintragungsantrag)**
    unverzüglich nach Abschluß des Berufsausbildungsvertrages die Eintragung in das Verzeichnis der Berufsausbildungsverhältnisse bei der zuständigen Stelle unter Beifügung der Vertragsniederschriften zu beantragen; entsprechendes gilt bei späteren Änderungen des wesentlichen Vertragsinhaltes. Bei Auszubildenden unter 18 Jahren ist außerdem die ärztliche Bescheinigung (Original oder Kopie) über die Erstuntersuchung gemäß § 32 Jugendarbeitsschutzgesetz beizufügen;
11. **(Prüfungen)**
    den Auszubildenden für die Teilnahme an den angesetzten Zwischen- und Abschlußprüfungen freizustellen.

## § 3 - Pflichten des Auszubildenden

Der Auszubildende hat sich zu bemühen, die Fertigkeiten und Kenntnisse zu erwerben, die erforderlich sind, um das Ausbildungsziel zu erreichen. Er verpflichtet sich insbesondere,

1. **(Lernpflicht)**
   die ihm im Rahmen seiner Berufsausbildung übertragenen Verrichtungen und Aufgaben sorgfältig auszuführen;
2. **(Berufsschulunterricht, Prüfungen und sonstige Maßnahmen)**
   am Berufsschulunterricht und an Prüfungen sowie an Ausbildungsmaßnahmen außerhalb der Ausbildungsstätte teilzunehmen, für die er nach § 2 Nr. 5 freigestellt wird;
3. **(Weisungsgebundenheit)**
   den Weisungen zu folgen, die ihm im Rahmen der Berufsausbildung vom Ausbildenden, vom Ausbilder oder von anderen weisungsberechtigten Personen, soweit sie als weisungsberechtigt bekannt gemacht worden sind, erteilt werden;
4. **(Betriebliche Ordnung)**
   die für die Ausbildungsstätte geltende Ordnung zu beachten;
5. **(Sorgfaltspflicht)**
   Werkzeug, Maschinen und sonstige Einrichtungen pfleglich zu behandeln und sie nur zu den ihm übertragenen Arbeiten zu verwenden;
6. **(Betriebsgeheimnisse)**
   über Betriebs- und Geschäftsgeheimnisse Stillschweigen zu wahren;
7. **(Berichtshefte/Ausbildungsnachweise)**
   ein vorgeschriebenes Berichtsheft ordnungsgemäß zu führen und regelmäßig vorzulegen;
8. **(Benachrichtigung)**
   bei Fernbleiben von der betrieblichen Ausbildung, vom Berufsschulunterricht oder von sonstigen Ausbildungsveranstaltungen dem Ausbildenden unter Angabe von Gründen unverzüglich Nachricht zu geben und ihm bei Krankheit oder Unfall spätestens am dritten Tag eine ärztliche Bescheinigung zuzuleiten;
9. **(Ärztliche Untersuchungen)**
   soweit auf ihn die Bestimmungen des Jugendarbeitsschutzgesetzes Anwendung finden, sich gemäß §§ 32, 33 dieses Gesetz ärztlich
   a) vor Beginn der Ausbildung untersuchen,
   b) vor Ablauf des ersten Ausbildungsjahres nachuntersuchen zu lassen und die Bescheinigung hierüber dem Ausbildenden vorzulegen.

## § 4 - Vergütung und sonstige Leistungen

1. **Fälligkeit:** (Höhe siehe D*)
   Die Vergütung wird spätestens am letzten Arbeitstag des Monats gezahlt. Eine über die vereinbarte regelmäßige Ausbildungszeit hinausgehende Beschäftigung wird besonders vergütet. Das auf die Urlaubszeit entfallende Entgelt (Urlaubsentgelt) wird vor Antritt des Urlaubs ausgezahlt. Die Beiträge für die Sozialversicherung tragen die Vertragschließenden nach Maßgabe der gesetzlichen Bestimmungen.
2. **Sachleistungen:**
   Soweit der Ausbildende dem Auszubildenden Kost und/oder Wohnung gewährt, gilt die folgende Regelung:
   Der Ausbildende gewährt dem Auszubildenden angemessene **Wohnung** und ......................**Verpflegung** im Rahmen der Hausgemeinschaft. Diese Leistungen können in Höhe der nach § 17 SGB IV festgesetzten Sachbezugswerte angerechnet werden, jedoch nicht über 75% der Bruttovergütung hinaus. Kann der Auszubildende während der Zeit, für welche die Vergütung fortzuzahlen ist, aus berechtigtem Grund Sachleistungen nicht abnehmen (z.B. bei Urlaub, Krankenhausaufenthalt etc.), so sind diese nach den Sachbezugswerten abzugelten.
3. **Maßnahmen außerhalb der Ausbildungsstätte:**
   Der Ausbildende trägt die Kosten für Maßnahmen außerhalb der Ausbildungsstätte gemäß § 2 Nr. 5 Satz 2, soweit sie nicht anderweitig gedeckt sind. Ist eine auswärtige Unterbringung erforderlich, so können dem Auszubildenden anteilige Kosten für Verpflegung in dem Umfang in Rechnung gestellt werden, in dem dieser Kosten einspart. Die Anrechnung von anteiligen Kosten und Sachbezugswerten nach § 10 (2) BBiG darf 50% der vereinbarten Bruttovergütung nicht übersteigen.
4. **Berufskleidung:**
   Wird vom Ausbildenden eine besondere betriebstypische Berufskleidung vorgeschrieben, so wird sie von ihm zur Verfügung gestellt.
5. **Fortzahlung:**
   Dem Auszubildenden wird die Vergütung auch gezahlt
   a) für die Zeit der Freistellung gemäß § 2 Nr. 5 und 11 dieses Vertrages sowie gem. § 10 Abs. 1 Ziffer 2 Jugendarbeitsschutzgesetz an dem Arbeitstag, der der schriftlichen Abschlußprüfung unmittelbar vorangeht, ferner für die nach dem Gesetz erforderlichen ärztlichen Untersuchungen.
   b) bis zur Dauer von 6 Wochen, wenn er
      aa) sich für die Berufsausbildung bereithält, diese aber ausfällt,
      bb) infolge unverschuldeter Krankheit, infolge einer Sterilisation oder eines Abbruchs der Schwangerschaft durch einen Arzt nicht an der Berufsausbildung teilnehmen kann oder
      cc) aus einem sonstigen in seiner Person liegenden Grund unverschuldet verhindert ist, seine Pflichten aus dem Berufsausbildungsverhältnis zu erfüllen.

## § 5 - Ausbildungszeit und Urlaub

1. **Tägliche Ausbildungszeit** (siehe E*). Sie richtet sich nach §§ 8 ff. Jugendarbeitsschutzgesetz bzw. Tarifvertrag bzw. Arbeitszeitordnung
2. **Urlaub** (siehe F*). Er richtet sich nach § 19 Jugendarbeitsschutzgesetz oder Tarifvertrag oder Bundesurlaubsgesetz
3. **Zeitliche Lage:** Der Urlaub soll zusammenhängend und in der Zeit der Berufsschulferien erteilt und genommen werden. Während des Urlaubs darf der Auszubildende keine dem Urlaubszweck widersprechende Erwerbsarbeit leisten.

## § 6 - Kündigung

1. **Während der Probezeit:**
   Während der Probezeit kann das Berufsausbildungsverhältnis ohne Einhaltung einer Kündigungsfrist und ohne Angaben von Gründen gekündigt werden.
2. **Gründe:**
   Nach der Probezeit kann das Berufsausbildungsverhältnis nur gekündigt werden
   a) aus einem wichtigen Grund ohne Einhalten der Kündigungsfrist,
   b) vom Auszubildenden mit einer Kündigungsfrist von 4 Wochen, wenn er die Berufsausbildung aufgegeben oder sich für eine andere Berufstätigkeit ausbilden lassen will.
3. **Form:**
   Die Kündigung muß schriftlich, im Falle der Nr. 2 unter Angabe der Kündigungsgründe erfolgen.
4. **Unwirksamkeit:**
   Eine Kündigung aus einem wichtigen Grund ist unwirksam, wenn die ihr zugrunde liegenden Tatsachen dem zur Kündigung Berechtigten länger als 2 Wochen bekannt sind. Ist ein Schlichtungsverfahren gem. § 8 eingeleitet, so wird bis zu dessen Beendigung der Lauf dieser Frist gehemmt.
5. **Schadensersatz bei vorzeitiger Beendigung:**
   Wird das Berufsausbildungsverhältnis nach Ablauf der Probezeit vorzeitig gelöst, so kann der Ausbildende oder der Auszubildende Ersatz des Schadens verlangen, wenn der andere den Grund für die Auflösung zu vertreten hat. Das gilt nicht bei Kündigung wegen Aufgabe oder Wechsels der Berufsausbildung (Nr. 2b). Der Anspruch erlischt, wenn er nicht innerhalb von 3 Monaten nach Beendigung des Berufsausbildungsverhältnisses geltend gemacht wird.
6. **Aufgabe des Betriebes, Wegfall der Ausbildungseignung:**
   Bei Kündigung des Berufsausbildungsverhältnisses wegen Betriebsaufgabe oder wegen Wegfall der Ausbildungseignung verpflichtet sich der Ausbildende sich mit Hilfe der Berufsberatung des zuständigen Arbeitsamtes rechtzeitig um eine weitere Ausbildung im bisherigen Ausbildungsberuf in einer anderen geeigneten Ausbildungsstätte zu bemühen.

## § 7 - Zeugnis

Der Ausbildende stellt dem Auszubildenden bei Beendigung des Berufsausbildungsverhältnisses ein Zeugnis aus. Hat der Ausbildende die Berufsausbildung nicht selbst durchgeführt, so soll auch der Ausbilder das Zeugnis unterschreiben. Es muß Angaben enthalten, über Art, Dauer und Ziel der Berufsausbildung sowie über die erworbenen Fertigkeiten und Kenntnisse des Auszubildenden, auf Verlangen des Auszubildenden auch Angaben über Führung, Leistung und besondere fachliche Fähigkeiten.

## § 8 - Beilegungen von Streitigkeiten

Bei Streitigkeiten aus dem bestehenden Ausbildungsverhältnis sowie über das Bestehen oder Nichtbestehen eines Ausbildungsverhältnisses ist vor Inanspruchnahme des Arbeitsgerichtes der nach § 111 Abs. 2 des Arbeitsgerichtsgesetzes bei der zuständigen Innung errichtete Ausschuß anzurufen.

## § 9 - Erfüllungsort

Erfüllungsort für alle Ansprüche aus diesem Vertrag ist der Ort der Ausbildungsstätte.

## § 10 - Sonstige Vereinbarungen siehe G*)

Nebenabreden können nur durch schriftliche Ergänzungen unter Buchstabe G*) dieses Berufsausbildungsvertrages getroffen werden.

*) Die Buchstaben verweisen auf den Text der Vorderseite.

Nach Abschluß des Berufsausbildungsvertrages hat der Ausbildende unverzüglich die Eintragung in das Verzeichnis der Berufsausbildungsverhältnisse zu beantragen (§ 33 BBiG, § 30 HwO). Die Eintragung ist für den Auszubildenden gebührenfrei (§ 31 BBiG, § 28 HwO). Das Verzeichnis wird bei der zuständigen Stelle geführt.

Jede zuständige Stelle hat für anerkannte Ausbildungsberufe ein Verzeichnis der Berufsausbildungsverhältnisse einzurichten und zu führen, in das der wesentliche Inhalt des Berufsausbildungsvertrages und seiner Änderungen einzutragen ist. Die Eintragung soll Überwachung und Förderung der Berufsausbildung durch die zuständige Stelle ermöglichen.

Eintragungsvoraussetzungen:

- Der Vertrag muß dem Berufsbildungsgesetz und der Ausbildungsordnung entsprechen.
- Der Ausbildende muß die persönliche und fachliche Eignung aufweisen.
- Die Ausbildungsstätte muß geeignet sein.
- Bei Auszubildenden unter 18 Jahren muß die ärztliche Bescheinigung über die Erstuntersuchung nach § 32 I JugArbSchG zur Einsicht vorliegen.

Liegen diese Voraussetzungen nicht vor, dann ist die Eintragung abzulehnen. Bei entsprechenden Änderungen sind Löschungen möglich.

Der Antrag sollte vor Beginn der Ausbildung gestellt werden, damit die zuständige Stelle die Möglichkeit hat, die Ausbildungsvoraussetzungen zu prüfen. Gegebenenfalls soll auch der Auszubildende noch Zeit haben, sich eine andere Ausbildungsstätte zu suchen. Dem Antrag ist eine Ausfertigung der Vertragsniederschrift beizufügen.

Grundlage für eine geordnete und einheitliche Berufsausbildung sind die staatlich anerkannten Ausbildungsberufe und die dazu vom zuständigen Fachminister im Einvernehmen mit dem Bundesminister für Bildung und Wissenschaft für alle verbindlich erlassenen Ausbildungsordnungen (§ 25 BBiG, § 25 HwO). Aufgrund von Vereinbarungen des Bundes und der Länder aus den Jahren 1972 und 1974 werden nunmehr Ausbildungsordnungen und ländereinheitliche Rahmenlehrpläne für den Berufsschulunterricht, bevor sie erlassen werden, inhaltlich und zeitlich aufeinander abgestimmt. Einen Überblick über die anerkannten Ausbildungsberufe vermittelt das vom Bundesinstitut für Berufsbildung zu führende „Verzeichnis der anerkannten Ausbildungsberufe", das jährlich veröffentlicht wird. Es kann bei der Berufsberatung des Arbeitsamtes oder bei der zuständigen Stelle eingesehen werden. Die Ausbildungsordnung sollte der Ausbildende dem Auszubildenden kostenlos aushändigen. Jugendliche unter 18 Jahren dürfen nur in staatlich anerkannten Ausbildungsberufen ausgebildet werden (§ 28 BBiG). Ausgenommen von dieser Vorschrift sind u. a. Ausbildungslehrgänge, die von den zuständigen Bundesministern zur Entwicklung neuer Ausbildungsformen und -berufe zugelassen worden sind (§ 28 BBiG).

Für einen anerkannten Ausbildungsberuf darf nur nach der dazu erlassenen Ausbildungsordnung ausgebildet werden (§ 28 BBiG, § 27 HwO). In einer Übergangszeit – bis zum Erlaß der entsprechenden neuen Ausbildungsordnungen – sind auch gem. § 108 BBiG die bisherigen Berufsbilder, Berufsbildungspläne und Prüfungsanforderungen bzw. gem. § 122 HwO die bisherigen Fachlichen Vorschriften des Handwerks anzuwenden.

Die Ausbildungsordnung hat mindestens folgenden Bestandteil aufzuweisen (§ 25 BBiG):

- die Bezeichnung des Ausbildungsberufes,
- die Ausbildungsdauer,
- die Fertigkeiten und Kenntnisse, die Gegenstand der Berufsausbildung sind (das sogenannte Ausbildungsberufsbild),
- eine Anleitung zur sachlichen und zeitlichen Gliederung der Fertigkeiten und Kenntnisse (der sogenannte Ausbildungsrahmenplan),
- die Prüfungsanforderungen.

Es ist einleuchtend, daß die Ausbildungsordnung den betrieblichen Ausbildungsablauf nicht in allen Einzelheiten festlegen kann. Daher muß die Ausbildungsstätte anhand des Ausbildungsrahmenplans einen betrieblichen Ausbildungsplan erstellen.

In der Ausbildungsordnung können auch aufeinander aufbauende Stufen der Berufsausbildung (Stufenausbildung) festgelegt sein, nach denen sowohl ein Ausbildungsabschluß als auch die Fortsetzung der Berufsausbildung möglich ist (§ 26 BBiG, § 26 HwO). In einer ersten Stufe soll eine berufliche Grundbildung auf breiter Grundlage vermittelt werden. Darauf baut die berufliche Fachbildung auf. Schließlich kann in der Ausbildungsordnung festgelegt sein, daß die Berufsausbildung in einem bestimmten Umfang in geeigneten Einrichtungen außerhalb der Ausbildungsstätte (z. B. überbetrieblichen Lehrwerkstätten) durchzuführen ist (§ 27 BBiG, § 26a HwO).

Körperlich, geistig oder seelisch Behinderte unter 18 Jahren dürfen auch in anderen als den staatlich anerkannten Ausbildungsberufen ausgebildet werden (§ 48 BBiG). Bei Behinderten, die in einem anerkannten Ausbildungsberuf ausgebildet werden, darf außerdem von der dazu erlassenen Ausbildungsordnung abgewichen werden. Auch bei der von der zuständigen Stelle zu regelnden Durchführung der Berufsausbildung sollen die besonderen Verhältnisse der Behinderten berücksichtigt werden.

### Fragen, Aufgaben, Fallbeispiele

7. Ist die Wirksamkeit des Berufsausbildungsvertrages an die Beachtung einer bestimmten Form gebunden?
8. Wer ist bei der Röhren AG der Ausbildende?
9. Der Auszubildende ist minderjährig. Wer sind dann die Vertragspartner beim Abschluß eines Berufsausbildungsvertrages?
10. Es gilt grundsätzlich das Prinzip der Vertragsfreiheit. Gibt es dennoch Vereinbarungen, die zwischen Ausbildendem und Auszubildenden nicht rechtswirksam sind?
11. Welchen Sinn hat die Eintragung des Berufsausbildungsverhältnisses in das Verzeichnis bei der zuständigen Stelle?
12. Unterscheiden Sie zwischen dem Verzeichnis der anerkannten Ausbildungsberufe und dem Verzeichnis der Berufsausbildungsverhältnisse!

### Hinweise auf Quellen und weiterführende Literatur

– Ausbildung und Beruf – Rechte und Pflichten während der Berufsausbildung. Broschüre des Bundesministeriums für Bildung und Wissenschaft. Bonn [27]1992.

### 2.2.3. Eignung der Ausbildungsstätten und Ausbildenden

Eine entscheidende Voraussetzung für eine qualifizierte Berufsausbildung sind geeignete Ausbildungsstätten. Die Verantwortung für die Eignung der Ausbildungsstätte liegt in erster Linie in der Hand des Ausbildenden. Aber auch der Ausbilder hat darauf zu achten, daß die für die Eignung erlassenen Bestimmungen eingehalten werden.

Das BBiG befaßt sich mit der Eignung der Ausbildungsstätte im § 22, in dem sie zur zwingenden Voraussetzung für die Ausbildungsberechtigung gemacht wird (vgl. auch § 23 HwO). Die Bestimmung hat folgenden Wortlaut:

(1) Auszubildende dürfen nur eingestellt werden, wenn

1. die Ausbildungsstätte nach Art und Einrichtung für die Berufsausbildung geeignet ist,
2. die Zahl der Auszubildenden in einem angemessenen Verhältnis zur Zahl der Ausbildungsplätze oder zur Zahl der beschäftigten Fachkräfte steht, es sei denn, daß andernfalls die Berufsausbildung nicht gefährdet wird.

(2) Eine Ausbildungsstätte, in der die erforderlichen Kenntnisse und Fertigkeiten nicht in vollem Umfang vermittelt werden können, gilt als geeignet, wenn dieser Mangel durch Ausbildungsmaßnahmen außerhalb der Ausbildungsstätte behoben wird.

Mit dem ersten Satz wird gefordert, daß die Ausbildungsstätte alle Möglichkeiten bietet, die für eine ordnungsgemäße Ausbildung benötigt werden. Mit anderen Worten: Es muß möglich sein, dem Auszubildenden die für die spätere Ausübung des Berufs erforderlichen Fertigkeiten und Kenntnisse entsprechend der Ausbildungsordnung möglichst wirklichkeitsnah in vollem Umfang zu vermitteln. Der zweite Satz drängt auf eine ausreichende personelle Besetzung der Ausbildungsstätte, damit die Ausbildungsarbeit erfolgreich sein kann. Bedauerlicherweise sind beide Vorschriften sehr allgemein gehalten. Was ist ein angemessenes Verhältnis? Wann ist eine Ausbildungsstätte wirklich geeignet?

Um diese Unklarheiten wenigstens teilweise auszufüllen, hat der Bundesausschuß für Berufsbildung nähere Einzelheiten in einer „Empfehlung über die Eignung der Ausbildungsstätten" vom 28./29. März 1972 festgelegt. Wegen ihrer Wichtigkeit ist sie im Wortlaut auf den Seiten 131 ff. abgedruckt. In ihr wird zur materiellen Mindestausstattung der Ausbildungsstätte gefordert:

- alle für jeden Ausbildungsberuf erforderlichen Ausbildungsberufsbilder, Ausbildungsordnungen, Pläne und Vorschriften,
- eine Übersicht über die Systematik der Ausbildung, die Anzahl der Ausbildungsplätze, die Ausbildungsabschnitte und Ausbildungsinhalte,
- Art und Umfang der Produktion, des Sortiments und der Dienstleistungen sowie die Produktions- bzw. Arbeitsverfahren müssen gewährleisten, daß die Kenntnisse und Fertigkeiten entsprechend der Ausbildungsordnung vermittelt werden können,
- eine für die Durchführung der Ausbildung erforderliche Grundausstattung an Maschinen, Apparaten, bürotechnischen Einrichtungen, Wartungseinrichtungen und sonstigen notwendigen Ausbildungsmitteln,

- für die berufliche Grundausbildung von der Produktion oder vom Arbeitsablauf möglichst unabhängige Ausbildungsplätze.

Als „angemessenes Verhältnis“ der Anzahl der Auszubildenden zur Anzahl der Fachkräfte gilt nach der Empfehlung:

- ein bis zwei Fachkräfte: ein Auszubildender
- drei bis fünf Fachkräfte: zwei Auszubildende
- sechs bis acht Fachkräfte: drei Auszubildende
- je weitere drei Fachkräfte: ein weiterer Auszubildender

Zur personellen Ausstattung wird also – verkürzt formuliert – vorgesehen, daß

- im Durchschnitt ca. drei Fachkräfte auf einen Auszubildenden kommen müssen,
- ein ausschließlich mit Ausbildungsaufgaben betrauter Ausbilder nicht mehr als 16 Auszubildende in einer Gruppe ausbilden soll,
- ein Ausbilder, der neben Ausbildungsaufgaben auch andere betriebliche Funktionen wahrnehmen muß, nicht mehr als drei Auszubildende ausbilden soll.

Die beiden letzten Zahlen sind bei besonders gefahrenanfälligen Tätigkeiten entsprechend herabzusetzen.

Eignungsfeststellung und -überwachung

Wer befindet nun darüber, ob die Ausbildungsstätte geeignet ist? Das ist nach § 23 I BBiG bzw. § 23 HwO Aufgabe der zuständigen Stelle. Sie hat darüber zu wachen, daß die Eignung der Ausbildungsstätte vorliegt. Dazu gehört als Voraussetzung, daß erst einmal festgestellt wird, ob die Eignung überhaupt gegeben ist. Die zuständigen Stellen haben also insgesamt drei Aufgaben in diesem Zusammenhang wahrzunehmen:

- Feststellen der Eignung,
- Überwachen der Eignung,
- Mängelbeseitigung kontrollieren.

Die Mängelbeseitigung und ihre Kontrolle beruht auf der Vorschrift des § 23 II BBiG. Sie heißt:

„Werden Mängel der Eignung festgestellt, so hat die zuständige Stelle, falls der Mangel zu beheben und eine Gefährdung des Auszubildenden nicht zu erwarten ist, den Ausbildenden aufzufordern, innerhalb einer von ihr gesetzten Frist den Mangel zu beseitigen. Ist der Mangel der Eignung nicht zu beheben oder ist eine Gefährdung des Auszubildenden zu erwarten oder wird der Mangel nicht innerhalb der gesetzten Frist beseitigt, so hat die zuständige Stelle dies der nach Landesrecht zuständigen Behörde (= in der Regel: Regierungspräsident) mitzuteilen“.

Eigentlich sollte der Ausbildende der zuständigen Stelle ohne Aufforderung jede Änderung der Eignung der Ausbildungsstätte mitteilen, die dazu führen kann, daß das Erreichen des Ausbildungszieles oder die Durchführung des Ausbildungsganges beeinträchtigt werden.

## Empfehlung über die Eignung der Ausbildungsstätten

Geeignete Ausbildungsstätten sind eine wesentliche Voraussetzung für eine qualifizierte, den gesetzlichen Bestimmungen entsprechende Berufsausbildung.

Berufsbildungsgesetz und Handwerksordnung verpflichten die zuständigen Stellen, die Eignung der Ausbildungsstätten festzustellen und zu überwachen. Mit der Eintragung in das Verzeichnis der Berufsausbildungsverhältnisse bestätigen sie die Eignung der Ausbildungsstätte für die beantragte Ausbildung.

In Erfüllung seiner Aufgabe gemäß § 51 Abs. 2 Nr. 2 BBiG, Grundsätze für die Eignung und Überwachung der Ausbildungsstätten aufzustellen, legt der Bundesausschuß für Berufsbildung hiermit Kriterien für die Eignung der Ausbildungsstätten vor. Sie sollen den zuständigen Stellen als Grundlage für die Eignungsbeurteilung dienen und eine sorgfältige Auswahl sowie einheitliche Entscheidungen fördern.

Der Bundesausschuß für Berufsbildung geht davon aus, daß die Feststellung und Überwachung der Eignung von Ausbildungsstätten eine den zuständigen Stellen unmittelbar obliegende Aufgabe ist, die sie nicht übertragen können. Er hält insbesondere bei Ausbildungsstätten, in denen erstmalig oder nach längerer Unterbrechung ausgebildet werden soll, und bei Ausbildungsstätten, in denen der beantragte Ausbildungsberuf noch nicht ausgebildet wurde, eine vorherige Eignungsfeststellung in der Ausbildungsstätte und durch andere geeignete Mittel für erforderlich.

Die Eignungsfeststellung sollte in der Regel während der Dauer eines Berufsausbildungsverhältnisses mindestens einmal wiederholt werden. Sie kann sich auf Feststellungen, die auf andere Weise gewonnen wurden, z. B. Prüfungsergebnisse, Ausbildungsberatung, stützen.

### 1. *Die gesetzlichen Bestimmungen*

1.1 Eignung der Ausbildungsstätte

Eine Ausbildungsstätte muß nach Art und Einrichtung für die Berufsausbildung geeignet sein (vgl. § 22 Abs. 1 Nr. 1 BBiG, § 23 Abs. 1 Nr. 1 HwO).

Können die in der Ausbildungsordnung genannten erforderlichen Kentnisse und Fertigkeiten nicht im vollen Umfang in der Ausbildungsstätte vermittelt werden, gilt sie als geeignet, wenn dieser Mangel durch Ausbildungsmaßnahmen außerhalb der Ausbildungsstätte behoben wird (vgl. § 22 Abs. 2 BBiG, § 23 Abs. 2 HwO). Diese Maßnahmen müssen im Berufsausbildungsvertrag ausdrücklich vereinbart sein (vgl. § 4 BBiG).

Eignungsvoraussetzung ist außerdem, daß die Zahl der Auszubildenden in einem angemessenen Verhältnis zur Zahl der Ausbildungsplätze oder zur Zahl der beschäftigten Fachkräfte steht. Eine Abweichung von dieser Bestimmung ist zulässig, wenn dadurch die Berufsausbildung nicht gefährdet wird (vgl. § 22 Abs. 1 Nr. 2 BBiG, § 23 Abs. 2 Nr. 3 HwO).

1.2 Eignungsfeststellung – Überwachung

Die zuständige Stelle hat darüber zu wachen, daß die Eignung der Ausbildungsstätte vorliegt (vgl. § 23 Abs. 1 BBiG; § 23a Abs. 1 HwO).

Der Ausbildende hat der zuständigen Stelle ohne Aufforderung jede Änderung der Eignung der Ausbildungsstätte mitzuteilen, die dazu führen kann, daß das Erreichen des Ausbildungszieles oder die Durchführung des Ausbildungsganges beeinträchtigt wird. Werden bei der Überwachung Mängel der Eignung festgestellt, so hat die zuständige Stelle, falls der Mangel zu beheben und eine Gefährdung des Auszubildenden nicht zu erwarten ist, den Ausbildenden aufzufordern, innerhalb einer von ihr gesetzten Frist den Mangel zu beseitigen. Ist der Mangel der Eignung nicht zu beheben oder ist eine Gefährdung des Auszubildenden zu erwarten oder wird der Mangel nicht innerhalb der gesetzten Frist beseitigt, so hat die zuständige Stelle dies der nach Landesrecht zuständigen Behörde mitzuteilen (vgl. § 23 Abs. 2 BBiG, § 23 a Abs. 2 HwO).

1.3 Löschen

Werden die bei der Überwachung festgestellten oder vom Ausbildenden mitgeteilten Mängel nicht innerhalb einer gesetzten Frist beseitigt oder ist eine Gefährdung der Auszubildenden zu erwarten, so ist die Eintragung zu löschen (vgl. § 32 Abs. 2 BBiG, § 29 Abs. 2 HwO).

Um Nachteile für den Auszubildenden zu vermeiden, sollte in diesen Fällen die zuständige Stelle in Zusammenarbeit mit der Berufsberatung darum bemüht sein, daß die begonnene Berufsausbildung in einer geeigneten Ausbildungsstätte fortgesetzt werden kann. Die Verantwortung des bisherigen Ausbildenden bleibt davon unberührt.

### 2. *Allgemeine Kriterien für die Eignung der Ausbildungsstätten*

2.1 Für jeden Ausbildungsberuf, für den die Eintragung eines Ausbildungsverhältnisses beantragt wird, müssen der Ausbildungsstätte die einschlägigen gültigen Ausbildungsordnungen bzw. nach § 108 Abs. 1 BBiG anzuwendenden Berufsbilder, Berufsbildungspläne und Prüfungsanforderungen oder nach § 122 Abs. 4 und 5 HwO anzuwendenden Berufsbilder und Fachlichen Vorschriften vorliegen.

2.2 In der Ausbildungsstätte ist eine Übersicht zu führen, aus der erkennbar ist, daß die Ausbildung systematisch durchgeführt wird. Diese Übersicht sollte je nach der Struktur der Ausbildungsstätte und des Ausbildungsberufes Angaben enthalten über die Ausbildungsplätze, ihre Ausstattung, die Ausbildungsabschnitte, die zu vermittelnden Ausbildungsinhalte und zugeordneten Ausbildungszeiten, gegebenenfalls über die Unterrichtsplätze und Unterrichtsmaßnahmen.

2.3 Art und Umfang der Produktion, des Sortiments und der Dienstleistungen sowie die Produktions- bzw. Arbeitsverfahren müssen gewährleisten, daß die Kenntnisse und Fertigkeiten entsprechend der Ausbildungsordnung vermittelt werden können.

2.4 Die Ausbildungsstätte muß über eine ausreichende Einrichtung und Ausstattung verfügen, insbesondere müssen die für die Vermittlung der in der Ausbildungsordnung vorgesehenen Kenntnisse und Fertigkeiten erforderlichen Einrichtungen vorhanden sein. Dazu gehören insbesondere die Grundausstattungen an Werkzeugen, Maschinen, Apparaten und Geräten, Pflege- und Wartungseinrichtungen, bürotechnische Einrichtungen, Büroorganisationsmittel und Bürohilfsmittel, Wartungseinrichtungen, sowie andere notwendige Ausbildungsmittel, wie Lehrgänge, Programme, Übungsstücke.

Für die berufliche Grundbildung müssen in der Regel Ausbildungsplätze oder Ausbildungseinrichtungen zur Verfügung stehen, an denen die Auszubildenden unabhängig von den normalen Bedingungen des Arbeitsablaufes in der Ausbildungsstätte ausgebildet werden können. Als Ausbildungseinrichtungen sind insbesondere Ausbildungswerkstätten oder -ecken, Ausbildungslabors, betriebs- oder bürotechnische Unterweisungs- und Übungsräume anzusehen.

Für die berufliche Fachbildung müssen in der Regel ausgewählte Ausbildungsplätze für die Auszubildenden vorhanden sein. Dabei muß gesichert werden, daß die dazu geeigneten Maschinen, Geräte, Apparate und Materialien die notwendige Zeit für die berufliche Fachbildung zur Verfügung stehen.

2.5 Als angemessenes Verhältnis der Zahl der Auszubildenden zur Zahl der Fachkräfte im Sinne der §§ 22 Abs. 1 Nr. 2 BBiG, § 23 Abs. 1 Nr. 2 HwO gilt in der Regel

| | | |
|---|---|---|
| eine bis zwei Fachkräfte | = | 1 Auszubildender |
| drei bis fünf Fachkräfte | = | 2 Auszubildende |
| sechs bis acht Fachkräfte | = | 3 Auszubildende |
| je weitere drei Fachkräfte | = | 1 weiterer Auszubildender |

Als Fachkraft gelten der Ausbildende, der bestellte Ausbilder oder wer eine Ausbildung in einer dem Ausbildungsberuf entsprechenden Fachrichtung abgeschlossen hat oder mindestens das Zweifache der Zeit, die als Ausbildungszeit vorgeschrieben ist, in dem Beruf tätig gewesen ist, in dem ausgebildet werden soll.

Diese Kriterien beziehen sich nicht auf einzelne Ausbildungsmaßnahmen, sondern auf den gesamten Ausbildungsgang. Die Relation von Ausbildern und Fachkräften zu Auszubildenden kann überschritten bzw. unterschritten werden, wenn dadurch die Ausbildung nicht gefährdet wird.

2.6 a) Ausbildende und Ausbilder, die neben der Aufgabe des Ausbildens noch weitere betriebliche Funktionen ausüben, sollen durchschnittlich nicht mehr als drei Auszubildende selbst ausbilden. Es muß sichergestellt sein, daß ein angemessener Teil der Arbeitszeit für die Tätigkeit als Ausbilder zur Verfügung steht.

Bei gefahrenanfälligen Tätigkeiten, z. B. an Werkzeugmaschinen, ist die Zahl der Auszubildenden entsprechend geringer anzusetzen. Die Art des Ausbildungsberufs oder die Gestaltung der Ausbildung können eine höhere Zahl der Auszubildenden rechtfertigen. Eine Abweichung von dem angegebenen Zahlenverhältnis ist insbesondere dann zulässig, wenn und soweit besondere betriebliche oder überbetriebliche Maßnahmen zur Förderung der Ausbildung durchgeführt werden.

b) Ausbilder, denen ausschließlich Ausbildungsaufgaben übertragen sind, sollen nicht mehr als 16 Auszubildende in einer Gruppe unmittelbar selbst ausbilden. Bei gefahrenanfälligen Tätigkeiten, z. B. an Werkzeugmaschinen, ist diese Zahl entsprechend geringer anzusetzen. Die Art des Ausbildungsberufes oder die Gestaltung der Ausbildung können eine höhere Zahl der Auszubildenden rechtfertigen. Eine Abweichung von dem angegebenen Zahlenverhältnis ist insbesondere dann zulässig, wenn und soweit besondere betriebliche oder überbetriebliche Maßnahmen zur Förderung der Ausbildung durchgeführt werden.

2.7 Voraussetzung für die Eignung der Ausbildungsstätte ist, daß der Auszubildende gegen die Gefährdung von Leben, Gesundheit und sittlicher Haltung ausreichend geschützt ist.

2.8 Auszubildende dürfen nicht eingestellt werden, wenn über die Ausbildungsstätte ein Konkurs- oder Vergleichsverfahren eröffnet worden ist oder wenn eine Gewerbeuntersagung rechtskräftig ausgesprochen oder für vorläufig vollziehbar erklärt worden ist.

2.9 Wird die Ausbildung in mehreren Ausbildungsstätten durchgeführt, so muß jede dieser Ausbildungsstätten für den jeweiligen Ausbildungsabschnitt den vorstehenden Kriterien entsprechen. Kann eine Ausbildungsstätte die Anforderungen der jeweiligen Ausbildungsordnung nicht in vollem Umfange erfüllen, so muß eine notwendige Ausbildungsmaßnahme außerhalb der Ausbildungsstätte, z. B. in einer geeigneten anderen Ausbildungsstätte oder überbetrieblichen Einrichtung vorgesehen werden.

### Ausbildungsberater

Zur Durchführung der Überwachung der Eignung von Ausbildungsstätten bedienen sich die zuständigen Stellen der sogenannten „Ausbildungsberater". Der Bundesausschuß für Berufsbildung hat in einer Empfehlung vom 5. Juni 1973 deren Aufgaben im einzelnen ausgeführt (vgl. Abdruck der Empfehlung in Band 1, S. 116 ff.). Danach haben die Ausbildungsberater bei ihrer Kontrolle der Eignung von Ausbildungsstätten besonderes Augenmerk zu richten auf

- Art und Einrichtung der Ausbildungsstätte,
- angemessenes Verhältnis zwischen Auszubildenden und Ausbildern bzw. Fachkräften sowie Ausbildungsplätzen,
- persönliche und fachliche Eignung der Ausbilder und Ausbildenden,
- Einhaltung der Ausbildungsordnung und des betrieblichen Ausbildungsplanes,
- Einhaltung des Verbots der Beschäftigung mit ausbildungsfremden Arbeiten,
- Freistellung zum Besuch der Berufsschule und von Ausbildungsveranstaltungen außerhalb der Ausbildungsstätte,
- kostenlose Bereitstellung von Ausbildungsmitteln,
- Anwendung der einschlägigen Vorschriften (u. a. BBiG, JugArbSchG),
- Erfüllung von Auflagen zur Behebung von Mängeln in der Eignung.

Über seine Tätigkeit muß der Ausbildungsberater nicht nur der zuständigen Stelle, sondern ihrem Berufsbildungsausschuß regelmäßig berichten. Werden nicht behebbare oder nicht behobene Mängel in der Eignung der Ausbildungsstätte festgestellt, so kann dem Ausbildenden von der nach Landesrecht zuständigen Behörde (= in der Regel: Regierungspräsident) die Ausbildungsberechtigung entzogen werden (§ 24 II BBiG).

### Eignung des Ausbildenden

„Auszubildende darf nur einstellen, wer persönlich geeignet ist". So bestimmt es § 20 I 1 BBiG. Was versteht nun das Berufsbildungsgesetz unter persönlicher Eignung? Das Berufsbildungsgesetz definiert im § 20 II negativ, d. h., es sagt, wer nicht persönlich geeignet ist. Hierzu zählt insbesondere, wer Kinder und Jugendliche nicht beschäftigen darf oder wiederholt oder schwer gegen das Berufsbildungsgesetz oder aufgrund dieses Gesetzes erlassene Vorschriften oder Bestimmungen verstoßen hat. Die persönliche Eignung setzt also voraus, daß man Jugendliche beschäftigen darf. Das ist in der Regel dann der Fall, wenn der Ausbildende nicht wegen Verstößen gegen das Berufsbildungsgesetz oder das

Jugendarbeitsschutzgesetz (zum Beispiel § 25) mit mehr als drei Monaten Freiheitsstrafe oder wegen irgendwelcher anderer Vergehen oder Verbrechen (zum Beispiel wegen fahrlässiger Tötung im Straßenverkehr oder Sittlichkeitsverbrechen) mit mindestens zwei Jahren Freiheitsstrafe belegt worden ist.

Ausbilden darf gemäß § 20 I BBiG hingegen nur, wer persönlich und fachlich geeignet ist. Das Berufsbildungsgesetz bestimmt wiederum zuerst, wer fachlich nicht zur Ausbildung geeignet ist. Nicht geeignet ist derjenige, der die erforderlichen beruflichen Fertigkeiten und Kenntnisse oder die erforderlichen berufs- und arbeitspädagogischen Kenntnisse nicht besitzt. § 76 BBiG erläutert, wer über die fachliche Eignung verfügt:

(1) Die für die fachliche Eignung erforderlichen beruflichen Fertigkeiten und Kenntnisse besitzt, wer das vierundzwanzigste Lebensjahr vollendet hat und
   1. die Abschlußprüfung in einer dem Ausbildungsberuf entsprechenden Fachrichtung bestanden hat,
   2. eine Abschlußprüfung an einer deutschen Hochschule, einer öffentlichen oder staatlich anerkannten deutschen Ingenieurschule oder Höheren Wirtschaftsfachschule in einer dem Ausbildungsberuf entsprechenden Fachrichtung bestanden hat und eine angemessene Zeit in seinem Beruf praktisch tätig gewesen ist oder
   3. eine anerkannte Prüfung an einer Ausbildungsstätte oder vor einer Prüfungsbehörde in einer dem Ausbildungsberuf entsprechenden Fachrichtung bestanden hat und eine angemessene Zeit in seinem Beruf praktisch tätig gewesen ist.

Ähnliche Bestimmungen regeln die fachliche Eignung bei freien Berufen (Rechtsanwälte, Ärzte, Apotheker), im grafischen Gewerbe und in der Landwirtschaft (vgl. die §§ 77, 80, 88, 90, 92 BBiG). Für die handwerklichen Berufe gelten die Bestimmungen zur Meisterprüfung im Handwerk. Sie sind in der Handwerksordnung niedergelegt.

„Wer fachlich nicht geeignet ist oder wer nicht selbst ausbildet, darf Auszubildende nur dann einstellen, wenn er einen Ausbilder bestellt, der persönlich und fachlich für die Berufsausbildung geeignet ist" – so bestimmt es § 20 IV BBiG. In jedem Fall ist aber der Ausbildende der Vertragspartner des Auszubildenden und trägt die Verantwortung für die ordnungsgemäße Erfüllung des Berufsausbildungsvertrages. Die Aufgabe des Ausbilders besteht in der Vermittlung der im Ausbildungsberufsbild vorgeschriebenen Fertigkeiten und Kenntnisse – und zwar planmäßig und in einem geordneten Ausbildungsgang. Der Ausbilder muß persönlich geeignet sein, die fachliche Qualifikation nachweisen können und über berufs- und arbeitspädagogische Kenntnisse verfügen, die im Rahmen der erweiterten Eignung nach § 21 BBiG von ihm verlangt werden. Die näheren Einzelheiten der berufs- und arbeitspädagogischen Kenntnisse regeln die Ausbildereignungsverordnungen – unter anderem die für die gewerbliche Wirtschaft vom 20. April 1972, nach der dieses Buch aufgebaut ist. Bestehen Mängel in der Eignung, so ist zu verfahren, wie oben bei der Eignung der Ausbildungsstätte beschrieben (vgl. § 23 II und § 24 I BBiG).

### Fragen, Aufgaben, Fallbeispiele

**13.** Ein Auszubildender protestiert beim Betriebsrat gegen einen Ausbilder, dessen fachliche Eignung er bezweifelt. Der Ausbilder ist Ing. (grad.) der Fachrichtung Elektrotechnik. Der Auszubildende will Energieelektroniker werden und wirft dem Ausbilder vor, diesen Abschluß selbst nie gemacht zu haben. Wie ist die Rechtslage?

**14.** Ein Betrieb möchte gern ausbilden. Er kann aber einige Arbeiten, die der Ausbildungsrahmenplan vorschreibt, selbst nicht vermitteln, da er sie regelmäßig außer Haus von Vertragswerkstätten erledigen läßt. Ist der Betrieb für die Ausbildung ungeeignet?

**15.** Der Ausbildende Suff hat trotz fehlender persönlicher Eignung einen Auszubildenden eingestellt. Der Erziehungsberechtigte des Auszubildenden macht sich Gedanken, ob das Berufsausbildungsverhältnis überhaupt gültig ist. Er fragt sich, welche rechtlichen Möglichkeiten er ergreifen kann, um aus dieser mißlichen Situation herauszukommen. Schließlich sollte sein Sohn ja wirklich etwas für das Leben lernen!

**Hinweise auf Quellen und weiterführende Literatur**


- Handbuch der Berufsbildung. Berufsausbildung und Berufsförderung. Gesetze – Verordnungen – Richtlinien – Beschlüsse – Empfehlungen – Vereinbarungen – Abkommen. Essen: Verlag W. Girardet [2]1975.
- Hurlebaus, Horst-Dieter: Rechtsratgeber Berufsbildung. Handbuch für die Praxis. Bonn: DIHT [6]1991.
- Kreklau, Carsten u. a. (Hrsg.): Handbuch der Aus- und Weiterbildung. Loseblattsammlung. Köln: Dt. Wirtschaftsdienst 1981 ff.


## 2.2.4. Ausschüsse und Forschungsinstitute

Nach dem Berufsbildungsgesetz sind eine Reihe von Ausschüssen geschaffen worden, die sich aus einer gleichen Anzahl von Beauftragten der Arbeitgeber, der Arbeitnehmer und der öffentlichen Hand (= Schul- und Arbeitsverwaltung) zusammensetzen. Diese Ausschüsse für Berufsbildung haben beratende und koordinierende Aufgaben; in bestimmten Fällen können sie auch Vorschriften erlassen.

Bundesausschuß für Berufsbildung

Der Bundesausschuß für Berufsbildung hatte die Bundesregierung in grundsätzlichen Fragen der Berufsbildung zu beraten. Seine Aufgaben bestanden im einzelnen u. a. in

- Hinwirkung auf eine Weiterentwicklung der Aus- und Fortbildung der Ausbilder,
- Erstellung von Grundsätzen für die Eignung der Ausbildungsstätten und für die Durchführung von Ausbildungsmaßnahmen außerhalb der Ausbildungsstätten,
- Erarbeitung von Vorschlägen für die Ordnung, den Ausbau und die Förderung der Berufsbildung, der beruflichen Fortbildung und der beruflichen Umschulung,
- Entwicklung von Grundsätzen für die Beratung und Überwachung der Ausbildungsstätten,
- Förderung der Zusammenarbeit zwischen der betrieblichen, der schulischen und der überbetrieblichen Berufsbildung.

Dieser Bundesausschuß war wie folgt zusammengesetzt:

- sechs Beauftragte der Arbeitnehmer,
- sechs Beauftragte der Arbeitgeber,
- fünf Beauftragte der Länder (davon drei Beauftragte, die in Fragen des berufsbildenden Schulwesens sachverständig sind),
- ein Beauftragter der Bundesanstalt für Arbeit.

Gesetzliche Neuregelungen (Ausbildungsplatzförderungsgesetz von 1976, 1982 ersetzt durch das Berufsbildungsförderungsgesetz) haben die den Bundesausschuß betreffenden Paragraphen des Berufsbildungsgesetzes weitgehend aufgehoben. Auf jeden Fall gilt: Der Bundesausschuß wirkt weiter durch zahlreiche Empfehlungen, Richtlinien und Grundsätze. Einen auszugsweisen Überblick gibt die nachfolgende Liste. Die Aufgaben des Bundesausschusses werden heute zum Teil vom Bundesinstitut für Berufsbildung wahrgenommen.

**Arbeitsergebnisse des Bundesausschusses für Berufsbildung**

- Richtlinien für Prüfungsordnungen,
- Musterprüfungsordnung für die Durchführung von Abschlußprüfungen,
- Musterprüfungsordnung für die Durchführung von Gesellenprüfungen,
- Berufsbildungsvertrag,
- Empfehlung für das Führen von Berichtsheften in der Form von Ausbildungsnachweisen,
- Ausbildungsnachweis,
- Empfehlung zur Förderung überbetrieblicher Bildungsmaßnahmen,
- Richtlinien für Umschulungsprüfungsordnungen,
- Musterprüfungsordnung für die Durchführung von Umschulungsprüfungen,
- Grundsätze für die Durchführung von Zwischenprüfungen,
- Empfehlung für einen Rahmenstoffplan zur Ausbildung von Ausbildern,
- Empfehlung eines Schemas für Ausbildungsordnungen der Monoberufe,
- Empfehlung zur sachlichen und zeitlichen Gliederung der Berufsausbildung,
- Empfehlung über die Eignung der Ausbildungsstätten,
- Empfehlung zum Umschulungsvertrag,
- Empfehlung zur Beteiligung der Auszubildenden an der Gestaltung der Ausbildung,
- Richtlinien in Form einer Musterprüfungsordnung für die Durchführung von Prüfungen zum Nachweis berufs- und arbeitspädagogischer Kenntnisse,
- Richtlinien für Fortbildungsprüfungsordnungen,
- Musterprüfungsordnung für die Durchführung von Fortbildungsprüfungen,
- Grundsätze für die Eignung von Umschulungsstätten,
- Grundsätze für die Beratung und Überwachung der Ausbildungsstätten durch Ausbildungsberater.

Die Texte sind abgedruckt in: Handbuch der Berufsbildung. Berufsausbildung und Berufsförderung. Gesetze – Verordnungen – Richtlinien – Beschlüsse – Empfehlungen – Vereinbarungen – Abkommen. Essen: Verlag W. Girardet [2]1975.

Landesausschüsse für Berufsbildung

Der Landesausschuß hat die Landesregierung in Fragen der Berufsbildung zu beraten, die sich für das Land ergeben. Er hat insbesondere im Interesse einer einheitlichen Berufsbildung auf eine Zusammenarbeit zwischen der schulischen Berufsbildung und der Berufsbildung nach dem Berufsbildungsgesetz sowie auf eine Berücksichtigung der Berufsbildung bei der Neuordnung und Weiterentwicklung des Schulwesens hinzuwirken (vgl. § 55 BBiG).

Er setzt sich zusammen aus einer gleichen Anzahl von Beauftragten der Arbeitgeber, der Arbeitnehmer und der obersten Landesbehörden. Die Hälfte der Beauftragten der obersten Landesbehörden müssen in Fragen des Schulwesens sachverständig sein.

Die Mitglieder des Landesausschusses werden längstens für vier Jahre von der Landesregierung berufen, die Beauftragten der Arbeitgeber auf Vorschlag der auf Landesebene bestehenden Zusammenschlüsse der Kammern, der Arbeitgeberverbände und der Unternehmerverbände, die Beauftragten der Arbeitnehmer auf Vorschlag der auf Landesebene bestehenden Gewerkschaften und selbständigen Vereinigungen von Arbeitnehmern mit sozial- oder berufspolitischer Zwecksetzung.

Berufsbildungsausschüsse der zuständigen Stellen

Die zuständige Stelle hat einen Berufsbildungsausschuß zu errichten. Dieser Berufsbildungsausschuß ist in allen wichtigen Angelegenheiten der beruflichen Bildung zu unterrichten und zu hören (§ 58 I BBiG). Der Berufsbildungsausschuß hat ferner die aufgrund des Berufsbildungsgesetzes von der zuständigen Stelle zu erlassenden Rechtsvorschriften für die Durchführung der Berufsbildung zu beschließen (§ 58 II BBiG). Dem Berufsbildungsausschuß der zuständigen Stelle gehören sechs Beauftragte der Arbeitgeber, sechs Beauftragte der Arbeitnehmer und sechs Lehrer an berufsbildenden Schulen an, die Lehrer mit beratender Stimme. Die Beauftragten der Arbeitgeber werden auf Vorschlag der zuständigen Stelle, die Beauftragten der Arbeitnehmer auf Vorschlag der im Bezirk der zuständigen Stelle bestehenden Gewerkschaften und selbständigen Vereinigungen von Arbeitnehmern mit sozial- oder berufspolitischer Zwecksetzung, die Lehrer an berufsbildenden Schulen von der nach Landesrecht zuständigen Behörde längstens für vier Jahre als Mitglieder berufen. Eine etwas andere Regelung besteht für die Arbeitnehmervertreter der Berufsbildungsausschüsse der Handwerkskammern. Sie werden von der Gruppe der Gesellenvertreter, die der Arbeitgebervertreter von den selbständigen Handwerkern auf der Vollversammlung der Handwerkskammern gewählt.

Für den handwerklichen Bereich werden nach den Vorschriften der HwO Berufsbildungsausschüsse von den Handwerkskammern errichtet. Beschlußorgan ist aber weiterhin nur die Vollversammlung der Handwerker. Der Berufsbildungsaussschuß hat nur Beratungs- und Vorschlagsrecht.

Berufsbildungsforschung

Berufs- und Berufsbildungsforschung sind junge, interdisziplinär verfahrende Forschungsrichtungen, die sich mit der Sammlung und Aufbereitung von Erfahrungen, überzeugenden Argumenten, Schaffung von Theorien, Erprobung von neuen Lösungen zur Verbesserung der Berufsbildung beschäftigen. *So* beschäftigt sich die *Psychologie* im Rahmen der Berufs- und Berufsbildungsforschung mit Fragen der Berufsanforderung, der -eignung und -leistung. Die *Medizin* untersucht Berufskrankheiten. Die *Ingenieurwis-*

*senschaften* beschäftigen sich mit den Wirkungen des technischen Fortschritts auf die Berufsanforderungen. Die *Berufs- und Betriebssoziologie* untersucht die Auswirkungen geänderter Arbeitsorganisation auf Leistung und Wohlbefinden der Arbeitnehmer.

Wie jede Wissenschaft, die darauf ausgerichtet ist, daß ihre Ergebnisse unmittelbar angewendet werden können, hat die Berufsbildungsforschung die Aufgabe:

- Grundlagen für Planungen und Entscheidungen im Bereich des beruflichen Bildungswesens bereitzustellen und
- durch erneuernde, zukunftsorientierte Impulse notwendige Veränderungen ingangzusetzen.

Nur in einem dauernden Wechselspiel zwischen Theorie und Praxis können die Forschungsergebnisse realitätsnah erarbeitet und die sich daraus ergebenden Verbesserungen für die Betroffenen überzeugend verwirklicht werden.

Das folgende Schaubild zeigt die Gesprächspartner der Berufsbildungsforschung in Auswahl:

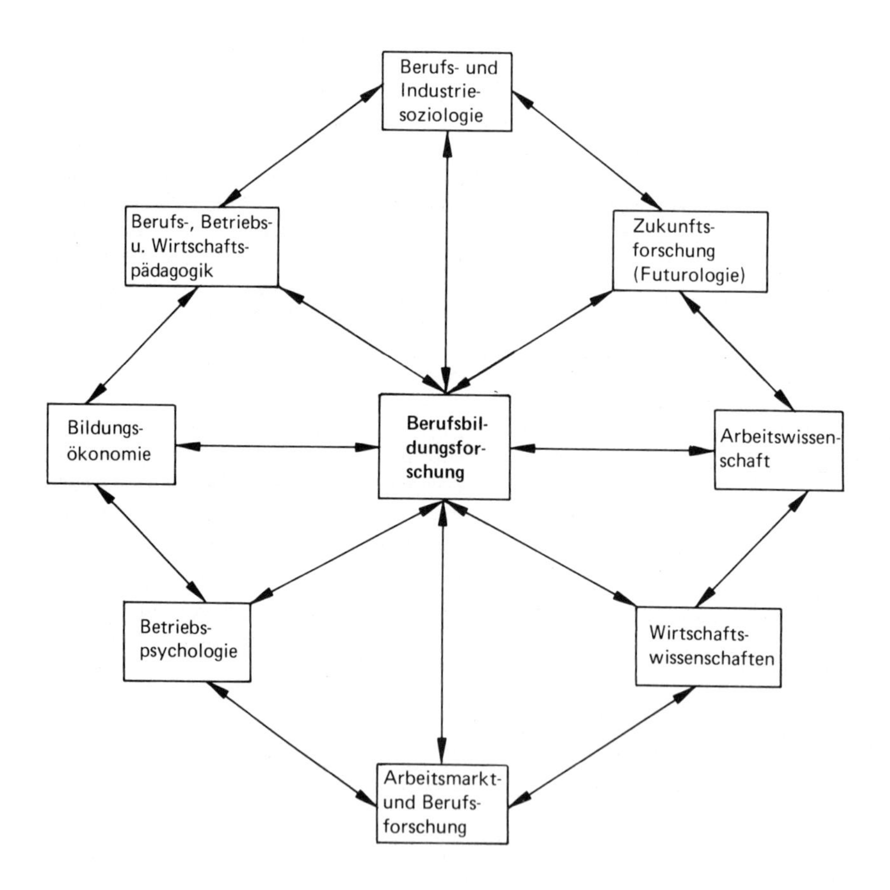

Bundesinstitut für Berufsbildungsforschung

Das Bundesinstitut für Berufsbildungsforschung (BBF) wurde durch das Berufsbildungsgesetz in Berlin errichtet. In den Bereichen, die § 1 BBiG umschreibt, nämlich

- berufliche Erstausbildung (berufliche Grund- und Fachbildung),
- berufliche Fortbildung,
- berufliche Umschulung,

hatte das Bundesinstitut für Berufsbildungsforschung nach § 60 BBiG insbesondere folgende Aufgaben wahrzunehmen:

- Die Grundlagen der Berufsbildung zu klären.
- Inhalte und Ziele der Berufsbildung zu ermitteln.
- Die Anpassung der Berufsbildung an die technische, wirtschaftliche und gesellschaftliche Entwicklung vorzubereiten.
- Den berufsbildenden Fernunterricht zu untersuchen, Vorschläge für seine Weiterentwicklung und Ausgestaltung vorzulegen und berufsbildende Fernunterrichtslehrgänge auf Antrag der Fernunterrichtsinstitute darauf zu prüfen, ob sie nach Inhalt, Umfang und Ziel sowie nach pädagogischer und fachlicher Betreuung der Lehrgangsteilnehmer, den Vertragsbedingungen und der für den Fernunterrichtslehrgang betriebenen Werbung mit den Zielen der beruflichen Bildung im Sinne des Berufsbildungsgesetzes übereinstimmen und für das Erreichen des Lehrgangsabschlusses geeignet sind.
- Gegebenheiten und Erfordernisse der Berufsbildung ständig zu beobachten, zu untersuchen und auszuwerten.
- Forschungsergebnisse und sonstige einschlägige Unterlagen zu sammeln sowie wesentliche Ergebnisse der Berufsbildungsforschung zu veröffentlichen.

Mitglieder des Bundesinstituts für Berufsbildungsforschung:

- Bundesverband der Deutschen Industrie (eine Stimme),
- Bundesvereinigung der Deutschen Arbeitgeberverbände (eine Stimme),
- Bundesvereinigung der Fachverbände des Deutschen Handwerks (eine Stimme),
- Deutsche Angestelltengewerkschaft (eine Stimme),
- Deutscher Gewerkschaftsbund (vier Stimmen),
- Deutscher Handwerkskammertag (eine Stimme),
- Deutscher Industrie- und Handelstag (eine Stimme),
- Bund (vertreten durch den Bundesminister für Bildung und Wissenschaft und den Bundesminister für Wirtschaft) (insgesamt zwei Stimmen).

Durch das Ausbildungsplatzförderungsgesetz (APlFG) vom 7. September 1976 ist das Bundesinstitut für Berufsbildungsforschung (BBF) im Bundesinstitut für Berufsbildung (BIBB) aufgegangen. Wesentliche Ergebnisse der Berufsbildungsforschung werden jedoch weiter unter der Bezeichnung „BBF" veröffentlicht.

Das Bundesverfassungsgericht hat das Ausbildungsplatzförderungsgesetz am 10. Dezember 1980 für grundgesetzwidrig erklärt. Die Neuregelung durch das Gesetz zur Förderung der Berufsbildung durch Planung und Forschung – kurz: Berufsbildungsförderungsgesetz (BerBiFG) – ist am 1. Januar 1982 in Kraft getreten. Sie hat im Hinblick auf das Bundesinstitut kaum Änderungen gebracht.

Bundesinstitut für Berufsbildung

Das Bundesinstitut für Berufsbildung betreibt Forschung und Entwicklung auf dem Gebiet der betrieblichen beruflichen Bildung und nimmt Dienstleistungs- und Beratungsfunktionen gegenüber der Bundesregierung und der Berufsbildungspraxis wahr. Diese Aufgaben werden zum Teil nach Weisungen oder allgemeinen Verwaltungsvorschriften des Bundesministers für Bildung und Wissenschaft, zum Teil als eigene Aufgaben unter der Rechtsaufsicht des Ministers durchgeführt.

Ziel der Arbeit des Instituts ist es, Grundlagen für die Aus- und Weiterbildung von Facharbeiterinnen und Facharbeitern, Fachangestellten, Gesellinnen und Gesellen, Meisterinnen und Meistern in Industrie und Handel, Handwerk, Landwirtschaft, freien Berufen und in der öffentlichen Verwaltung zu entwickeln und die berufliche Bildung unter Berücksichtigung der technischen, wirtschaftlichen und gesellschaftlichen Entwicklung zu modernisieren und zu verbessern. Ein wesentliches Element dabei ist die Zusammenarbeit mit der Berufsbildungspraxis.

Die Organe des Bundesinstituts sind der Hauptausschuß und der Generalsekretär. Der Generalsekretär führt die Aufgaben des Bundesinstituts für Berufsbildung durch, leitet es und vertritt es nach außen.

Der Hauptausschuß ist das Selbstverwaltungs- und Entscheidungsgremium des Bundesinstituts. Er beschließt das Forschungsprogramm, die Satzung und stellt den Haushaltsplan fest. Er beschließt Stellungnahmen zu den vom Institut vorbereiteten Entwürfen von Ausbildungsordnungen und wird bei anderen Verordnungen nach Berufsbildungsgesetz und Handwerksordnung angehört. Der Hauptausschuß erläßt Richtlinien für Prüfungsordnungen. Er berät die Bundesregierung in grundsätzlichen Fragen der Berufsbildung. Um die Ordnung, den Ausbau und Weiterentwicklung der Berufsbildung zu fördern, gibt er Empfehlungen und Stellungnahmen ab. Auch zur Durchführung der Berufsbildung verabschiedet der Hauptausschuß Empfehlungen. Von besonderer Bedeutung ist seine Stellungnahme zum Entwurf des jährlichen Berufsbildungsberichts des Bildungsministers.

Dem Hauptausschuß des Bundesinstituts gehören Vertreter der Arbeitgeberorganisationen (= Arbeitgeberverbände), der Arbeitnehmerorganisationen (= Gewerkschaften) und der Länder sowie des Bundes an. Jede dieser vier „Parteien" ist mit gleicher Stimmenzahl ausgestattet.

Arbeitsschwerpunkte

Die Forschungsarbeiten des Instituts sind in sechs Hauptabteilungen organisiert:

- Hauptabteilung 1: Strukturforschung, Planung, Statistik.

  Die Arbeit dieser Abteilung konzentriert sich auf die Beobachtung, Analyse und Vorausschau der Entwicklungen sozioökonomischer Sachverhalte im Bildungs- und Beschäftigungssystem mittels statistischer Daten. Im Rahmen dieser Arbeit wird die amtliche Bildungs-, Berufsbildungs- und Erwerbsstatistik aufbereitet, nach sozioökonomischen Merkmalen ausgewertet und durch eigene Repräsentativerhebungen systematisch ergänzt.

- Hauptabteilung 2: Curriculumforschung

  Hier geht es um die Qualifizierungsprozesse in der Berufsausbildung, die Auszubildenden und das Ausbildungspersonal. Die Gestaltung von Lehr- und Lernprozessen, die Durchführung von Lernerfolgskontrollen und Prüfungen sowie die Betreuung von Modellversuchen in der Berufsbildungspraxis sind dabei wichtige, an Bedeutung ständig zunehmende Arbeitsgebiete.

- Hauptabteilung 3: Ausbildungsordnungsforschung

  Diese Abteilung erforscht die Rahmenbedingungen in der Berufsausbildung und die Auswirkungen von Ordnungsmaßnahmen. Sie entwickelt Ausbildungsgänge für die berufliche Erstausbildung, erstellt die zugehörigen Ausbildungsordnungen, stimmt sie mit den Rahmenlehrplänen der Länder ab und erarbeitet Erläuterungen zu den Ausbildungsordnungen (= Umsetzungshilfen).

- Hauptabteilung 4: Weiterbildungsforschung

  Hier geht es um die Lernprozesse und -probleme Erwachsener in der Weiterbildung, Tätigkeits- und Qualifikationsstrukturen, die Qualität der beruflichen Weiterbildung sowie den Fernunterricht. Für die Gestaltung und Verbesserung beruflicher Weiterbildung werden Fortbildungsordnungen und Qualitätskriterien entwickelt, innovative Maßnahmenkonzepte in Modellversuchen durchgeführt und Fernlehrgänge begutachtet.

- Hauptabteilung 5: Bildungstechnologieforschung und vergleichende Berufsbildungsforschung

  Zentrales Aufgabengebiet dieser Abteilung ist es, Bildungstechnologie durch Forschung zu fördern und in diesem Zusammenhang Medien (z. B. schriftliche Ausbildungsmaterialien für Ausbilder und Auszubildende, Filme, Bildplatten usw.), Umsetzungs- und Vermittlungskonzepte für die Aus- und Weiterbildung zu entwickeln, zu erproben und ihre Verwendung in der betrieblichen Praxis zu untersuchen. Hinzu kommt die vergleichende Berufsbildungsforschung – also zum Beispiel die Untersuchung der Berufsbildungssysteme anderer Länder und der Vergleich.

- Hauptabteilung 6: Bildungsökonomieforschung, Berufsbildungstättenforschung
  Die Arbeit dieser Abteilung konzentriert sich auf Fragen zu den Kosten, dem Nutzen, der Qualität und Wirksamkeit von Berufsbildung sowie auf die Entwicklung von Modellen zu ihrer Finanzierung. Außerdem werden die Organisation und Struktur betrieblicher und überbetrieblicher Lernorte untersucht und die finanzielle Förderung überbetrieblicher Berufsbildungsstätten durchgeführt.

Institut für Arbeitsmarkt- und Berufsforschung (IAB)

Die Bundesanstalt für Arbeit in Nürnberg hat eine Forschungsstelle – das Institut für Arbeitsmarkt- und Berufsforschung – errichtet, um ihren Aufgaben nach dem Arbeitsförderungsgesetz nachzukommen. Nach diesem Gesetz hat die Bundesanstalt für Arbeit „Umfang und Art der Beschäftigung sowie Lage und Entwicklung des Arbeitsmarktes, der Berufe und der beruflichen Bildungsmöglichkeiten im allgemeinen und in den einzelnen Wirtschaftszweigen und Wirtschaftsgebieten, auch nach der sozialen Struktur, zu beobachten, zu untersuchen und für die Durchführung der Aufgaben der Bundesanstalt auszuwerten (Arbeitsmarkt- und Berufsforschung)“ (§ 6 I 1 AFG).

Diese Aufgabe wurde auf das Institut für Arbeitsmarkt- und Berufsforschung übertragen. Das Institut soll durch seine wissenschaftliche Tätigkeit der Bundesanstalt helfen, den ihr gestellten Aufgaben gerecht zu werden. Im Rahmen der Untersuchung von Art und Umfang der Beschäftigung, Lage und Entwicklung des Arbeitsmarktes, der Berufe und der beruflichen Bildungsmöglichkeiten geht es *zum Beispiel* um folgende Themenbereiche:

- Analyse der Zusammenhänge zwischen Wirtschaftswachstum und Beschäftigungsentwicklung sowie Bevölkerungsentwicklung und Arbeitskräfteangebot
- Untersuchung des Wandels der sektoralen, beruflichen und regionalen Beschäftigungsstrukturen
- Konjunkturforschung unter besonderer Berücksichtigung des Arbeitsmarktes
- Beobachtung und Analyse der technischen Entwicklung und ihrer Auswirkung auf den Arbeitsmarkt
- Forschung über Berufsinhalte, Berufsverwandtschaften und Berufserfordernisse und deren Veränderungen
- Arbeiten über die Flexibilität am Arbeitsmarkt
- Arbeiten über Probleme der Klassifikationen und Systematiken
- Untersuchungen über Methoden und Aussagen arbeitsmarktstatistischer Forschungsgrundlagen; statistische Analyse und Methodenentwicklung, Ökonometrie
- Entwicklung von Arbeitsmarktmodellen unter Berücksichtigung prognostischer Verfahren und Verfahren der Substitutionsforschung
- Qualifikationsforschung
- Forschung zu Fragen des internationalen Arbeitsmarktes.

**Fragen, Aufgaben, Fallbeispiele**

**16.** Welche Arbeiten zeugen von der Arbeit des Bundesausschusses für Berufsbildung?

**17.** Was ist unter „Curriculum" zu verstehen?

**18.** Ein Auszubildender hat sich einen Lehrgang eines Fernlehrinstitutes „aufschwatzen" lassen. Er will von Ihnen wissen, ob der Lehrgang etwas taugt und welche Möglichkeiten er hat, aus der Geschichte eventuell wieder herauszukommen. Was können Sie gemeinsam tun bzw. dem Auszubildenden raten?

**Hinweise auf Quellen und weiterführende Literatur**


- Bundesministerium für Bildung und Wissenschaft (Hrsg.): Berufsbildungsforschung, Modellversuche und Ausbildungsmittel in der beruflichen Bildung. Bonn o. J. (1977).
- Hegelheimer, Armin: Berufsbildungsforschung. Ziele – Methoden – Forschungsprogramm. Gutachten im Auftrag des Bundesministeriums für Arbeit und Sozialordnung. Berlin 1969.
- Hegelheimer, Armin: Berufsbildung und Arbeitswelt. Stuttgart: Kohlhammer 1971.


### 2.2.5. Prüfungen

Das Berufsbildungsgesetz schreibt für anerkannte Ausbildungsberufe Zwischen- und Abschlußprüfungen vor. Während der Berufsausbildung ist zur Ermittlung des Ausbildungsstandes mindestens eine Zwischenprüfung entsprechend der Ausbildungsordnung durchzuführen, bei der Stufenausbildung für jede Stufe (§ 42 BBiG).

Die Zwischenprüfungen finden in der Regel im zweiten Ausbildungsjahr statt. Sie sollen es ermöglichen, etwaige Mängel der Ausbildung noch rechtzeitig zu korrigieren. Die Korrektur kann in folgenden Maßnahmen bestehen:

- Hat der Auszubildende den für ihn geeigneten Beruf gewählt?
  Diese Entscheidung sollte die Probezeit schon erbracht haben. Aber es kann Fälle geben, in denen sich die Nichteignung erst später zeigt. Insofern kann die Zwischenprüfung auch hier eine „schmerzliche" Wahrheit zu Tage fördern.
- Intensivierung der Ausbildung (eventuell auch Nachhilfestunden in Theorie und Praxis).
- Verlängerung der Ausbildungszeit.

Die Leistungen in der Zwischenprüfung werden in der Regel nicht benotet. Sie sollen den Ausbildungsstand zeigen und Mängel und Versäumnisse, die dann zu korrigieren sind, aufdecken. In gewisser Weise wird auch der ausbildende Betrieb geprüft, nämlich inwieweit er sich an den Ausbildungsplan gehalten hat. Die Zwischenprüfungen werden regelmäßig überbetrieblich, mit landeseinheitlich gestellten Aufgaben durchgeführt. Nähere Einzelheiten regeln die „Grundsätze für die Durchführung von Zwischenprüfungen", die der Bundesausschuß für Berufsbildung am 26. Januar 1972 verabschiedet hat.

Zwischen- und Abschlußprüfungen finden heute zu einem großen Teil mit überregionalen bzw. bundesweiten Aufgabenstellungen statt. Derartige Aufgabenstellungen werden erarbeitet von:

- PAL = **P**rüfungs**a**ufgaben- und **L**ehrmittel-Entwicklungsstelle der Arbeitsgemeinschaft der Industrie- und Handelskammern in Baden-Württemberg (gewerblich-technisch orientiert)
- AkA = **A**ufgabenstelle für **k**aufmännische **A**bschluß- und Zwischenprüfungen bei der Industrie- und Handelskammer in Nürnberg

Die Prüfung der Kenntnisse und Fertigkeiten soll schriftlich – eventuell auch in programmierter Form – erfolgen. Es sollen dabei praxisbezogene Fälle oder Aufgaben in einer Prüfungsdauer bis zu 180 Minuten bearbeitet werden. Ausnahmsweise kann neben der schriftlichen Prüfung eine mündliche Prüfung durchgeführt werden. Über die Teilnahme an der Zwischenprüfung wird eine Bescheinigung ausgestellt. Sie enthält eine Feststellung über den Ausbildungsstand, insbesondere Angaben über Mängel, die bei der Prüfung festgestellt wurden. Über das Ergebnis der Zwischenprüfung werden der Ausbildende, der Auszubildende, der gesetzliche Vertreter und die Berufsschule unterrichtet. Ein *Beispiel* für eine Prüfungsbescheinigung für die Zwischenprüfung finden Sie auf der folgenden Seite.

Abschlußprüfung

Durch die Abschlußprüfung ist festzustellen, ob der Auszubildende die in der Ausbildungsordnung für den Ausbildungsberuf festgehaltenen, für die Ausübung einer qualifizierten beruflichen Tätigkeit erforderlichen Fertigkeiten beherrscht, die notwendigen praktischen und theoretischen Kenntnisse besitzt und mit dem im Berufsschulunterricht vermittelten, für die Berufsausbildung wesentlichen Lehrstoff vertraut ist (§§ 35, 34 und 1 BBiG sowie § 32 HwO). Die Prüfungsanforderungen sind in der jeweiligen Ausbildungsordnung festzulegen (§ 25 II 5 BBiG). Bei der Stufenausbildung kann die Ausbildungsordnung bestimmen, daß bei Prüfungen, die vor Abschluß einzelner Stufen abgenommen werden, die Vorschriften über die Abschlußprüfung entsprechend gelten (§ 26 V BBiG).

Abschlußprüfungen, deren Bestehen zu einer bestimmten beruflichen Tätigkeit und Weiterbildung berechtigt, werden in der Regel zweimal jährlich zu im voraus festgesetzten Zeiten abgenommen. An ihnen kann gebührenfrei teilgenommen werden. Der Prüfling erhält ein Zeugnis. Die Abschlußprüfung kann zweimal wiederholt werden (vgl. § 34 BBiG).

Der Ausbildende hat den Auszubildenden zur Prüfung anzumelden und freizustellen (§ 7 BBiG). In diesem Falle ist der Auszubildende – aber auch aufgrund des Ausbildungsvertrages (vgl. § 3 Ziffer 2 des Muster-Berufsausbildungsvertrages) – zur Teilnahme verpflichtet.

Das Berufsbildungsgesetz verpflichtet die zuständigen Stellen, Abschlußprüfungen in den anerkannten Ausbildungsberufen durchzuführen und hierfür Prüfungsausschüsse einzurichten (§§ 34, 36 BBiG).

INDUSTRIE- UND HANDELSKAMMER ZU BERLIN

# BESCHEINIGUNG

Der Auszubildende ______________________________ Kenn-Nr. __________

geboren am ______________

Ausbildungsberuf ________________________

hat sich vor einem Prüfungsausschuß der

INDUSTRIE- UND HANDELSKAMMER ZU BERLIN einer

## ZWISCHENPRÜFUNG

gemäß § 42 des Berufsbildungsgesetzes vom 14. August 1969 (BGBl. I S. 1112) unterzogen.

## ERGEBNISSE

| I. KENNTNISPRÜFUNG | sehr gut | gut | befriedigend | ausreichend | mangelhaft | ungenügend |
|---|---|---|---|---|---|---|
| 1. Technologie | ☐ | ☐ | ☐ | ☐ | ☐ | ☐ |
| 2. Technische Mathematik | ☐ | ☐ | ☐ | ☐ | ☐ | ☐ |
| 3. Wirtschafts- und Sozialkunde | ☐ | ☐ | ☐ | ☐ | ☐ | ☐ |
| | ☐ | ☐ | ☐ | ☐ | ☐ | ☐ |
| **II. FERTIGKEITSPRÜFUNG** | | | | | | |
| ______________ | ☐ | ☐ | ☐ | ☐ | ☐ | ☐ |
| ______________ | ☐ | ☐ | ☐ | ☐ | ☐ | ☐ |
| ______________ | ☐ | ☐ | ☐ | ☐ | ☐ | ☐ |
| ______________ | ☐ | ☐ | ☐ | ☐ | ☐ | ☐ |

Ungenügende Leistungen entsprechen nicht den Anforderungen. Selbst Grundkenntnisse sind lückenhaft. Das Bestehen der Abschlußprüfung ist stark gefährdet. Die Leistungen müssen erheblich verbessert werden.

Mangelhafte Leistungen entsprechen nicht den Anforderungen; die notwendigen Grundkenntnisse sind aber vorhanden. Das Bestehen der Abschlußprüfung ist gefährdet, wenn die Leistungen nicht verbessert werden.

Berlin, den ______________________

## DER PRÜFUNGSAUSSCHUSS

| ______________________ | ______________________ | ______________________ |
|---|---|---|
| Beauftragte(r) der Arbeitgeber | Beauftragte(r) der Arbeitnehmer | Lehrer einer berufsbildenden Schule |

Notenschlüssel: 1 = sehr gut 2 = gut 3 = befriedigend 4 = ausreichend 5 = mangelhaft 6 = ungenügend

Im handwerklichen und im gewerblichen Bereich gliedert sich die Abschlußprüfung in der Regel in zwei Teile, nämlich in eine Kenntnis- und eine Fertigkeitsprüfung. Die Kenntnisprüfung ist regelmäßig wieder untergliedert in einen schriftlichen und in einen mündlichen Teil. Im kaufmännischen Bereich gliedert sich die Abschlußprüfung in einen schriftlichen und in einen mündlichen Teil. Die mündliche Prüfung hat regelmäßig nur ergänzenden Charakter – man spricht auch von Korrekturaufgabe („Zünglein an der Waage"). Abschlußprüfungen an den Berufsschulen gibt es nur in Baden-Württemberg.

Prüfungsausschuß

§ 37 I BBiG bestimmt: „Der Prüfungsausschuß besteht aus mindestens drei Mitgliedern. Die Mitglieder müssen für die Prüfungsgebiete sachkundig und für die Mitwirkung im Prüfungswesen geeignet sein." Wann sind Mitglieder sachkundig und geeignet? Grundsätzlich ist derjenige als sachkundig anzusehen, der in dem zu prüfenden Ausbildungsberuf über einen Abschluß (Gehilfen-, Gesellen- oder Facharbeiterbrief) verfügt oder aber langjährig in diesem Beruf tätig ist. Das Mitglied des Prüfungsausschusses muß nicht über die im § 20 BBiG geforderten beruflichen Fertigkeiten und Kenntnisse sowie berufs- und arbeitspädagogischen Kenntnisse verfügen.

Dem Prüfungsausschuß müssen als Mitglieder Beauftragte der Arbeitgeber und der Arbeitnehmer in gleicher Zahl sowie mindestens ein Lehrer einer berufsbildenden Schule angehören. Mindestens zwei Drittel der Mitglieder müssen Beauftragte der Arbeitgeber und der Arbeitnehmer sein. Die Mitglieder haben jeweils Stellvertreter (vgl. § 37 II BBiG).

Die Mitglieder werden von der zuständigen Stelle für drei Jahre berufen. Die Arbeitnehmermitglieder werden auf Vorschlag der im Bezirk der zuständigen Stelle bestehenden Gewerkschaften und selbständigen Vereinigungen von Arbeitnehmern mit sozial- und berufspolitischer Zwecksetzung berufen. Der Lehrer einer berufsbildenden Schule wird im Einvernehmen mit der Schulaufsichtsbehörde oder der von ihr bestimmten Stelle berufen. Werden Mitglieder nicht oder nicht in ausreichender Zahl innerhalb einer von der zuständigen Stelle gesetzten angemessenen Frist vorgeschlagen, so beruft die zuständige Stelle nach pflichtgemäßem Ermessen. Die Mitglieder der Prüfungsausschüsse können nach Anhören der an ihrer Berufung Beteiligten aus wichtigem Grunde abberufen werden (§ 37 III BBiG).

Die Tätigkeit in Prüfungsausschüssen ist ehrenamtlich. Für bare Auslagen und für Zeitversäumnis ist, soweit eine Entschädigung nicht von anderer Seite gewährt wird, eine angemessene Entschädigung zu zahlen, deren Höhe von der zuständigen Stelle mit Genehmigung der obersten Landesbehörde festgesetzt wird (§ 37 IV BBiG).

Der Prüfungsausschuß wählt aus seiner Mitte einen Vorsitzenden und dessen Stellvertreter. Der Vorsitzende und sein Stellvertreter sollen nicht derselben Mitgliedergruppe angehören (§ 38 I BBiG).

Der Prüfungsausschuß ist beschlußfähig, wenn zwei Drittel der Mitglieder, mindestens drei, mitwirken. Er beschließt mit der Mehrheit der abgegebenen Stimmen. Bei Stimmengleichheit gibt die Stimme des Vorsitzenden den Ausschlag (§ 38 II BBiG).

Neben der Durchführung der Prüfung und der Bewertung der Prüfungsleistungen obliegt dem Prüfungsausschuß auch die Mitwirkung beim Zulassungsverfahren für die Abschlußprüfung. Zwar wird die Zulassung im Regelfall von der zuständigen Stelle ausgesprochen, doch in den Fällen, wo diese die Voraussetzungen für nicht gegeben hält, entscheidet nach § 39 II BBiG der Prüfungsauschuß.

Zulassung zur Prüfung

Nach § 39 I BBiG ist zur Abschlußprüfung zuzulassen,

- wer die Ausbildungszeit zurückgelegt hat oder wessen Ausbildungszeit nicht später als zwei Monate nach dem Prüfungstermin endet,
- wer an den vorgeschriebenen Zwischenprüfungen teilgenommen sowie die vorgeschriebenen Berichtshefte geführt hat und
- wessen Berufsausbildungsverhältnis in das Verzeichnis der Berufsausbildungsverhältnisse eingetragen oder – falls fehlend – aus einem Grunde nicht eingetragen ist, den weder der Auszubildende noch dessen gesetzlicher Vertreter zu vertreten hat.

Die Zulassung in besonderen Fällen wird durch § 40 BBiG geregelt:

- Besondere Leistungen
  Der Auszubildende kann nach Anhören des Ausbildenden und der Berufsschule vor Ablauf seiner Ausbildungszeit zur Abschlußprüfung zugelassen werden, wenn seine Leistungen dies rechtfertigen. Das ist in der Regel bei guten, d. h. wesentlich über dem Durchschnitt liegenden Noten der Fall (Durchschnitt: 2, 49 bzw. mind. 81 Punkte).
- Einschlägige Berufstätigkeit
  Zur Abschlußprüfung ist auch zuzulassen, wer nachweist, daß er mindestens das Zweifache der Zeit, die als Ausbildungszeit vorgeschrieben ist, in dem Beruf tätig gewesen ist, in dem er die Prüfung ablegen will. Hiervon kann abgesehen werden, wenn durch Vorlage von Zeugnissen oder auf andere Weise glaubhaft dargetan wird, daß der Bewerber Kenntnisse und Fertigkeiten erworben hat, die die Zulassung zur Prüfung rechtfertigen.
- Schulische Berufsausbildung
  Zur Abschlußprüfung ist ferner zuzulassen, wer in einer berufsbildenden Schule oder einer sonstigen Einrichtung ausgebildet worden ist, wenn diese Ausbildung der Berufsausbildung in einem anerkannten Ausbildungsberuf entspricht. Welche Schulen oder Einrichtungen diese Voraussetzungen erfüllen, kann durch eine Rechtsverordnung bestimmt werden.

Prüfungsordnung

Die zuständige Stelle hat nach § 41 BBiG eine Prüfungsordnung für die Abschlußprüfung zu erlassen. Diese Prüfungsordnung regelt im einzelnen:

- Zulassung zur Prüfung (Voraussetzungen, Meldung, Termine, Entscheidungen),
- Gliederung der Prüfung (schriftlich, mündlich, praktisch),
- Bewertungsmaßstäbe (Noten, Punktsystem),
- Erteilung des Prüfungszeugnisses,
- Folge von Verstößen gegen die Prüfungsordnung (Täuschung),
- Wiederholung der Prüfung (wann, wie oft).

Die Prüfungsordnung muß von der zuständigen obersten Landesbehörde genehmigt werden. Um eine gewisse Einheitlichkeit der Prüfungen zu gewährleisten, hat der Bundesausschuß für Berufsbildung am 9. Juni 1971 „Richtlinien für Prüfungsordnungen gemäß § 41 Berufsbildungsgesetz/§ 38 Handwerksordnung" und „Musterprüfungsordnungen" erlassen. Danach sind u. a. Prüfungsleistungen nur noch nach Punkten statt nach Noten zu bewerten (vgl. Punktskala im Kapitel Lernerfolgskontrollen auf S. 330 ff., Band 1).

Diese Bewertung soll eine gerechtere Beurteilung ermöglichen. Jede Prüfungsleistung ist von den Mitgliedern des Prüfungsausschusses getrennt und selbständig zu beurteilen und zu bewerten. Anschließend daran stellt der Prüfungsausschuß gemeinsam die Ergebnisse der einzelnen Prüfungsleistungen sowie das Gesamtergebnis der Prüfung fest. Dabei ist zu beachten, daß die Prüfung insgesamt bestanden ist, wenn in den einzelnen Prüfungsteilen – soweit die Ausbildungsordnung nichts anderes bestimmt – mindestens ausreichende Leistungen erbracht sind.

Die Musterprüfungsordnung sieht auch vor, daß jeder Prüfungsteilnehmer das Recht hat, nach Abschluß der Prüfung Einsicht in seine Prüfungsunterlagen zu nehmen. Das Recht, eine Überprüfung des Ergebnisses durch das Verwaltungsgericht vornehmen zu lassen, bleibt unberührt. Daher sollen alle Maßnahmen und Entscheidungen des Prüfungsausschusses bei ihrer schriftlichen Bekanntgabe mit einer Rechtsmittelbelehrung versehen sein.

Besteht der Auszubildende vor Ablauf der Ausbildungszeit die Abschlußprüfung, so endet das Berufsausbildungsverhältnis mit Bestehen der Abschlußprüfung (§ 14 II BBiG). Besteht der Auszubildende die Abschlußprüfung nicht, so verlängert sich das Berufsausbildungsverhältnis bis zur nächstmöglichen Wiederholungsprüfung, höchstens um ein Jahr (§ 14 III BBiG).

Prüfungszeugnis

Das Prüfungszeugnis muß die folgenden Angaben enthalten:

- die Bezeichnung „Prüfungszeugnis nach § 34 BBiG",
- die Personalien des Prüfungsteilnehmers,
- den Ausbildungsberuf,
- das Gesamtergebnis der Prüfung und
- die Ergebnisse von einzelnen Prüfungsteilen,
- das Datum des Bestehens der Prüfung,
- die Unterschriften des Vorsitzenden des Prüfungsausschusses und des Beauftragten der zuständigen Stelle mit Siegel.

### Fragen, Aufgaben, Fallbeispiele

**19.** Welchen Einfluß hat die Zwischen- und die Abschlußprüfung auf die Ausbildung?

**20.** Was bezweckt die Zwischenprüfung?

**21.** Wodurch werden die Prüfungsinhalte der Abschlußprüfung bestimmt?

**22.** Manfred Streblich hat die Abschlußprüfung bestanden – allerdings nur mit „ausreichend". Mit dieser Note ist er nicht einverstanden. „Überhaupt ist das kein Wunder, denn in der Prüfungskommission saß ja der Chef von der Konkurrenz, der immer dort nach ‚Öl' bohrte, wo nichts war!" – so die Gedanken des Auszubildenden. Sie führen schließlich zu dem Plan, die Prüfung vor Gericht anzufechten. Ist das möglich?

### Hinweise auf Quellen und weiterführende Literatur

- Fehm, Kurt: Theorie und Praxis programmierter Prüfungen. Solingen: U-Form-Verlag 1976.
- Füller, Klaus: Funktionen und Formen von Prüfung. Neuburgweier: Schindele 1975.
- Gridl, Axel/Reichel, Manfred: Recht für Ausbilder von A – Z. München: Rehm 1982.
- Hurlebaus, Horst-Dieter: Rechtsratgeber Berufsbildung. Handbuch für die Praxis. Bonn: DIHT [6]1991.

# 2.3. Arbeitsrecht

## 2.3.1. Grundlagen des Arbeitsrechts

### 2.3.1.1. Entwicklung des Arbeitsrechts

Die Anfänge der Industrialisierung waren durch eine heute unvorstellbare soziale und wirtschaftliche Not der Arbeiter gekennzeichnet. Ihr Lohn war niedrig – er sicherte allenfalls das Überleben – und die Arbeitszeit fast unbegrenzt. Frauen- und Kinderarbeit waren der Regelfall. Gegen Arbeitslosigkeit und Kündigung, Unfall und Invalidität bestand kein Schutz. Die Aufhebung des Zunftwesens und vieler Beschränkungen der Freiheit hatten zwar eine rechtliche Gleichstellung aller Mitglieder der Gesellschaft gebracht, aber keine wirtschaftliche. Die wirtschaftlich starke Stellung des Unternehmers führte in den meisten Fällen zu einer rücksichtslosen Ausnutzung und zu einem menschenunwürdigen Dasein der Arbeiter, die sich zur Verbesserung ihrer Lage im Kampf um bessere Arbeitsbedingungen noch nicht einmal in Gewerkschaften zusammenschließen durften. Erst 1869 wurde das Verbot, derartige Vereinigungen zu bilden, das sogenannte Koalitionsverbot, durch die Gewerbeordnung aufgehoben. Die Gewerbeordnung verbot weiterhin, den Arbeitern statt Bargeld Waren als Lohn zu gewähren (sogenanntes Truckverbot) und enthielt Jugend- und Frauenarbeitsschutzbestimmungen (Verbot der Kinderarbeit).

Einen weiteren großen Schritt vorwärts ging es dann mit der durch Otto von Bismarck eingeleiteten Sozialversicherungsgesetzgebung:

- 1881 Kaiserliche Botschaft, die das Programm einer Sozialversicherung ankündigt,
- 1883 Krankenversicherungsgesetz,
- 1884 Unfallversicherungsgesetz,
- 1889 Gesetz über die Alters- und Invaliditätsversorgung.

Mit dieser Entwicklung begann sich langsam die Einsicht Bahn zu brechen, daß der einzelne Arbeitnehmer allein nicht in der Lage ist, sich im Kampf um seine Rechte durchzusetzen. Das individualistische Arbeitsrecht des Liberalismus – die alleinige Regelung des Arbeitsverhältnisses durch die privatrechtlichen Bestimmungen des Dienst- bzw. Arbeitsvertrages – wurde durch die Einführung von Arbeitnehmerschutzrechten verändert.

In dieser Zeit wurden vereinzelt auch Fabrikausschüsse auf freiwilliger Grundlage eingerichtet. Sie setzten sich aus Arbeitnehmern und Arbeitgebern zusammen und sollten Streitigkeiten schlichten. Solche Ausschüsse bestanden zum Beispiel bei der Firma Hutschenreuther in Selb und bei der Firma H. Freese in Berlin. 1891 wurden die bis dahin freiwilligen Arbeiterausschüsse durch das Arbeiterschutzgesetz geregelt. Das

Gesetz sah vor, daß der Arbeitgeber diese Ausschüsse vor Erlaß einer Arbeitsordnung anzuhören hatte. Eine Ausweitung dieser Einrichtung brachte 1905 eine Novelle zum Preußischen Berggesetz und 1916 das Gesetz über den „Vaterländischen Hilfsdienst“: Arbeiter- und Angestelltenausschüsse erhalten zur Sicherung des guten Einvernehmens zwischen den Parteien ein Anhörungs- und Beratungsrecht. Sie sind in allen gewerblichen Betrieben mit mindestens 50 Arbeitnehmern zu bilden.

Das Ringen der Gewerkschaften um ihre Anerkennung als Vertreter der unmittelbaren Interessen der Arbeitnehmer fand erst 1920 durch das Betriebsrätegesetz vom 4. Februar sowie dem Gesetz über die Entsendung von Betriebsratsmitgliedern in den Aufsichtsrat vom 15. Februar 1922 erste Erfolge. Der Betriebsrat wurde in Betrieben mit mindestens 20 Beschäftigten als Interessenvertretung der Arbeitnehmer eingerichtet, allerdings mit wenig Rechten ausgestattet. In Fragen der Gesundheit, der Wohlfahrtseinrichtungen und der Unfallverhütung bekam der Betriebsrat ein bedingtes Mitentscheidungs- und Auskunftsrecht. Der Gedanke des Interessengegensatzes zwischen Arbeitnehmern und Arbeitgebern – der Klassenkampfgedanke – wurde in diesem Gesetz betont. Die Tarifverträge wurden erstmals ausgehandelt.

Die Entwicklung in der Weimarer Republik brachte weitere Fortschritte für den Arbeitnehmer: Regelung des Acht-Stunden-Tages, Einführung der Arbeitslosenversicherung (1927), Erholungsurlaub und die Entwicklung des Kollektivrechts. Die Gewerkschaftsbewegung wurde endgültig anerkannt, auch ihr Recht, für die Arbeitnehmer in ihrer Gesamtheit zu sprechen. Das Recht, derartige Vereinigungen zu bilden (Koalitionsrecht), wurde in der Verfassung der Weimarer Republik verbürgt.

Ab 1933 änderte sich die Lage der Arbeitnehmer Schlag auf Schlag. Die Interessengegensätze zwischen Arbeitnehmern und Arbeitgebern wurden in der „Volksgemeinschaft“ aufgehoben. Die Tarifverträge – vorher von den Tarifpartnern ausgehandelt – wurden durch einseitig von der Regierung erlassene Tarifordnungen ersetzt. Das „Betriebsrätegesetz“ wurde 1934 durch das „Gesetz zur Ordnung der nationalen Arbeit“ ersetzt. Die Betriebsräte wurden abgeschafft. An die Stelle des Betriebsrates trat der weitgehend rechtlose Betriebsvertrauensmann. Im Sinne der Ausrichtung aller Einrichtungen auf das Führerprinzip wurde aus dem Arbeitgeber der „Betriebsführer“, aus der Belegschaft seine „Gefolgschaft“. Gewerkschaften und Arbeitgeberverbände wurden aufgelöst und durch die Einheitsorganisation der Deutschen Arbeitsfront abgelöst. Kampfmaßnahmen wie Streik und Aussperrung wurden verboten.

Nach dem 2. Weltkrieg knüpfte man an die Entwicklung vor 1933 an, allerdings unter Berücksichtigung der in der Zwischenzeit gemachten Erfahrungen. Weder die Interessengegensätze noch der harmonische Arbeitsfriede wurden einseitig in den Vordergrund gestellt. Die partnerschaftliche Zusammenarbeit war das Kennzeichen der Wiederaufbausituation. Die Not nach dem Kriege hatte viele Unterschiede eingeebnet und keinen Raum für den ,,Klassenkampf“ gelassen. Durch das Alliierte Kontrollratsgesetz Nr. 22 von 1946 wurde die Wiedereinführung demokratisch gewählter Betriebsräte gestattet. Die Koalitionsfreiheit wurde durch Artikel 9 Absatz III des Grundgesetzes vom 23. Mai 1949 wieder eingeführt und geschützt. Danach haben Arbeitnehmer und Arbeitgeber das Recht, zur Wahrung und Förderung der Arbeits- und Wirtschaftsbedingungen Koalitionen (Berufsverbände, Vereinigungen) zu bilden. Sie können solchen Koalitionen beitreten (positive Koalitionsfreiheit) und sie können ihnen aber auch, ohne Nachteile befürchten zu müssen, fernbleiben (negative Koalitionsfreiheit).

Weitere Gesetze bahnten eine soziale Selbstverwaltung zwischen mündigen Vertragspartnern an. Durch das Mitbestimmungsgesetz vom 24. Mai 1951 wurde in der Montanindustrie eine Gleichberechtigung von Kapital und Arbeit im Aufsichtsrat erreicht, die durch das allgemeine Betriebsverfassungsgesetz von 1952 bzw. seine Neufassung von 1972 bisher nicht auf alle Betriebe ausgedehnt werden konnte. Die vertrauensvolle Zusammenarbeit wird insbesondere durch das geltende Betriebsverfassungsgesetz zum Ausdruck gebracht. Arbeitgeber und Betriebsrat sind nicht Gegner, sondern Partner, die sich beide bemühen müssen, den Betriebsfrieden zu erhalten.

### 2.3.1.2. Bedeutung des Arbeitsrechts

Die meisten Menschen müssen, um leben zu können, arbeiten. Waren die Menschen vor der Industrialisierung aber überwiegend selbständig als Handwerker, Landwirte und kleine Geschäftsleute tätig, so nimmt heute die unselbständige Arbeit immer mehr zu. Große Fabriken und Büros beschäftigen eine Vielzahl von Arbeitnehmern, welche Ort, Zeit und Art ihrer Tätigkeit nicht frei bestimmen können. Der Arbeitnehmer – egal ob Arbeiter oder Angestellter – ist an die Weisungen des Arbeitgebers gebunden. Er arbeitet für fremde Rechnung, nicht für die eigene. Damit ist er abhängig vom Arbeitgeber. Abhängige, d. h. fremdbestimmte Arbeit liegt also dann vor, wenn der Arbeitnehmer in einen Betrieb organisatorisch eingegliedert, von ihm persönlich und wirtschaftlich abhängig ist und dem Direktions- oder Weisungsrecht des Arbeitgebers unterliegt.

Regelmäßig ist der Arbeitnehmer der wirtschaftlich Schwächere. Er bedarf daher der staatlichen Fürsorge und des staatlichen Schutzes durch besondere Gesetze. Insofern ist das Arbeitsrecht als Summe der Bestimmungen, welche die Beziehungen zwischen den an einem Arbeitsverhältnis beteiligten Personen regeln. Sonderrecht der unselbständigen Arbeitnehmer (abhängig Beschäftigten) und wegen der persönlichen, sozialen und wirtschaftlichen Abhängigkeit der Arbeitnehmer mit den daraus möglicherweise erwachsenden Gefahren in erster Linie Arbeitnehmerschutzrecht.

Das Arbeitsrecht umfaßt zwei große Teile: Individual- und Kollektivarbeitsrecht. Das Individualarbeitsrecht regelt die Beziehungen zwischen einem einzelnen Arbeitnehmer und seinem Arbeitgeber, *zum Beispiel* das Recht der Arbeitsverhältnisse, insbesondere des Arbeitsvertrages und des Schutzes der Arbeitskraft. Das Kollektivarbeitsrecht regelt die Beziehungen zwischen einer größeren Anzahl von Arbeitgebern und Arbeitnehmern. Kollektive in diesem Sinne sind zum Beispiel die Gewerkschaften und die Arbeitgeberverbände. Das kollektive Arbeitsrecht regelt also die Beziehungen zwischen den Gewerkschaften und den Arbeitgeberverbänden, aber auch zwischen den Betriebsräten und den Arbeitgebern. *Beispiele* aus der Regelungsvielfalt des kollektiven Arbeitsrechts sind das Recht der Berufsverbände, das Tarif- und Schlichtungsrecht, das Arbeitskampfrecht sowie das Betriebsverfassungsrecht und die Mitbestimmungsgesetzgebung. Besondere Bedeutung haben in diesem Bereich die Gesamtvereinbarungen, die sogenannten Tarifverträge und Betriebsvereinbarungen. Sie können den geschlossenen Arbeitsvertrag ergänzen, insbesondere dann, wenn sie bessere Bedingungen vorsehen. Für den Arbeitnehmer ist die jeweils günstigere Regelung entscheidend: Hat der Arbeitgeber dem Arbeitnehmer mehr Urlaub versprochen als Gesetz und Tarifvertrag es vorsehen, so gilt die Abmachung im Vertrag. Ist die vertragliche Regelung schlechter als die Abmachung des Tarifvertrages, so kann sich der Arbeitnehmer auf den Tarifvertrag berufen. Diesen das ganze Arbeitsrecht umgreifenden Entscheidungsgrundsatz nennt man Günstigkeitsprinzip.

Neben der Unterscheidung von Individual- und Kollektivarbeitsrecht ist die Trennung von privatrechtlichen und öffentlich-rechtlichen Bestandteilen des Arbeitsrechts von Bedeutung. Das Privatrecht regelt die Beziehungen zwischen grundsätzlich gleichgestellten Personen; das öffentliche Recht betrifft die Beziehungen zwischen Bürger und Staat. Statt der Gleichstellung oder Gleichordnung im Privatrecht ist im öffentlichen Recht das Über- und Unterordnungsverhältnis kennzeichnend.

Privatrechtliche Bestandteile des Arbeitsrechts sind *zum Beispiel* die Bestimmungen des Bürgerlichen Gesetzbuches und die des Handelsgesetzbuches. Werden auf diesem Gebiet Abmachungen zwischen den Parteien nicht eingehalten, so muß die betroffene Partei klagen, um zu ihrem Recht zu kommen. Anders ist es bei den öffentlich rechtlichen Bestandteilen des Arbeitsrechts, *zum Beispiel* den Vorschriften über Mutterschutz, Arbeitszeitschutz, Jugendarbeitsschutz sowie Unfallschutz. Diese Arbeitsschutzpflichten bestehen zwar auch gegenüber dem Arbeitnehmer, rechtlich entscheidend ist aber hier die Verpflichtung dem Staat gegenüber. Daher kümmert sich das Gewerbeaufsichtsamt hier von Amts wegen, aber auch auf Antrag hin um die Einhaltung der Arbeitsschutznormen.

Im täglichen Leben wird ein Streitfall in der Regel mehrere Teile des Arbeitsrechts berühren. Wenn jemand zum *Beispiel* eine Lohnforderung erhebt, so muß einmal geprüft werden, ob überhaupt ein Arbeitsverhältnis besteht. Das ist eine Frage des Individualarbeitsrechts. Besteht ein Arbeitsverhältnis und ist auch gearbeitet worden, so muß der Arbeitgeber den vereinbarten Lohn zahlen. Liegt der vereinbarte Lohn aber unter dem tariflich für die Branche vereinbarten Lohn, so sind auch die Bestimmungen des Kollektivarbeitsrechts für die Entscheidung heranzuziehen. Sieht der Tarifvertrag zwischen Gewerkschaft und Arbeitgeber einen höheren Lohn vor, so muß der Arbeitgeber diesen höheren Lohn zahlen, auch wenn er in dem Arbeitsvertrag einen niedrigeren Lohn ausgemacht hat.

### 2.3.1.3. Quellen des Arbeitsrechts

Das Arbeitsrecht weist eine Vielzahl von Quellen auf. Will ein Arbeitnehmer wissen, wieviel Urlaub ihm zusteht, dann muß er in folgenden Quellen des Arbeitsrechts nach einer Antwort suchen:

- in seinem Arbeitsvertrag,
- in der Arbeitsordnung des Betriebes,
- in einer möglicherweise bestehenden Betriebsvereinbarung,
- im einschlägigen Tarifvertrag,
- im Bundesurlaubsgesetz vom 8. Januar 1963.

Diese Vielzahl von arbeitsrechtlichen Quellen erschwert die Lösung von im Betrieb auftauchenden Streitfällen. Es gibt Gesetze, die nur arbeitsrechtliche Bestimmungen enthalten, aber auch Gesetze, die unter anderen Regelungen auch arbeitsrechtlich bedeutsame Bestimmungen enthalten.

Ausschließlich arbeitsrechtliche Regelungen enthalten zum Beispiel:

- Arbeitszeitordnung (AZO) vom 30. April 1938
  Sie soll die Einhaltung von Höchstarbeitszeiten und Pausen sicherstellen.
- Tarifvertragsgesetz vom 9. April 1949
  Es soll die Tarifautonomie der Sozialpartner garantieren.

- Gesetz über Arbeitnehmererfindungen vom 25. Juli 1957
  Es soll die gesonderte Bezahlung von besonderen Einfällen, für die unter Umständen sogar ein Patent oder ein Gebrauchsmusterschutz in Frage kommt, sicherstellen.
- Jugendarbeitsschutzgesetz vom 12. April 1976 (Fassung vom 15. Oktober 1984)
  Es soll die Kinderarbeit verhindern und die jugendliche Gesundheit schützen.
- Bundesurlaubsgesetz vom 8. Januar 1963
  Es soll jedem Arbeitnehmer einen bezahlten Mindesturlaub sichern.
- Mutterschutzgesetz vom 18. April 1968
  Es soll die werdende Mutter gesundheitlich und finanziell schützen.
- Gesetz über die Gewährung von Erziehungsgeld und Erziehungsurlaub (Bundeserziehungsgeldgesetz – BErzGG) vom 6. Dezember 1985
  will die Betreuung und Erziehung des Kindes in der ersten Lebensphase fördern.
- Heimarbeitsgesetz vom 14. März 1951
  sichert Arbeitszeit-, Gefahren- und Entgeltschutz für den betroffenen Personenkreis.
- Arbeitsplatzschutzgesetz vom 21. Mai 1968
  Es soll die Arbeitsplätze von Wehrpflichtigen sicherstellen.
- Lohnfortzahlungsgesetz vom 27. Juli 1969
  Es soll die Entlohnung auch im Krankheitsfall gewährleisten.
- Berufsbildungsgesetz vom 14. August 1969
  Es soll eine systematische Ausbildung sicherstellen.
- Kündigungsschutzgesetz vom 25. August 1969
  Es soll sozial ungerechtfertigte Kündigungen verhindern.

Arbeitsrechtliche Regelungen finden sich aber auch in Gesetzen, die nicht schwerpunktmäßig zum Arbeitsrecht gehören. Beispiele dafür sind:

- Grundgesetz für die Bundesrepublik Deutschland vom 23. Mai 1949
  Einige Verfassungsgrundsätze wirken auch auf das Arbeitsrecht ein – maßgebend sind zum Beispiel:
  - Artikel 1: Unantastbarkeit der Menschenwürde
  - Artikel 2: Recht zur freien Entfaltung der Persönlichkeit
  - Artikel 3: Gleichheit vor dem Gesetz
  - Artikel 9: Vereinigungsfreiheit
  - Artikel 11: Freizügigkeit
  - Artikel 12: Freie Wahl des Berufes und des Arbeitsplatzes.
- Bürgerliches Gesetzbuch vom 18. August 1896
  Es enthält in den §§ 611–630 die Grundlagen des Individualarbeitsrechts.
- Handelsgesetzbuch vom 10. Mai 1897
  Es gilt insbesondere für kaufmännische Angestellte und Handelsvertreter. Von allgemeiner Bedeutung sind aber die Bestimmungen über das gesetzliche Wettbewerbsverbot während des Arbeitsverhältnisses und über vertragliche Wettbewerbsverbote für die Zeit nach Beendigung des Arbeitsverhältnisses (§§ 60 ff.).
- Gewerbeordnung vom 21. Juni 1869
  Sie enthält die älteste Zusammenfassung von arbeitsrechtlichen Bestimmungen für Fabrikarbeiter und technische Angestellte. Die §§ 105 a ff. über die Sonn- und Feiertagsarbeit und die §§ 120 a ff. über die Arbeitsschutzvorrichtungen sind auch heute noch von Bedeutung.

- Zivilprozeßordnung vom 1. März 1972
  Sie begrenzt in den §§ 850ff. die Pfändung des Lohnes. Dem Arbeitnehmer soll ein Mindestbetrag für die eigene Lebensführung erhalten bleiben.
- Konkursordnung vom 20. Mai 1898
  Die Lohnforderungen der Arbeitnehmer werden gem. § 61 den Forderungen anderer Gläubiger gegenüber bevorrechtigt befriedigt.

Wir sehen, daß das Arbeitsrecht – im Sozialrecht sieht es ähnlich aus – recht zersplittert geregelt ist. Einiges ist überhaupt nicht vom Gesetzgeber erfaßt worden – so *zum Beispiel* das Arbeitskampfrecht, also die Regelung von Streik und Aussperrung. Ein solches Urteil ist allerdings nur im Vergleich mit den umfassenden Gesetzbüchern des bürgerlichen und des Strafrechts gerechtfertigt. Eine Zusammenfassung der einzelnen Bestimmungen zu einem geschlossenen Gesetzbuch steht noch aus. An einem solchen „Arbeitsgesetzbuch" wird zur Zeit gearbeitet.

Angesichts dieser Lage hat die Rechtsprechung – das Richterrecht – eine besondere Bedeutung. Die Fragen, die nicht bzw. nicht klar genug geregelt sind, müssen durch richterliches Urteil entschieden werden. *Beispielsweise* können die Meinungen über die „Fürsorgepflicht" des Arbeitgebers nach § 618 BGB auseinandergehen, aber auch über das, was im Kündigungsschutzgesetz mit „sozial ungerechtfertigt" gemeint ist. Solche recht stark der unterschiedlichen Deutung unterliegenden Aussagen – der Jurist spricht von Generalklauseln – müssen von der Rechtsprechung mit Inhalt gefüllt werden. Damit wird aber auch immer das Recht fortgebildet. Die getroffenen Entscheidungen wirken zum Teil wie eine gesetzliche Bestimmung, weil die Parteien bei gleicher Sachlage ihrer Auseinandersetzungen mit hoher Wahrscheinlichkeit auf das Urteil schließen können und sich entsprechend einigen werden. Diese maßstäbliche Wirkung gilt insbesondere für die Entscheidungen des höchsten Gerichts in Sachen Arbeitsrecht, dem Bundesarbeitsgericht in Kassel.

## 2.3.2. Kollektives Arbeitsrecht

### 2.3.2.1. Tarifautonomie

Im Wirtschaftssystem der Bundesrepublik Deutschland – der sozialen Marktwirtschaft – werden die Mindestlöhne bzw. Mindestgehälter durch Tarifverträge zwischen Arbeitgeberverbänden und Gewerkschaften als Arbeitnehmerverbänden festgelegt. Gesetzliche Mindestlöhne gibt es nicht. Die ausgehandelten Löhne und Gehälter bedürfen auch keiner staatlichen Genehmigung. Das regelt § 1 des Tarifvertragsgesetzes vom 9. April 1949 (in der Fassung vom 25. August 1969).

Das Tarifrecht ist ein Teil des kollektiven Arbeitsrechts. Es befaßt sich also nicht mit dem einzelnen Arbeitnehmer, sondern mit Verbänden, genauer: mit den Verträgen, die diese abschließen, mit den sogenannten Kollektivverträgen. Parteien eines Tarifvertrages können Gewerkschaften, zum Beispiel die des Deutschen Gewerkschaftsbundes, einzelne Arbeitgeber sowie die in der Bundesvereinigung der Deutschen Arbeitgeberverbände zusammengeschlossenen Arbeitgeber sein. Diese Vereinigungen oder Koalitionen besitzen die sogenannte Tariffähigkeit. Sie können Tarifverträge abschließen. Die Koalition und damit die Tariffähigkeit setzt die Erfüllung einiger Voraussetzungen voraus. Zu diesen Voraussetzungen gehören:

- Es muß sich um eine freie (freiwillige) und privatrechtliche Vereinigung handeln.
- Sie muß auf Dauer gerichtet sein.

- Sie muß auf ein bestimmtes Ziel ausgerichtet sein, zum Beispiel auf die Verbesserung der wirtschaftlichen und sozialen Bedingungen für die Arbeitnehmer.
- Die Vereinigung muß körperschaftlich organisiert sein.
- Sie muß gegnerfrei organisiert sein, d. h. Mitglieder dürfen nur Arbeitnehmer oder nur Arbeitgeber sein.
- Die Vereinigung muß in der Regel überbetrieblich tätig sein.
- Die Vereinigung muß über eine gewisse „Mächtigkeit" (= Verbandsmacht; Schlagkraft) verfügen, um notfalls auch Druck auf den Gegner ausüben zu können. (Entfällt für Arbeitgebervereinigungen – hier ist auch ein einzelner Arbeitgeber tariffähig!)

Die Freiheit, solche Vereinigungen zu bilden, ist durch das Grundgesetz (Artikel 9 Absatz III) gesichert (Koalitionsfreiheit). Dort heißt es: ,,Das Recht, zur Wahrung und Förderung der Arbeits- und Wirtschaftsbedingungen Vereinigungen zu bilden, ist für jedermann und für alle Berufe gewährleistet."

Im Rahmen der vom Grundgesetz verbürgten Eigenständigkeit und Selbstverwaltung der Berufsverbände ist der Tarifvertrag das wichtigste Ordnungsinstrument. Sein Zustandekommen beendet gewöhnlich den Kampf zwischen Gewerkschaft und Arbeitgeber und läutet für seine Laufzeit einen arbeitsrechtlichen Frieden ein. Dieser Friede und die soziale Ordnung wird nicht durch staatliche Gesetze oder Anordnungen geregelt, sondern durch zwei gleichberechtigte Verhandlungspartner, die sich frei und unbeeinflußt einigen.

Im Kampf um bessere Arbeitsbedingungen vertreten die Gewerkschaften die Interessen der Arbeitnehmer. Sie handeln als Sozialpartner die Arbeitsbedingungen – die Tarife – in eigener Verantwortung, d. h. auch im wesentlichen unabhängig von staatlicher Einflußnahme, mit dem gegnerischen Sozialpartner – den Arbeitgebern – aus. Dieses Recht der sozialen Selbstverwaltung bezeichnet man als Tarifautonomie oder Tarifhoheit. Es berechtigt die Tarifpartner, ohne staatlichen Zwang selbständig „den Inhalt, den Abschluß und die Beendigung von Arbeitsverhältnissen sowie betriebliche und betriebsverfassungrechtliche Fragen" zu ordnen (§ 1 TVG). Die Tarifverhandlungen erstrecken sich seit geraumer Zeit neben der Lohnfrage entscheidend auf Verbesserungen am Arbeitsplatz, auf den Kündigungsschutz für ältere Arbeitnehmer, Verkürzung der wöchentlichen Arbeitszeit (35-Stunden-Woche), Schlechtwettergelder für bestimmte Branchen, Urlaubsgelder und Bildungsurlaub sowie vermögenswirksame Leistungen.

Die Tatsache, daß sich der Staat in einem der wichtigsten wirtschaftspolitischen Bereiche, nämlich dem der Lohnfindung, selbst Zurückhaltung auferlegt und diesen Bereich weitgehend der Selbstgestaltung der paritätisch (= gleichberechtigt) wirkenden sozialen Gruppen überlassen hat, bedeutet zugleich auch die Verpflichtung des Staates zur Unparteilichkeit, auch im Falle eines Arbeitskampfes (Streik oder Aussperrung).

Der Staat hat den Sozialpartnern einen Teil seiner eigenen Gesetzgebungsbefugnis übertragen, denn die zwischen den Sozialpartnern zur Regelung der Arbeitsbedingungen abgeschlossenen Tarifverträge sind zu einem gewissen Teil mit Gesetzeskraft ausgestattet. Allerdings wird der Freiraum der Verhandlungen und des Arbeitskampfes zwischen den Parteien durch unsere verfassungsmäßige Ordnung eingeengt. Dieser Verfassungsgrundsatz, gesellschaftlichen Gruppen wie Gewerkschaften und Arbeitgeberverbänden weitreichende Befugnisse zur eigenverantwortlichen Bewältigung von wichtigen Aufgaben zu geben, geht davon aus, daß auf diese Weise gerechte und sachlich begründete Lösungen gefunden werden, die sonst der Staat erarbeiten müßte.

### 2.3.2.2. Tarifverträge

Der Tarifvertrag ist ein schriftliches Abkommen zwischen den Sozialpartnern, d. h. tariffähigen Verbänden, den sogenannten Koalitionen. Vertragspartner sind auf der einen Seite eine Gewerkschaft oder eine gewerkschaftliche Spitzenorganisation, auf der anderen Seite ein Arbeitgeber, ein Arbeitgeber-Verband (eventuell eine Innung) oder eine Arbeitgeberspitzenorganisation. Entsprechend kann es sich bei dem Verhandlungsergebnis um einen Haus- oder Firmentarif einerseits, einen Verbandstarif andererseits handeln. Allerdings haben in der Regel nur sehr große Firmen einen Haus- oder Firmentarif, so zum Beispiel die Volkswagen AG. In der Regel gilt der Tarifvertrag für einen ganzen Wirtschaftszweig, also zum Beispiel die Metallindustrie.

Regelmäßig gibt es einen Tarifvertrag auch nur innerhalb eines bestimmten geographischen Gebietes. Nach dem Geltungsbereich unterscheidet man Landes-, Bezirks-, Orts- und Werkstarife. Der Tarifvertrag kann für das ganze Bundesgebiet gelten (zum Beispiel Tarifvertrag für die besonderen Bedingungen der Montagearbeiter in der Eisen-, Metall- und Elektroindustrie), für ein oder mehrere Bundesländer, für einen oder mehrere Landesbezirke (z. B. Regierungsbezirke Nordwürttemberg und Nordbaden) sowie für eine Unternehmung (z. B. Volkswagen AG).

Nach dem Inhalt der Abmachungen muß auch zwischen Rahmen- oder Manteltarifvertrag sowie Lohn- oder Gehaltstarifvertrag unterschieden werden. Rahmen- oder Manteltarifverträge enthalten Bestimmungen über die allgemeinen Arbeitsbedingungen, *also zum Beispiel über*:

- Einstellungsbedingungen für Arbeitnehmer,
- Arbeitszeitregelung,
- Urlaub und Urlaubsgeld,
- Kündigungsfristen,
- Taktzeiten bei Akkordarbeit,
- Zuschläge bei Mehr-, Nacht- und Feiertagsarbeit,
- Vermögenswirksame Leistungen,
- Verfahrensvorschriften über die Beilegung von Streitigkeiten (Schlichtungsverfahren; Tarifkommission; Schiedsamt),
- Altersversorgung.

Grundsätzlich wird man in einem Rahmen- und Manteltarifvertrag nur Dinge aufnehmen, die voraussichtlich für einen längeren Zeitraum gültig sind.

Lohn- oder Gehaltstarifverträge regeln das Arbeitsentgelt für einen bestimmten Zeitraum, *also* Fragen des Leistungslohnes, des Zeitlohnes sowie des Soziallohnes, aber auch die Ausbildungsvergütungen. Sie regeln die Lohnsätze und Gehälter für die verschiedenen, nach Ausbildung, Art der Tätigkeit, Lebensjahren und Ortsklassen gebildeten Gruppen von Arbeitnehmern. Eine besondere Rolle spielt dabei in der Regel der Ecklohn. Er bestimmt das gesamte Lohngefüge des Tarifvertrages, weil er die Grundlage für die Berechnung von Zu- und Abschlägen darstellt. Der Ecklohn ist der Normallohn eines Beschäftigten in einer bestimmten Ortsklasse.

Diese Trennung in zwei Arten von Tarifverträgen ist sinnvoll, weil sich die Rahmenbedingungen in der Regel nicht so schnell ändern wie die oft jährlich neu ausgehandelten Lohn-

und Gehaltssätze sowie Ausbildungsvergütungen. Darüber hinaus gibt es auch Lohn- und Gehaltsrahmentarifverträge. Sie regeln die Lohn- und Gehaltsgruppen, ihre Zuordnungsmerkmale sowie die Grundsätze der Arbeits- und Leistungsbewertung.

In den letzten Jahren sind auch immer häufiger Rationalisierungsschutz- bzw. Qualifizierungstarifverträge (= Technologietarifverträge) abgeschlossen worden. Während die erstgenannten Verträge auf Arbeitsplatz- und Verdienstsicherung, evtl. auch Umschulungs- und Einarbeitungshilfen gerichtet sind, zielen die Qualifizierungstarifverträge regelmäßig auf Freistellung und Kostenübernahme für Fort- und Weiterbildung.

Grundsätzlich kann nur der Arbeitnehmer auf den Regelungen des Tarifvertrages bestehen, der Mitglied der entsprechenden Gewerkschaft, also „organisiert" ist. Ein nichtorganisierter Arbeitnehmer kann in der Regel nicht den Tariflohn verlangen, es sei denn, der Betrieb stellt üblicherweise oder ausdrücklich alle Arbeitnehmer im Betrieb gleich. Um derartige Ungleichbehandlungen auszuschließen, können Tarifverträge vom Bundesminister für Arbeit und Sozialordnung für allgemeinverbindlich erklärt werden (§ 5 TVG).

Allgemeinverbindlicherklärung

Die Allgemeinverbindlicherklärung dient dazu, innerhalb einer Branche verschiedenartige Arbeitsbedingungen und Löhne und Gehälter auszuschließen, insbesondere auch den nichtorganisierten Arbeitnehmern die gleichen Rechte wie den gewerkschaftlich organisierten Arbeitnehmern zu verschaffen. Davon sind eine stattliche Anzahl von Arbeitnehmern betroffen, denn von den 33 Mio. Erwerbstätigen (Ende 1992) sind nur 42 % organisiert (= gewerkschaftlicher Organisationsgrad; zum Vergleich: in Frankreich sind etwa 15 %, in Schweden etwa 85 % organisiert). Die Gewerkschaften verfügten zu diesem Zeitpunkt über 13,75 Mio. Mitglieder; davon sind 57 % Arbeiter, 26 % Angestellte und 17 % Beamte. Der Deutsche Gewerkschaftsbund (DGB) hatte etwa 12 Mio. Mitglieder, die Deutsche Angestelltengewerkschaft (DAG) knapp 600 000, der Christliche Gewerkschaftsbund Deutschlands (CGB) 310 000 und der Deutsche Beamtenbund (DBB) etwa 1 Mio. Mitglieder. Die Allgemeinverbindlicherklärung hat die Wirkung, daß der Tarifvertrag auch für diejenigen Arbeitgeber und Arbeitnehmer verbindlich wird, die nicht Mitglied einer der beiden Tarifvertragsparteien sind.

Von Bedeutung ist die Allgemeinverbindlicherklärung ferner für Branchen, in denen viele Klein- und Mittelbetriebe vorhanden sind, die nicht in einem Arbeitgeberverband organisiert sind. In diesen Betrieben – z. B. der Baubranche oder des Einzelhandels (insbesondere auch in „Tante-Emma-Läden", die nicht dem Arbeitgeberverband angehören) – würde ein tarifloser Zustand herrschen, d. h., der Arbeitgeber könnte durch schlechtere Bezahlung seiner Arbeitnehmer (u. a. keine Leistungen an Sozial- u. Urlaubskassen) eventuell am Markt konkurrenzfähiger auftreten („Schmutzkonkurrenz"). Damit soll verhindert werden, daß der tarifgebundene Arbeitgeber bei der Einstellung nichtorganisierte Arbeitnehmer den organisierten vorzieht, um damit Lohn u. ä. sparen zu können.

Die Allgemeinverbindlicherklärung wird auf Antrag einer der beiden Tarifvertragsparteien vom Bundesministerium für Arbeit und Sozialordnung oder – nach Delegation – von den Landesarbeitsministerien im Einvernehmen mit einem Tarifausschuß dann vorgenommen, wenn sie im öffentlichen Interesse geboten erscheint und die tarifgebundenen Arbeitgeber nicht weniger als 50 % der unter den Geltungsbereich des Tarifvertrages fallenden Arbeitnehmer beschäftigen. Die Allgemeinverbindlicherklärung wird ziemlich regelmäßig angewendet. Gegenwärtig sind etwa 525 von 39 500 gültigen Tarifverträgen für allgemeinverbindlich erklärt.

### Wirkungen des Tarifvertrages

Jeder Tarifvertrag hat sogenannte normative und schuldrechtliche oder obligatorische Wirkungen. Normative Wirkung bedeutet: Der Tarifvertrag wirkt unmittelbar und zwingend für und gegen alle Mitglieder der Tarifvertragsparteien (sogenannte Tarifbindung; § 3 TVG). Die getroffenen Abmachungen gelten wie andere gesetzliche Bestimmungen. Allerdings können in Betriebsvereinbarungen oder einzelnen Arbeitsverträgen günstigere Abmachungen vereinbart werden. Dann gelten jeweils die besseren Bedingungen. Anders ausgedrückt: Einzelarbeitsverträge oder Betriebsvereinbarungen können für die Arbeitnehmer keine schlechteren als die im Tarifvertrag vereinbarten Bedingungen durchsetzen, nur bessere. Die Vereinbarungen des Tarifvertrages sind insofern Mindestbedingungen; sie sind unabdingbar, d. h. auf sie kann auch durch einen Vertrag nicht rechtsgültig verzichtet werden. Diesen Sachverhalt bezeichnet man als Günstigkeitsprinzip (§ 4 TVG). Damit sich jeder über die Abmachung des Tarifvertrages unterrichten kann, muß der Tarifvertrag im Betrieb aushängen (§ 7 TVG). Darüber hinaus besteht ein „öffentliches Tarifregister" beim Bundesministerium für Arbeit und Sozialordnung (§ 6 TVG).

Die schuldrechtlichen oder obligatorischen Wirkungen des Tarifvertrages, die nur die den Tarifvertrag abschließenden Parteien betreffen, beziehen sich auf die Friedenspflicht, die Tariferfüllungs- oder Einwirkungspflicht sowie Schlichtungs- und Kündigungsklauseln.

### Tarifvertrag = ,,Friedensvertrag"?

Der Tarifvertrag beendet regelmäßig einen Kampf zwischen den Sozialpartnern. Insofern ist er ein ,,Friedensvertrag". Daher muß sich jede Seite ernsthaft bemühen, die vereinbarten Bedingungen zu erfüllen und den Frieden zu wahren (Friedenspflicht). In der Regel muß die Gewerkschaft darauf hinwirken, daß für die Laufzeit des Tarifvertrages der Arbeitsfriede hinsichtlich der tariflich geregelten Angelegenheiten erhalten bleibt. Die Gewerkschaft darf also einmal keine Maßnahmen ergreifen, die einen Arbeitskampf vorbereiten oder einleiten. Zum anderen hat sie auf ihre Mitglieder einzuwirken, wenn diese den Arbeitsfrieden zu brechen suchen oder schon gebrochen haben. Beide Tarifparteien sind im Rahmen der Friedenspflicht verpflichtet, während der Laufzeit des Tarifvertrages von Mitteln des Arbeitskampfes wie Streik und Aussperrung abzusehen. Daher wird die Gewerkschaft regelmäßig für eine kurze Laufzeit eintreten, die Arbeitgeberseite für eine möglichst lange. In der Regel wird eine sogenannte ,,Notstandsklausel" vereinbart, also verabredet, daß eine vorzeitige Kündigung erlaubt ist, wenn sich die wirtschaftlichen Verhältnisse – zum Beispiel der Anstieg der Lebenshaltungskosten – in einem bestimmten Mindestumfang ändern.

Jede Seite ist verpflichtet, für die Einhaltung der im Tarifvertrag vereinbarten Rechtsnormen und ihre tatsächliche Durchführung zu sorgen. Diese Pflicht wird als Durchführungspflicht bezeichnet.

Schlichtungsklauseln können bei einer Nichteinigung über strittige Fragen ein Schlichtungsverfahren vorsehen – zum Beispiel nach der Schlichtungs- und Schiedsvereinbarung für die Metallindustrie vom 1. Januar 1980. Die Parteien verpflichten sich *zum Beispiel*, Streitigkeiten aus dem Tarifvertrag einer Schlichtungskommission vorzulegen. Sie setzt sich in der Regel aus dem unparteiischen (neutralen) Vorsitzenden und zwei oder mehr Beisitzern der streitenden Parteien zusammen. Kommt auch über die Schlichtungskommission keine Einigung zustande, so kann eine Zentraltarifkommission angerufen werden. Unter Umständen wird auch ein Schiedsamt zur Schlichtung eingeschaltet.

Wird auch durch diese Einrichtung keine Lösung erzielt, so wird die zentrale oder große Tarifkommission der Gewerkschaft regelmäßig beim Hauptvorstand der Gewerkschaft die Genehmigung zur Urabstimmung über Kampfmaßnahmen beantragen. Kampfmaßnahmen setzen gewöhnlich eine Mehrheit von 75 % der Stimmen der Mitglieder voraus. Der Arbeitskampf – in der Regel der Streik – ist das rechtlich anerkannte Mittel zur Austragung des Konflikts zwischen Arbeitnehmer- und Arbeitgeberorganisationen. Er darf nur von einer Koalition in Gang gebracht werden.

### 2.3.2.3. Arbeitskämpfe

Die Macht der Koalitionen – Gewerkschaften und Arbeitgeberverbände – zeigt sich in ihrem Recht, einen Arbeitskampf anzusagen, der weittragende Folgen für die wirtschaftliche und politische Ordnung haben kann. In der Auseinandersetzung um die Arbeitsbedingungen ist der Arbeitskampf ein rechtlich zulässiges Mittel. Er ist die Fortsetzung der Tarifverhandlungen mit anderen Mitteln. Eine gesetzliche Definition des Arbeitskampfes besteht nicht. Nach allgemeiner Auffassung wird unter Arbeitskampf jede von einer Tarifvertragspartei ausgehende planmäßige Störung des Arbeitsfriedens, mit der ein bestimmtes Ziel erreicht werden soll, verstanden. Die dabei ergriffenen Maßnahmen müssen kollektiv sein, d. h. von Gruppen ausgehen bzw. gegen Gruppen gerichtet sein.

Wie manche Meinungsverschiedenheiten der Vergangenheit deutlich machen können, ist oft erst der Arbeitskampf in der Lage, die unterschiedlichen Interessenlagen in Lohn-, Arbeitszeit-, Urlaubs- und Mitbestimmungsfragen für eine gewisse Zeit in einem Kompromiß einzuebnen. Noch im 19. Jahrhundert war eine derartige kollektive Aushandlung und Durchsetzung von Ansprüchen nicht möglich. Koalitionen wie die Gewerkschaften waren verboten. Allein auf sich gestellt hat der Arbeitnehmer aber kaum die Möglichkeit, Verbesserungen für sich und seine Familie zu erreichen. Erst der Arbeitskampf durch Streik hat dem Arbeitnehmer eine wirkungsvolle Durchsetzungsmöglichkeit verschafft. Dabei ist der Streik kein Bruch des Arbeitsvertrages, sondern ein rechtmäßiges Mittel – jedenfalls sofern die Gewerkschaft ihn ausgerufen hat. Ein Streik ohne Beteiligung der Gewerkschaft – ein sogenannter „wilder Streik“ – ist in der Regel rechtswidrig. Allein die Gewerkschaft ist befugt, einen Streik auszurufen. Dabei sollte der Streik aus rechtlicher Sicht wirklich das „letzte mögliche Mittel“ (= ultima ratio) nach gescheiterten Verhandlungen sein!

Man hat den Gewerkschaften das Streikmonopol zugebilligt, damit sie eine Gegenmacht gegen die Macht der Arbeitgeber bilden können. Die Gewerkschaften können sich damit auf der höheren Ebene der Tarifverträge durchsetzen, andererseits ist auch ein geordnetes Vorgehen sichergestellt, also die Anzettelung eines Streiks durch einzelne Arbeitnehmer oder kleine Arbeitnehmergruppen weitgehend unmöglich gemacht.

„Spielregeln“

In unserer hochgradig verflochtenen und wechselseitig abhängigen Gesellschaft berühren Streik und Aussperrung nicht nur die am Arbeitskampf unmittelbar Beteiligten. Sie treffen oft auch Nichtstreikende und sonstige Dritte sowie die Allgemeinheit schwer. Arbeitskämpfe müssen deshalb unter dem obersten Gebot der Verhältnismäßigkeit stehen. Dabei sind die wirtschaftlichen Gegebenheiten zu berücksichtigen, und das Gemeinwohl darf nicht offensichtlich verletzt werden. Deswegen soll der Arbeitskampf nach bestimmten Regeln verlaufen. An seinem Ende soll ja nicht der Gegner ,,zerstört am Boden liegen", sondern lediglich bereit sein, neue Bedingungen des Zusammenlebens anzuerkennen, zum Beispiel höhere Löhne, wenn die Preise für die Grundnahrungsmittel entsprechend in die Höhe geklettert sind. Die Grundregel der Verhältnismäßigkeit betrifft nicht nur Zeitpunkt und Ziel, sondern auch die Art der Durchführung und Intensität des Arbeitskampfes.

Das Arbeitskampfrecht ist nicht – obwohl durch unsere Verfassung gewährleistet – gesetzlich geregelt, sondern beruht auf praktischen Erfahrungen und der Rechtsprechung. Arbeitskampfrecht ist insofern reines Richterrecht. Es wird von zwei Grundsätzen beherrscht, dem Grundsatz der Kampfgleichheit (Kampfparität) und der Freiheit in der Wahl der Mittel. Die Kampf- oder Waffengleichheit ist dadurch gegeben, daß jede Seite ein Kampfmittel hat – die Gewerkschaft den Streik, der Arbeitgeber die Aussperrung. Dabei ist der Streik das typische Angriffsmittel, die Aussperrung das typische Verteidigungsmittel. Beide Mittel können nur kollektiv eingesetzt werden bzw. Gruppen von Arbeitnehmern – eben Kollektive – betreffen. So kann ein Schlosser allein nicht streiken, er kann nur die Arbeit niederlegen und verweigern. Ebenfalls kann der Betriebsleiter nicht einen bestimmten Schlosser aussperren, sondern nur die gesamte Belegschaft bzw. Gruppen der Belegschaft.

Der Arbeitskampf ist immer auf eine Veränderung ausgerichtet – auf eine Veränderung des Tarifs. In der Regel geht er von der Gewerkschaft aus, die als Kampfmittel den Streik einsetzt. Streik und Aussperrung von Auszubildenden ist nicht zulässig (vgl. aber S. 265 Nr. 30). Kommt es während eines Arbeitskampfes zu einer vorübergehenden Ausschließung von der Ausbildung, so entfällt auch die Zahlung der vereinbarten Vergütung während der Arbeitskampfmaßnahmen.

## Wie kommt es zu einem Streik?

Ein Streik liegt vor, wenn eine Arbeitnehmergruppe gemeinschaftlich nach einem Plan die Arbeit einstellt, um eine Änderung der Arbeitsbedingungen durchzusetzen bzw. Verschlechterungen abzuwehren, ohne dabei eine Kündigung des Arbeitsverhältnisses zu wollen. Die Rechtmäßigkeit eines Streiks hat fünf Voraussetzungen:

- Der Streik muß von einer Gewerkschaft ausgerufen worden sein. Ein ,,wilder" Streik ist rechtswidrig.
- Die angestrebten Änderungen der Arbeitsbedingungen müssen durch Tarifvertrag regelbar sein.
- Die Gewerkschaft darf nicht der Friedenspflicht eines noch laufenden Tarifvertrages unterliegen.
- Die Gewerkschaft muß sich an das durch ihre Satzung vorgeschriebene Verfahren gehalten haben, d. h., sie muß in der Regel durch die Urabstimmung eine mindestens 75 %ige Mehrheit ihrer Mitglieder hinter sich haben.
- Der Streik muß dem angestrebten Ziel angemessen sein, und die Verhandlungsmöglichkeiten müssen ausgeschöpft sein.

## Unterschiedliche Arten des Streiks

Der Streik kann eine unterschiedliche Gestalt annehmen: Bummelstreik, Sitzstreik, Schwerpunkt- oder Teilstreik, Vollstreik- oder allgemeiner Streik, Warnstreik, Protest- und Sympathiestreik (Solidaritätsstreik).

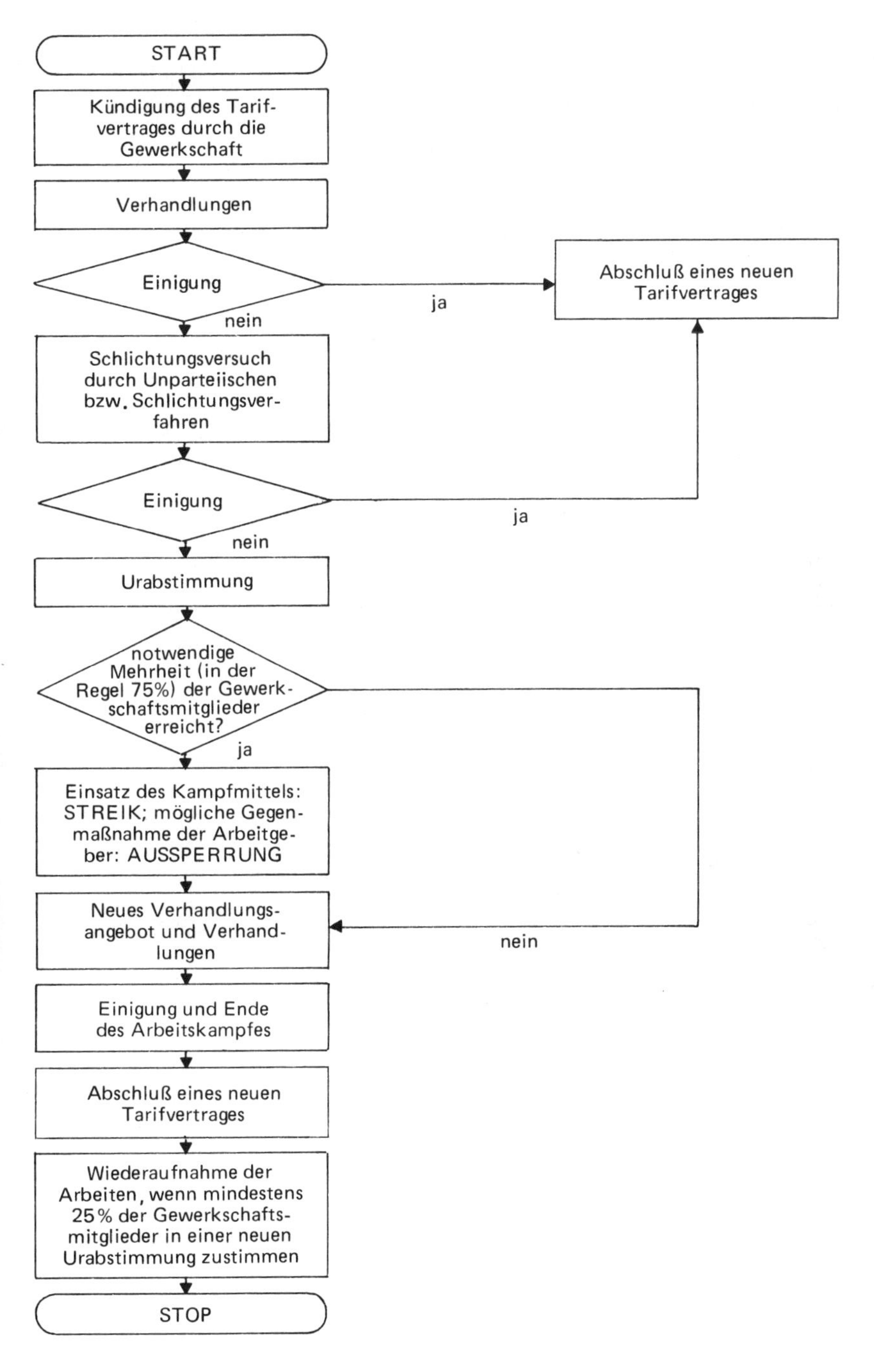


*Schrittfolge eines Arbeitskampfes und seiner Beendigung (Schema)*

Wird die Arbeit nur langsam und schleppend erledigt, dann spricht man vom Bummelstreik. Unter Umständen geschieht dies unter Verweis auf die Dienst- oder Arbeitsvorschriften, die dann wörtlich ausgelegt und „todernst“ genommen werden. In diesem Fall spricht man auch vom „Dienst nach Vorschrift“, obwohl der Sache nach ein Bummelstreik vorliegt. Als Sitzstreik wird eine Arbeitsniederlegung bezeichnet, bei der die Streikenden den Betrieb während der Dauer der Aktion nicht verlassen, an ihrem Arbeitsplatz bleiben oder sich zu einer Betriebsversammlung zusammenfinden.

Beim Schwerpunktstreik werden nur einzelne Betriebe oder Betriebsteile bestreikt, während beim allgemeinen Streik alle Betriebe des Tarifgebietes bzw. der ganze Betrieb bestreikt werden. Im letzten Fall wird auch von Flächenstreik bzw. unter Umständen von Generalstreik gesprochen. Auch Schwerpunktstreiks können sehr erfolgreich sein, insbesondere dann, wenn sie in Abteilungen oder von Berufsgruppen durchgeführt werden, deren Arbeit für den Gesamtbetrieb unentbehrlich ist. So *kann* etwa die Arbeitsniederlegung im Kraftwerk eines industriellen Großbetriebes die vorübergehende Einstellung der gesamten Produktion zur Folge haben. Der Punktstreik herrscht heute vor. Werden Schlüsselunternehmen, also Unternehmen, von denen wiederum sehr viele andere Unternehmen abhängen, bestreikt, so hat das zwei Vorteile für die Gewerkschaft. Sie schont einmal ihre Streikkasse wegen der geringen Anzahl der in den Ausstand getretenen Gewerkschaftsmitglieder. Zum anderen führt sie einen Streik von großer volkswirtschaftlicher Bedeutung, da aufgrund der Abhängigkeit anderer Unternehmen von den bestreikten Unternehmen auch diese ihre Produktion einschränken oder einstellen müssen.

Der Warnstreik während noch laufender Tarifvertragsverhandlungen soll in der Regel die Gegenseite „kompromißbereit“ machen, indem die Entschlossenheit zum Kampf demonstriert wird. Daher wird er auch Demonstrationsstreik genannt. Als Mittel zur Beschleunigung und Ausschöpfung aller Verhandlungsmöglichkeiten ist er nur unter ganz bestimmten Voraussetzungen rechtlich zulässig. (Im strengen Rechtssinn ist er rechtswidrig, weil erst nach gescheiterter Verhandlung gestreikt werden darf!)
Ein Proteststreik kann zu Beginn des Arbeitskampfes ausbrechen, zum Beispiel bei sehr schlechten Verhandlungsangeboten. Sympathiestreiks wollen anderen Arbeitnehmern, die sich in einem Arbeitskampf befinden, behilflich sein. Sie werden auch Solidaritätsstreiks genannt. Warnstreiks, Proteststreiks und Sympathiestreiks gehören nicht zu den rechtmäßigen Streiks – jedenfalls ist ihre Anerkennung rechtlich umstritten. Auch Streiks aus politischem Anlaß sind grundsätzlich nicht statthaft. Streik und Aussperrung sind im Grundgesetz nicht geregelt, wohl aber in einigen Landesverfassungen aufgeführt.

### Aussperrung und Boykott

Das selten angewandte Kampf- und Beugemittel der Arbeitgeber ist die Aussperrung. Sie liegt vor, wenn ein Arbeitgeber planmäßig Arbeitnehmergruppen nicht arbeiten läßt und die Lohnzahlung verweigert, um sein Ziel zu erreichen. Regelmäßig wird die Aussperrung von den Arbeitgebern nur als Verteidigungsmittel eingesetzt (Defensiv- oder Abwehr-Aussperrung) – z. B. gegen einen Schwerpunktstreik. Dabei ist der Grundsatz der Verhältnismäßigkeit zu beachten und sicherzustellen, daß sich die Maßnahme nicht gezielt nur gegen Gewerkschaftsmitglieder richtet. Der Arbeitgeber will sich in diesem Falle nicht von den betroffenen Arbeitnehmern trennen – im Unterschied zu einer Massenkündigung und -entlassung. Daher fallen solche Aussperrungen als Maßnahmen des wirtschaftlichen Arbeitskampfes nicht unter das Kündigungsschutzgesetz (§ 25 KSchG). Für ausgesperrte Arbeitnehmer sichert regelmäßig eine sogenannte

Wiedereinstellungsklausel im neuen Tarifvertrag die Fortsetzung des Arbeitsverhältnisses.

Während der Arbeitskampfmaßnahmen ist das Arbeitsverhältnis aufgehoben, d. h., die Hauptpflichten der Parteien ruhen. Der Jurist spricht von der Suspendierung des Arbeitsverhältnisses. Ist der Streik oder die Aussperrung beendet, so leben alle Rechte und Pflichten aus dem Arbeitsverhältnis wieder auf, ohne daß es einer erneuten vertraglichen Abmachung bedarf. Das Arbeitsverhältnis ist nur unterbrochen worden, entsprechend auch die Zahlung von Lohn und Gehalt. Die betroffenen Arbeitnehmer haben während der Zeit des Arbeitskampfes keinen Anspruch auf Arbeitslosengeld.

Eine Besonderheit soll noch erwähnt werden – der Boykott bzw. die Sperrung. Beim Boykott versuchen die Arbeitnehmer bzw. ihre Gewerkschaft zu verhindern, daß der bestreikte Betrieb oder Arbeitgeberverband neue Arbeitnehmer bekommt. Sie fordern dazu auf, bei bestimmten Betrieben nicht zu arbeiten. Umgekehrt versuchen die Arbeitgeber bei der Sperrung zu erreichen, daß die Mitglieder der Gewerkschaft nicht eingestellt werden.

Die Schrittfolge eines Arbeitskampfes und seine Beendigung ist schematisch auf Seite 161 dargestellt.

In der Bundesrepublik Deutschland haben im Vergleich zu anderen Ländern nach dem Kriege nur wenige Streiks stattgefunden. Im Durchschnitt der Jahre 1970 bis 1988 wurden in Italien je 1000 Arbeitnehmer pro Jahr 1123 Arbeitstage durch Streik und Aussperrung verloren – in der Bundesrepublik nur 43 (sogar nur 6 Tage waren es in Österreich und in der Schweiz nur ein einziger!).

## 2.3.3. Betriebsverfassung und Mitbestimmung

### 2.3.3.1. Entwicklung und Bedeutung des Betriebsverfassungsgesetzes

Die Entwicklung der betrieblichen Mitwirkung und Mitbestimmung der Arbeitnehmer wurde nach 1945 stark durch die Besatzungsmächte in Deutschland beeinflußt. Schon am 10. April 1946 wurden durch das Kontrollratsgesetz Nr. 22 demokratisch gewählte Betriebsräte eingeführt. Auch Gedanken der Mitbestimmung in den Betrieben wurden durch die Besatzungsmächte gefördert. Die Beratungen darüber zogen sich aber dann sehr lange hin. Im Herbst 1950 drohten die Gewerkschaften bei weiterer Verschleppung entsprechender gesetzlicher Schritte den Streik an. Daraufhin kam es im April 1951 zum Mitbestimmungsgesetz für die Montanindustrie.

1952 wurde ein Betriebsverfassungsgesetz verabschiedet, das heute zum Teil im neuen Betriebsverfassungsgesetz von 1972 weiterwirkt. Im öffentlichen Dienst wird die „Mitbestimmung" durch das Bundespersonalvertretungsgesetz vom 15. März 1974 bzw. die entsprechenden Personalvertretungsgesetze der Länder geregelt. Sie entsprechen weitgehend dem Betriebsverfassungsgesetz von 1972.

Leitgedanken des Betriebsverfassungsgesetzes

Das heute gültige Betriebsverfassungsgesetz von 1972 sieht Betriebsrat und Arbeitgeber als Partner, nicht als Gegner. Beide – Betriebsrat und Arbeitgeber – sollen vertrauensvoll zum Wohl der Arbeitnehmer und des Betriebes zusammenarbeiten. Die Zusammenarbeit soll sich auch auf die im Betrieb vertretenen Gewerkschaften und Arbeitgebervereinigungen erstrecken. Daher haben Gewerkschaftsbeauftragte – von wenigen Ausnahmefällen abgesehen – grundsätzlich Zutritt zum Betrieb (§ 2 BetrVG). Leitsatz des Betriebsverfassungsrechts ist also die friedvolle Zusammenarbeit (Kooperation) der Betriebspartner.

Auf Betriebe mit politischer, religiöser, karitativer, erzieherischer, wissenschaftlicher, künstlerischer Bestimmung bzw. Pressebetriebe wird das Gesetz nicht bzw. nur eingeschränkt angewendet (§ 118 BetrVG; sogenannte Tendenzbetriebe).

Die Einrichtung des Betriebsrates als Sprachrohr der Arbeitnehmer soll nicht Konflikte gegenüber dem Arbeitgeber schüren, sondern nach Möglichkeit die Gegensätze und Konfliktstoffe einebnen bzw. beseitigen. Ganz deutlich wird das auch durch § 74 BetrVG. Danach sollen Arbeitgeber und Betriebsrat mindestens einmal im Monat zu einer Besprechung zusammenkommen. Dabei sind strittige Fragen mit dem ernsten Willen zur Einigung zu verhandeln.

Die beiderseitige Verbundenheit statt des Interessengegensatzes verbietet auch Arbeitskampfmaßnahmen zwischen Arbeitgeber und Betriebsrat, ebenfalls eine parteipolitische Betätigung des Betriebsrates. Der Betriebsrat darf also nicht Wahlpropaganda im Betrieb betreiben. Angelegenheiten der Tarifpolitik, der Sozialpolitik und wirtschaftliche Fragen gehören selbstverständlich nicht zu der untersagten parteipolitischen Betätigung.

Betriebsrat und Arbeitgeber haben für einen geordneten Arbeitsablauf und die Erhaltung des Betriebsfriedens zu sorgen (§ 74 BetrVG). Damit der Betriebsrat dieser Pflicht ordnungsgemäß nachkommen kann, ist er nicht nur dann heranzuziehen, wenn er durch das Gesetz ausdrücklich Mitbestimmungsbefugnisse wahrzunehmen hat, sondern er ist laufend, rechtzeitig und umfassend über notwendig gewordene Entscheidungen zu unterrichten (§ 80 II BetrVG), obwohl die wirtschaftlichen Entscheidungen letztlich alle der Mitbestimmung entzogen bleiben. Ständiger Kontakt, Gedankenaustausch, Diskussion, Beratung und häufige Übereinstimmung sollen eine Zusammenarbeit fördern.

Einigungsstelle

Die Zusammenarbeit zielt auf eine Einigung der Betriebspartner, etwa in einer Betriebsvereinbarung. Aber nicht immer wird man sich einig werden. Um Meinungsverschiedenheiten nicht gleich vor das Arbeitsgericht tragen zu müssen, kann bei Bedarf eine Einigungsstelle eingerichtet werden (§ 76 BetrVG). Durch Betriebsvereinbarung kann man sich auch darauf einigen, eine ständige Einigungsstelle zu bilden. Die Einigungsstelle besteht aus einer gleichen Anzahl von Beisitzern der Arbeitnehmer und der Arbeitgeber sowie einem unparteiischen Vorsitzenden, auf dessen Person sich beide Seiten einigen müssen (§ 76 II BetrVG). Diese Einigungsstelle wird nur dann tätig, wenn beide Seiten es wünschen (§ 77 VI BetrVG). Allerdings müssen dann auch beide Seiten die Entscheidung der Einigungsstelle anerkennen.

### 2.3.3.2. Organe und ihre Instrumente

#### Betriebsrat, Sprecher- und Betriebsausschuß

Der Betriebsrat vertritt alle Arbeitnehmer des Betriebes gegenüber dem Arbeitgeber. Er beantragt Maßnahmen, die der Belegschaft dienen und überwacht die Durchführung und Einhaltung von gesetzlichen Bestimmungen, Verordnungen, Tarifverträgen und Betriebsvereinbarungen. Ferner verhandelt er mit der Betriebsleitung über Beschwerden und Vorschläge.

Voraussetzung für die Wahl eines eigenen Betriebsrats ist, daß der Betrieb mindestens fünf wahlberechtigte Arbeitnehmer ständig beschäftigt und davon drei wählbar sind (§ 1 BetrVG). Arbeitnehmer sind in diesem Sinne auch Teilzeitbeschäftigte, Aushilfskräfte und Heimarbeiter sowie Auszubildende. Wahlberechtigt ist, wer das 18. Lebensjahr vollendet hat; wählen lassen kann sich jeder wahlberechtigte Arbeitnehmer, sofern er mindestens sechs Monate dem Betrieb angehört (§§ 7 und 8 BetrVG). Leitende Angestellte sind weder wahlberechtigt noch wählbar. Als „leitend" gilt nach dem BetrVG jeder Angestellte, der zur selbständigen Einstellung und Entlassung von Arbeitnehmern berechtigt ist oder Generalvollmacht oder Prokura besitzt (§ 5 BetrVG). Leitende Angestellte sind also die unmittelbaren Mitarbeiter und Sachwalter des Arbeitgebers. Gesellschafter, Vorstandsmitglieder, Geschäftsführer und Eigentümer des Betriebes sind weder wahlberechtigt noch wählbar, da sie die Arbeitgeber darstellen.

Die leitenden Angestellten können in Betrieben mit mindestens 10 leitenden Angestellten einen „Sprecherausschuß" wählen. Die Mitwirkung des „Sprecherausschusses der leitenden Angestellten" erfolgt durch Unterrichtung und Beratung über die Angelegenheiten der leitenden Angestellten (Mitwirkung bei Arbeitsbedingungen und Beurteilungsgrundsätzen) sowie über personelle und wirtschaftliche Angelegenheiten. Die Einzelheiten dazu enthält das Gesetz über Sprecherausschüsse der leitenden Angestellten vom 1. Dezember 1988 (Sprecherausschußgesetz – SprAuG).

Betriebe, die nur 5–20 wählbare Arbeitnehmer (Arbeiter, Angestellte und Auszubildende) beschäftigen, können einen Betriebsobmann wählen.

Die Mitgliederzahl des Betriebsrats ist je nach Belegschaftsstärke gestaffelt (§ 9 BetrVG). Der Betriebsrat wird unmittelbar von der Betriebsversammlung für die Dauer von vier Jahren gewählt. Eine Pflicht zur Einrichtung eines Betriebsrates besteht nicht.

Die Mitglieder des Betriebsrats arbeiten ehrenamtlich, d. h. auch ohne besondere Bezahlung. Ihre Tätigkeit darf ihnen weder Vor- noch Nachteile bringen. Wenn es der Umfang ihrer Aufgaben erfordert, muß der Arbeitgeber sie von ihrer Arbeitspflicht teilweise oder ganz befreien. Ihr Gehalt wird aber weitergezahlt (§ 37 II BetrVG).

Welche Aufgaben hat der Betriebsrat?

Als allgemeine Aufgaben soll der Betriebsrat nach § 80 BetrVG erfüllen:

- darüber wachen, daß die zugunsten der Arbeitnehmer geltenden Gesetze, Verordnungen, Unfallverhütungsvorschriften, Tarifverträge und Betriebsvereinbarungen durchgeführt werden;
- Maßnahmen, die dem Betrieb und der Belegschaft dienen, beim Arbeitgeber beantragen;
- Anregungen von Arbeitnehmern und der Jugend- und Auszubildendenvertretung entgegennehmen und durch Verhandlungen mit dem Arbeitgeber auf eine Erledigung hinwirken;
- die Eingliederung Schwerbeschädigter und sonstiger besonders schutzbedürftiger Personen fördern;
- die Wahl einer Jugend- und Auszubildendenvertretung vorbereiten und durchführen sowie mit ihr zur Förderung der Belange jugendlicher Arbeitnehmer und Auszubilden-

der (im weiten Wortsinn – Praktikanten, Volontäre, Anlernlinge, Umschüler u. ä. gehören dazu) eng zusammenarbeiten;

- die Beschäftigung älterer Arbeitnehmer im Betrieb fördern;
- die Eingliederung ausländischer Arbeitnehmer im Betrieb und das Verständnis zwischen ihnen und den deutschen Arbeitnehmern fördern.

Um all diese Aufgaben durchführen zu können, muß der Arbeitgeber dem Betriebsrat rechtzeitig und umfassend die notwendigen Informationen zukommen lassen.

Um die Belange der Arbeitnehmer wirksam vertreten zu können, muß der Betriebsrat Gelegenheit haben, sich informieren zu lassen. Zu diesem Zweck kann er während der Arbeitszeit Sprechstunden einrichten.

Der Betriebsrat ist nicht als gewerkschaftliche Vertretung anzusehen, obwohl etwa 75 % der Betriebsratsmitglieder auch der Gewerkschaft angehören. Das BetrVG schreibt eine Aufgabentrennung von Betriebsrat und Gewerkschaft vor. Der Betriebsrat soll von der Gewerkschaft unabhängig bleiben. Allerdings hat der Betriebsrat das Recht, mit der Gewerkschaft zusammenzuarbeiten.

Die Mitglieder des Betriebsrats sind gemäß § 15 KSchG gegen Kündigung weitgehend geschützt. Dadurch sollen sie bei ihrer Tätigkeit, die leicht zu Meinungsverschiedenheiten mit dem Arbeitgeber führen kann, die nötige Unabhängigkeit haben. Um sich laufend sachkundig zu halten, stehen den Betriebsratsmitgliedern drei Wochen Bildungsurlaub zu. Sie sollten eventuell einer Weiterbildung im Arbeits- und Sozialrecht dienen.

In größeren Betrieben kann nach § 27 BetrVG ein Betriebsausschuß gebildet werden. Seine Bildung setzt mindestens 301 Arbeitnehmer voraus. Der Betriebsrat hat dann mindestens neun Mitglieder. Da ein derartig großes Gremium eventuell nur schwerfällig handeln kann, besteht die Möglichkeit, aus seiner Mitte heraus einen kleinen, die laufenden Geschäfte führenden Betriebsausschuß zu wählen. Der Betriebsausschuß besteht dann aus dem Betriebsratsvorsitzenden, seinem Stellvertreter und weiteren Ausschußmitgliedern.

## Mitwirkungs- und Mitbestimmungsmöglichkeiten

Die Beteiligungsrechte des Betriebsrats – oft zusammenfassend als Mitbestimmungsrechte bezeichnet – sind sehr unterschiedlich ausgestaltet. Die Mitbestimmung ist in ihrer Wirksamkeit stark abgestuft. Mitbestimmung im engeren Sinne besagt, daß der Arbeitgeber rechtswirksame Maßnahmen nur ergreifen kann, wenn der Betriebsrat zustimmt. Ein weiterer Fall echter Mitbestimmung ist dann gegeben, wenn der Betriebsrat eine Maßnahme auch gegen den Willen des Arbeitgebers durchsetzen kann. Das trifft *zum Beispiel* auf die in § 87 aufgezählten Mitbestimmungsrechte zu. Wird man sich beispielsweise über Art und Weise der Lohnzahlung nicht einig, so entscheidet die Einigungsstelle. Der Spruch der Einigungsstelle ersetzt die Einigung zwischen Arbeitgeber und Betriebsrat. In den Fällen, wo der Betriebsrat nicht so durchsetzungsstark ist, spricht man von Mitwirkung. Diese Mitwirkung kann ein schlichtes Erörterungs- oder Informationsrecht sein, ein Anhörungsrecht, ein Widerspruchsrecht oder ein Antrags- und Überwachungsrecht.

Das Recht auf Unterrichtung besteht zum Beispiel ganz allgemein. Der Arbeitgeber muß dem Betriebsrat alle Informationen geben, die für die Durchführung seiner Aufgaben erforderlich sind (§ 80 II BetrVG).

Das Recht auf Anhörung greift zum Beispiel bei Kündigungen ein. § 102 I BetrVG bestimmt: „Der Betriebsrat ist vor jeder Kündigung zu hören. Der Arbeitgeber hat ihm die Gründe für die Kündigung mitzuteilen. Eine ohne Anhörung des Betriebsrats ausgesprochene Kündigung ist unwirksam.“ Hier ist dem Betriebsrat eine Frist zur Überlegung einzuräumen und Gelegenheit zu geben, Stellung zu nehmen.

Bei der Kündigung kann auch ein Widerspruchsrecht, das zu einer Nachprüfung durch das Arbeitsgericht führt, wirksam werden. Zum Beispiel dann, wenn der Arbeitgeber bei der Kündigung soziale Gesichtspunkte unberücksichtigt gelassen hat (§ 102 III BetrVG).

Sind in einem Betrieb in der Regel mehr als zwanzig wahlberechtigte Arbeitnehmer beschäftigt, so hat der Arbeitgeber den Betriebsrat vor jeder Einstellung, Eingruppierung, Umgruppierung und Versetzung zu unterrichten und seine Zustimmung einzuholen (vgl. § 99 BetrVG). Hält sich der Arbeitgeber nicht daran, so hat der Betriebsrat ein Antragsrecht. Er kann beim Arbeitsgericht beantragen, daß der Arbeitgeber zur Aufhebung der ergriffenen Maßnahme verpflichtet wird.

Die Rechte des Betriebsrats erstrecken sich auf die sozialen, die personellen und die wirtschaftlichen Angelegenheiten. In allen drei Bereichen hat der Betriebsrat unterschiedliche Rechte. Vereinfacht kann man sagen: In den sozialen Angelegenheiten hat der Betriebsrat ein Mitbestimmungsrecht, in personellen Angelegenheiten ein Mitwirkungsrecht und in wirtschaftlichen nur ein Recht auf Information.

### Soziale Angelegenheiten

Als Interessenvertreter der Arbeitnehmer erstreckt sich die Mitbestimmung des Betriebsrats auf die folgenden Angelegenheiten – es sei denn, sie sind schon gesetzlich oder durch Tarifvertrag geregelt (vgl. § 87 BetrVG):

- Fragen der Ordnung des Betriebs und des Verhaltens der Arbeitnehmer im Betrieb (z. B. Einführung von Stechuhren, Vorschriften über Torkontrollen, Rauch- und Alkoholverbot, Telefonbenutzung für private Zwecke),
- Beginn und Ende der täglichen Arbeitszeit sowie Pausenregelung,
- Verkürzung oder Verlängerung der betriebsüblichen Arbeitszeit,
- Zeit, Ort und Art der Auszahlung der Arbeitsentgelte,
- Aufstellung allgemeiner Urlaubsgrundsätze und des Urlaubsplans,
- Einführung und Anwendung von technischen Einrichtungen, die dazu bestimmt sind, das Verhalten oder die Leistung der Arbeitnehmer zu überwachen,
- Regelungen über die Verhütung von Arbeitsunfällen und Berufskrankheiten sowie über den Gesundheitsschutz im Rahmen der gesetzlichen Vorschriften oder der Unfallverhütungsvorschriften,
- Form, Ausgestaltung und Verwaltung von Sozialeinrichtungen,
- Zuweisung und Kündigung von Wohnräumen sowie Festlegung der Nutzungsbedingungen (z. B. auch Mietzinsbestimmungen für Werkswohnungen),
- Fragen der betrieblichen Lohngestaltung (Grundsätze und Methoden),
- Festsetzung der Akkord- und Prämiensätze,
- Grundsätze über das betriebliche Vorschlagswesen.

Personelle Angelegenheiten

Zu den personellen Angelegenheiten gehören insbesondere Einstellungen, Eingruppierungen, Umgruppierungen, Versetzungen, Kündigungen, Fragen der Personalplanung, der Personalbeurteilung sowie Fragen der Berufsbildung. Eine Mitwirkung in derartigen Angelegenheiten setzt in der Regel mehr als 20 Beschäftigte voraus. Vergleicht man die Rechte des Betriebsrats in personellen Fragen mit denen in sozialen, so erkennt man unschwer die Abschwächung seiner Rechtsstellung. Bei den personellen Fragen kann der Betriebsrat regelmäßig nur Auskunft verlangen und unter bestimmten Voraussetzungen Einspruch erheben (§ 99 BetrVG). Einstellungen und personelle Veränderungen bei den leitenden Angestellten sind dem Betriebsrat lediglich rechtzeitig mitzuteilen (§ 105 BetrVG). Bei Kündigungen muß der Betriebsrat vorher angehört werden; eventuell hat er ein Widerspruchsrecht. Eine ohne Anhörung des Betriebsrats ausgesprochene Kündigung ist unwirksam.

In Fragen der Berufsbildung hat der Betriebsrat nach den §§ 96 ff. BetrVG ein Initiativ- und Beratungsrecht. Der Arbeitgeber hat auf Verlangen des Betriebsrats mit diesem Fragen der Berufsbildung der Arbeitnehmer des Betriebes zu beraten. Hierzu kann der Betriebsrat Vorschläge machen. Im einzelnen heißt es in § 96 I BetrVG: „Arbeitgeber und Betriebsrat haben im Rahmen der betrieblichen Personalplanung und in Zusammenarbeit mit den für die Berufsbildung und den für die Förderung der Berufsbildung zuständigen Stellen die Berufsbildung der Arbeitnehmer zu fördern . . .“ Weiter geht die Bestimmung des § 98 I BetrVG: „Der Betriebsrat hat bei der Durchführung von Maßnahmen der betrieblichen Berufsbildung mitzubestimmen.“ Diese Formulierung zielt auf ein durchsetzbares Mitbestimmungsrecht für die im Betrieb geplanten und eingerichteten Maßnahmen der Berufsbildung einschließlich der beruflichen Erstausbildung ab. Hierunter fällt *beispielsweise* auch die betriebliche Ausbildungsplanung für einen Ausbildungsberuf. Konkreten Bezug auf die berufliche Erstausbildung nimmt der 2. Absatz des § 98, der sich mit der personellen Seite befaßt und für den Ausbilder besonders wichtig ist: „Der Betriebsrat kann der Bestellung einer mit der Durchführung der betrieblichen Berufsbildung beauftragten Person widersprechen oder ihre Abberufung verlangen, wenn diese die persönliche oder fachliche, insbesondere die berufs- und arbeitspädagogische Eignung im Sinne des Berufsbildungsgesetzes nicht besitzt oder ihre Aufgaben vernachlässigt.“

Welche Möglichkeiten hat der Betriebsrat weiterhin? Darüber geben die weiteren Absätze dieser wichtigen Bestimmung Auskunft:

(3) Führt der Arbeitgeber betriebliche Maßnahmen der Berufsbildung durch oder stellt er für außerbetriebliche Maßnahmen der Berufsbildung Arbeitnehmer frei oder trägt er die durch die Teilnahme von Arbeitnehmern an solchen Maßnahmen entstehenden Kosten ganz oder teilweise, so kann der Betriebsrat Vorschläge für die Teilnahme von Arbeitnehmern oder Gruppen von Arbeitnehmern des Betriebs an diesen Maßnahmen der beruflichen Bildung machen.

(4) Kommt im Falle des Absatzes 1 oder über die nach Absatz 3 vom Betriebsrat vorgeschlagenen Teilnehmer eine Einigung nicht zustande, so entscheidet die Einigungsstelle. Der Spruch der Einigungsstelle ersetzt die Einigung zwischen Arbeitgeber und Betriebsrat.

(5) Kommt im Falle des Absatzes 2 eine Einigung nicht zustande, so kann der Betriebsrat beim Arbeitsgericht beantragen, dem Arbeitgeber aufzugeben, die Bestellung zu unterlassen oder die Abberufung durchzuführen. Führt der Arbeitgeber die Bestellung

Die folgende Übersicht ,,Mitwirkung und Mitbestimmung" faßt die einzelnen Möglichkeiten zusammen:

*Mitwirkung und Mitbestimmung*

<table>
<tr><td rowspan="2">Mitbestimmung im engeren Sinne</td><td>Mitbestimmung</td></tr>
<tr><td>Übereinstimmung erforderlich in Fragen wie:<br>• Betriebsordnung<br>• Tägliche Arbeitszeit<br>• Verkürzung oder Verlängerung der betriebsüblichen Arbeitszeit<br>• Urlaubsgrundsätze, Urlaubsplan<br>• Unfallverhütung und Arbeitsschutz<br>• Ausgestaltung und Verwaltung von Sozialeinrichtungen<br>• Zuweisungen und Kündigung von Werkswohnungen<br>• Betriebliche Lohngestaltung, Akkord- und Prämiensätze und vergleichbare leistungsbezogene Entgelte<br>• Betriebliches Vorschlagswesen<br>• Belastungsausgleich bei offensichtlichem Verstoß gegen gesicherte arbeitswissenschaftliche Erkenntnisse über menschengerechte Gestaltung der Arbeit<br>• Einführung, Verwendung und inhaltliche Gestaltung von Personalfragebogen und Formularverträgen<br>• Aufstellung allgemeiner Beurteilungsgrundsätze<br>• Aufstellung von Auswahlrichtlinien für zu beachtende fachliche und persönliche Voraussetzungen und soziale Gesichtspunkte bei Einstellung, Versetzung, Umgruppierung und Kündigung (bei Betrieben mit mehr als 1000 Arbeitnehmern)<br>• Durchführung von Maßnahmen der betrieblichen Berufsbildung</td></tr>
<tr><td rowspan="2">Mitwirkung</td><td>Zustimmung</td></tr>
<tr><td>Zustimmung oder Zustimmungsverweigerung bzw. Einverständnis oder Widerspruch bei Vorliegen bestimmter Tatbestände wie:<br>• Einstellung<br>• Eingruppierung<br>• Umgruppierung<br>• Versetzung<br>} (Widerspruch führt in der Regel zur arbeitsgerichtlichen Nachprüfung)</td></tr>
</table>

<table>
<tr><td rowspan="6">Mitwirkung</td><td>Initiativrecht</td></tr>
<tr><td>Recht, Maßnahmen zu verlangen; z. B.:<br>• innerbetriebliche Stellenausschreibungen<br>• Berufsausbildung<br>Beratung von Fragen der Berufsausbildung, Abberufung von Ausbildern, wenn persönliche oder fachliche, insbesondere berufs- und arbeitspädagogische Eignung fehlt.<br>Vorschlag für Teilnahme von Arbeitnehmer- oder Arbeitgeber-Gruppen an betrieblichen Maßnahmen der Berufsbildung, an deren Kosten sich der Arbeitgeber beteiligt.<br>• Erhaltung des Betriebsfriedens<br>Entlassungs- oder Versetzungsbegehren hinsichtlich eines Arbeitnehmers, der durch gesetzwidriges Verhalten oder durch grobe Rechtsverletzung den Betriebsfrieden wiederholt ernstlich gestört hat.</td></tr>
<tr><td>Beratungspflicht</td></tr>
<tr><td>Mitteilung, Anhörung und Gedankenaustausch im Hinblick auf:<br>• Personalplanung<br>Personelle Maßnahmen, die sich aus dem gegenwärtigen und künftigen Personalbedarf ergeben; Vermeidung von Härten<br>• Berufsbildung<br>Ausstattung betrieblicher Berufsbildungseinrichtungen, Einführung betrieblicher Berufsbildungsmaßnahmen einschließlich Teilnahme an außerbetrieblichen Berufsbildungsmaßnahmen bei Kostenbeteiligung des Arbeitgebers<br>• Arbeitsplatz, Arbeitsablauf, Arbeitsumgebung<br>Planungen von Neu-, Um- und Erweiterungsbauten im Hinblick auf Auswirkungen auf Art der Arbeit und Anforderung an Arbeitnehmer<br>• Betriebsänderungen<br>Geplante Änderungen, die wesentliche Nachteile für die Belegschaft oder erhebliche Teile der Belegschaft zur Folge haben<br>• Wirtschaftsausschuß<br>Alle wirtschaftlichen Vorgänge und Verhalten, welche die Interessen der Arbeitnehmer wesentlich berühren können (Finanz-, Absatz-, Produktionslage u. a.)</td></tr>
<tr><td>Information</td></tr>
<tr><td>Mitteilung (= einseitiger Vorgang, der keine Anhörungspflicht einschließt) in Fragen wie:<br>• Arbeitsschutz und Unfallverhütung<br>Auflagen und Anordnungen der für den Arbeitsschutz zuständigen Behörden, der Träger der gesetzlichen Unfallversicherung (Berufsgenossenschaft) und sonstiger in Betracht kommender Stellen<br>• Beabsichtigte Einstellungen oder personelle Veränderungen im Bereich der Leitenden Angestellten<br>• Einsicht in Unterlagen</td></tr>
</table>

einer rechtskräftigen gerichtlichen Entscheidung zuwider durch, so ist er auf Antrag des Betriebsrats vom Arbeitsgericht wegen der Bestellung nach vorheriger Strafandrohung zu einer Geldstrafe zu verurteilen; das Höchstmaß der Geldstrafe beträgt 20000 Deutsche Mark. Führt der Arbeitgeber die Abberufung einer rechtskräftigen gerichtlichen Entscheidung zuwider nicht durch, so ist auf Antrag des Betriebsrats vom Arbeitsgericht zu erkennen, daß der Arbeitgeber zur Abberufung durch Geldstrafen anzuhalten sei; das Höchstmaß der Geldstrafe beträgt für jeden Tag der Zuwiderhandlung 500 Deutsche Mark. Die Vorschriften des Berufsbildungsgesetzes über die Ordnung der Berufsbildung bleiben unberührt.

(6) Die Absätze 1 bis 5 gelten entsprechend, wenn der Arbeitgeber sonstige Bildungsmaßnahmen im Betrieb durchführt.

Wirtschaftliche Angelegenheiten

In wirtschaftlichen Angelegenheiten sind die Rechte des Betriebsrats am schwächsten ausgestaltet. Es gibt nur Informationsrechte für den Wirtschaftsausschuß und folgendes Mitwirkungsrecht: Dem Betriebsrat steht in Betrieben mit mehr als 20 wahlberechtigten Arbeitnehmern ein Mitspracherecht bei bestimmten Maßnahmen zu, die für den Arbeitnehmer von besonders einschneidender Bedeutung sind. Zu diesen Maßnahmen gehören nach § 111 BetrVG zum Beispiel:

- Einschränkung und Stillegung des ganzen Betriebes oder von wesentlichen Betriebsteilen,
- Verlegung des ganzen Betriebes oder von wesentlichen Betriebsteilen,
- Zusammenschluß mit anderen Betrieben,
- grundlegende Änderungen der Betriebsorganisation, des Betriebszwecks oder der Betriebsanlagen,
- Einführung grundlegend neuer Arbeitsmethoden und Fertigungsverfahren.

Über derartige Betriebsänderungen ist der Betriebsrat rechtzeitig und umfassend zu unterrichten. Ferner sind die geplanten Änderungen mit dem Betriebsrat zu beraten. Insbesondere sollen Arbeitgeber und Betriebsrat über einen Interessenausgleich und einen Sozialplan zur Milderung der Erschwernisse für die Arbeitnehmer verhandeln.

Der Interessenausgleich bezieht sich auf die Betriebsänderungen, der Sozialplan auf den Ausgleich oder die Milderung der wirtschaftlichen Nachteile, die dem Arbeitnehmer entstehen können. Beim Interessenausgleich ist also *zum Beispiel* darüber zu verhandeln, wann und in welchem Zeitraum die Umstellungen erfolgen werden. Der Sozialplan soll Abfindungen, Umzugsbeihilfen, Umschulungsmaßnahmen u. ä. regeln.

Da das Betriebsverfassungsgesetz grundsätzlich eine wirtschaftliche Mitbestimmung, also einen Eingriff in die bzw. eine Beeinflussung der Entscheidungsgewalt des Arbeitgebers ausschließt, kann sich auch beim Interessenausgleich der Arbeitgeber über die Vorstellungen des Betriebsrats hinwegsetzen. Die Einigung über den wirtschaftlichen Interessenausgleich kann nicht erzwungen werden. Wichtig ist nur, daß der Arbeitgeber wenigstens versucht hat, zu einem Ausgleich mit dem Betriebsrat zu kommen. Allerdings kann der Betriebsrat dafür sorgen, daß die getroffenen Maßnahmen für den Arbeitgeber recht teuer werden, denn die Einigung über den Sozialplan kann erzwungen werden (§ 112 IV BetrVG). An die Stelle der Einigung tritt der Spruch der Einigungsstelle.

## Wirtschaftsausschuß

In Betrieben mit in der Regel mehr als 100 ständig beschäftigten Arbeitnehmern ist ein sogenannter Wirtschaftsausschuß zu bilden. Er soll wirtschaftliche Angelegenheiten mit dem Arbeitgeber beraten und den Betriebsrat informieren (§ 106 BetrVG). Seine Mitglieder, mindestens drei und höchstens sieben, werden vom Betriebsrat bestimmt. Ein Mitglied soll zugleich dem Betriebsrat angehören. Die Mitglieder sollen fachlich und persönlich in der Lage sein, die gegebenen Informationen in ihrem betriebs- und volkswirtschaftlichen Zusammenhang zu verstehen und zu beurteilen. Der Wirtschaftsausschuß soll einmal im Monat zusammentreten.

*Zu den wirtschaftlichen Angelegenheiten, die im Wirtschaftsausschuß zu besprechen sind, gehören:*

- die wirtschaftliche und finanzielle Lage des Unternehmens,
- die Produktions- und Absatzlage,
- das Produktions- und Investitionsprogramm,
- Rationalisierungsvorhaben,
- Fabrikations- und Arbeitsmethoden, insbesondere die Einführung neuer Arbeitsmethoden,
- die Einschränkung oder Stillegung von Betrieben oder Betriebsteilen,
- die Verlegung von Betrieben oder Betriebsteilen,
- der Zusammenschluß von Betrieben,
- die Änderung der Betriebsorganisation oder des Betriebszwecks sowie
- sonstige Vorgänge und Vorhaben, welche die Interessen der Arbeitnehmer wesentlich berühren können.

Bei mehr als 1 000 Beschäftigten ist die Betriebsleitung verpflichtet, die Belegschaft mindestens einmal in jedem Kalendervierteljahr über die wirtschaftliche Lage und die Entwicklung der Geschäfte schriftlich zu unterrichten.

Allerdings hat der Wirtschaftsausschuß in den Betrieben keine sehr große Bedeutung. Das liegt wohl daran, daß er lediglich ein Unterrichtungs- und Beratungsausschuß ist. Entscheidungsbefugnisse fehlen dem Wirtschaftsausschuß.

## Jugend- und Auszubildendenvertretung

Durch seine Zusammensetzung ist der Betriebsrat nicht immer geeignet, auch die Probleme und Wünsche der jugendlichen Arbeitnehmer und der Auszubildenden entsprechend zu vertreten. Dieser Mangel wird durch die Jugend- und Auszubildendenvertretung weitgehend ausgeglichen. Die jugendlichen Arbeitnehmer (dazu gehört, wer noch nicht 18 Jahre alt ist) und Auszubildende unter 25 Jahren im weiten Sinne (u. a. auch Praktikanten, Volontäre, Anlernlinge, Umschüler) können in den Betrieben, die einen Betriebsrat haben und mindestens fünf jugendliche Arbeitnehmer und Auszubildende beschäftigen, eine Jugend- und Auszubildendenvertretung wählen (§ 60 BetrVG). Gewählt werden kann in geheimer Wahl, wer noch nicht 25 Jahre alt ist. Die Anzahl der zu wählenden Jugend- und Auszubildendenvertreter ist nach der Anzahl der beschäftigten jugendlichen Arbeitnehmer und Auszubildenden gestaffelt. Die Zahlenverhältnisse ergeben sich aus der nachstehenden Tabelle:

| jugendliche Arbeitnehmer und Auszubildende | Anzahl der Jugend- und Auszubildendenvertreter |
|---|---|
| 5 – 20 | 1 |
| 21 – 50 | 3 |
| 51 – 200 | 5 |
| 201 – 300 | 7 |
| 301 – 600 | 9 |
| 601 – 1000 | 11 |
| über 1000 | 13 |

Die Wahl soll alle zwei Jahre zwischen dem 1. Oktober und dem 30. November stattfinden. Dabei sollte die Zusammensetzung der Jugend- und Auszubildendenvertretung möglichst dem zahlenmäßigen Verhältnis der Geschlechter sowie den verschiedenen Beschäftigungsarten und Ausbildungsberufen der im Betrieb tätigen jugendlichen Arbeitnehmer und Auszubildenden entsprechen. Bestehen in einem Unternehmen mehrere Jugend- und Auszubildendenvertretungen, so ist eine Gesamtjugend- und Auszubildendenvertretung zu errichten (§ 72 I BetrVG).

Die Jugend- und Auszubildendenvertretung nimmt in ihrer zweijährigen Amtszeit an den Betriebsratssitzungen mit beratender Stimme teil. Werden in der Sitzung Dinge verhandelt, die die jugendlichen Arbeitnehmer und Auszubildenden betreffen, dann haben ihre Vertreter auch Stimmrecht (§ 67 BetrVG).

Die Vorschrift lautet:

(1) Die Jugend- und Auszubildendenvertretung kann zu allen Betriebsratssitzungen einen Vertreter entsenden. Werden Angelegenheiten behandelt, die besonders die in § 60 Abs. 1 genannten Arbeitnehmer betreffen, so hat zu diesen Tagesordnungspunkten die gesamte Jugend- und Auszubildendenvertretung ein Teilnahmerecht.

(2) Die Jugend- und Auszubildendenvertreter haben Stimmrecht, soweit die zu fassenden Beschlüsse des Betriebsrats überwiegend die in § 60 Abs. 1 genannten Arbeitnehmer betreffen.

(3) Die Jugend- und Auszubildendenvertretung kann beim Betriebsrat beantragen, Angelegenheiten, die besonders die in § 60 Abs. 1 genannten Arbeitnehmer betreffen und über die sie beraten hat, auf die nächste Tagesordnung zu setzen. Der Betriebsrat soll Angelegenheiten, die besonders die in § 60 Abs. 1 genannten Arbeitnehmer betreffen, der Jugend- und Auszubildendenvertretung zur Beratung zuleiten.

Dabei kann es sich zum Beispiel um Einstellungen, Versetzungen und Entlassungen von jugendlichen Arbeitnehmern oder Auszubildenden handeln, aber auch um Maßnahmen im Rahmen der Berufsbildung, bei denen der Betriebsrat nach den §§ 96 – 98 BetrVG ein Mitbestimmungsrecht hat. § 68 BetrVG bestimmt: „Der Betriebsrat hat die Jugend- und Auszubildendenvertretung zu Besprechungen zwischen Arbeitgeber und Betriebsrat beizuziehen, wenn Angelegenheiten behandelt werden, die besonders die in § 60 Abs. 1 genannten Arbeitnehmer betreffen."

Die Jugend- und Auszubildendenvertretung ist dafür zuständig, die besonderen Interessen der jugendlichen Arbeitnehmer und Auszubildenden beim Betriebsrat wahrzunehmen.

§ 70 BetrVG gibt Auskunft über die allgemeinen Aufgaben der Jugend- und Auszubildendenvertretung:

(1) Die Jugend- und Auszubildendenvertretung hat folgende allgemeine Aufgaben:

1. Maßnahmen, die den in § 60 Abs. 1 genannten Arbeitnehmern dienen, insbesondere in Fragen der Berufsbildung, beim Betriebsrat zu beantragen;
2. darüber zu wachen, daß die zugunsten der in § 60 Abs. 1 genannten Arbeitnehmer geltenden Gesetze, Verordnungen, Unfallverhütungsvorschriften, Tarifverträge und Betriebsvereinbarungen durchgeführt werden;
3. Anregungen von in § 60 Abs. 1 genannten Arbeitnehmern, insbesondere in Fragen der Berufsbildung, entgegenzunehmen und, falls sie berechtigt erscheinen, beim Betriebsrat auf eine Erledigung hinzuwirken. Die Jugend- und Auszubildendenvertretung hat die betroffenen in § 60 Abs. 1 genannten Arbeitnehmer über den Stand und das Ergebnis der Verhandlungen zu informieren.

(2) Zur Durchführung ihrer Aufgaben ist die Jugend- und Auszubildendenvertretung durch den Betriebsrat rechtzeitig und umfassend zu unterrichten. Die Jugend- und Auszubildendenvertretung kann verlangen, daß ihr der Betriebsrat die zur Durchführung ihrer Aufgaben erforderlichen Unterlagen zur Verfügung stellt.

Selbst hat sie keine eigenen Mitbestimmungs- oder Mitwirkungsrechte gegenüber dem Arbeitgeber. Sie ist grundsätzlich darauf beschränkt, die Interessen ihrer Wähler zu fördern und den Betriebsrat in Jugend- und Auszubildendenfragen zu unterstützen.

Werden wichtige Interessen der jugendlichen Arbeitnehmer und der Auszubildenden durch Beschlüsse des Betriebsrates berührt, so kann die Jugend- und Auszubildendenvertretung eine Aussetzung dieses Beschlusses beantragen.

Der dieses Recht regelnde § 66 lautet:

(1) Erachtet die Mehrheit der Jugend- und Auszubildendenvertreter einen Beschluß des Betriebsrates als eine erhebliche Beeinträchtigung wichtiger Interessen der in § 60

Abs. 1 genannten Arbeitnehmer, so ist auf ihren Antrag der Beschluß auf die Dauer von einer Woche auszusetzen, damit in dieser Frist eine Verständigung, gegebenenfalls mit Hilfe der im Betrieb vertretenen Gewerkschaften, versucht werden kann.

(2) Wird der erste Beschluß bestätigt, so kann der Antrag auf Aussetzung nicht wiederholt werden; dies gilt auch, wenn der erste Beschluß nur unerheblich geändert wird.

Der Betriebsrat ist über die Sitzung der Jugend- und Auszubildendenvertretung zu verständigen, und der Betriebsratsvorsitzende oder ein beauftragtes Mitglied können daran teilnehmen. Die Mitglieder der Jugend- und Auszubildendenvertretung sind von ihrer beruflichen Tätigkeit ohne Entgeltsminderung so weit zu befreien, als es zur Wahrnehmung ihrer Aufgaben erforderlich ist. In gleicher Weise ist Befreiung auch für die Teilnahme an Schulungs- und Bildungsveranstaltungen zu gewähren, die Kenntnisse vermitteln, die für die Arbeit der Jugend- und Auszubildendenvertretung erforderlich sind. Jeder Jugend- und Auszubildendenvertreter hat während seiner regelmäßigen Amtszeit Anspruch auf bezahlte Freistellung für insgesamt drei Wochen zur Teilnahme an anerkannten Bildungsveranstaltungen (= Bildungsurlaub).

In Betrieben mit in der Regel mehr als 50 jugendlichen Arbeitnehmern und Auszubildenden kann die Jugend- und Auszubildendenvertretung während der Arbeitszeit Sprechstunden einrichten (§ 69 BetrVG). Der Jugend- und Auszubildendenvertreter kann sich auch an Sprechstunden des Betriebsrates beteiligen, um jugendliche Arbeitnehmer und Auszubildende zu beraten. Die durch die Tätigkeit der Jugend- und Auszubildendenvertretung entstehenden Kosten trägt der Arbeitgeber. Für die Sitzungen, die Sprechstunden und die laufende Geschäftsführung hat der Arbeitgeber in erforderlichem Umfang Räume, sachliche Mittel und Büropersonal zu Verfügung zu stellen.
Die Jugend- und Auszubildendenvertretung kann vor oder nach jeder Betriebsversammlung im Einvernehmen mit dem Betriebsrat eine betriebliche Jugend- und Auszubildendenversammlung einberufen (§ 71 BetrVG).

Das BetrVG verbietet es dem Arbeitgeber, Betriebsrat oder Jugend- und Auszubildendenvertretung zu behindern. Die Mitglieder dürfen wegen ihrer Amtstätigkeit nicht benachteiligt werden. Das gilt insbesondere im Hinblick auf ihre berufliche Entwicklung. § 78 a BetrVG verpflichtet den Arbeitgeber, Auszubildende, die Mitglieder von Jugend- und Auszubildendenvertretungen und Betriebsräten sind, nach Ende des Berufsausbildungsverhältnisses in ein unbefristetes Arbeitsverhältnis zu übernehmen.

Darüber hinaus genießt der einzelne Jugend- und Auszubildendenvertreter einen besonderen Kündigungsschutz. Grundsätzlich ist eine ordentliche Kündigung eines Auszubildenden nicht zulässig. Möglich ist eine außerordentliche Kündigung. Sie bedarf bei Mitgliedern der Jugend- und Auszubildendenvertretung der Zustimmung des Betriebsrates (vgl. § 103 BetrVG). Wenn dieser seine Zustimmung verweigert, kann das Arbeitsgericht die Zustimmung auf Antrag des Arbeitgebers ersetzen, wenn die außerordentliche Kündigung unter Berücksichtigung aller Umstände gerechtfertigt ist. Entsprechend schreibt § 15 KSchG vor, daß die Kündigung eines Mitglieds der Jugend- und Auszubildendenvertretung unzulässig ist, ausgenommen den Fall, daß Tatsachen vorliegen, die den Arbeitgeber zur Kündigung aus wichtigem Grunde ohne Einhaltung einer Kündigungsfrist berechtigen.

## Betriebsversammlung

Der Betriebsrat ist die Vertretung der Belegschaft gegenüber dem Arbeitgeber. Damit der Betriebsrat seine Wähler, nämlich die betrieblichen Arbeitnehmer, unterrichten und diese ihn auch kontrollieren können, muß er vierteljährlich vor der Arbeitnehmerschaft über seine Tätigkeit auf einer Betriebsversammlung Rechenschaft ablegen. Die Betriebsversammlung besteht aus den Arbeitnehmern des Betriebes. Sie wird von dem Vorsitzenden des Betriebsrats geleitet. Sie ist nicht öffentlich, d. h. teilnahmeberechtigt sind – mit einigen Ausnahmen – nur Betriebsangehörige (§ 42 BetrVG). Hinzugezogen werden können Beauftragte der im Betrieb vertretenen Gewerkschaften – als beratende Teilnehmer – sowie der Arbeitgeber und sein Beauftragter. Der Arbeitgeber ist auf jeden Fall einzuladen. Einmal im Jahr muß er in der Betriebsversammlung über das Personal- und Sozialwesen sowie über die wirtschaftliche Lage und Entwicklung des Betriebes berichten.

Die Arbeitnehmer können auf der Betriebsversammlung zu den Tätigkeiten und Beschlüssen des Betriebsrats Stellung nehmen und ihm auch Anträge für seine Tätigkeit unterbreiten. Über eventuelle Beschlüsse können alle anwesenden Arbeitnehmer abstimmen. Insgesamt soll die Betriebsversammlung in erster Linie im Rahmen der Betriebsverfassung der Zusammenarbeit zwischen Betriebsrat und Arbeitnehmern dienen.

Obwohl die Betriebsversammlung in der Arbeitszeit stattfindet, ist der Arbeitnehmer nicht verpflichtet, an ihr teilzunehmen. Entstehen dem Arbeitnehmer durch die Teilnahme besondere Kosten, so muß der Arbeitgeber diese neben dem Lohn bzw. Gehalt erstatten. Kommt also *zum Beispiel* ein Monteur von seiner Montagestelle mit seinem Wagen zu der im Betrieb stattfindenden Betriebsversammlung, so kann er für die Fahrzeit hin und zurück sowie die Dauer der Betriebsversammlung sein Gehalt und die Erstattung der Fahrtkosten verlangen.

### Betriebsvereinbarung

Der Tarifvertrag kann in der Regel nicht alle Einzelheiten in ganz bestimmten Betrieben berücksichtigen. Aus diesem Grunde können tarifvertragliche Vereinbarungen durch innerbetriebliche Abmachungen ergänzt und eventuell auch verbessert werden. Derartige Abmachungen können durchaus mündlich erfolgen. Sie werden dann als Betriebsabsprachen oder Regelungsabrede bezeichnet. Sie werden nicht ohne weiteres Bestandteil des Arbeitsvertrages. Anders wirken betriebliche Abmachungen in Schriftform. Sie heißen Betriebsvereinbarungen und wirken wie ein Bestandteil des Arbeitsvertrages.

Die Betriebsvereinbarung ist auch ein Kollektivvertrag, sie wirkt aber allein auf der Ebene des Betriebes, und zwar unmittelbar und zwingend (§ 77 IV 1 BetrVG). Allerdings geht der Tarifvertrag in seiner Wirksamkeit vor. Es können also durch Betriebsvereinbarung keine Verschlechterungen für den Arbeitnehmer eintreten, nur Verbesserungen. Das Gesetz bestimmt: „Arbeitsentgelte und sonstige Arbeitsbedingungen, die durch Tarifvertrag geregelt sind oder üblicherweise geregelt werden, können nicht Gegenstand einer Betriebsvereinbarung sein" (§ 77 III BetrVG). Sollte der Tarifvertrag den Abschluß ergänzender Betriebsvereinbarungen vorsehen, dann kann auch die Betriebsvereinbarung z. B. Arbeitsbedingungen näher regeln.

Ein *typisches Beispiel* für eine Betriebsvereinbarung ist die *Arbeits- oder Betriebsordnung*. Sie wird zwischen Betriebsrat und Arbeitgeber vereinbart und regelt zum Beispiel:

- Beginn und Ende der täglichen Arbeitszeit,
- Pausen,
- Urlaubsplanung,
- Lohnauszahlung,
- Ordnung und Verhalten im Betrieb.

Nach § 88 BetrVG können durch Betriebsvereinbarungen insbesondere geregelt werden:

- zusätzliche Maßnahmen zur Verhütung von Arbeitsunfällen und Gesundheitsschädigungen,
- Errichtung von Sozialeinrichtungen,
- Maßnahmen zur Förderung der Vermögensbildung.

Betriebsrat und Arbeitgeber sollen friedlich und vertrauensvoll zusammenarbeiten. Aber auch bei beiderseitigem guten Willen sind Meinungsverschiedenheiten nicht auszuschließen. Derartige Streitigkeiten können in einem Arbeitsgerichtsverfahren geklärt werden. Einfacher und praktischer kann in vielen Fällen eine Einigungsstelle arbeiten. Eine solche Einigungsstelle kann nach § 76 BetrVG durch Betriebsvereinbarung eingerichtet werden. Sie besteht aus einem unparteiischen Vorsitzenden und einer gleichen Anzahl von Arbeitnehmer- und Arbeitgebervertretern.

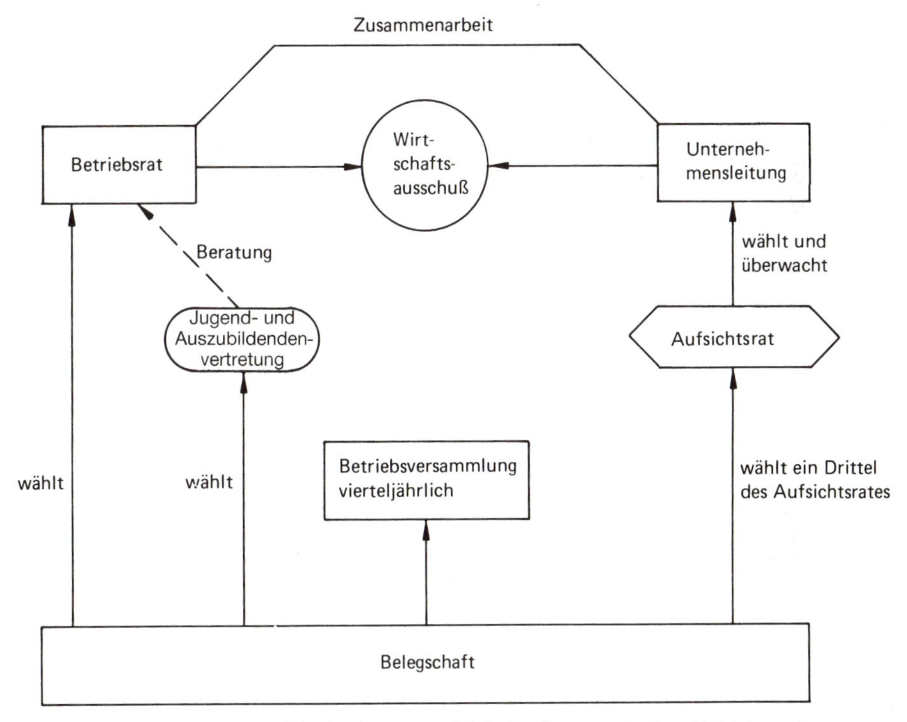


*Die Beziehungen zwischen Arbeitnehmern und Arbeitgebern nach dem Betriebsverfassungsgesetz*

## 2.3.4. Erweiterte Mitbestimmung

### 2.3.4.1. Gründe und Mitbestimmungsebenen

Über die Mitbestimmung der Arbeitnehmer wird schon seit Jahrzehnten lebhaft diskutiert. Die Gewerkschaften und Teile der Arbeitnehmer fragen sich, warum nur im Bereich des öffentlichen Lebens leitende Stellen durch demokratische Wahl besetzt werden. Sie fordern eine Demokratisierung der Betriebe und der Wirtschaft schlechthin. Ihr Ziel ist die paritätische Mitbestimmung, d. h. die Gleichheit der Anzahl der Vertreter von Arbeitnehmern und Arbeitgebern im Aufsichtsrat der Großunternehmen. Ein Teil der Arbeitgeber lehnt eine Mitbestimmung in unternehmerischen Fragen als Aushöhlung des grundgesetzlich geschützten Eigentumsrechts ab.

Grundsätzlich bejahen alle gesellschaftlichen Gruppen das Recht auf Mitbestimmung. Aber sie unterscheiden sich im Hinblick auf Form und Ausmaß der Mitbestimmung. SPD und DGB möchten das Mitbestimmungsmodell der Montanindustrie auf alle Großunternehmen ausdehnen (erweiterte Mitbestimmung). Diese Form der Mitbestimmung – die mit dem ,,Eigentum" gleichberechtigte (paritätische) Mitbestimmung der ,,Arbeit" – wird als qualifizierte Mitbestimmung bezeichnet. Die CDU lehnt die Anwendung dieser Mitbestimmung auf die übrige Wirtschaft ab. Mit diesen Aussagen ist die Frontstellung in der Mitbestimmungsauseinandersetzung nur ganz grob gekennzeichnet. Eine größere Anzahl von Gründen dafür (pro) und dagegen (contra) bietet die folgende Übersicht:

**Pro**

- Gleichwertigkeit von Kapital und Arbeit!
- Ohne Arbeit kein Kapital!
- Wirtschaftsdemokratie und Beachtung der Menschenwürde: Eigentum gewährt niemals einen grundsätzlichen Anspruch auf Verfügungsmacht über Menschen. Demokratie bedeutet nicht nur politische Mitbestimmung, sondern auch wirtschaftliche. Mitbestimmung macht Ernst mit der Sozialbindung des Eigentums, die das Grundgesetz vorschreibt!
- Kontrolle wirtschaftlicher Macht und Verhinderung ihres Mißbrauchs.
- Das Betriebsverfassungsgesetz mit seinem Partnerschaftsdenken ,,entfremdet" den unselbständigen Arbeitnehmer seiner eigentlichen Interessen!

**Contra**

- Der Kapitalist trägt das Risiko des Verlustes, daher muß er auch allein entscheiden können!
- Ohne Kapital keine Arbeitsplätze!
- Mitbestimmung ist eine Aushöhlung des Eigentumsrechts (,,kalte" Sozialisierung)!
- Die Verfassung gewährleistet das Recht auf das Privateigentum und damit auch das Recht, darüber zu verfügen!
- Der Arbeitnehmer ist an Mitbestimmung kaum interessiert und auch kaum dazu befähigt!
- Der Arbeitnehmer will eher am Arbeitsplatz mitbestimmen, weniger im Aufsichtsrat!
- Mitbestimmung verträgt sich nicht mit der Tarifautonomie!
- Gewerkschafter, also betriebsfremde Funktionäre, schieben sich in den Vordergrund, obwohl sie selbst nicht demokratisch legitimiert sind!
- Die Arbeitnehmer betrachten die mitbestimmenden Betriebsräte oft als einen Teil der betrieblichen Hierarchie!
- Die Kapitalgeber werden weiteres Kapital verweigern!
- Die meisten Arbeitnehmer schöpfen nicht einmal die durch das bestehende Betriebsverfassungsgesetz gegebenen Möglichkeiten aus!

Grundsätzlich sind mehrere Ebenen der Mitbestimmung zu unterscheiden:

- Betriebliche Mitbestimmung

  Die betriebliche Mitbestimmung wird nach dem Betriebsverfassungsgesetz und dem Sprecherausschußgesetz durch den Betriebsrat, die Jugend- und Auszubildendenvertretung sowie den Sprecherausschuß der leitenden Angestellten in sozialen, personellen und wirtschaftlichen Angelegenheiten – mit unterschiedlicher Durchsetzungskraft – wahrgenommen.

- Mitbestimmung auf Unternehmensebene

  Unterscheidet man zwischen Betrieb als Produktionseinheit und Unternehmen als rechtlich-finanzieller Einheit, so gibt es eine Mitbestimmung bisher nur in zwei Formen:

  1. Nach dem BetrVG sind die Arbeitnehmer mit einem Drittel der Sitze und Stimmen im Aufsichtsrat – soweit ein solcher vorhanden ist – vertreten.

  2. Nach dem Montanmitbestimmungsgesetz und dem Mitbestimmungsgesetz wird der Aufsichtsrat von Arbeitnehmern und Arbeitgebern zu gleichen Teilen – also paritätisch – besetzt. Außerdem vertritt ein Arbeitsdirektor als Mitglied des Vorstandes die Interessen der Arbeitnehmer.

- Überbetriebliche Mitbestimmung

  Diese Form der Mitbestimmung ist bisher nur ansatzweise vorhanden, so in den Berufsbildungsausschüssen der Handwerkskammern, der Industrie- und Handelskammern, den Rundfunkräten sowie den Verwaltungsräten von Bundesbahn und Bundespost.

  Gefordert werden mitunter – zum Beispiel durch SPD und DGB – Wirtschafts- und Sozialräte. Zum Teil wird auch eine Produktmitbestimmung gefordert. Sie soll insbesondere auf Umweltverträglichkeit von Produkt und Herstellungsverfahren achten.

### 2.3.4.2. Montanmitbestimmung

Die Mitbestimmung in der Montanindustrie folgt grundsätzlich den Vorschriften des Betriebsverfassungsgesetzes. Allerdings gibt es zu vielen Grundsätzen auch Ausnahmen, die den Grundsatz ausweiten bzw. einengen. Eine derartige Regelung stellt das „Gesetz über die Mitbestimmung der Arbeitnehmer in den Aufsichtsräten und Vorständen der Unternehmen des Bergbaus und der Eisen und Stahl erzeugenden Industrie" (Montanindustrie) vom 21. Mai 1951 dar. Dieses sogenannte Montanmitbestimmungsgesetz wurde durch das Mitbestimmungsergänzungsgesetz vom 7. August 1956 erweitert und ergänzt. Das Montanmitbestimmungsgesetz schreibt für Unternehmen der Montanindustrie mit in der Regel mehr als 1 000 Arbeitnehmern einen besonders zusammengesetzten Aufsichtsrat vor. 1951 waren davon 105 Unternehmen betroffen, 1987 waren es aufgrund der fortgeschrittenen Konzentration nur noch 31 mit etwa 400 000 Arbeitnehmern.

Die Aufsichtsräte der montanindustriellen Unternehmen sind nach diesem Gesetz paritätisch von Anteilseignern (zum Beispiel Aktionären) und Arbeitnehmervertretern zu besetzen. In der Regel besteht hier der Aufsichtsrat aus elf Mitgliedern, und zwar aus vier Vertretern der Anteilseigner und einem „weiteren" Mitglied, vier Arbeitnehmer-Vertretern und einem „weiteren" Mitglied, und einer elften, vom Gesetz ebenfalls als „weiteres" Mitglied genannten Person. Dieser elfte Mann – auch neutrales Mitglied genannt – soll verhindern, daß es im Aufsichtsrat bei Abstimmung zu einem Patt kommt, also einer Stimmengleichheit. Dieser elfte Mann muß zu seiner Wahl von jeder Seite drei Stimmen bekommen.

Die vier Arbeitnehmervertreter setzen sich aus einem Angestellten und einem Arbeiter des Unternehmens zusammen, die vom Betriebsrat gewählt werden. Die beiden anderen, meist externe Arbeitnehmervertreter, werden von der Spitzenorganisation der Gewerkschaft nach Beratung mit den in der Unternehmung vertretenen Gewerkschaften und dem Betriebsrat vorgeschlagen.

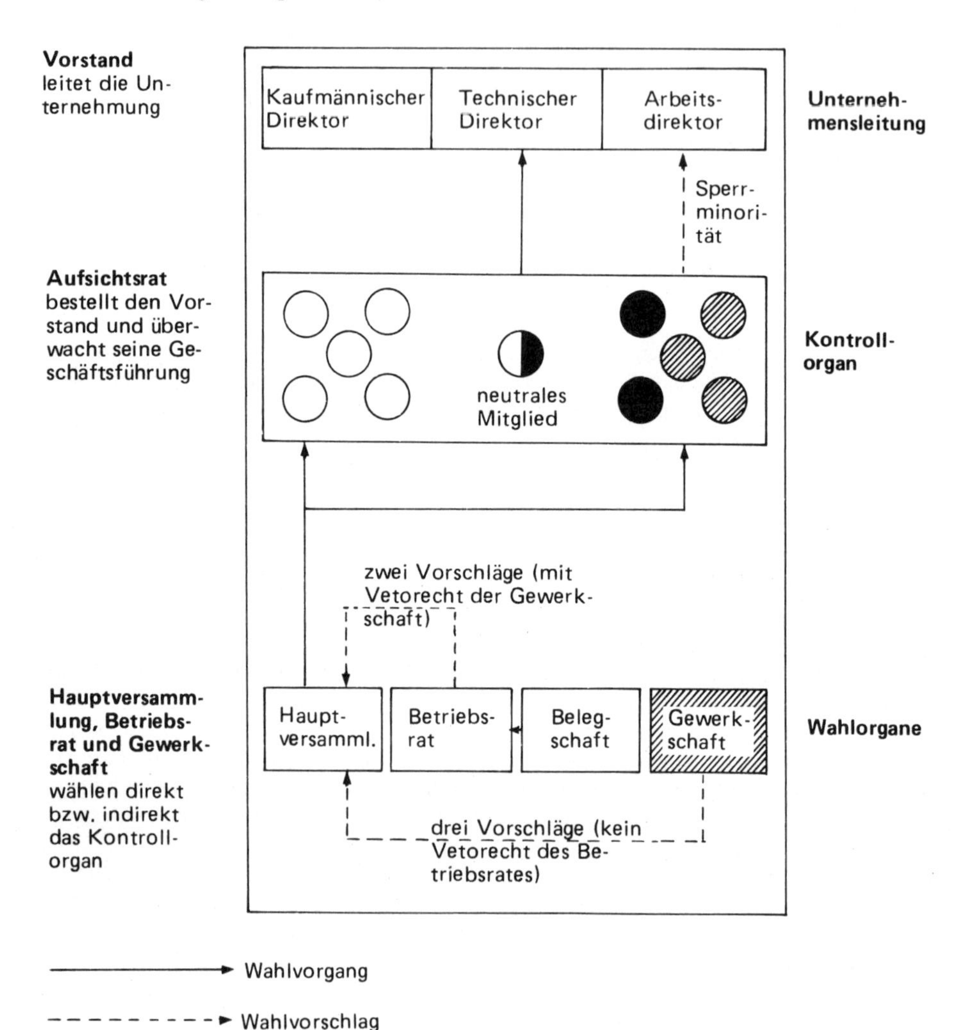


*Vorstand und Aufsichtsrat in der Montanmitbestimmung in der Bundesrepublik Deutschland (Montangesellschaft mit elf Aufsichtsratssitzen)*

Von den fünf Arbeitnehmervertretern im Aufsichtsrat benennt die Gewerkschaft also drei Mitglieder, davon ein „weiteres" Mitglied, das – eine entsprechende Bestimmung gilt auch für die Vertreter der Anteilseigner – nicht Vertreter der Gewerkschaft sein und kein wesentliches wirtschaftliches Interessse an der Unternehmung haben darf. Der Betriebsrat benennt mit Zustimmung der Gewerkschaft zwei Aufsichtsratsmitglieder. Die Arbeitnehmer selbst wählen also die Aufsichtsratsvertreter nicht. Sie haben nur indirekt, über den Betriebsrat, ein Mitwirkungsrecht bei der Auswahl der Arbeitnehmervertreter.

Die sogenannten weiteren Mitglieder hat das Gesetz aus zwei Gründen eingeführt. Einmal soll dadurch die Neutralität gewährleistet werden. Zum anderen soll auf diese Weise das öffentliche Interesse im Unternehmen vertreten werden. Deshalb dürfen die weiteren Mitglieder weder Repräsentanten einer Gewerkschaft oder Arbeitgebervereinigung sein. Außerdem dürfen sie nicht wirtschaftlich am Unternehmen interessiert sein.

Die Hauptversammlung wählt alle zehn Aufsichtsratsmitglieder, wobei sie bei den fünf Arbeitnehmervertretern an die Vorschläge der Betriebsräte und der gewerkschaftlichen Spitzenorganisation gebunden ist. Der elfte Mann im Aufsichtsrat wird von den Aufsichtsratsmitgliedern beider Parteien vorgeschlagen und ebenfalls durch die Hauptversammlung gewählt. Die Wahl fällt zumeist auf eine Persönlichkeit aus dem öffentlichen Leben, der Wirtschaft oder der Verwaltung.

Neben der Beteiligung der Arbeitnehmer im Aufsichtsrat sieht das Mitbestimmungsgesetz im Vorstand einen Arbeitsdirektor als gleichberechtigtes Mitglied zwingend vor. Er darf nicht gegen die Mehrheit der Stimmen der Arbeitnehmervertreter bzw. Gewerkschaftsvertreter im Aufsichtsrat bestellt bzw. abberufen werden. Zu seinen Aufgaben zählen insbesondere die Sozial- und Personalangelegenheiten, *zum Beispiel* Einstellungen, Versetzungen, Lohnfragen, Kantinenwesen, Aus- und Fortbildung u. ä. Darüber hinaus ist der Arbeitsdirektor aber wie alle übrigen Vorstandsmitglieder für das gesamte Unternehmen verantwortlich. Die Stellung des Arbeitsdirektors ist mit einer gewissen Problematik behaftet: Einmal der Entfremdung des zum Direktor aufgerückten Arbeitnehmers von seinen ehemaligen Arbeitskollegen und der Gewerkschaft, zum anderen der zu starken Parteinahme für oder gegen das Unternehmen bei Tarifverhandlungen.

Insgesamt hat sich die paritätische Mitbestimmung in der Montanindustrie bewährt. In keinem anderen Wirtschaftsbereich hat es in der Vergangenheit so wenig Arbeitsstreitigkeiten vor dem Arbeitsgericht gegeben wie in der Montanindustrie. Ähnliches läßt sich in bezug auf Arbeitskämpfe, also Streik und Aussperrung, feststellen. Seit 1945 hat es keine ernsthaften Lohnkonflikte im Montanbereich gegeben. Wenn Arbeitskämpfe kurz bevor standen, wurden immer über den Verhandlungsweg tragbare Kompromisse gefunden.

Im Gegensatz zu den Montanbestimmungen setzt sich der Aufsichtsrat bei Kapitalgesellschaften außerhalb der Montanindustrie mit mehr als 500 (aber weniger als 2000) Arbeitnehmern nach dem BetrVG von 1952 mit einem Arbeitnehmeranteil von einem Drittel zusammen. Die Arbeitnehmervertreter haben die gleichen Rechte und Pflichten wie die von den Anteilseignern gewählten Aufsichtsratsmitglieder. Sie werden auf vier Jahre gewählt. Bei mehreren Arbeitnehmervertretern müssen mindestens zwei Arbeitnehmer des Unternehmens sein, wobei die gleichmäßige Vertretung der Angestellten und Arbeiter zu berücksichtigen ist. Die Wahl erfolgt auf Vorschlag des Betriebsrats und der Arbeitnehmer unmittelbar.

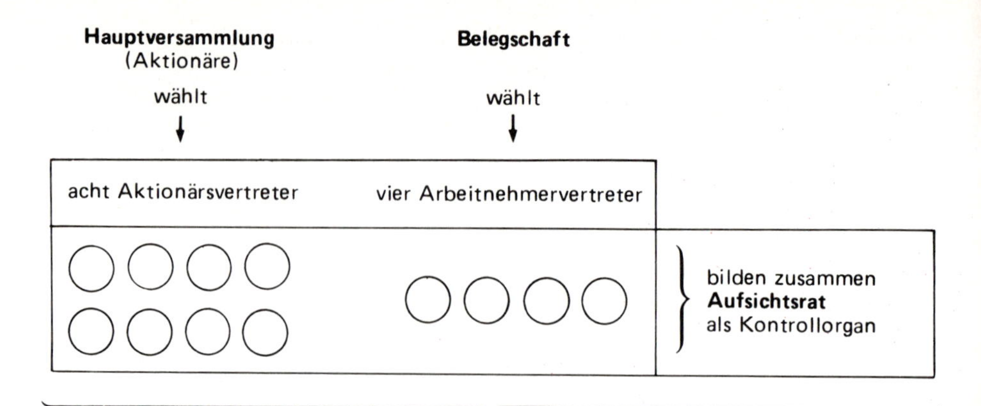


*Vorstand und Aufsichtsrat nach dem Betriebsverfassungsgesetz in der Bundesrepublik Deutschland (Aktiengesellschaft mit zwölf Aufsichtsratssitzen)*

### 2.3.4.3. Mitbestimmungsgesetz

Nach dem Gesetz über die Mitbestimmung der Arbeitnehmer vom 4. Mai 1976 (kurz: Mitbestimmungsgesetz – MitbestG) sind die Mitbestimmungsrechte der Arbeitnehmer und der Gewerkschaften in der Bundesrepublik Deutschland so umfassend geregelt wie in keinem anderen vergleichbaren Land.
Der Kern des neuen Gesetzes ist die paritätische Besetzung des Aufsichtsrates in großen und mittleren Unternehmen.

Aufgaben des Aufsichtsrates

Der Aufsichtsrat ist ein gesetzlich vorgeschriebenes Organ für bestimmte Unternehmen, insbesondere für die Aktiengesellschaften. Er soll die Geschäftsführung des Vorstandes kontrollieren und bei wichtigen Entscheidungen mitwirken. Zu diesen Entscheidungen gehören *beispielsweise*:

- Berufung des Vorstandes (= Geschäftsführung),
- Feststellung des Jahresabschlusses und Gewinnausschüttungsvorschlag,
- Vorschlag einer Kapitalerhöhung.

Zusammensetzung des Aufsichtsrates

Die Arbeitnehmer sind nach dem BetrVG an den Entscheidungen des Aufsichtsrates beteiligt. Sie nehmen ein Drittel der Sitze im Aufsichtsrat ein. Das MitbestG vom 4. Mai 1976 erweitert die Bestimmungen: Innerhalb einer zweijährigen Übergangsfrist müssen die Aufsichtsräte bestimmter Unternehmen paritätisch, also mit der gleichen Anzahl von Vertretern der Arbeitnehmer und der Anteilseigner besetzt werden.

Der Aufsichtsrat besteht nunmehr je nach Anzahl der Beschäftigten

- aus 12 Mitgliedern
  (bei zwischen 2000 und 10000 Arbeitnehmern),
  d. h. vier Arbeitnehmervertreter + zwei Gewerkschaftsvertreter
  + sechs Anteilseignervertreter
- aus 16 Mitgliedern
  (bei zwischen 10000 und 20000 Arbeitnehmern),
  d. h. sechs Arbeitnehmervertreter + zwei Gewerkschaftsvertreter
  + acht Anteilseignervertreter
- aus 20 Mitgliedern
  (bei mehr als 20000 Arbeitnehmern),
  d. h. sieben Arbeitnehmervertreter + drei Gewerkschaftsvertreter
  + zehn Anteilseignervertreter

Arbeitnehmer und Arbeitgeber stellen je die Hälfte der Mitglieder.

Betroffene Unternehmen

Betroffen werden von dem Mitbestimmungsgesetz u. a. Unternehmungen in der Rechtsform der Aktiengesellschaft, der Gesellschaft mit beschränkter Haftung, der Kommanditgesellschaft auf Aktien bzw. der Erwerbs- und Wirtschaftsgenossenschaft mit in der Regel mehr als 2000 Arbeitnehmern; dabei werden auch die Beschäftigten von Tochtergesellschaften mitgezählt. Letztlich findet das Gesetz auf etwa 550 deutsche Unternehmen Anwendung.

Nicht betroffen sind die Großbetriebe des Bergbaus und der Eisen und Stahl erzeugenden Industrie, für die bereits seit 1951 eine andere Form der Mitbestimmung (Montan-Modell) verwirklicht ist, und sogenannte Tendenzbetriebe, wie *zum Beispiel* Zeitungen und Verlage sowie Betriebe mit konfessioneller oder karitativer Bestimmung.

Wahlberechtigte Arbeitnehmergruppen

Die im Unternehmen vertretenen Gewerkschaften haben Anspruch auf Vertretung im Aufsichtsrat. In Unternehmen mit bis zu 20000 Arbeitnehmern stehen ihnen zwei, in Unternehmen mit über 20000 Arbeitnehmern drei Aufsichtsratssitze zu. Die übrigen Aufsichtsratssitze der Arbeitnehmer verteilen sich auf die Arbeiter, die Angestellten und die leitenden Angestellten des Unternehmens entsprechend ihrem Anteil an der Gesamtbelegschaft; dabei entfällt auf jede dieser drei Arbeitnehmergruppen mindestens ein Sitz.

Wahl der Arbeitnehmervertreter

Alle Aufsichtsratsmitglieder der Arbeitnehmer, also auch die Gewerkschaftsvertreter, werden von der Belegschaft gewählt. In Unternehmen mit bis zu 8000 Arbeitnehmern ist die Urwahl (= unmittelbare Wahl) die Regel, in größeren Unternehmen die Wahl durch Wahlmänner (= mittelbare Wahl) Dabei entfällt in jedem Betrieb auf je 60 wahlberechtigte Arbeitnehmer ein Wahlmann, der dann für seine Wähler die Aufsichtsratsmitglieder wählt. Abweichend davon können die Arbeitnehmer auch in kleineren Unternehmen die Wahl durch Wahlmänner beschließen und umgekehrt in Unternehmen mit mehr als 8000 Beschäftigten die Urwahl.

Bei der sogenannten Urwahl wählen die Arbeiter und die Angestellten jeweils getrennt ihre Vertreter in den Aufsichtsrat. Die leitenden Angestellten benennen mit Mehrheit eigene Kandidaten und wählen gemeinsam mit den übrigen Angestellten. Auch bei der Wahl durch Wahlmänner wählen die Wahlmänner der Arbeiter und die der Angestellten (einschließlich der leitenden Angestellten) jeweils getrennt die auf sie entfallenden Aufsichtsratsmitglieder. Die Wahl erfolgt geheim und nach den Grundsätzen der Verhältniswahl.

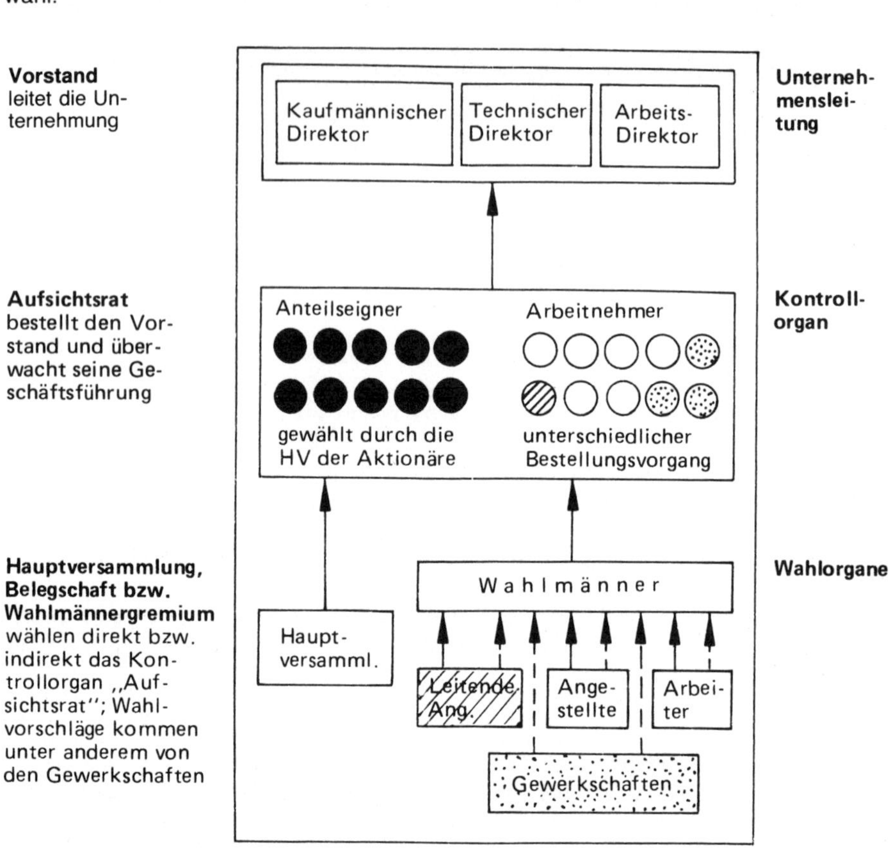


Wahlvorgang

Wahlvorschlag

6 Arbeiter und Angestellte (von den Angestellten und Arbeitern des Unternehmens vorgeschlagen und gewählt – direkt oder über ein Wahlmännergremium)

1 Leitender Angestellter (von den leitenden Angestellten vorgeschlagen, aber von allen Angestellten gewählt – direkt oder über ein Wahlmännergremium)

3 Gewerkschaftsvertreter (von den Gewerkschaften vorgeschlagen, aber von der Belegschaft gewählt – direkt oder über ein Wahlmännergremium)

*Vorstand und Aufsichtsrat nach dem Mitbestimmungsgesetz vom 4. Mai 1976 (es wurde ein Unternehmen mit mehr als 20000 Beschäftigten unterstellt)*

Die Arbeiter und Angestellten bzw. deren Wahlmänner können in getrennten Abstimmungen auch die gemeinsame Wahl der Aufsichtsratsmitglieder beschließen. Die Gewerkschaftsvertreter im Aufsichtsrat werden stets in gemeinsamer Wahl gewählt.

Die gewählten Vertreter der Arbeitnehmer bilden zusammen mit den von der Hauptversammlung direkt gewählten Vertretern der Aktionäre den paritätisch besetzten Aufsichtsrat.

Wahl des Aufsichtsratsvorsitzenden und seines Stellvertreters

Der Aufsichtsratsvorsitzende und sein Stellvertreter werden vom Aufsichtsrat mit Zweidrittelmehrheit gewählt. Wird diese Mehrheit im ersten Wahlgang nicht erreicht, dann bestimmen die Vertreter der Anteilseigner den Aufsichtsratsvorsitzenden und die der Arbeitnehmer seinen Stellvertreter.

Abstimmungen im Aufsichtsrat

Beschlüsse werden grundsätzlich mit einfacher Mehrheit gefaßt. Ergeben Abstimmungen im Aufsichtsrat Stimmengleichheit, so hat der Aufsichtsratsvorsitzende bei einer zweiten Abstimmung den sogenannten Stichentscheid, das heißt, seine Stimme zählt in diesem Fall doppelt.

Wahl des Vorstandes

Die Geschäftsführung liegt in den Händen des Vorstands. Er ist auch der gesetzliche Vertreter des Unternehmens. Die Wahl und Berufung der Vorstandsmitglieder gehören deshalb zu den wichtigsten Aufgaben des Aufsichtsrats.

Der Aufsichtsrat wählt die Mitglieder des Vorstandes mit Zweidrittelmehrheit. Ergibt sich diese nicht, so bildet der Aufsichtsrat einen paritätisch besetzten Vermittlungsausschuß, dem neben dem Vorsitzenden und stellvertretenden Vorsitzenden je ein weiteres Aufsichtsratsmitglied der Anteilseigner und der Arbeitnehmer angehören.

Über den Vermittlungsvorschlag, der andere Vorschläge für die Bestellung der Vorstandsmitglieder nicht ausschließt, beschließt nun der Aufsichtsrat mit einfacher Mehrheit der Stimmen seiner Mitglieder, wobei gegebenenfalls die Zweitstimme des Aufsichtsratsvorsitzenden den Ausschlag gibt.

Ein Mitglied des Vorstands muß für Personal- und Sozialangelegenheiten des Unternehmens verantwortlich sein. Es ist in gleicher Weise wie die anderen Mitglieder des Vorstands zu wählen; dieses Vorstandsmitglied wird als Arbeitsdirektor bezeichnet. Im Gegensatz zur schon behandelten Montanmitbestimmungsregelung kann der Arbeitsdirektor nach dem neuen Mitbestimmungsgesetz durchaus auch gegen die Stimmen der Arbeitnehmer- bzw. Gewerkschaftsvertreter gewählt werden.

## Fragen, Aufgaben, Fallbeispiele

**23.** Was versteht man unter der Koalitionsfreiheit?

**24.** Kennzeichnen Sie den Leitgedanken des Betriebsverfassungsrechts!

**25.** Welche Bedeutung hat das Arbeitsrecht für den Arbeitnehmer?

26. Kann ein Arbeitnehmer mit seinem Betrieb eine Betriebsvereinbarung abschließen?

27. Das Arbeitsrecht wird als Entscheidungsgrundsatz vom Günstigkeitsprinzip durchzogen. Was versteht man darunter?

28. Was bedeutet „Tarifautonomie"?

29. Welchen Sinn hat die Unterscheidung von Mantel- und Lohntarifvertrag?

30. Eine Gruppe von Auszubildenden tritt wegen ihrer Forderung nach Erhöhung der Ausbildungsvergütung in Streik. Welche Folgen kann das haben?

31. In der Ausbildungswerkstatt legen die Auszubildenden die Arbeit nieder, um gegen Berufsverbote zu protestieren. Dabei geht auch einiges zu Bruch. Der Ausbilder versucht, die Auszubildenden von ihrem geplanten Protestmarsch durch den Betrieb abzubringen. Er wird ausgelacht. Daraufhin droht er den Auszubildenden mit fristloser Entlassung und der Geltendmachung von Schadenersatzforderungen. Der Jugend- und Auszubildendenvertreter hält das für eine leere Drohung und verweist auf das Grundrecht der Meinungsfreiheit und der Freiheit der Meinungsäußerung. Wie ist die Rechtslage zu beurteilen?

32. Warum sind Betriebsratsmitglieder und Mitglieder der Jugend- und Auszubildendenvertretung besonders gegen Kündigung geschützt?

33. Nennen Sie Angelegenheiten, in denen der Betriebsrat eine Maßnahme auch gegen den Willen des Arbeitgebers durchsetzen kann!

34. Welche Abstufungen der Mitbestimmung sieht das Betriebsverfassungsgesetz vor?

35. Wie kann die Jugend- und Auszubildendenvertretung gegen Beschlüsse des Betriebsrats vorgehen, die ihrer Meinung nach nicht mit den Belangen der Auszubildenden übereinstimmen?

36. Ein Auszubildender möchte sich über seine Ausbildung beschweren. An wen kann er sich neben der Jugend- und Auszubildendenvertretung noch wenden?

37. Welche Mitbestimmungs- und Mitwirkungsrechte haben Betriebsrat und Jugend- und Auszubildendenvertretung in Fragen der Berufsbildung?

38. Ausbilder Flasche ist dem Betriebsrat schon lange ein Dorn im Auge. In der letzten Woche hat er schon wieder zu tief ins Glas geschaut – entsprechend waren seine „Darbietungen" im Werksunterricht. Der Betriebsrat verlangt seine Abberufung. Die Abstimmung läuft ganz knapp gegen den Ausbilder. Der Firmenchef protestiert gegen die Forderung. „Sehen Sie doch über eine kleine menschliche Schwäche hinweg. Wir wissen doch alle, daß der Mann fachlich große Klasse ist. Außerdem war Ihre Abstimmung fehlerhaft. In einer solchen Frage darf doch der ‚Lehrpieps' – Sie sprechen immer großkotzig von ‚Jugend- und Auszubildendenvertreter' – nicht mitbestimmen. Was verstehen denn Kinder von solchen Fragen!?" Der Betriebsratsvorsitzende verbittet sich einen derartigen beleidigenden Ton und verweist auf die Berechtigung seines Vorgehens. Teilen Sie seine Auffassung? Begründen Sie Ihre Meinung!

39. Was bedeutet „paritätische" Mitbestimmung?

40. Zeigen Sie den Unterschied zwischen dem Montan-Mitbestimmungsgesetz und dem Betriebsverfassungsgesetz!

41. Wie unterscheidet sich der Arbeitsdirektor nach der Montan-Mitbestimmung von dem nach dem neuen Mitbestimmungsgesetz?

## Hinweise auf Quellen und weiterführende Literatur


- Barthel, Eckhardt/Dikau, Joachim: Mitbestimmung in der Wirtschaft. Berlin: Colloquium Verlag 1980.
- Däubler, Wolfgang: Von der Kinderarbeit zur Betriebsverfassung. Ein Leitfaden für Arbeitnehmer. Reinbek: Rowohlt 1976.
- Haberkorn, Kurt: Arbeitsrecht. Stuttgart: Taylorix [7]1991.
- Hromadka, Wolfgang: Tariffibel. Tarifvertrag, Tarifverhandlungen, Schlichtung, Arbeitskampf. Köln: Deutscher Instituts-Verlag [3]1987.
- Niedenhoff, Horst-Udo: Mitbestimmung in der Bundesrepublik Deutschland. Köln: Deutscher Instituts-Verlag [8]1990.
- Pornschlegel, H. (u. a.): Die Betriebsvereinbarung, Köln: Bund-Verlag 1975.
- Zachert, Ulrich: Tarifvertrag. Eine problemorientierte Einführung. Köln: Bund-Verlag 1979.


## 2.3.5. Arbeitsvertrag und Ausbildungsvertrag als Ausdrucksformen des individuellen Arbeitsrechts

Ein Arbeitsverhältnis wird durch einen Arbeitsvertrag begründet. Entsprechend ist es beim Ausbildungsverhältnis – es wird ebenfalls durch einen Vertrag begründet. Durch einen Vertrag verpflichten sich zwei oder mehr Partner zu einem ganz bestimmten Verhalten oder einer bestimmten Leistung. Verträge entstehen durch übereinstimmende Willensäußerungen.

Das Vertragsrecht fällt unter den Grundsatz der Vertragsfreiheit:

Vertragsfreiheit bedeutet die rechtliche Freiheit, vertragliche Abmachungen mit anderen zu treffen und diese nach Gutdünken auszugestalten.

Allerdings gilt die Vertragsfreiheit nicht uneingeschränkt: Gerade bei der Regelung von Arbeitsverhältnissen sind zahlreiche gesetzliche oder tarifvertragliche Vorschriften zu beachten, die nicht zuungunsten des Arbeitnehmers geändert werden dürfen. Besondere Einschränkungen gelten beim Abschluß eines Berufsausbildungsvertrages.

Der Arbeitsvertrag ist ein gegenseitiger schuldrechtlicher Vertrag zwischen Arbeitnehmer und Arbeitgeber. Er begründet ein Arbeitsverhältnis. Jeder Partner schuldet dem anderen bestimmte Leistungen. *So* ergeben sich aus dem Vertrag folgende Rechte und Pflichten für die Parteien:

| Pflichten des Arbeitnehmers | | Pflichten des Arbeitgebers |
|---|---|---|
| Arbeitspflicht | ←――――→ | Lohnzahlungspflicht |
| Treuepflicht | ←――――→ | Fürsorgepflicht |
| • Wettbewerbsverbot<br>• Verschwiegenheitsgebot<br>• Keine Nebentätigkeit! | | • Informationspflicht<br>• Arbeits- und Gesundheitsschutz<br>• Gleichbehandlungsgrundsatz |

Ein Arbeitsverhältnis besonderer Art wird durch den Berufsausbildungsvertrag begründet: Das Berufsausbildungsverhältnis. Es ist kein reines Arbeitsverhältnis, sondern in erster Linie ein Ausbildungs- und auch ein Erziehungsverhältnis: Der Ausbildungs- und Fürsorgepflicht des Ausbildenden steht die Lernpflicht des Auszubildenden gegenüber. Insofern können die arbeitsrechtlichen Vorschriften nur sinngemäß auf das Berufsausbildungsverhältnis angewendet werden.

Für das Berufsausbildungsverhältnis gelten die Vorschriften des Bürgerlichen Gesetzbuches (BGB; insbesondere § 611 BGB), des Handelsgesetzbuches (HGB), des Berufsbildungsgesetzes (BBiG), der Handwerksordnung (HwO), der Gewerbeordnung (GewO) und die sonstigen arbeitsrechtlichen Vorschriften wie:

- Tarifvertragsgesetz (TVG),
- Arbeitsplatzschutzgesetz (vgl. § 15 ArbPlSchG),
- Bundesurlaubsgesetz (vgl. § 2 Satz 2 BUrlG),
- Arbeitszeitordnung (AZO),
- Kündigungsschutzgesetz (KSchG),
- Jugendarbeitsschutzgesetz (vgl. § 1 I 1 JugArbSchG),
- Mutterschutzgesetz (MuSchG),
- Betriebsverfassungsgesetz (vgl. § 4 I und § 5 I und II BetrVG),
- Bundespersonalvertretungsgesetz (vgl. §§ 57 ff. BPersVG),
- Gesetz über die Fortzahlung des Arbeitsentgelts im Krankheitsfalle (Lohnfortzahlungsgesetz),
- Mindestarbeitsbedingungsgesetz,
- Arbeitnehmererfindungsgesetz,
- Gesetz zur Förderung der Vermögensbildung der Arbeitnehmer (VermBG),
- Grundsatz der Gleichbehandlung und der Haftungsbeschränkung bei gefahrgeneigter Arbeit sowie das Günstigkeitsprinzip,
- Gesetz über die Gleichbehandlung von Männern und Frauen am Arbeitsplatz und über die Erhaltung von Ansprüchen bei Betriebsübergang (Arbeitsrechtliches EG-Anpassungsgesetz),
- Arbeitsgerichtsgesetz (vgl. § 5 Satz 1 ArbGG).

Als Besonderheiten wirken folgende Punkte auf die Ausgestaltung des Berufsausbildungsverhältnisses ein:

- Der Auszubildende ist zur Arbeitsleistung nur insoweit verpflichtet, als sie dem Ausbildungszweck dient.
- Der Ausbildende hat die Pflicht, den Auszubildenden in einem geordneten Ausbildungsgang gemäß den Vorschriften der Ausbildungsordnung auszubilden.

- Im Hinblick auf die Lohnfortzahlung gilt nicht das Lohnfortzahlungsgesetz, sondern die Sonderregelung des § 12 BBiG:

  (1) Dem Auszubildenden ist die Vergütung auch zu zahlen
    1. für die Zeit der Freistellung (§ 7),
    2. bis zur Dauer von sechs Wochen, wenn er
       a) sich für die Berufsausbildung bereit hält, diese aber ausfällt,
       b) infolge unverschuldeter Krankheit, infolge einer Sterilisation oder eines Abbruchs der Schwangerschaft durch einen Arzt nicht an der Berufsausbildung teilnehmen kann oder
       c) aus einem sonstigen, in seiner Person liegenden Grund unverschuldet verhindert ist, seine Pflichten aus dem Berufsausbildungsverhältnis zu erfüllen.

  Im Falle des Satzes 1 Nr. 2 Buchstabe b gelten eine nicht rechtswidrige Sterilisation und ein nicht rechtswidriger Abbruch der Schwangerschaft durch einen Arzt als unverschuldet.

  (2) Kann der Auszubildende während der Zeit, für welche die Vergütung fortzuzahlen ist, aus berechtigtem Grund Sachleistungen nicht abnehmen, so sind diese nach den Sachbezugswerten (§ 10 Abs. 2) abzugelten.

- Im Hinblick auf die Regelung der Arbeitszeiten gilt für die über 18jährigen Auszubildenden nicht das JugArbSchG, sondern die Arbeitszeitordnung (AZO): Sie regelt die höchstzulässige tägliche Arbeitszeit, Mindestruhepausen und -zeiten. Für weibliche Arbeitnehmer sind besondere Schutzbestimmungen vorgesehen.

- Das Wehrpflichtgesetz (WPflG) verpflichtet im § 1 alle 18jährigen deutschen Männer. Eine Zurückstellung vom Wehrdienst ist u. a. möglich, wenn eine erste Berufsausbildung bzw. deren erster Abschnitt unterbrochen würde, ferner dann, wenn die Einberufung einen bereits weitgehend geförderten Ausbildungsabschnitt unterbrechen würde (§ 12 Abs. 4 WPflG).

- Das Arbeitsplatzschutzgesetz (= Gesetz über den Schutz des Arbeitsplatzes bei Einberufung zum Wehrdienst vom 21. Mai 1968; gilt auch für den Zivildienst) regelt die Folgen, die sich im Zusammenhang mit der Einberufung zum Wehrdienst oder gem. § 78 Zivildienstgesetz zum Zivieldienst ergeben:
  - Die Einberufung zum Wehrdienst (Grundwehrdienst und Wehrübung) führt nach § 1 I ArbPlSchG zu einem Ruhen des Ausbildungsverhältnisses. Das heißt im Kern: es findet keine Ausbildung statt; die Vergütung entfällt.
  - Eine ordentliche Kündigung ist während der Einberufung bzw. Wehrübung unzulässig (§ 2 I ArbPlSchG).
  - Die durch Grundwehrdienst und Wehrübungen ausgefallenen Ausbildungszeiten werden nicht auf das Ausbildungsverhältnis angerechnet. Mit anderen Worten: Das Ausbildungsverhältnis verlängert sich automatisch um diese Zeiten (vgl. §§ 6 II und 11 I ArbPlSchG).

- Besondere Schutzrechte für die weibliche Auszubildende
  Der Gesetzgeber hat den Besonderheiten der Frau durch spezielle arbeitsrechtliche Vorschriften Rechnung getragen. Generell hat jede Mutter Anspruch auf den Schutz und die Fürsorge der Gemeinschaft (Art. 6 IV GG).

Einen besonderen Schutz genießt die werdende Mutter durch das „Gesetz zum Schutze der erwerbstätigen Mutter“ vom 18. April 1968 (kurz: Mutterschutzgesetz – MuSchG). Es findet auch auf weibliche Auszubildende ohne Rücksicht auf ihr Alter Anwendung und verpflichtet den Ausbildenden, unverzüglich das Gewerbeaufsichtsamt zu benachrichtigen, wenn ihm die Auszubildende ihre Schwangerschaft mitteilt.

Im Hinblick auf den Arbeitsplatz wird durch den § 2 MuSchG bestimmt:
Wer eine werdende oder stillende Mutter beschäftigt, hat bei der Einrichtung und der Unterhaltung des Arbeitsplatzes einschließlich der Maschinen, Werkzeuge und Geräte und bei der Regelung der Beschäftigung die erforderlichen Vorkehrungen und Maßnahmen zum Schutze von Leben und Gesundheit der werdenden oder stillenden Mutter zu treffen. Weiterhin sind Sitzgelegenheiten und Ausruhmöglichkeiten zu schaffen.
Ferner bestehen zahlreiche Beschäftigungsverbote – so sind schwere körperliche Arbeiten, gesundheitsgefährdende Arbeiten, Akkord- und Fließarbeiten untersagt. Werdende und stillende Mütter dürfen auch grundsätzlich nicht mit Mehrarbeit (Überstunden), nicht in der Nacht zwischen 20 und 6 Uhr und nicht an Sonn- und Feiertagen beschäftigt werden.
In den letzten sechs Wochen vor der Entbindung sowie in den ersten acht Wochen danach dürfen werdende Mütter grundsätzlich nicht beschäftigt werden; der Lohn ist ihnen dennoch zu zahlen (§ 3 II bzw. 6 I MuSchG). Bei Früh- und Mehrlingsgeburten gilt eine Frist von 12 Wochen.
Während der Schwangerschaft und bis zum Ablauf von vier Monaten nach der Entbindung kann die Frau nicht gekündigt werden, wenn der Arbeitgeber von ihrem Zustand weiß oder dieser ihm innerhalb zweier Wochen nach Zugang der Kündigung mitgeteilt wird. Grundsätzlich soll die werdende Mutter dem Arbeitgeber ihre Schwangerschaft und den mutmaßlichen Tag der Entbindung mitteilen, sobald ihr ihr Zustand bekannt ist (§ 5 MuSchG).
Fällt das vertraglich vereinbarte Ende der Berufsausbildung in den Verlauf der Schwangerschaft, so endet das Berufsausbildungsverhältnis trotz der Vorschriften des MuSchG, denn dieses gilt lediglich für unbefristete Arbeitsverhältnisse. Das Berufsausbildungsverhältnis ist aber ein befristetes Beschäftigungsverhältnis.
Diese Schutzvorschriften müssen im Betrieb – sofern er mindestens regelmäßig vier Frauen beschäftigt – zur Einsicht ausgelegt oder ausgehängt werden (§ 18 MuSchG).

Mutterschafts- bzw. Erziehungsgeld und Erziehungsurlaub

Seit dem 1. Januar 1986 ist das Gesetz über die Gewährung von Erziehungsgeld und Erziehungsurlaub (kurz: Bundeserziehungsgeldgesetz – BErzGG) in Kraft. Es baut das geltende Mutterschutzrecht aus. Es zielt darauf, durch Gewährung von Erziehungsgeld und -urlaub die Betreuung und Erziehung des Kindes in der ersten Lebensphase zu fördern. Alle Sorgeberechtigten, die ein Kind selbst betreuen und erziehen (in der Regel Mutter bzw. Vater), haben Anspruch auf Erziehungsgeld und – sofern sie Arbeitnehmer sind – auf Erziehungsurlaub. Dieser Erziehungsurlaub schließt an die bisherigen Schutzfristen (acht bzw. zwölf Wochen nach der Entbindung) an. Er dauert längstens bis zu dem Tage, an dem das Kind drei Jahre alt wird.
Für die Zeit der Mutterschutzfrist wird von der Krankenkasse ein Mutterschaftsgeld gezahlt. Es richtet sich nach dem durchschnittlichen Nettogehalt der letzten drei Monate und beträgt höchstens 750 DM monatlich. Eine auftretende Differenz zwischen Nettogehalt und Mutterschaftsgeld zahlt der Arbeitgeber. Anschließend kann Erziehungsurlaub genommen (Voraussetzung: Beide Partner sind erwerbstätig bzw. in Ausbildung bzw. ein Ehegatte ist arbeitslos!) und Erziehungsgeld bezogen werden.

Allerdings wird Erziehungsgeld nur dem gewährt, der keine oder keine volle Erwerbstätigkeit ausübt.
„Der Arbeitnehmer muß den Erziehungsurlaub spätestens vier Wochen vor dem Zeitpunkt, von dem ab er ihn in Anspruch nehmen will, von dem Arbeitgeber verlangen und gleichzeitig erklären, bis zu welchem Lebensmonat des Kindes er den Erziehungsurlaub in Anspruch nehmen will" (§ 16 I BErzGG). Während des Erziehungsurlaubs wird die soziale Sicherung (= Renten- und Krankenversicherung) der Mutter bzw. des Vaters in der Regel kostenfrei aufrechterhalten. Eheleute, die beide erwerbstätig sind, können sich in dieser Zeit dreimal abwechseln.
Die Mutter kann das Arbeitsverhältnis unter Einhaltung einer Kündigungsfrist von in der Regel drei Monaten (soweit nicht eine kürzere Kündigungsfrist gilt), zum Ende des Erziehungsurlaubs kündigen. Der Arbeitgeber darf das Arbeitsverhältnis während des Erziehungsurlaubs nicht kündigen. Ausbildungszeiten verlängern sich entsprechend. Das Erziehungsgeld ist nach der Einkommenshöhe gestaffelt. Ab 1. Januar 1993 kann für zwei Jahre Erziehungsgeld bezogen werden.

## Arbeitszeitordnung

Die Arbeitszeitordnung regelt die höchstzulässige tägliche Arbeitszeit (Grundsatz des Acht-Stunden-Tages), Mindestruhepausen und -zeiten für die erwachsenen Arbeitnehmer, also solche, die das 18. Lebensjahr vollendet haben. Die AZO will den Arbeitnehmer vor gesundheitsschädigender Arbeitsüberlastung schützen. Die dort formulierten Mindestbedingungen sind durch tarifrechtliche Regelung meistens überholt. Für Jugendliche gilt die AZO grundsätzlich nicht. Das Jugendarbeitsschutzgesetz enthält weitergehende Schutzbestimmungen.

## Sozialversicherung

Die Ausbildungsvergütung nach § 10 BBiG ist Entgelt im Sinne der sozial- und steuerrechtlichen Bestimmungen. Daher muß der Auszubildende auch Beiträge für Krankenversicherung, Rentenversicherung und Arbeitslosenversicherung entrichten. Unter Umständen unterliegt die Vergütung auch dem Lohnsteuerabzug. Der Auszubildende ist automatisch auch in der Unfallversicherung. Doch trägt die Beiträge in diesem Fall allein der Arbeitgeber. Über Einzelheiten der Sozialversicherung unterrichten die nachfolgenden Tabellen. Die Sozialversicherung will den sozial abhängigen und in der Regel vermögenslosen Arbeitnehmer und seine Angehörigen vor wirtschaftlichen Notlagen schützen. Fast alle Arbeitnehmer unterliegen der Versicherungspflicht, d. h. sie werden automatisch versichert, wenn sie ein Arbeitsverhältnis eingehen. Dies gilt auch für die Auszubildenden. Die Pflicht zur Anmeldung bei den Versicherungen liegt beim Arbeitgeber! Der Auszubildende muß seinen Sozialversicherungsausweis und sein -nachweisheft bzw. die Versicherungskarte der Rentenversicherung vorlegen.

Der Auszubildende kann auch die Vergünstigung der vermögenswirksamen Leistungen in Anspruch nehmen. Er kann allein oder mit Hilfe des Arbeitgebers höchstens DM 936 vermögenswirksam anlegen. Er erhält dann die Arbeitnehmer-Sparzulage in Höhe von 10 % bei Aktienerwerb u. ä. bzw. 10 % bei Bausparen u. ä. (evtl. kann zusätzlich 10 % von DM 800 als Wohnungsbauprämie beansprucht werden). Die Prämien werden im Rahmen des Lohnsteuerjahresausgleichs bzw. der Einkommensteuererklärung vom Finanzamt gezahlt.

| | Krankenversicherung | Rentenversicherung | Unfallversicherung | Arbeitslosenversicherung |
|---|---|---|---|---|
| Ziel | Schutz im Krankheitsfall | Sicherung des erworbenen Lebensstandards nach dem Ausscheiden aus dem Erwerbsleben | Zahlung von Entschädigungen bzw. Wiederherstellung der Erwerbsfähigkeit und Verhütung von Arbeitsunfällen | Zahlung von Arbeitslosengeld im Falle der Arbeitslosigkeit sowie Erhaltung und Schaffung von Arbeitsplätzen |
| Träger | • Allgemeine Ortskrankenkassen (z. B. AOK Berlin)<br>• Betriebskrankenkassen (z. B. Betriebskrankenkasse des Landes und der Stadt Berlin; sie wird vom Arbeitgeber für seinen Betrieb errichtet)<br>• Innungskrankenkasse (z. B. Innungskrankenkasse für das Metallhandwerk in Berlin); sie wird für die einer Innung angehörenden Betriebe errichtet.<br>• Landwirtschaftl. Krankenkassen<br>• Knappschaftliche Krankenkassen für den Bergbau<br>• Ersatzkassen (z. B. Barmer Ersatzkasse; die Mitgliedschaft in ihnen befreit von der Versicherung in den gesetzlichen Krankenkassen (insbes. AOK)<br>• Seekrankenkassen | • Landesversicherungsanstalten als Träger der Rentenversicherung für Arbeiter. In ihr sind alle Arbeiter und Auszubildende eines Arbeiterberufes unabhängig von der Höhe des Arbeitsverdienstes versicherungspflichtig.<br>• Bundesversicherungsanstalt für Angestellte als Träger der Rentenversicherung für Angestellte.<br>In ihr sind alle Angestellten und Auszubildenden in Angestelltenberufen versicherungspflichtig.<br>• Bundesbahnversicherungsanstalt<br>• Seekasse<br>• Landwirtschaftliche Alterskassen<br>• Bundesknappschaft | • Berufsgenossenschaften der Bezirke und Branchen (gewerblich, landwirtschaftlich und für die See).<br>Die Berufsgenossenschaft des jeweiligen Bezirkes umfaßt alle Betriebe mit ihren verschiedenen Tätigkeiten. Die Berufsgenossenschaften sind jeweils nach Industriezweigen gegliedert.<br>• Feuerwehrunfallversicherungskassen<br>• Staatliche Ausführungsbehörden<br>• Gemeindeunfallversicherungsverbände | • Bundesanstalt für Arbeit (Sitz: Nürnberg) mit den Landesarbeitsämtern und den Arbeitsämtern als Verwaltungsstellen.<br>• Versicherungspflichtig sind grundsätzlich alle Arbeitnehmer und Auszubildenden. |

| | Krankenversicherung | Rentenversicherung | Unfallversicherung | Arbeitslosenversicherung |
|---|---|---|---|---|
| Versicherungsfälle | • Krankheit<br>• Entbindung<br>• Tod | • Berufsunfähigkeit (Berufsunfähigkeit im Sinne der Rentenversicherung setzt voraus, daß die Erwerbsfähigkeit aufgrund von Krankheit, Gebrechen oder Schwäche auf weniger als die Hälfte eines körperlich und geistig gesunden Versicherten mit ähnlicher Ausbildung und gleichwertigen Kenntnissen und Fähigkeiten herabgesunken ist.)<br>• Erwerbsunfähigkeit (Erwerbsunfähigkeit im Sinne der Rentenversicherung ist dagegen gegeben, wenn die Erwerbstätigkeit aufgrund von Krankheit, Gebrechen oder Schwäche auf absehbare Zeit in gewisser Regelmäßigkeit vom Versicherten nicht mehr ausgeübt werden kann oder die Einkünfte aus Erwerbstätigkeit auf unter ein Achtel der Beitragsbemessungsgrenze zur Rentenversicherung gesunken sind.)<br>• Alter<br>• Tod | • Arbeitsunfall<br>• Berufskrankheit<br>(Der Unfall muß im ursächlichen Zusammenhang mit der Berufstätigkeit stehen. Unfälle auf dem Wege nach und von der Arbeits- oder Ausbildungsstätte sind eingeschlossen.) | • Arbeitslosigkeit<br>• Kurzarbeit<br>• Betriebsstillegung |
| Leistungen | • Vorsorgeuntersuchung<br>• Ärztliche Betreuung im Krankheitsfall<br>• Versorgung mit Medikamenten<br>• Krankenhilfe (Krankenpflege, Krankenhauspflege, Krankengeld)<br>• Mutterschaftshilfe<br>• Kuren<br>• Familienhilfe für unterhaltsberechtigte Familienangehörige<br>• Sterbegeld für Bestattungskosten | • Berufsunfähigkeitsrente<br>• Erwerbsunfähigkeitsrente<br>• Rehabilitationsunterstützung (= Unterstützung von Maßnahmen zur Erhaltung, Besserung und Wiederherstellung der Erwerbsfähigkeit)<br>• Altersruhegeld (Höhe abhängig von der Versicherungszeit und dem Arbeitsverdienst)<br>• Witwen- und Waisenrente bei Tod des Versicherten<br>• Beiträge für die Krankenkasse der Rentner | • Heilbehandlung<br>• Verletztengeld<br>• Berufshilfe (= Förderung zur Wiedereingliederung in den Arbeitsprozeß)<br>• Unfallrente<br>• Pflegegeld<br>• Sterbegeld<br>• Hinterbliebenenrente<br>• Waisenrente<br>• Rentenabfindung<br>• Aufsicht und Aufklärung zur Unfallverhütung | • Arbeitslosengeld (mit begrenzter Bezugsdauer)<br>• Arbeitslosenhilfe (mit unbegrenzter Bezugsdauer)<br>• Beiträge zur Kranken-, Unfall- und Rentenversicherung der Leistungsempfänger<br>• Kurzarbeitergeld<br>• Schlechtwettergeld (für die im Baugewerbe Beschäftigten)<br>• Maßnahmen zur Arbeitsbeschaffung<br>• Umschulung<br>• Konkursausfallgeld |

| | Krankenversicherung | Rentenversicherung | Unfallversicherung | Arbeitslosenversicherung |
|---|---|---|---|---|
| Kreis der Versicherten | • Arbeiter<br>• Angestellte bis zu einer Einkommenshöhe von DM 5700 im Jahre 1994 (= 75 % der Beitragsbemessungsgrenze in der Rentenversicherung in Höhe von DM 7600)<br>• Auszubildende<br>• Studenten<br>• Rentner | Grundsätzlich alle Arbeitnehmer und Auszubildenden sowie Arbeitslose | Alle Arbeitnehmer und Auszubildenden (Pflichtversicherung) | Grundsätzlich alle Arbeiter, Angestellten und Auszubildenden |
| Beginn des Versicherungsschutzes | Mit der Aufnahme des Arbeits- oder Ausbildungsverhältnisses, unabhängig von der Anmeldung und der Beitragszahlung | Unterschiedliche Zugehörigkeitszeiten als Voraussetzung für Leistungen | Mit der Aufnahme des Arbeits- oder Ausbildungsverhältnisses, unabhängig von der Anmeldung und der Beitragszahlung | Voraussetzung für Leistungen: mind. 360 Kalendertage für 104 Tage Arbeitslosengeld bzw. 150 Tage für Arbeitslosenhilfe |
| Finanzierung (= Mittelaufbringung) | durch Beiträge und staatliche Zuschüsse; Beiträge abh. von der Höhe des Verdienstes, durchschnittlich 13,4 % vom Bruttoverdienst, wobei der versicherte Arbeitnehmer 50 % zahlt; die andere Hälfte zahlt der Arbeitgeber. Bis zu einem Verdienst von DM 610 trägt der Arbeitgeber den Beitrag allein. | durch Beiträge, die sich nach dem Bruttoverdienst richten (= 19,2 % davon; 50 % zahlt der Arbeitnehmer, 50 % der Arbeitgeber, in der Knappschaft 23,45 %, wobei hier nur 8,85 % auf den Arbeitnehmer entfallen; der Arbeitgeber trägt 14,6 %) sowie staatliche Zuschüsse. Wenn das monatliche Bruttogehalt des Versicherten 10 % der Beitragsbemessungsgrenze nicht übersteigt, dann zahlt der Arbeitgeber den Beitrag zu 100 %. Die Beitragsbemessungsgrenze errechnet sich aus dem Durchschnitt der Arbeitseinkommen und wird jährlich amtlich bekanntgegeben. Sie lag 1992 bei DM 6800, 1994 beträgt sie DM 7600; in der Knappschaft DM 9400. Wer mehr verdient, dessen Beiträge werden nach diesem Betrag bemessen. | Beiträge, die nur vom Arbeitgeber zu entrichten sind. Sie sind abhängig von den gezahlten Löhnen und der betrieblichen Unfallgefahr. | Beiträge: 6,5 % vom Bruttoverdienst (50 % davon zahlt der Arbeitnehmer, 50 % der Arbeitgeber); bis zu einem monatlichen Verdienst von DM 610 trägt der Arbeitgeber den Beitrag allein. Die Beitragsbemessungsgrenze für das Jahr 1994 beträgt DM 7600. Zusätzlich: Umlagen und Bundesmittel. |

Für eine Übergangszeit gelten in den neuen Bundesländern Sonderbestimmungen für die Sozialversicherung; sie sind hier nicht berücksichtigt. In Zukunft ist auch noch mit einem Beitrag zur Pflege-Versicherung zu rechnen (etwa 1 % bis zur Beitragsbemessungsgrenze von DM 5700).

**Fragen, Aufgaben, Fallbeispiele**

**42.** Inwiefern ist das Berufsausbildungsverhältnis ein Arbeitsverhältnis ,,besonderer Art“?

**43.** In welchen Fällen wird die Ausbildungsvergütung trotz Ausfalles der Ausbildung weitergezahlt?

**44.** Unterliegt auch der Berufsausbildungsvertrag den Tarifvereinbarungen?

**45.** Zwei Auszubildende streiten sich in der Pause. Der Streit wird immer heftiger und endet mit dem Sturz des einen Auszubildenden, der dabei einen Armbruch erleidet. Die Bestürzung ist groß! Kann die gesetzliche Unfallversicherung in Anspruch genommen werden?

**46.** Was wird unter Beitragsbemessungsgrenze verstanden?

**Hinweise auf Quellen und weiterführende Literatur**


- Halbach, Günter u. a.: Übersicht über das Recht der Arbeit. Bonn: Der Bundesminister für Arbeit und Sozialordnung [3]1989.
- Spinnarke, Jürgen: Soziale Sicherheit in der Bundesrepublik Deutschland. Die Sozialversicherung – System, Rechte, Leistungen. Heidelberg: Decker & Müller [6]1991.
- Winterfeld, Rosemarie: Mutterschutz und Erziehungsurlaub. Mutterschutzgesetz und Bundeserziehungsgeldgesetz mit Erläuterungen. München: C. H. Beck'sche Verlagsbuchhandlung 1986.


## 2.3.6. Arbeits- und Ausbildungsförderung

Nach Art. 20 I GG ist die Bundesrepublik Deutschland ein sozialer Staat. Das bedeutet, daß soziale Unterschiede nicht zur Einschränkung der Grundrechte wie dem der freien Berufs- und Ausbildungsstättenwahl nach Art. 12 I GG führen dürfen. Das Grundgesetz verbrieft darüber hinaus jedem das Recht auf Entfaltung der Persönlichkeit (Art. 2 GG). Daher ist durch entsprechende Förderung ein Zustand der Chancengleichheit bzw. Chancengerechtigkeit anzustreben. In den Fällen, wo eine Ausbildung aus finanziellen Gründen unterbleiben müßte, können Lebensunterhalt und Ausbildungskosten öffentlich nach unterschiedlichen Bestimmungen übernommen werden. Es gibt u. a. folgende Möglichkeiten:

- Förderung nach dem Arbeitsförderungsgesetz (AFG)
- Förderung nach dem Bundessozialhilfegesetz (BSHG)
- Förderung nach dem Bundesausbildungsförderungsgesetz (BAföG)

### 2.3.6.1. Arbeitsförderungsgesetz

Die Maßnahmen nach dem Arbeitsförderungsgesetz vom 25. Juni 1969 (früher Gesetz über die Arbeitsvermittlung und die Arbeitslosenversicherung von 1927) zielen auf einen hohen Beschäftigungsstand, eine Verbesserung der Beschäftigungsstruktur und eine Förderung des Wirtschaftswachstums (vgl. § 1 AFG).

Im Rahmen der Sozial- und Wirtschaftspolitik der Bundesregierung soll die Bundesanstalt für Arbeit im einzelnen dafür sorgen, daß

1. weder Arbeitslosigkeit und unterwertige Beschäftigung noch ein Mangel an Arbeitskräften eintreten oder fortdauern,
2. die berufliche Beweglichkeit der Erwerbstätigen gesichert und verbessert wird,
3. nachteilige Folgen, die sich für die Erwerbstätigen aus der technischen Entwicklung oder aus wirtschaftlichen Strukturwandlungen ergeben können, vermieden, ausgeglichen oder beseitigt werden,
4. die berufliche Eingliederung körperlich, geistig oder seelisch Behinderter gefördert wird,
5. der geschlechtsspezifische Ausbildungsstellen- und Arbeitsmarkt überwunden wird und Frauen, deren Unterbringung unter den üblichen Bedingungen des Arbeitsmarktes erschwert ist, beruflich eingegliedert werden,
6. ältere und andere Erwerbstätige, deren Unterbringung unter den üblichen Bedingungen des Arbeitsmarktes erschwert ist, beruflich eingegliedert und gefördert werden,
7. die Struktur der Beschäftigung nach Gebieten und Wirtschaftszweigen verbessert wird,
8. illegale Beschäftigung bekämpft und damit die Ordnung auf dem Arbeitsmarkt aufrechterhalten wird.

In diesem Sinne obliegen der Bundesanstalt für Arbeit mit Sitz in Nürnberg

1. die Berufsberatung,
2. die Arbeitsvermittlung (auch Vermittlung in berufliche Ausbildungsstellen),
3. die Förderung der beruflichen Bildung,
4. die Gewährung von berufsfördernden Leistungen zur Rehabilitation,
5. die Gewährung von Leistungen zur Erhaltung und Schaffung von Arbeitsplätzen,
6. die Gewährung von Arbeitslosengeld und
7. die Gewährung von Konkursausfallgeld.

Um diese Aufgaben überhaupt bzw. besser erfüllen zu können, hat die Bundesanstalt Arbeitsmarkt- und Berufsforschung zu betreiben, mit dem Bundesminister für Arbeit und Sozialordnung abzustimmen und diesem ihre Forschungsergebnisse vorzulegen. Arbeitsmarkt- und Berufsforschung bedeutet im einzelnen: Beobachtung, Untersuchung und Auswertung von

- Umfang und Art der Beschäftigung,
- Lage und Entwicklung des Arbeitsmarktes,
- Lage und Entwicklung der Berufe,
- Lage und Entwicklung der beruflichen Bildungsmöglichkeiten im allgemeinen und in den einzelnen Wirtschaftszweigen und Wirtschaftsgebieten, auch nach der sozialen Struktur (vgl. § 6 I AFG).

Individuelle Förderung der beruflichen Bildung

Die Bundesanstalt fördert berufliche Ausbildung, berufliche Fortbildung und berufliche Umschulung. Der Arbeitnehmer soll nach dem AFG gemäß seiner Eignung, Neigung und unter Berücksichtigung der Arbeitsmarktlage zu einer qualifizierten Ausbildung kommen. Die Ausbildung (bzw. Fortbildung oder Umschulung) kann finanziell gefördert werden, wenn der Betroffene die Mittel nicht selbst aufbringen kann und den Unterhaltsverpflichteten (= Eltern oder Ehepartner) die Zahlung üblicherweise nicht zugemutet werden kann.

Förderungsvoraussetzungen

- Der Auszubildende muß Deutscher oder Staatsangehöriger eines EG-Staates (bzw. asylberechtigter Ausländer oder Kontingentflüchtling) sein und sich beim Arbeitsamt beraten lassen.
- Er muß beabsichtigen eine Beschäftigung aufzunehmen oder fortzusetzen.
- Der Auszubildende muß für die angestrebte berufliche Tätigkeit geeignet sein.
- Der Auszubildende muß erwarten lassen, daß er das Ausbildungsziel erreicht.
- Die Förderung muß unter Berücksichtigung von Lage und Entwicklung des Arbeitsmarktes zweckmäßig sein.
- Die geförderte Maßnahme muß fachlich zweckmäßig erscheinen (nach Dauer, Inhalt, Gestaltung des Lehrplans, Unterrichtsmethode sowie Qualität der Lehrkräfte).

**Berufsausbildungsbeihilfe muß bei dem Arbeitsamt beantragt werden, das für den Wohnsitz des Auszubildenden zuständig ist.**

So hilft das AFG –
Beispiel:

Gerd F., 19 Jahre alt, hat die Schule geschafft und will das Friseurhandwerk erlernen. Er wohnt nicht bei seinen geschiedenen Eltern. Der Bedarfssatz für Gerd beträgt 670,– DM. Hinzugerechnet werden 54,– DM für Fahrkosten und 20,– DM für Arbeitskleidung. Diesem Bedarfssatz in Höhe von 744,– DM wird Gerds Einkommen gegenübergestellt. Gerd erhält 330,– DM Ausbildungsvergütung, sein Vater zahlt 200,– DM Unterhalt und die Rentenstelle der Landesversicherungsanstalt zahlt 152,90 Kinderzuschuß. – Unter Berücksichtigung eines Freibetrages von 135,– DM beläuft sich Gerds Einkommen auf 547,90 DM. Da die Eltern geschieden sind, wird das Elterneinkommen nicht berücksichtigt. Gerd kann eine Berufsausbildungsbeihilfe in Höhe von 196,– DM beanspruchen. (In besonderen Fällen kann noch eine Mietkostenpauschale bis zu 75,– DM vom Arbeitsamt übernommen werden.)

Berufsausbildungsbeihilfe

Eine Berufsausbildungsbeihilfe wird in Form von Zuschüssen und Darlehen für die folgenden Ausbildungsarten gewährt:

- betriebliche oder überbetriebliche Ausbildung in einem anerkannten Ausbildungsberuf,

- Teilnahme an einem Grundausbildungslehrgang zur Vorbereitung auf bestimmte Berufsbereiche,
- Teilnahme an einem Förderungslehrgang für noch nicht berufsreife Personen, von denen zu erwarten ist, daß sie nach dem Abschluß des Lehrganges eine Ausbildung aufnehmen können,
- Teilnahme an einem Lehrgang zur Verbesserung der Vermittlungsmöglichkeiten für Personen, die den Anforderungen eines anerkannten Ausbildungsberufes nicht und einer Arbeitsaufnahme noch nicht gewachsen sind,
- Arbeitserprobung Leistungsgeminderter, für die auch unter Mitwirkung des psychologischen und des ärztlichen Dienstes des Arbeitsamtes eine bestimmte Ausbildung oder Tätigkeit noch nicht vorgeschlagen werden kann (vgl. § 40 AFG).

Bei der Bemessung der Berufsausbildungsbeihilfe wird vom Bedarf für die Ausbildung und den Lebensunterhalt ausgegangen. Der Bedarf umfaßt die Kosten für den Lebensunterhalt, die Lehrgangsgebühren, die Lernmittel (zum Beispiel Bücher), die Arbeitskleidung und die Fahrtkosten. Davon wird das Einkommen des Auszubildenden, seiner Eltern bzw. des Ehepartners voll oder teilweise abgezogen. Das allerdings nur, soweit es bestimmte Freibeträge übersteigt. Der Auszubildende erhält die Beihilfe für die vorgeschriebene Ausbildungszeit bzw. für die Dauer der berufsvorbereitenden Maßnahmen. Die Beihilfe wird grundsätzlich als Zuschuß gewährt, in einzelnen Fällen auch als zinsloses Darlehen.

Neuerdings wird Berufsausbildungsbeihilfe nur gewährt, wenn der Auszubildende außerhalb des Haushalts der Eltern untergebracht wird.

Die Förderung läuft bei einem begründeten Wechsel der Berufsausbildung weiter. Wird im Anschluß an eine abgeschlossene Berufsausbildung die Ausbildung in einem zweiten Ausbildungsberuf aufgenommen, so wird auch diese gefördert, wenn dadurch die Beschäftigungschancen verbessert werden und ein fachlicher Zusammenhang zwischen beiden Berufen besteht.

### Förderung der beruflichen Fortbildung

Nach § 41 I AFG fördert die Bundesanstalt für Arbeit die Teilnahme an Maßnahmen, die das Ziel haben, berufliche Kenntnisse und Fertigkeiten festzustellen, zu erhalten, zu erweitern oder der technischen Entwicklung anzupassen oder einen beruflichen Aufstieg zu ermöglichen, und eine abgeschlossene Berufsausbildung oder eine angemessene Berufserfahrung voraussetzen (= berufliche Fortbildung). Bei abgeschlossener Berufsausbildung und mindestens dreijähriger beruflicher Tätigkeit oder entsprechender mindestens sechsjähriger Berufserfahrung kann *zum Beispiel* der Besuch einer Techniker- oder Meisterschule (zwecks beruflichen Aufstiegs) bzw. ein Lehrgang für Datenverarbeiter (z. B. zum Programmierer) zur Anpassung an die technische Entwicklung gefördert werden.

Der Antragsteller muß geeignet sein. Die Förderung muß auch aus arbeitsmarktpolitischer Sicht zweckmäßig erscheinen. Die bisherigen Leistungen des Antragstellers müssen eine erfolgreiche Fortbildung erwarten lassen. Außerdem muß er beabsichtigen, nach Abschluß der Maßnahme eine unselbständige Tätigkeit auszuüben.

| Peronenkreis/ Art der Unterbringung | Monatlicher Bedarf für den Lebensunterhalt | Fahrkosten | Arbeitskleidung | Lernmittel |
|---|---|---|---|---|
| **AUSBILDUNG** | | | | |
| *Antragsteller unverheiratet / 21. Lebensjahr noch nicht vollendet* | | | | |
| Unterbringung im eigenen Haushalt, bei Verwandten, in Untermiete, im Wohnheim etc. | 755,– DM zuzügl. Kosten der Unterkunft, soweit sie 200,– DM monatl. übersteigen, höchstens jedoch 75,– DM monatl. | für Pendelfahrten, ggf. für Familienheimfahrten | 20,– DM | |
| *Antragsteller verheiratet oder hat das 21. Lebensjahr vollendet* | | | | |
| Unterbingung im eigenen Haushalt, bei Verwandten, in Untermiete, im Wohnheim etc. | 795,– DM zuzügl. Kosten der Unterkunft, soweit sie 200,– DM monatl. übersteigen, höchstens jedoch 75,– DM monatl. | für Pendelfahrten, ggf. für Familienheimfahrten | 20,– DM | |
| **Berufsvorbereitende Bildungsmaßnahme:** | | | | |
| *Antragsteller unverheiratet / 21. Lebensjahr noch nicht vollendet* | | | | |
| Unterbringung im Haushalt der Eltern | 355,– DM | für Pendelfahrten | 20,– DM | 15,– DM |
| Unterbringung im eigenen Haushalt, bei Verwandten, in Untermiete, im Wohnheim etc. | 570,– DM | für Pendelfahrten, ggf. für Familienheimfahrten | 20,– DM | 15.– DM |
| *Antragsteller verheiratet oder hat das 21. Lebensjahr vollendet* | | | | |
| Unterbringung im Haushalt der Eltern | 640,– DM | für Pendelfahrten | 20,– DM | 15,– DM |
| Unterbringung im eigenen Haushalt, bei Verwandten, in Untermiete, im Wohnheim etc. | 795,– DM zuzügl. Kosten der Unterkunft, soweit sie 200,– DM monatl. übersteigen, höchstens jedoch 75,– DM monatl. | für Pendelfahrten, ggf. für Familienheimfahrten. | 20,– DM | 15,– DM |

**Auf den Gesamtbedarf ist anzurechnen monatlich:**

**Einkommen des Auszubildenden**

| | |
|---|---|
| Nettovergütung sowie sonstiges Einkommen des Auszubildenden, z. B. Beihilfen anderer Stellen (auf Waisenrente und Unterhaltsleistungen sowie für Teilnehmer an berufsvorbereitenden Maßnahmen; unter bestimmten Voraussetzungen wird ein Freibetrag eingeräumt) | . . . . , . . DM |

**Einkommen der Eltern**

Monatlicher Freibetrag für den Lebensunterhalt der Familie

| | |
|---|---|
| Eltern des Auszubildenden: | |
| Haushaltungsvorstand | 1 810,00 DM |
| dessen Ehegatte (sofern nicht getrennt lebend) | 490,00 DM |
| Geschwister des Auszubildenden, die weder Berufsausbildungsbeihilfe noch Ausbildungsgeld erhalten und | |
| das 15. Lebensjahr noch nicht vollendet haben | 505,00 DM |
| das 15. Lebensjahr vollendet haben | 640,00 DM |

Diese Freibeträge vermindern sich um das Einkommen des betreffenden Kindes.

| | |
|---|---|
| Zusätzlicher Freibetrag, wenn der Auszubildende außerhalb des Haushalts der Eltern oder eines Elternteils untergebracht ist, weil | 1 070,00 DM |

- für eine geeignete Berufsausbildung die Aufnahme einer Ausbildungsstelle erforderlich ist, die nur bei Unterbringung des Auszubildenden außerhalb des Haushalts der Eltern oder eines Elternteils möglich ist
- für die Teilnahme an einer berufsvorbereitenden Bildungsmaßnahme die Unterbringung des Auszubildenden außerhalb des Haushalts der Eltern oder eines Elternteils erforderlich ist

| | |
|---|---|
| Summe der Freibeträge | . . . . , . . DM |
| Nettoeinkommen der Familie (einschl. Kindergeld) | . . . . , . . DM |
| abzüglich Summe der Freibeträge | . . . . , . . DM |
| ergibt übersteigendes Einkommen monatlich | . . . . , . . DM |
| Von dem übersteigenden Einkommen der Eltern des Auszubildenden bleiben für die Eltern jeweils 50 v. H. zuzüglich 5 v. H. für den Auszubildenden und für jedes weitere zu berücksichtigende Kind anrechnungsfrei. | . . . . , . . DM |

Der Restbetrag ist auf die Berufsausbildungsbeihilfe monatlich anzurechnen. Gleichfalls angerechnet wird das Einkommen des Ehegatten des Auszubildenden, unter Berücksichtigung von Freibeträgen.

Die Fortbildungsmaßnahmen können als Vollzeit-, Teilzeit- oder Fernunterricht durchgeführt werden. Bei Vollzeitunterricht erhält der Teilnehmer zum Beispiel zur Bestreitung des Lebensunterhaltes ein Unterhaltsgeld. Das Unterhaltsgeld beträgt mit Kind 73 % bzw. ohne Kind 65 % des letzten Nettoverdienstes, wenn die Teilnahme wegen bestehender oder drohender Arbeitslosigkeit notwendig ist oder wenn ein beruflicher Abschluß fehlt. In anderen Fällen beträgt das Unterhaltsgeld in Form eines zinslosen Darlehens 58 %. Daneben werden ganz oder teilweise die Aufwendungen erstattet für:

- Lehrgangs- und Prüfungsgebühren,
- Lernmittel,
- Fahrten,
- Arbeitskleidung,
- Kranken-, Renten- und Unfallversicherung,
- Unterkunft und Verpflegung bei notwendiger auswärtiger Unterbringung für nicht Alleinstehende,
- Kosten für die Kindesbetreuung in bestimmten Fällen.

### Förderung der beruflichen Umschulung

**Die Bundesanstalt für Arbeit fördert nach § 47 I AFG die Teilnahme von Arbeitsuchenden an Maßnahmen, die das Ziel haben, den Übergang in eine andere geeignete berufliche Tätigkeit zu ermöglichen, insbesondere um die berufliche Beweglichkeit zu sichern oder zu verbessern (= berufliche Umschulung).**

Gründe für eine solche berufliche Umschulung können sein:

- schlechte Arbeitsmarktlage für einen derzeit ausgeübten Beruf,
- Nichteignung für den ausgeübten Beruf (zum Beispiel wegen gesundheitlicher Beeinträchtigung),
- Verhütung von Arbeitslosigkeit, etwa bei bevorstehenden betrieblichen Rationalisierungsmaßnahmen.

Nach dem AFG soll die Umschulung mit einem qualifizierten Abschluß enden. Außerdem muß sie nach Inhalt, Art, Ziel und Dauer den besonderen Erfordernissen der beruflichen Erwachsenenbildung entsprechen. Im übrigen gelten die Ausführungen zur Fortbildungsförderung. Für alle angesprochenen Maßnahmen ist das örtliche Arbeitsamt zuständig.

### Institutionelle Förderung der beruflichen Bildung

Die Bundesanstalt für Arbeit kann nach § 50 AFG auch Institutionen (= Einrichtungen) der beruflichen Bildung fördern. Vorgesehen sind Darlehen und Zuschüsse für den Aufbau, die Erweiterung und Ausstattung von Einrichtungen einschließlich überbetrieblicher Ausbildungswerkstätten, die der beruflichen Ausbildung, Fortbildung und Umschulung dienen. Die Förderung setzt eine angemessene Eigenbeteiligung voraus. In Ausnahmefällen kann auch die Unterhaltung der Einrichtungen gefördert werden.

Ziel einer solchen Förderung ist es, ein Angebot an Bildungseinrichtungen zu schaffen, das der Lage und Entwicklung des Arbeitsmarktes und der Berufe gerecht wird. Außerdem soll durch die jeweilige Maßnahme die Beschäftigungsstruktur in einzelnen Wirtschaftszweigen und Gebieten verbessert werden.

Die Förderung wird in der Regel u. a. davon abhängig gemacht, daß

- sich der Träger der Einrichtung in angemessenem Umfang an den Kosten beteiligt,
- die Bildungsmaßnahmen nach Dauer, Inhalt, Gestaltung der Lehrpläne, Unterrichtsmethode sowie Ausbildung und Berufserfahrung des Leiters und der Lehrkräfte eine erfolgreiche berufliche Bildung erwarten lassen,
- die Einrichtung nicht der schulischen Ausbildung oder überwiegend Betriebs- oder Verbandsinteressen dient und sie die Bedürfnisse des Arbeitsmarktes berücksichtigt.

#### 2.3.6.2. Bundessozialhilfegesetz (BSHG)

Wer nach den schon besprochenen Bestimmungen keine Förderung erhält, kann einen Förderungsantrag auf Ausbildungshilfe beim zuständigen Sozialamt stellen. Die Hilfe zur Ausbildung für einen angemessenen Beruf setzt voraus, daß der Auszubildende für den Beruf geeignet ist, seine Leistungen die Förderung rechtfertigen, der beabsichtigte Ausbildungsweg fachlich notwendig ist und der Beruf voraussichtlich eine ausreichende Lebensgrundlage bietet. Die Ausbildungsbeihilfe umfaßt die erforderlichen Leistungen für den Lebensunterhalt und die Ausbildung.

#### 2.3.6.3. Bundesausbildungsförderungsgesetz

Das Bundesausbildungsförderungsgesetz vom 26. August 1971 (kurz: BAföG; hier allerdings nur in den Grundlinien dargestellt) regelt bundeseinheitlich die individuelle Ausbildungsförderung für Schüler allgemeinbildender und berufsbildender Schulen sowie der Studenten.

Nach diesem Gesetz (und seinem entsprechenden Stand durch Änderungsgesetze) hat jeder Anspruch auf Förderung durch öffentliche Mittel, dessen eigenes Einkommen und Vermögen die erforderlichen Aufwendungen für Ausbildung und Lebensunterhalt nicht decken (vgl. § 1 BAföG). Das Gesetz soll auch eine gewisse Chancengleichheit verwirklichen helfen, indem der mittellose, aber Geeignete finanziell abgesichert wird.

Wer kann gefördert werden?

Gefördert werden können zum Beispiel:

- Schüler von Abendhauptschulen, Abendrealschulen, Abendgymnasien und Kollegs,
- Schüler von weiterführenden allgemeinbildenden Schulen (Gymnasien; ab Klasse 10), Fachoberschulen, Berufsaufbauschulen und von Berufsfachschulen (ab Klasse 10) sowie Fachschulen ohne vorherige Berufsausbildung, wenn der Auszubildende nicht bei seinen Eltern wohnt und von der Wohnung der Eltern aus eine entsprechende zumutbare Ausbildungsstätte nicht erreichbar ist,
- Schüler von Fachschulen, deren Besuch eine abgeschlossene Berufsausbildung voraussetzt,
- Studierende an Höheren Fachschulen und Akademien sowie Studenten an Hochschulen,
- Teilnehmer an Fernunterrichtslehrgängen, die unter denselben Zugangsvoraussetzungen auf denselben Abschluß vorbereiten wie die vorerwähnten Ausbildungsstätten,
- Praktikanten, die ein Praktikum im Zusammenhang mit dem Besuch der vorstehend genannten Ausbildungsstätten und Fernunterrichtslehrgängen leisten müssen.

### Voraussetzungen der Förderung

Die Förderung setzt im einzelnen voraus:

- Die Arbeitskraft des Auszubildenden muß durch die Ausbildung voll in Anspruch genommen werden, d. h., die Unterrichtszeit muß mindestens 20 Wochenstunden betragen.
- Der Antragsteller muß Deutscher im Sinne des Grundgesetzes, heimatloser Ausländer mit Asylberechtigung sein oder als Ausländer die Bedingungen des § 8 BAföG erfüllen und darf das 30. Lebensjahr in der Regel noch nicht vollendet haben.
- Der Antragsteller ist nicht in der Lage, die Mittel für den Lebensunterhalt und die Ausbildung aufzubringen. Er hat auch keine Unterhaltsverpflichteten mit entsprechendem Einkommen oder Vermögen.
- Eignung, Neigung und Leistungen des Auszubildenden müssen erwarten lassen, daß das angestrebte Ausbildungsziel erreicht wird.

### Art und Höhe der Förderung

Die Höhe der Leistungen richtet sich nach der Höhe des im Gesetz für die jeweilige Ausbildung festgelegten Bedarfssatzes, der laufend der Entwicklung der Lebenshaltungskosten angepaßt wird. Der Bedarfssatz soll die Kosten der Lebenshaltung und der Ausbildung decken. Er beträgt z. B. für den auswärts untergebrachten Studenten 795 DM (zuzüglich bis zu 75 DM Mietzuschuß sowie 70 DM Krankenversicherungsbeitrag).

Auf diesen Bedarfssatz werden in gewissem Umfang Einkommen und Vermögen des Auszubildenden, seiner Eltern und seines Ehegatten angerechnet. Anrechnungsfrei bleiben z. B. vom Elterneinkommen zur Zeit 1900 DM zuzüglich weiterer Beiträge für Geschwisterkinder und den Auszubildenden selbst.

Von dem diese Freibeträge übersteigenden Einkommen bleiben weitere Beträge (vgl. Einzelheiten im Gesetz) anrechnungsfrei. Bleibt das Einkommen unterhalb dieser Freibeträge, wird der Auszubildende mit dem Höchstförderungsbetrag gefördert. Maßgebend für die Anrechnung ist das Einkommen im vorletzten Kalenderjahr vor Beginn des Bewilligungszeitraums.

Für die Bearbeitung der Anträge ist das jeweilige Amt für Ausbildungsförderung zuständig. Die Förderung wird für Schüler monatlich in Form eines nicht rückzahlbaren Zuschusses, für Studierende sowie Praktikanten wird die Leistung zu 50 % als Zuschuß und zu 50 % als unverzinsliches Darlehen gewährt. Die einkommensabhängige Darlehensrückzahlung beginnt 5 Jahre nach Ende der Förderungshöchstdauer mit einer Mindestrate von 200 DM monatlich. In einigen Fällen wird ein Teil des Darlehens erlassen – u. a. bei vorzeitigem Abschlußexamen, wegen Kinderbetreuung, Behinderung, vorzeitiger Tilgung sowie hervorragenden Leistungen. Die Rückzahlungsfrist ist auf 20 Jahre begrenzt. Die Abwicklung obliegt dem Bundesverwaltungsamt in Köln.

### Dauer der Förderung

Eine erste Ausbildung wird bis zum berufsqualifizierenden Abschluß gefördert. Die Förderung wird für die Dauer der Ausbildung einschließlich der unterrichts- und vorlesungsfreien Zeit gewährt. Eine Studienabschlußförderung von maximal zwei Semestern soll einen zügigen Abschluß auch dann finanziell ermöglichen, wenn die Förderungshöchstdauer bereits überschritten wurde.

*Ein Beispiel:*

Peter, 23 Jahre, Student/Frank, 21 Jahre, Abendrealschüler und der Rest der Familie

Peter studiert Elektrotechnik im fünften Semester an einer Technischen Hochschule. Er wohnt am Hochschulort; seine Miete beträgt 295 DM. Peters Bruder Frank ist Fachoberschüler. Er wohnt bei seinen Eltern.

Die beiden haben noch eine Schwester, Cordula, 16 Jahre, Realschülerin. Ihre Mutter ist Hausfrau, ihr Vater leitender Angestellter.

Die Familie hatte vor zwei Jahren ein Nettoeinkommen von 6360 DM im Monat. Das Amt für Ausbildungsförderung hat errechnet, daß Peter nach dem BAföG gefördert wird. Er erhält 283 DM. Das Amt hat wie folgt gerechnet:

| | | | |
|---|---|---|---|
| **Bedarfssatz für Peter** | | | |
| (außerhalb wohnend) | | | 795,– DM |
| Erhöhungsbetrag für eigene Krankenversicherung | | | 70,– DM |
| Erhöhungsbetrag für Miete über 225 DM | | | 52,50 DM |
| | | | 917,50 DM |
| **Bedarfssatz für Frank** | | | 590,– DM |
| **Eigenes Einkommen von Peter** | | | 0,– DM |
| **Eigenes Einkommen von Frank** | | | 0,– DM |
| **Einkommen der Eltern im Sinne des BAföG** | | | |
| Vater | | 6360,– DM | |
| Grundfreibetrag | | | |
| Eltern | 1900,– DM | | |
| für Peter | 160,– DM | | |
| für Frank | 160,– DM | | |
| für Cordula | 640,– DM | | |
| | 2860,– DM | 2860,– DM | |
| | | 3500,– DM | |
| Zusatzfreibetrag 65 Prozent von 3500,– DM (50 Prozent für die Eltern + 15 Prozent für Peter, Frank und Cordula) | | 2275,– DM | |
| Anrechnungsbetrag | | 1225,– DM | |

Der Anrechnungsbetrag von 1225,– DM wird zur Hälfte von beiden Bedarfssätzen abgezogen. Da der Bedarfssatz für Frank geringer ist als der Anrechnungsbetrag von 612,50 DM wird die Differenz von 22,50 DM beim Anrechnungsbetrag von Peter hinzugerechnet (§ 11 Abs. 4 BAföG).

**Peter erhält monatlich abgerundet 283 DM Förderung nach dem BAföG, davon 141,50 DM als Zuschuß und 141,50 DM als Darlehen, sein Bruder Frank erhält keine Förderung.**

Im Gegensatz zum AFG, bei dem eine Behörde – nämlich das Arbeitsamt – darüber entscheidet, ob die angestrebte Ausbildung zweckmäßig ist und es die Leistungen des Auszubildenden erwarten lassen, daß das Ausbildungsziel erreicht wird, entscheidet beim BAföG bei freier Wahl des Ausbildungsweges ausschließlich die finanzielle Bedürftigkeit über eine Förderung.

Die Praxis zeigt, daß auch heute noch ein Teil der Jugendlichen aus finanziellen Gründen auf den Besuch weiterführender Ausbildungseinrichtungen verzichtet, weil ihnen die Förderungsmöglichkeiten nicht bekannt sind, obwohl seit 1971 bereits Hunderttausende mit Hilfe der genannten Gesetze gefördert wurden. Daher ist es auch eine Aufgabe des Ausbilders, auf diese Möglichkeiten hinzuweisen. In jedem Stadt- und Landkreis ist eine Stelle des Arbeitsamtes erreichbar oder ein Amt für Ausbildungsförderung. Diese Stellen geben allen Lern- und Weiterbildungswilligen Auskunft über Ansprüche auf Leistungen nach den verschiedenen Bestimmungen zur Ausbildungsförderung.

Nach den Aussagen der Statistiker haben im Zeitraum von 1972/76 26 % der Oberstufenschüler und 42 % der Studenten „BAföG" erhalten (1980: 34,2 % der Schüler, 35,6 % der Studenten). Die Väter der Geförderten waren zu 26 % Arbeiter, zu 24 % Angestellte, zu 12 % Beamte, zu 15 % Selbständige und zu 23 % Rentner und Pensionäre. 1983 sind die Leistungen nach dem BAföG für Schüler und Studenten stark vermindert bzw. auf Darlehen umgestellt worden. Ursächlich sind dafür einmal die „leeren" Staatskassen, zum anderen die Auffassung, Ausbildungskosten sollten grundsätzlich von denen getragen werden, die später den Nutzen in Form höherer Einkommen haben werden! Einige Länder mildern die bundesgesetzliche Einschränkung der Ausbildungsförderung für Schüler durch ein „LAföG" (= Landesausbildungsförderungsgesetz).

Knapp eine halbe Million Schüler und Studenten haben 1989 Leistungen nach dem Bundesausbildungsförderungsgesetz erhalten. Davon wurden im monatlichen Durchschnitt 263 100 Studenten und 69 600 Schüler gefördert. Die durchschnittliche BAföG-Leistung betrug für Studenten monatlich 597 DM und für Schüler 555 DM. Insgesamt gaben Bund und Länder 1989 für die Ausbildungsförderung 2,35 Milliarden DM aus und damit 4,2 % mehr als 1988.

## Fragen, Aufgaben, Fallbeispiele

**47.** An wen wendet sich das Bundesausbildungsförderungsgesetz im Unterschied zum Arbeitsförderungsgesetz?

**48.** Wer gibt Auskunft über die Förderungsmöglichkeiten beruflicher Bildung?

**49.** Karl hat einen Platz auf der Berufsfachschule erhalten. Täglich ist er fast bis zu 3 Stunden mit „An- und Abreise" beschäftigt. Er möchte das elterliche Haus verlassen und sich in der Nähe der Schule ein Zimmer nehmen. Was wird dann mit der Finanzierung? Könnte er BAföG erhalten?

**50.** Was spricht für ein Studium auf Kredit?

### Hinweise auf Quellen und weiterführende Literatur

- Bundesminister für Arbeit und Sozialordnung (Hrsg.): AFG Änderungen aufgrund der 9. Novelle. Bonn 1989.
- Kühner, Hans-Joachim: Finanzielle Förderung für Schüler und Studenten. Erläuterungen zum BAföG. Saarbrücken: Arbeitskammer des Saarlandes [16]1989.

## 2.3.7. Jugendschutzbestimmungen

Es ist nicht neu: Diejenigen, die im Betrieb Entscheidungen treffen und die Verantwortung tragen, müssen auch für die Gesundheit und Sicherheit der Mitarbeiter sorgen.

Verschiedene Gesetze und Vorschriften übertragen dem Arbeitgeber Pflichten zum Schutze der Gesundheit der in seinem Betrieb beschäftigten Arbeitnehmer:

- So schreibt die Gewerbeordnung in § 120 a I vor, wie der Betrieb gestaltet und geregelt sein muß, damit die Beschäftigten vor gesundheitlichen Schäden bewahrt bleiben. Die Bestimmung lautet:
  Die Gewerbeunternehmer sind verpflichtet, die Arbeitsräume, Betriebsvorrichtungen, Maschinen und Gerätschaften so einzurichten und zu unterhalten und den Betrieb so zu regeln, daß die Arbeiter gegen Gefahren für Leben und Gesundheit soweit geschützt sind, wie es die Natur des Betriebes gestattet.

- Die Allgemeinen Vorschriften der Unfallverhütungsvorschriften der gewerblichen Berufsgenossenschaften (VBG [UVV] 1, § 2 I) enthalten ähnlich lautende Regelungen. Die genannte Vorschrift lautet:
  Der Unternehmer hat, soweit es nach dem Stand der Technik möglich ist, alle Baulichkeiten, Arbeitsstätten, Betriebseinrichtungen, Maschinen und Gerätschaften so einzurichten und zu erhalten, daß die Versicherten gegen Unfälle und Berufskrankheiten geschützt sind. Solange die genannten Betriebsmittel Mängel aufweisen, die eine Gefahr für Leben und Gesundheit der Versicherten bedeuten, sind sie der Benutzung zu entziehen.

- Aber auch die Arbeitsstättenverordnung, Verordnung über gefährliche Stoffe, Arbeitszeitordnung, Bundesurlaubsgesetz u. a. sprechen die Verpflichtung des Betriebs zu gesundheitsschützenden Maßnahmen an.

- Hinzu kommen Sonderregelungen für bestimmte Personenkreise. So finden sich *z. B.* für Frauen wegen ihrer geringeren körperlichen Kräfte und ihrer besonderen biologischen Funktionen spezielle Regelungen innerhalb der Arbeitszeitordnung. Für werdende Mütter gelten weitergehende Schutzvorschriften, die im Mutterschutzgesetz verankert sind.
  Kinder und Jugendliche sind ebenfalls besonders gesundheitsgefährdet und demnach auch besonders schutzbedürftig. Die sie betreffenden speziellen Schutzmaßnahmen regelt das Jugendarbeitsschutzgesetz. § 28 lautet:

Menschengerechte Gestaltung der Arbeit

(1) Der Arbeitgeber hat bei der Einrichtung und der Unterhaltung der Arbeitsstätte einschließlich der Maschinen, Werkzeuge und Geräte und bei der Regelung der Beschäftigung die Vorkehrungen und Maßnahmen zu treffen, die zum Schutze der Jugendlichen gegen Gefahren für Leben und Gesundheit sowie zur Vermeidung einer Beeinträchtigung der körperlichen oder seelisch-geistigen Entwicklung der Jugendlichen erforderlich sind. Hierbei sind das mangelnde Sicherheitsbewußtsein, die mangelnde Erfahrung und der Entwicklungsstand der Jugendlichen zu berücksichtigen und die allgemein anerkannten sicherheitstechnischen und arbeitsmedizinischen Regeln sowie die sonstigen gesicherten arbeitswissenschaftlichen Erkenntnisse zu beachten.

Das Erscheinungsbild des heutigen Jugendlichen ist ein möglicher Anlaß für Fehlbeurteilungen. Manche Jugendliche sind in ihrem äußeren Erscheinungsbild vom Erwachsenen kaum zu unterscheiden. Einzelheiten dazu wurden bereits im Kapitel Typische Entwicklungserscheinungen und Verhaltensweisen im Jugendalter auf S. 5ff. besprochen. Akzeleration und Retardation machen es unmöglich, vom äußeren Erscheinungsbild des Jugendlichen verbindliche Rückschlüsse auf dessen tatsächliche Leistungsfähigkeit zu ziehen. Täuscht das äußere Erscheinungsbild die Jugendlichen selbst oder ihre Umgebung über ihre tatsächliche Leistungsfähigkeit, so kann das schwerwiegende Folgen haben.

Das Jugendarbeitsschutzgesetz will den Jugendlichen nicht vor jeder Anstrengung einer schweren körperlichen Arbeit bewahren. Hauptziel des Jugendarbeitsschutzgesetzes ist vielmehr, die Jugendlichen während ihrer ersten Beschäftigungsjahre vor Überforderungen und Fehlbelastungen zu schützen, damit ihre köperliche Entwicklung nicht beeinträchtigt wird.

Eine gesunde körperliche Entwicklung setzt voraus, daß

- jeder Jugendliche einer Arbeitsbelastung ausgesetzt ist, die seiner Leistungsfähigkeit entspricht,
- hingegen alle darüber hinausgehenden Belastungen und Anstrengungen vermieden werden.

Das Jugendarbeitsschutzgesetz schützt also die Jugendlichen nicht etwa allgemein vor der Arbeit, sondern lediglich vor ungeeigneter Arbeit!

Nun wird häufig gesagt: Arbeit hat noch nie jemandem geschadet! Leider kann man auf Anhieb meist gar nicht feststellen, ob nun tatsächlich Schäden aufgetreten sind oder nicht. Auch dann, wenn Schäden aufgetreten sind, brauchen sie sich nicht unmittelbar bemerkbar zu machen. Der jugendliche Organismus hat nämlich die erstaunliche Fähigkeit, sich äußeren schädlichen Einflüssen anzupassen und sie zunächst zu kompensieren. Seine – wie der Mediziner sagt – hohe ,,biologische Lebensleistung" bietet hierfür die Erklärung.

Sie bewirkt, daß in der Jugendzeit durch Überbeanspruchung und Fehlbelastungen verursachte Schäden zunächst nicht sichtbar zutage treten. Erst wenn mit fortschreitendem Alter die Anpassungs- und Kompensationsfähigkeiten des Organismus nachlassen, machen sich diese Schäden bemerkbar. Leider sind sie dann meist irreparabel.

Jugendliche neigen dazu, die eigenen Kräfte zu überschätzen!

Die Folge: Sie überfordern sich selbst oder nehmen nicht wahr, daß sie überfordert werden. Selbst wenn sie merken, daß eine Arbeit ihre Leistungsfähigkeit übersteigt, scheuen sie sich oft, etwas zu sagen. Der Grund: Sie müßten damit eingestehen, daß sie noch nicht erwachsen sind, während es häufig gerade ihr Wunsch ist, keine Sonderstellung zu beanspruchen.

Aus allen genannten Gründen besteht für Jugendliche ein besonderer Arbeitsschutz. Er bezweckt den Schutz der Jugendlichen vor Gefahren, denen sie im Arbeitsleben für ihre Gesundheit, ihre körperliche, geistige und seelische Entwicklung ausgesetzt sind. Der Jugendliche soll vor Arbeiten geschützt werden, die seine Leistungsfähigkeit übersteigen.

§ 6 I 5 und § 6 II BBiG verlangen:

- Der Ausbildende hat dafür zu sorgen, daß der Auszubildende charakterlich gefördert sowie sittlich und körperlich nicht gefährdet wird.
- Dem Auszubildenden dürfen nur Verrichtungen übertragen werden, die dem Ausbildungszweck dienen und seinen körperlichen Kräften angemessen sind.

Das Jugendarbeitsschutzgesetz (JugArbSchG) – genauer: Gesetz zum Schutze der arbeitenden Jugend vom 12. April 1976 (in der Fassung vom 24. April 1986) – präzisiert diese Verpflichtungen und sichert sie rechtlich ab.

Der Jugendliche darf grundsätzlich keine Arbeiten ausführen, die seine körperlichen Kräfte übersteigen oder zu denen er aufgrund seines Lebensalters ungeeignet ist. Das Gesetz, dessen Einzelbestimmungen sogleich dargestellt werden sollen, regelt *zum Beispiel* die Besonderheiten der Beschäftigung, des Urlaubs, der Arbeitszeit, der Ruhepausen sowie die ärztliche Untersuchung bei Jugendlichen.

Ein Gesetz allein kann aber den Schutz der Jugendlichen vor Überforderung und Überbelastung nicht sicherstellen. Der Staat allein kann den Gesundheitsschutz der Jugendlichen nicht gewährleisten. Jugendarbeitsschutz ist vielmehr eine Gemeinschaftsaufgabe. Hier ist in erster Linie der Ausbilder angesprochen. Die richtige Einstellung der Ausbilder zum Jugendarbeitsschutz ist eine wesentliche Voraussetzung für die Verwirklichung der Ziele des Gesetzes. Der Ausbilder kann ganz entscheidend dazu beitragen, die Jugendlichen vor Schäden bei der Arbeit zu bewahren.

### 2.3.7.1. Bestimmungen des Jugendarbeitsschutzgesetzes

Der persönliche Geltungsbereich des Gesetzes erstreckt sich auf die Beschäftigung von Personen unter 18 Jahren, d. h. auf Kinder und Jugendliche (§ 1 I JugArbSchG). Kind im Sinne dieses Gesetzes ist, wer noch nicht 14 Jahre alt ist. Jugendlicher ist, wer 14, aber noch nicht 18 Jahre alt ist. Jugendliche, die der Vollzeitschulpflicht unterliegen, gelten als Kinder im Sinne des Gesetzes (vgl. § 2 JugArbSchG). Es spielt dabei keine Rolle, welche Schulart (z. B. Hauptschule oder Gymnasium) der Schüler besucht. Die Unterscheidung in Kinder und Jugendliche ist sehr bedeutsam: Während für Kinder die Beschäftigung grundsätzlich verboten ist, ist die Beschäftigung Jugendlicher grundsätzlich erlaubt.

Mit Beschäftigung meint das Gesetz:

- in der Berufsausbildung (außerschulisch),
- als Arbeitnehmer oder Heimarbeiter,
- in einem der Berufsausbildung ähnlichen Ausbildungsverhältnis (*z. B.* als Volontär oder Praktikant).

Die Beschäftigung in der Berufsschule fällt also nicht unter das Gesetz, wohl aber die Beschäftigung in außerbetrieblichen Ausbildungsstätten oder anläßlich eines Betriebspraktikums während der Vollzeitschulpflicht.

Der räumliche Geltungsbereich des Gesetzes erstreckt sich auf das gesamte Bundesgebiet. Das Kriterium ist, ob die Beschäftigung im Bundesgebiet ausgeübt wird. Die Staatsangehörigkeit des Arbeitgebers, des Kindes oder des Jugendlichen spielen für die Wirksamkeit des Gesetzes keine Rolle. Daher fallen auch die jugendlichen Gastarbeiter in Deutschland und jugendliche ausländische Grenzgänger unter die gesetzlichen Bestimmungen.

### Beschäftigung von Kindern

Die Beschäftigung von Kindern ist grundsätzlich verboten (§ 5 I JugArbSchG). Grundsätzlich heißt, es gibt Ausnahmen. Als Ausnahmen sind die folgenden Beschäftigungen erlaubt:

- zum Zwecke der Beschäftigungs- und Arbeitstherapie (da auf Heilung von Gesundheitsschäden ausgerichtet),
- im Rahmen des Betriebspraktikums während der Vollzeitschulpflicht,
- in Erfüllung einer richterlichen Weisung,
- in den Schulferien (höchstens vier Wochen für Jugendliche über 15 Jahren).

Beschränkt zulässig ist eine Beschäftigung für Kinder über 13 Jahre mit leichten und für die Kinder geeigneten Tätigkeiten in der Landwirtschaft, beim Zeitungsaustragen und mit Handreichungen beim Sport.

Für Veranstaltungen – wie Theaterspiel, Musikaufführungen – kann die Aufsichtsbehörde Ausnahmen erteilen (vgl. § 6 JugArbSchG).

### Beschäftigung Jugendlicher

Nach dem JugArbSchG ist die Beschäftigung Jugendlicher unter 15 Jahren grundsätzlich verboten (§ 7 I JugArbSchG). Da es jedoch möglich ist,daß frühzeitig eingeschulte Kinder mit Beendigung der Vollzeitschulpflicht von neun Jahren noch nicht 15 Jahre alt sind, mußte für diese jungen Menschen eine Ausnahme von diesem Grundsatz geschaffen werden. Es läge wohl nicht im Interesse dieser jungen Menschen, ihnen jede Tätigkeit zu verbieten. Daher dürfen Jugendliche, die der Vollzeitschulpflicht nicht mehr unterliegen, aber noch nicht 15 Jahre alt sind

- in einem Berufsausbildungsverhältnis beschäftigt werden,
- außerhalb eines Berufsausbildungsverhältnisses nur mit leichten und für sie geeigneten Tätigkeiten bis zu sieben Stunden täglich und 35 Stunden wöchentlich beschäftigt werden (§ 7 II JugArbSchG).

„Leicht" ist dabei unter Berücksichtigung der persönlichen Leistungsfähigkeit des einzelnen zu bestimmen. Als solche Beschäftigungen könnten in Frage kommen:

- Botentätigkeiten,
- Lager- und Sortierarbeiten,
- Auszeichnen von Waren,
- Bürotätigkeiten,
- Verkaufstätigkeiten,
- Hilfstätigkeiten in der Elektroindustrie, im öffentlichen Dienst und in der Landwirtschaft.

Nicht geeignet sind schwere und gefährliche Arbeiten und vor allem nicht Produktions-, Transport- und Reparaturarbeiten.

Wie lange darf beschäftigt werden?

Jugendliche dürfen nicht mehr als acht Stunden täglich (im Ausnahmefall 8½ Stunden täglich zur Ermöglichung einer 4½-Tage-Woche) und nicht mehr als 40 Stunden wöchentlich beschäftigt werden (§ 8 I JugArbSchG). Eine Ausnahme gilt für die Landwirtschaft (§ 8 III JugArbSchG).

Beschäftigung ist mit Arbeit bzw. Ausbildung gleichzusetzen. Das Wort „Beschäftigung" soll klarstellen, daß Arbeitszeit nicht nur die Zeit ist, in der wirklich gearbeitet wird, sondern auch die Zeit des Wartens auf Arbeit am Arbeitsplatz, die Zeit des Bereitschaftsdienstes u. ä., ferner die Zeit, in der der Jugendliche ausgebildet wird.

Freistellung für die Berufsschule

Der Arbeitgeber hat dem Jugendlichen die zur Erfüllung der gesetzlichen Berufsschulpflicht notwendige Zeit zu gewähren (§ 9 I JugArbSchG). Vor einem vor 9 Uhr beginnenden Unterricht darf der Jugendliche nicht beschäftigt werden. An **einem** Berufsschultag in der Woche, an dem die Unterrichtszeit mehr als fünf Unterrichtsstunden à 45 Minuten beträgt, ist der Jugendliche ganz von der Arbeit freizustellen. Dieser Berufsschultag ist mit acht Stunden auf die gesetzliche Höchstarbeitszeit von 40 Stunden wöchentlich (nicht auf die oft kürzere betriebliche oder tarifliche Arbeitszeit) nach § 9 II JugArbSchG anzurechnen. Beträgt also die tarifliche Arbeitszeit 38 Stunden, so steht der Auszubildende für betriebliche Ausbildungsmaßnahmen nach einem mit acht Stunden anzurechnenden Berufsschultag noch 32 Stunden zur Verfügung (40 minus 8 Stunden = 32 statt 38 minus 8 = 30 Stunden, wenn von der Tarifarbeitszeit auszugehen wäre)! Grundsätzlich wird die Unterrichtszeit in der Berufsschule einschließlich der Pausen auf die Arbeitszeit angerechnet – nicht aber die Wegezeiten, also Zeiten für die Wege von und zur Berufsschule bzw. zum Betrieb. Ein Entgeltausfall darf durch den Besuch der Berufsschule nicht eintreten.

Die Bestimmungen gelten auch für die Beschäftigung von Personen, die über 18 Jahre alt und noch berufsschulpflichtig sind (§ 9 IV JugArbSchG).

Anstelle des wöchentlich eintägigen Berufsschulunterrichts ist mittlerweile in zunehmendem Umfang der Blockunterricht getreten, der z. B. jährlich einmal während der Dauer von etwa 10 zusammenhängenden Wochen mit wöchentlich 25 bis 36 Unterrichtstunden oder jährlich mehrmals mit mehreren kürzeren Unterrichtsblöcken durchgeführt wird. Diese Entwicklung berücksichtigt der Gesetzgeber dadurch, daß Jugendliche jetzt auch in Berufsschulwochen mit einem planmäßigen Blockunterricht von mindestens 25 Stunden (= Zeitstunden, also 60 Minuten) an mindestens fünf Tagen nicht mehr beschäftigt werden dürfen (§ 9 I 3 JugArbSchG).

Zusätzliche betriebliche Ausbildungsveranstaltungen bis zu zwei Stunden wöchentlich sind jedoch zulässig. Hierdurch sollen die Betriebe die Möglichkeit erhalten, den Unterrichtsstoff der Berufsschulen durch besondere Ausbildungsveranstaltungen bis zu zwei Stunden in der Woche zu ergänzen. Die Berufsschulwochen sowie gegebenenfalls die zweistündigen zusätzlichen betrieblichen Ausbildungsveranstaltungen werden auf die Arbeitszeit mit 40 Stunden angerechnet.

Freistellung für Prüfungen

Ferner hat der Arbeitgeber den Jugendlichen für die Teilnahme an Prüfungen und Ausbildungsmaßnahmen, die außerhalb der Ausbildungsstätte durchzuführen sind, freizustellen. Hinzu kommt, daß der Arbeitgeber den Jugendlichen an dem Arbeitstag, der der schriftlichen Abschlußprüfung unmittelbar vorangeht, freizustellen hat. In diesem Fall wird die Freistellung auf die Arbeitszeit mit acht Stunden angerechnet. Auch hier darf für den Jugendlichen kein Entgeltausfall eintreten. Wenn der Tag der schriftlichen Abschlußprüfung auf einen Montag fällt, dann kann die Freistellung allenfalls für den vorausgehenden Sonntag verlangt werden, sofern dieser Tag – wie eventuell im Hotel- und Gaststättengewerbe – ein *Arbeitstag* ist.

Ruhepausen und Aufenthaltsräume

Dauert die Arbeitszeit mehr als viereinhalb Stunden, so müssen eine oder mehrere im voraus feststehende Ruhepausen von angemessener Dauer gewährt werden. Die Ruhepausen müssen mindestens betragen:

- 30 Minuten bei einer Arbeitszeit von mehr als viereinhalb bis zu sechs Stunden.
- 60 Minuten bei einer Arbeitszeit von mehr als sechs Stunden (vgl. § 11 I JugArbSchG).

Als Ruhepausen gelten nur Arbeitsunterbrechungen von mindestens 15 Minuten.

Die Ruhepausen müssen in angemessener zeitlicher Lage gewährt werden, frühestens eine Stunde nach Beginn und spätestens eine Stunde vor Ende der Arbeitszeit. Länger als viereinhalb Stunden hintereinander dürfen Jugendliche nicht ohne Ruhepausen beschäftigt werden. Bei mehr als 10 Beschäftigten ist nach § 29 I der Arbeitsstättenverordnung in der Regel ein Pausenraum einzurichten. Gibt es keinen Pausenraum, so ist der Aufenthalt während der Ruhepausen in den Arbeitsräumen nur gestattet, wenn die Arbeit in diesen Räumen während dieser Zeit eingestellt ist und auch sonst die notwendige Erholung nicht beeinträchtigt wird (§ 11 III JugArbSchG).

Tägliche Freizeit

Nach Beendigung der täglichen Arbeitszeit dürfen Jugendliche nicht vor Ablauf einer ununterbrochenen Freizeit von mindestens zwölf Stunden beschäftigt werden (§ 13 JugArbSchG).

Beschäftigungszeit und Nachtruhe

Jugendliche dürfen nur in der Zeit von 6 bis 20 Uhr beschäftigt werden (§ 14 I JugArbSchG). Allerdings gibt es Ausnahmen von diesem Nachtarbeitsverbot. Jugendliche über 16 Jahre dürfen,

- im Gaststätten- und Schaustellergewerbe bis 22 Uhr,
- in Bäckereien und Konditoreien ab 5 Uhr (über 17 Jahren in Bäckereien ab 4 Uhr),
- in mehrschichtigen Betrieben bis 23 Uhr,
- in der Landwirtschaft ab 5 Uhr oder bis 21 Uhr

beschäftigt werden.

Schichtzeit

Die Schichtzeit, d. h. die Arbeitszeit einschließlich Ruhepausen, darf zehn Stunden nicht überschreiten. Ausnahmen gelten für Bergbau unter Tage (acht Stunden), das Gaststättengewerbe, in der Landwirtschaft, in der Tierhaltung, auf Bau- und Montagestellen (elf Stunden ohne Sonntagsarbeit) sowie in der Binnenschiffahrt für Jugendliche über 16 Jahre während der Fahrt unter bestimmten Umständen (vierzehn Stunden).

Fünf-Tage-Woche

Jugendliche dürfen nur an fünf Tagen in der Woche beschäftigt werden (§ 15 JugArbSchG).

Samstags-, Sonntags- und Feiertagsruhe

An Samstagen (Sonnabenden) dürfen Jugendliche nicht beschäftigt werden (§ 16 I JugArbSchG). Davon bestehen Ausnahmen für die Beschäftigung

- in Krankenanstalten sowie in Alten-, Pflege- und Kinderheimen,
- in offenen Verkaufsstellen, in Betrieben mit offenen Verkaufsstellen, in Bäckereien und Konditoreien, im Friseurhandwerk und im Marktverkehr,
- im Verkehrswesen,
- in der Landwirtschaft und Tierpflege,
- im Familienhaushalt,
- im Gaststätten- und Schaustellergewerbe,
- bei Musikaufführungen, Theatervorstellungen und anderen Aufführungen, bei Aufnahmen im Rundfunk und Fernsehen,
- bei außerbetrieblichen Ausbildungsmaßnahmen,
- beim Sport,
- im ärztlichen Notdienst,
- in Reparaturwerkstätten für Kraftfahrzeuge.

Auch in den Ausnahmefällen sollen mindestens zwei Samstage im Monat beschäftigungsfrei bleiben (§ 16 II JugArbSchG).

Werden Jugendliche am Samstag beschäftigt, so ist ihnen die Fünf-Tage-Woche durch Freistellung an einem anderen berufsschulfreien Arbeitstag derselben Woche sicherzustellen (§ 16 III JugArbSchG).

An Sonntagen dürfen Jugendliche nicht beschäftigt werden (§ 17 I JugArbSchG). Es bestehen Ausnahmen, die den für die Samstagsarbeit genannten ähnlich sind (vgl. § 17 II JugArbSchG). Jeder zweite Sonntag soll, mindestens zwei Sonntage im Monat müssen beschäftigungsfrei bleiben. Entsprechend der Samstagregelung ist auch bei Beschäftigung am Sonntag die Fünf-Tage-Woche sicherzustellen (§ 17 III JugArbSchG).

Am 24. und 31. Dezember nach 14 Uhr und an gesetzlichen Feiertagen dürfen Jugendliche nicht beschäftigt werden (§ 18 I JugArbSchG). Ausnahmen regelt § 18 II und III JugArbSchG. Ausnahmen bestehen für bestimmte Betriebe (z. B. Krankenanstalten, Gaststätten, Theater, Sport, Landwirtschaft; vgl. § 18 II JugArbSchG). Für die Beschäftigung an einem gesetzlichen Feiertag, der auf einen Werktag fällt, ist der Jugendliche an einem anderen berufsschulfreien Arbeitstag freizustellen (vgl. § 18 III JugArbSchG).

Tariföffnungsklausel

§ 21 a JugArbSchG erlaubt eine weitergehende Anpassung an individuelle Betriebsbedingungen durch Tarifvertrag bzw. Betriebsvereinbarung. Möglich sind:

- 9 Stunden täglich/44 Wochenstunden/5½-Tage-Woche, wenn die durchschnittliche Wochenarbeitszeit von 40 Stunden in einem Ausgleichszeitraum von zwei Monaten eingehalten wird;
- Pausenkürzung bzw. -verlegung;
- Schichtzeitverlängerung;
- Samstags- und Sonntagsarbeit.

Einen Überblick über die Arbeitszeitregelungen finden Sie in der folgenden Tabelle:

**Zusammenstellung nach dem Jugendarbeitsschutzgesetz**

| | |
|---|---|
| Grundsätzlich: Frühester Beginn der täglichen Arbeitszeit (§ 14) | 6.00 Uhr |
| Ausnahmen (für Jugendliche über 16 Jahre) | |
| Bäckereien, Konditoreien (über 17 Jahren in Bäckereien ab 4 Uhr) | 5.00 Uhr |
| Landwirtschaft | 5.00 Uhr |
| Grundsätzlich: Spätestens Ende der täglichen Arbeitszeit (§ 14) | 20.00 Uhr |
| Ausnahmen (für Jugendliche über 16 Jahre) | |
| Gaststätten- und Schaustellergewerbe | 22.00 Uhr |
| Mehrschichtige Betriebe | 23.00 Uhr |
| Landwirtschaft | 21.00 Uhr |
| Grundsätzlich: Beschäftigungsverbot für Jugendliche an Samstagen und Sonntagen (§§ 16 und 17) | |

**Ausnahmen für Samstagsarbeit**

Krankenanstalten, Alten-, Pflege- und Kinderheime
Offene Verkaufsstellen, Betriebe mit offenen Verkaufsstellen
Bäckereien und Konditoreien
Friseurhandwerk
Marktverkehr
Verkehrswesen
Landwirtschaft und Tierhaltung
Familienhaushalt
Gaststätten- und Schaustellergewerbe
Musikaufführungen, Theatervorstellungen u.a.m.
Außerbetriebliche Ausbildungsmaßnahmen
Sport
Ärztlicher Notdienst
Reparaturwerkstätten für Kraftfahrzeuge

**Ausnahmen für Sonntagsarbeit**

Krankenanstalten, Alten-, Pflege- und Kinderheime
Landwirtschaft und Tierpflege
Familienhaushalt
Gaststätten- und Schaustellergewerbe
Musikaufführungen, Theatervorstellungen u.a.m.
Sport
Ärztlicher Notdienst

Ausnahmen finden dort ihre Grenze, wo Überforderungen der betroffenen Jugendlichen naheliegen. Deshalb gilt:

- die tägliche Freizeit von mindestens 12 Stunden (§ 13).
- die 5-Tage-Woche (§ 15), mit Ausnahme der offenen Verkaufsstellen, der Betriebe mit offenen Verkaufsstellen (§16 IV).
- die 40-Stunden-Woche (§ 8 I).
- Mindestens 2 Samstage im Monat sollen frei bleiben (§ 16 II).
- Mindestens 2 Sonntage im Monat müssen frei bleiben (§ 17).
- Die Arbeitszeit an Samstagen und Sonntagen ist durch Freizeit in derselben Woche auszugleichen. Die Freistellung muß an einem berufsschulfreien Arbeitstag sichergestellt werden (§ 16 III und § 17 III).
- Die Pausenvorschriften müssen eingehalten werden (§ 11 I und II).

Urlaub

Jeder Jugendliche hat für jedes Kalenderjahr Anspruch auf Urlaub unter Fortzahlung des Entgelts, das er ohne den Urlaub erhalten hätte (§ 19 I JugArbSchG). Der Anspruch entsteht erstmals nach einer ununterbrochenen Beschäftigung von mehr als sechs Monaten. Das Urlaubsentgelt ist vor Antritt des Urlaubs zu zahlen.

Der Urlaub beträgt jährlich

1. mindestens 30 Werktage, wenn der Jugendliche zu Beginn des Kalenderjahres noch nicht 16 Jahre alt ist,
2. mindestens 27 Werktage, wenn der Jugendliche zu Beginn des Kalenderjahres noch nicht 17 Jahre alt ist,
3. mindestens 25 Werktage, wenn der Jugendliche zu Beginn des Kalenderjahres noch nicht 18 Jahre alt ist.

Jugendliche, die im Bergbau unter Tage beschäftigt werden, erhalten in jeder Altersgruppe einen zusätzlichen Urlaub von drei Werktagen (§ 19 II JugArbSchG). (Achtung: Der Samstag zählt auch als Werktag!)

Der Urlaub ist nach dem Alter gestaffelt, um dem Jugendlichen den Übergang von der Schulzeit (etwa 85 Tage Ferien im Jahr) in das Berufsleben zu erleichtern.

Der Urlaub soll Berufsschülern in der Zeit der Berufsschulferien gegeben werden. Soweit er nicht in den Berufsschulferien gegeben wird, ist für jeden Berufsschultag, an dem die Berufsschule während des Urlaubs besucht wird, ein weiterer Urlaubstag zu gewähren (§ 19 III JugArbSchG).

Im übrigen gelten für den Urlaub der Jugendlichen die Vorschriften des Bundesurlaubsgesetzes (vgl. § 19 IV JugArbSchG).

Wird der Jugendliche innerhalb eines Urlaubsjahres weniger als sechs Monate beschäftigt, so ist für jeden vollen Beschäftigungsmonat ein Zwölftel zu gewähren. Das gilt auch bei Entlassung oder Kündigung.

Wer über 18 Jahre alt ist, wird nicht durch das JugArbSchG begünstigt. Wenn keine besonderen Abmachungen (Ausbildungs- bzw. Tarifvertrag) bestehen, so erhält der Auszubildende über 18 Jahre mindestens 18 Werktage Jahresurlaub (§ 3 I Bundesurlaubsgesetz).

Gefährliche Arbeiten

Die Beschäftigung eines Jugendlichen mit Arbeiten, die seine körperlichen Kräfte übersteigen oder bei denen er sittlichen Gefahren ausgesetzt ist, wird durch § 22 JugArbSchG verboten. Einzelheiten enthält die Übersicht auf S. 211.

Akkord- und tempoabhängige Arbeit

Die Beschäftigung von Jugendlichen mit Akkordarbeiten und sonstigen Arbeiten, bei denen durch ein gesteigertes Arbeitstempo ein höheres Entgelt erzielt werden kann, und mit Fließarbeit mit vorgeschriebenem Arbeitstempo ist verboten. Dies bestimmt § 23 JugArbSchG. Der Jugendliche soll auf der „Jagd nach höherem Verdienst" nicht gefährdet werden. Zwei Ausnahmen sind vorgesehen:

- Das Verbot gilt nicht, wenn die Akkord- und tempoabhängige Arbeit zur Erreichung des Ausbildungszieles erforderlich ist.
- Das Verbot gilt nicht, wenn der Jugendliche eine Berufsausbildung für diese Beschäftigung abgeschlossen hat und sein Schutz durch die Aufsicht eines Fachkundigen gewährleistet ist.

Bestimmungen für den Bergbau (= Arbeiten unter Tage)

Unter Tage dürfen Jugendliche grundsätzlich nicht beschäftigt werden. Ausnahmen gelten für Jugendliche über 16 Jahre: sie dürfen im Rahmen ihrer Ausbildung oder nach abgeschlossener Ausbildung unter Tage arbeiten (vgl. § 24 JugArbSchG). Ihr Schutz ist durch die Aufsicht eines Fachkundigen zu gewährleisten.

Menschengerechte Gestaltung der Arbeit

Diese Forderung wird sehr ausführlich im § 28 I JugArbSchG gesetzlich abgesichert: Der Arbeitgeber hat bei der Einrichtung und der Unterhaltung der Arbeitsstätte einschließlich der Maschinen, Werkzeuge und Geräte und bei der Regelung der Beschäftigung die Vorkehrungen und Maßnahmen zu treffen, die zum Schutze der Jugendlichen gegen Gefahren für Leben und Gesundheit sowie zur Vermeidung einer Beeinträchtigung der körperlichen oder seelisch-geistigen Entwicklung der Jugendlichen erforderlich sind. Hierbei sind das mangelnde Sicherheitsbewußtsein, die mangelnde Erfahrung und der Entwicklungsstand der Jugendlichen zu berücksichtigen und die allgemein anerkannten sicherheitstechnischen und arbeitsmedizinischen Regeln sowie die sonstigen gesicherten arbeitswissenschaftlichen Ergebnisse zu beachten.

Einzelheiten werden durch Rechtsverordnungen bestimmt, die der Bundesminister für Arbeit und Sozialordnung zu erlassen hat.

Unterweisung über Gefahren

Der Arbeitgeber hat die Jugendlichen vor Beginn der Beschäftigung über die Unfall- und Gesundheitsgefahren, denen sie bei der Beschäftigung ausgesetzt sind, sowie über die Einrichtungen und Maßnahmen zur Abwendung dieser Gefahren zu unterweisen. Er hat die Jugendlichen vor der erstmaligen Beschäftigung an Maschinen oder gefährlichen Arbeitsstellen oder mit Arbeiten, bei denen sie mit gesundheitsgefährdenden Stoffen in Berührung kommen, über die besonderen Gefahren dieser Arbeiten sowie über das bei ihrer Verrichtung erforderliche Verhalten zu unterweisen. Die Unterweisungen sind in angemessenen Zeitabständen, mindestens aber halbjährlich, zu wiederholen (§ 29 JugArbSchG).

Züchtigungsverbot

Wer Jugendliche beschäftigt, beaufsichtigt, anweist oder ausbildet, darf sie nicht körperlich züchtigen. Wer Jugendliche beschäftigt, muß sie vor körperlicher Züchtigung und Mißhandlung und vor sittlicher Gefährdung durch andere bei ihm Beschäftigte und durch Mitglieder seines Haushalts an der Arbeitsstätte und in seinem Haus schützen (§ 31 JugArbSchG). Dieses Verbot gilt auch dann, wenn die Eltern ihr Einverständnis zur Züchtigung erklären.

Tabak- und Alkoholverbot

Jugendlichen unter 16 Jahren dürfen keine alkoholischen Getränke und keine Tabakwaren, Jugendlichen über 16 Jahren darf kein Branntwein gegeben werden (vgl. § 31 II 2 JugArbSchG).

Gesundheitliche Betreuung

Mit der Beschäftigung eines Jugendlichen darf nur begonnen werden, wenn er innerhalb der letzten 14 Monate von einem Arzt seiner Wahl untersucht worden ist und eine entsprechende Bescheinigung vorlegt (§ 32 I JugArbSchG). Diese Untersuchung ist die sogenannte Erstuntersuchung. Die zuständige Stelle darf den Ausbildungsvertrag für Auszubildende unter 18 Jahren ohne Vorlage der ärztlichen Bescheinigung nicht in das Verzeichnis der Berufsausbildungsverhältnisse eintragen. Auf die Untersuchung kann verzichtet werden, wenn es nur um eine geringfügige oder eine nicht länger als zwei Monate dauernde Beschäftigung mit leichten Arbeiten, von denen keine gesundheitlichen Nachteile für den Jugendlichen zu befürchen sind, handelt.

Vor Ablauf des ersten Beschäftigungsjahres muß eine erste Nachuntersuchung erfolgen (§ 33 JugArbSchG). Der Arbeitgeber hat den Jugendlichen darauf aufmerksam zu machen. Legt der Jugendliche die Bescheinigung über die erfolgte Nachuntersuchung nicht nach Ablauf eines Jahres vor, hat ihn der Arbeitgeber innerhalb eines Monats schriftlich aufzufordern, ihm die Bescheinigung vorzulegen. Verstreichen die ersten beiden Monate nach dem Ende des ersten Beschäftigungsjahres, ohne daß dem Arbeitgeber die ärztliche Nachuntersuchung nachgewiesen ist, so tritt ein Beschäftigungsverbot in Kraft. Der Jugendliche darf in diesem Fall nicht weiterbeschäftigt werden, solange er die Bescheinigung nicht vorgelegt hat.

Der Jugendliche kann sich nach Ablauf jedes weiteren Jahres nach der ersten Nachuntersuchung erneut nachuntersuchen lassen (sogenannte weitere Nachuntersuchungen). Eine Verpflichtung des Jugendlichen, weitere Nachuntersuchungen durchführen zu lassen, besteht allerdings nicht. Jedoch soll der Arbeitgeber den Jugendlichen auf diese Möglichkeit rechtzeitig hinweisen.

Der Arbeitgeber muß die ärztlichen Bescheinigungen bis zur Beendigung der Beschäftigung bzw. bis zur Vollendung des 18. Lebensjahres des Jugendlichen aufbewahren. Die Aufsichtsbehörde und die Berufsgenossenschaft haben ein Recht auf Einsicht in die Bescheinigungen. Scheidet der Jugendliche aus dem Beschäftigungsverhältnis aus, so hat ihm der Arbeitgeber die Bescheinigung auszuhändigen (vgl. § 41 JugArbSchG).

Beim Wechsel des Arbeitgebers brauchen die Untersuchungen nicht wiederholt zu werden. In diesem Fall genügt die Vorlage der entsprechenden Bescheinigungen.

Der Arbeitgeber muß den Jugendlichen für die Durchführung aller ärztlichen Untersuchungen unter Fortzahlung des Arbeitsentgelts oder der Ausbildungsvergütung freistellen. Der Jugendliche hat dabei in allen Fällen die freie Arztwahl. Die Kosten der Untersuchungen werden nicht vom Arbeitgeber, sondern von dem jeweiligen Bundesland getragen.

| Gefährliche Arbeiten | Beschäftigungsverbote im einzelnen | Ausnahmen | Anmerkung |
|---|---|---|---|
| 1. Arbeiten, die die Leistungsfähigkeit des Jugendlichen übersteigen | Heben, Tragen und Bewegen schwerer Lasten<br>Arbeiten, bei denen dauernd gestanden werden muß<br>Arbeiten mit erzwungener Körperhaltung<br>Arbeiten, die das Sehvermögen besonders anstrengen<br>Arbeiten mit hoher gleichmäßiger Dauerleistung | keine | Es handelt sich um ein individuelles Beschäftigungsverbot, d. h., es muß jeweils geprüft werden, ob eine Überschreitung der Belastungsgrenzen beim einzelnen Jugendlichen zu befürchten ist. |
| 2. Arbeiten, die sittlich gefährdend sind | vgl. Verordnung über das Verbot der Beschäftigung von Personen unter 18 Jahren mit sittlich gefährdenden Tätigkeiten<br>vgl. Gesetz zum Schutze der Jugend in der Öffentlichkeit | keine | |
| 3. Arbeiten, die mit Unfallgefahren verbunden sind | Arbeiten in gefährlichen Arbeitssituationen, z. B. Arbeiten auf Gerüsten, Ausschachtungsarbeiten, Fällen von Bäumen, Abbrucharbeiten<br>Arbeiten mit gefährlichen Arbeitsmitteln, z. B. Handschleif- und Trennmaschinen, Bolzensetzwerkzeugen, schnellaufenden Holzbearbeitungsmaschinen<br>Arbeiten mit explosionsgefährlichen, brandfördernden, leicht entzündlichen und brennbaren Stoffen sowie Arbeiten unter elektrischer Spannung und mit anderen Energieträgern, wie Brenngas, Kohlenstaub | gilt nicht für Jugendliche über 16 Jahre, wenn diese Arbeit zur Erreichung ihres Ausbildungszieles erforderlich ist und ihr Schutz durch Aufsicht eines Fachkundigen gewährleistet ist. | Dieses Verbot gilt für solche Arbeiten, bei denen man davon ausgehen kann, daß der Jugendliche die dabei auftretenden Gefahren wegen mangelnden Sicherheitsbewußtseins (infolge von Leichtsinn, mangelndem Verantwortungsgefühl, spielerischem Verhalten) oder wegen mangelnder Erfahrung nicht erkennen oder nicht abwenden kann. |
| 4. Arbeiten, bei denen die Gesundheit durch außergewöhnliche Hitze oder Kälte oder starke Nässe gefährdet wird | Arbeiten in Hüttenwerken, Stahlwerken, Gießereien, Schmieden, Härtereien und zwar in der Nähe von Öfen oder heißen Massen<br>Arbeiten in Kühlräumen<br>Nässe-Arbeiten in Schlachthöfen oder Brauereien | | |
| 5. Arbeiten mit schädlichen Einwirkungen von Lärm, Erschütterungen, Strahlen oder von giftigen, ätzenden oder reizenden Stoffen | vgl. Arbeitsstättenverordnung<br>vgl. Strahlenschutzverordnung<br>vgl. Verordnung über gefährliche Stoffe (= Gefahrstoffverordnung) | | |

## Checkliste für Ausbilder und Vorgesetzte

Quelle: Information für Ausbilder – Initiative Jugendarbeitsschutz, hrsg. vom Minister für Arbeit, Gesundheit und Soziales des Landes Nordrhein-Westfalen, Düsseldorf 1986, S. 50 ff.

| | | | |
|---|---|---|---|
| 1. Ist das **Jugendarbeitsschutzgesetz** in der Ausbildungsstätte bzw. im Betrieb ausgehängt? | JA | NEIN | → |
| 2. Wird das Verzeichnis der beschäftigten Jugendlichen geführt und ist ein Aushang über die für die Jugendlichen gültigen Arbeitszeiten und Ruhepausen im Betrieb angebracht? | JA | NEIN | → |
| 3. Liegen die Bescheinigungen aller im Betrieb beschäftigten Jugendlichen über die ärztliche Erstuntersuchung vor? | JA | NEIN | → |
| 4. Liegen die Bescheinigungen der im zweiten Beschäftigungsjahr befindlichen Jugendlichen über die ärztliche erste Nachuntersuchung vor? | JA | NEIN | → |
| 5. Werden die Bescheinigungen über die ärztlichen Untersuchungen an einem bestimmten Ort aufbewahrt? | JA | NEIN | → |
| 6. **Nur wenn die Bescheinigungen über die ärztlichen Untersuchungen Gefährdungsvermerke enthalten:** Haben Sie die Gefährdungsvermerke beachtet oder an alle diejenigen weitergegeben, die mit dem betreffenden Jugendlichen zusammenarbeiten oder ihm Anweisungen erteilen können? | JA | NEIN | → |
| 7. Kontrollieren Sie regelmäßig, ob der Jugendliche mit den Arbeiten, die im Gefährdungsvermerk genannt sind, auch tatsächlich nicht beschäftigt wird? | JA | NEIN | → |
| 8. Sind die Jugendlichen zu Beginn ihrer Ausbildung oder Beschäftigung über alle Gefahren im Betrieb belehrt und hinreichend aufgeklärt worden? | JA | NEIN | → |

Sofort bestellen (z. B. bei der Kammer, beim Verband oder im Buchhandel) und an gut sichtbarer und zugänglicher Stelle auslegen oder aushängen.

Die notwendigen Daten ermitteln und aushängen.

Sich sofort mit dem Jugendlichen in Verbindung setzen und feststellen, ob die Erstuntersuchung nach dem **Jugendarbeitsschutzgesetz** durchgeführt worden ist. Sich eventuell mit dem Arzt in Verbindung setzen und die Untersuchung selbst organisieren.

Den Jugendlichen ohne Verzögerung auffordern, sich bei der Gemeinde einen Untersuchungsberechtigungsschein zu besorgen und von einem Arzt nachuntersuchen zu lassen. Den Jugendlichen nicht ohne eine ärztliche Bescheinigung über die stattgefundene Untersuchung weiterbeschäftigen.

Die Bescheinigungen sammeln und mit den übrigen Unterlagen des Jugendlichen zentral aufbewahren. Im Bedarfsfall stehen sie der Staatlichen Gewerbeaufsicht sofort zur Verfügung.

Alle Personen im Betrieb, die mit dem Jugendlichen zusammenarbeiten oder ihm Anweisungen erteilen können, über den Inhalt des Gefährdungsvermerks informieren und nachdrücklich auf das Verbot bestimmter Arbeiten und Verrichtungen hinweisen. Sich eine Kontrolle auf jeden Fall vorbehalten.

Die Einhaltung des Gefährdungsvermerks – wenn möglich – sofort prüfen. Testen Sie sich selbst und andere! Prüfen Sie regelmäßig!

Bitte nachholen, bevor es zu spät ist. Auch dann, wenn Sie der Meinung sind, der Jugendliche wüßte mittlerweile alles. Wie die Erfahrung zeigt, werden falsche Verhaltensweisen und gefährliche Gewohnheiten nur noch mit Mühe wieder entlernt.

| | | | |
|---|---|---|---|
| 9. Werden die Jugendlichen auch bei der Aufnahme einer jeden **neuen** Tätigkeit über die damit verbundenden Gefahren belehrt und aufgeklärt? | JA | NEIN | → |
| 10. Prüfen Sie regelmäßig, ob die in Ihrem Betrieb beschäftigten Jugendlichen keine Arbeiten unter gesundheitsgefährdenden äußeren Einflüssen oder Arbeiten mit Unfallgefahr verrichten? | JA | NEIN | → |
| 11. **Nur wenn solche Arbeiten zur Berufsausbildung gehören:** Arbeiten die Auszubildenden in diesen Fällen unter fachkundiger Aufsicht? Ist ggf. die betriebsärztliche und sicherheitstechnische Betreuung sichergestellt? | JA | NEIN | → |
| 12. **Nur dann, wenn es bei Ihnen Akkord- und tempoabhängige Arbeiten gibt:** Beschäftigen Sie auch Jugendliche mit Akkord- oder tempoabhängigen Arbeiten? Müssen die Jugendlichen mit Personen zusammenarbeiten, die solche Arbeiten verrichten? | NEIN | JA | → |
| 13. Arbeiten die Jugendlichen in Ihrem Betrieb länger als 8 Stunden täglich oder länger als 40 Stunden in der Woche? | NEIN | JA | → |
| 14. Arbeiten die Jugendlichen länger als viereinhalb Stunden hintereinander ohne Pause? | NEIN | JA | → |
| 15. Liegen zwischen Ende und Beginn der Arbeitszeit weniger als 12 Stunden? | NEIN | JA | → |
| 16. Werden in Ihrem Betrieb Jugendliche vor 6.00 Uhr oder nach 20.00 Uhr beschäftigt? | NEIN | JA | → |
| 17. Werden in Ihrem Betrieb Jugendliche an Samstagen und/oder Sonntagen beschäftigt? | NEIN | JA | → |

Darauf achten oder die Anweisung geben, daß die Jugendlichen grundsätzlich bei jeder Aufnahme einer neuen, d. h. für sie möglicherweise unbekannten Tätigkeit belehrt werden. Prüfen Sie bei dieser Gelegenheit den Bereich nach offenen und versteckten Gefahrenstellen! Fragen Sie im Zweifel den Technischen Aufsichtsbeamten der Berufsgenossenschaft oder den Staatlichen Gewerbeaufsichtsbeamten danach.

Versäumtes nachholen und eine regelmäßige Prüfung veranlassen. Auch in diesem Zusammenhang bieten die Beamten der Berufsgenossenschaft und der Staatlichen Gewerbeaufsicht ihre Hilfe an.

Die entsprechenden organisatorischen Vorkehrungen treffen und in jedem Fall für fachkundige Aufsicht sorgen. Nur sie weiß, wie man sich wirksam gegen Gefahren schützen kann. Bei Unfällen und Gesundheitsschädigungen (auch Berufskrankheiten) können sich für Sie Probleme ergeben. Sie sind verantwortlich.

Die Jugendlichen so schnell wie möglich umsetzen. Arbeiten die Jugendlichen in Gruppen Erwachsener, prüfen, ob die Beschäftigung zur Erreichung des Ausbildungsziels tatsächlich erforderlich ist.

In Zukunft beachten, daß das Gesetz Überstunden für Jugendliche generell verbietet, auch dann, wenn sie bezahlt werden und der Jugendliche darum bittet.

Den Betriebsablauf so planen, daß die Pausenvorschriften eingehalten werden. Ausnahmen sind nicht zulässig!

Den Betriebsablauf so planen, daß in jedem Fall die Nachtruhe eingehalten wird. Das Gesetz läßt keine Ausnahmen zu.

Auch in diesem Fall eine Änderung treffen, es sei denn, Sie können die Ausnahmeregelungen der §§ 14 und 20 JArbSchG für sich in Anspruch nehmen.

Von dieser Beschäftigung unbedingt Abstand nehmen, es sei denn, Sie können die Ausnahmeregelungen der §§ 16 und 17 JArbSchG für sich in Anspruch nehmen. Dabei ist aber zu beachten, daß Freizeitausgleich gewährt werden muß und mindestens zwei Sonntage im Monat frei bleiben müssen.

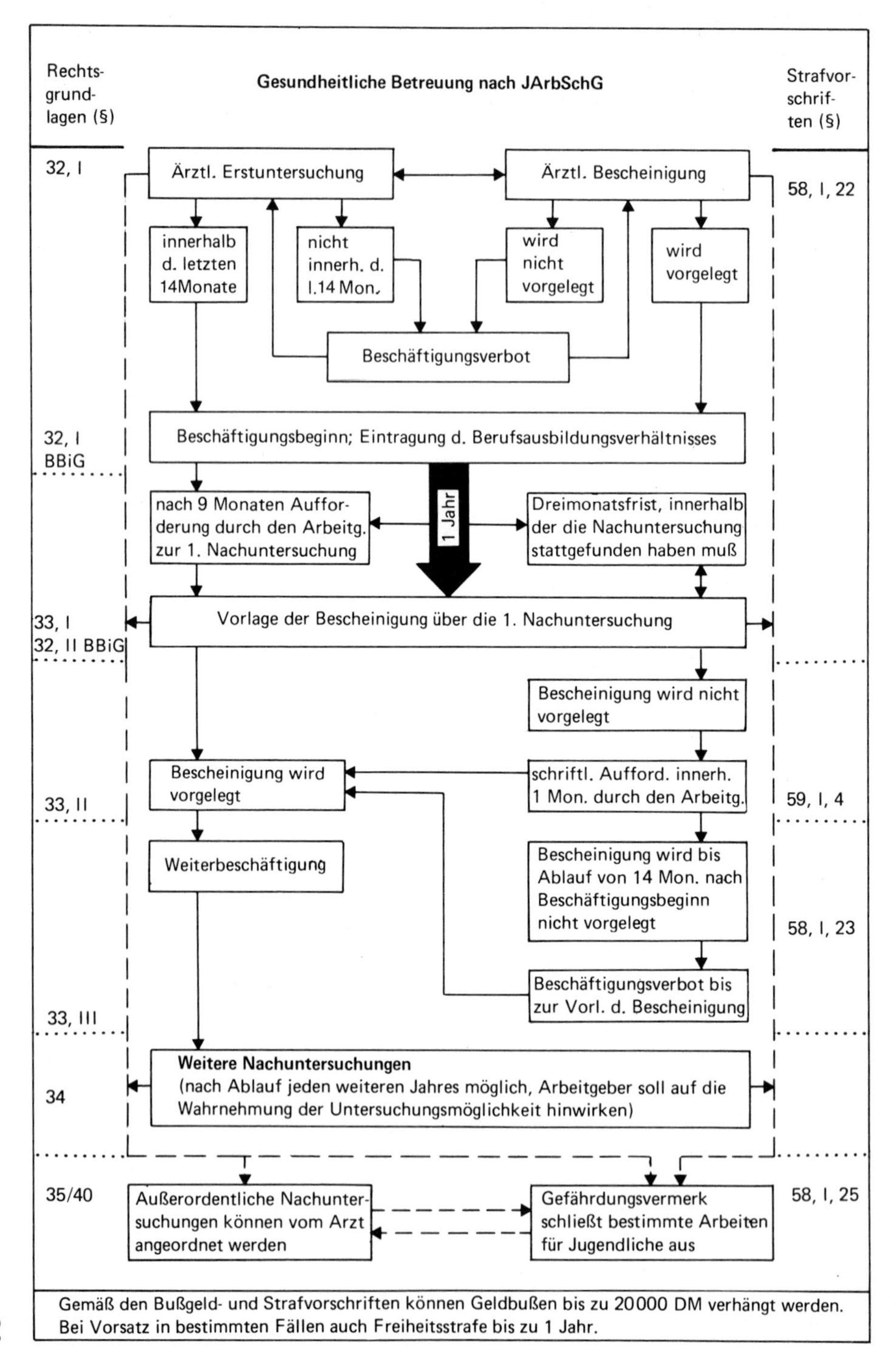


Gemäß den Bußgeld- und Strafvorschriften können Geldbußen bis zu 20000 DM verhängt werden. Bei Vorsatz in bestimmten Fällen auch Freiheitsstrafe bis zu 1 Jahr.

Diese Bescheinigung hat der Arbeitgeber nach § 41 Abs. 1 JArbSchG aufzubewahren!

| Stempel des Arztes |
|---|
| |

# Ärztliche Bescheinigung für den Arbeitgeber*

Erstuntersuchung nach § 32 Abs. 1 Jugendarbeitsschutzgesetz (JArbSchG)

| Name, Vorname, Geburtsdatum des Jugendlichen |
|---|
| Straße, Hausnummer, Postleitzahl, Wohnort |

Zutreffendes bitte ☒ ankreuzen

Aufgrund der Untersuchung halte ich die Gesundheit des Jugendlichen durch die Ausübung nachstehend angekreuzter Arbeiten für gefährdet**

| | ☐ entfällt | ☐ ja |
|---|---|---|
| Es ist zu erwarten, daß diese Arbeiten die Gesundheit | vorübergehend ☐ | dauernd gefährden. ☐ |
| 4.1 Arbeiten überwiegend im | | |
| – Stehen | ☐ | ☐ |
| – Gehen | ☐ | ☐ |
| – Sitzen | ☐ | ☐ |
| – Bücken | ☐ | ☐ |
| – Hocken | ☐ | ☐ |
| – Knien | ☐ | ☐ |
| 4.2 Arbeiten mit häufigem Heben, Tragen oder Bewegen von Lasten ohne mechanische Hilfsmittel | ☐ | ☐ |
| 4.3 Arbeiten, die die volle Gebrauchsfähigkeit beider | | |
| – Hände | ☐ | ☐ |
| – Arme | ☐ | ☐ |
| – Beine | ☐ | ☐ |
| erfordern. | | |
| 4.4 Arbeiten mit erhöhter Absturzgefahr | ☐ | ☐ |
| 4.5 Arbeiten überwiegend bei | | |
| – Kälte | ☐ | ☐ |
| – Hitze | ☐ | ☐ |
| – Nässe | ☐ | ☐ |
| – Zugluft | ☐ | ☐ |
| – starken Temperaturschwankungen | ☐ | ☐ |
| 4.6 Arbeiten unter Einwirkung von | | |
| – Lärm | ☐ | ☐ |
| – mechanischen Schwingungen/Erschütterungen | | |
| auf die Hände und Arme | ☐ | ☐ |
| auf den ganzen Körper | ☐ | ☐ |
| 4.7 Arbeiten mit besonderer Belastung der Haut | ☐ | ☐ |
| 4.8 Arbeiten mit besonderer Belastung der Schleimhaut der Atemwege durch Stäube, Gase, Dämpfe, Rauche | ☐ | ☐ |
| 4.9 Arbeiten, die | | |
| – volle Sehkraft ohne Sehhilfe | ☐ | ☐ |
| – Farbtüchtigkeit | ☐ | ☐ |
| erfordern. | | |
| 4.10 Sonstige Arbeiten: ____________________ | ☐ | ☐ |

| ______________________________ | ______________________________ |
|---|---|
| (Ort, Datum der abschließenden Beurteilung) | (Unterschrift d. untersuchenden Arztes) |

* Die Bescheinigung ist dem Arbeitgeber umgehend zuzuleiten.

** Nach § 40 Abs. 1 JArbSchG darf der Jugendliche mit diesen Arbeiten nicht beschäftigt werden.

**Zur Beachtung:** Nach Ablauf des ersten Beschäftigungsjahres hat sich der Arbeitgeber die Bescheinigung eines Arztes darüber vorlegen zu lassen, daß der Jugendliche nachuntersucht worden ist (§ 33 Abs. 1 JArbSchG).



Ges VB 872 – Ärztliche Bescheinigung für den Arbeitgeber

### Aushänge

Arbeitgeber, die regelmäßig mindestens drei Jugendliche beschäftigen, haben einen Aushang über Beginn und Ende der regelmäßigen täglichen Arbeitszeit und der Pausen der Jugendlichen an geeigneter Stelle im Betrieb anzubringen (§ 48 JugArbSchG). Als geeignete Stelle kommen in Frage: Büro des Betriebsrats, Umkleideräume, Pausenräume oder Schwarzes Brett.

Wer mindestens einen Jugendlichen regelmäßig beschäftigt, hat das JugArbSchG und die Anschrift der zuständigen Aufsichtsbehörde (= Gewerbeaufsichtsamt) an geeigneter Stelle im Betrieb zur Einsicht auszulegen oder auszuhängen.

### Führung von Verzeichnissen

Der Arbeitgeber ist verpflichtet, ein Verzeichnis aller bei ihm beschäftigten Jugendlichen unter Angabe von Namen, Vornamen, Tag und Jahr der Geburt, Wohnort und Wohnung zu führen und darin den Tag des Beginns der Beschäftigung zu vermerken (§ 49 JugArbSchG). Diese Verzeichnisse sind mindestens bis zum Ablauf von zwei Jahren nach der letzten Eintragung aufzubewahren (§ 50 JugArbSchG).

### Kontrolle

Die Aufsicht über die Ausführung des JugArbSchG und der auf Grund dieses Gesetzes erlassenen Rechtsverordnungen obliegt der nach Landesrecht zuständigen Behörde (= Aufsichtsbehörde). Dies ist das Gewerbeaufsichtsamt, in Berlin und Hamburg das Amt für Arbeitsschutz und technische Sicherheit sowie im Bergbau das Bergamt. Die Beauftragten der Aufsichtsbehörde sind berechtigt, die Arbeitsstätten während der üblichen Betriebs- und Arbeitszeit zu betreten und zu besichtigen (§ 51 II JugArbSchG). Schwerwiegende Verstöße gegen die Bestimmungen des JugArbSchG sind den zuständigen Stellen und dem Arbeitsamt mitzuteilen (§ 53 JugArbSchG). Verstöße gegen das Gesetz werden als Ordnungswidrigkeiten gewertet, in besonders schweren Fällen als Straftaten.

## Ärztliche Untersuchungen und Gefährdungsvermerke

Die Erstuntersuchung ermittelt den Gesundheits- und Entwicklungsstand des Jugendlichen vor seinem Eintritt in das Berufsleben. Zu diesem Zweck wird die Krankheitsvorgeschichte des Jugendlichen – in der Sprache der Ärzte die sogenannte Anamnese – mittels eines Fragebogens erhoben. Dieser Frage- bzw. Erhebungsbogen ist vom Personensorgeberechtigten (in der Regel: die Eltern) auszufüllen und von ihm und dem Jugendlichen zu unterschreiben. Erfragt werden die Familiengeschichte (= Krankheiten und Behinderungen von Eltern und Geschwistern) und die Vorgeschichte des Jugendlichen (= Krankheiten, Behinderungen, Operationen, Unfälle und Beschwerden). Die Angaben sind freiwillig; sie ermöglichen dem untersuchenden Arzt eine zuverlässigere Beurteilung des Gesundheits- und Entwicklungszustandes.

Aufgrund der Untersuchung des Jugendlichen und unter Berücksichtigung der ermittelten Krankheitsvorgeschichte beurteilt der Arzt, ob die jugendliche Gesundheit und Entwicklung durch die Ausführung bestimmter Arbeiten oder durch die Beschäftigung während bestimmter Zeiten gefährdet wird. Der Arzt muß darüber hinaus feststellen, ob eine außerordentliche Nachuntersuchung oder eine Ergänzungsuntersuchung erforderlich ist oder ob besondere der Gesundheit dienende Maßnahmen nötig sind.

Kommt der Arzt bei der Erstuntersuchung oder bei der ersten Nachuntersuchung zur Feststellung, daß bestimmte Arbeiten die Leistungsfähigkeit des Jugendlichen übersteigen, dann macht er einen Gefährdungsvermerk.

Gefährdungsvermerke sind für Ausbilder und Vorgesetzte eine wertvolle Hilfe. Sie zeigen, welche Arbeiten für den Jugendlichen gesundheitsgefährdend sein können. Der Gesetzgeber legt eindeutig fest: Mit Arbeiten, für die der Arzt einen Gefährdungsvermerk notiert hat, darf der betreffende Jugendliche nicht beschäftigt werden. Gefährdungsvermerke sind demnach für Ausbilder und Vorgesetzte bindend!

Damit wird ihnen die Verantwortung abgenommen, selbst entscheiden zu müssen, ob diese Arbeiten den Jugendlichen gesundheitlich gefährden können. Ausbilder und Vorgesetzte werden ihrer Verantwortung voll gerecht, wenn sie den Jugendlichen auf keinen Fall mit diesen Arbeiten beschäftigen – selbst dann nicht, wenn sich der Jugendliche danach drängt oder bereit ist, sich über das vom Arzt ausgesprochene Verbot hinwegzusetzen.

Um jederzeit die ärztlichen Bescheinigungen einsehen oder in Zweifelsfragen zu Rat ziehen zu können, verpflichtet das Gesetz den Arbeitgeber dazu, die Bescheinigung aufzubewahren. Gleichzeitig besteht damit für das Staatliche Gewerbeaufsichtsamt und die Berufsgenossenschaft die Möglichkeit, Einsicht in die Bescheinigungen zu nehmen.

Das Muster einer solchen Bescheinigung ist auf der Seite 217 abgebildet.

## Straf- und Bußgeldvorschriften

Verstößt der Arbeitgeber gegen die Vorschriften des Jugendarbeitsschutzgesetzes, so kann er mit einer Geldbuße belegt oder mit einer Freiheits- oder Geldstrafe bestraft werden (vgl. §§ 58 ff. JugArbSchG). Verstöße werden in erster Linie als Ordnungswidrigkeiten durch Geldbußen geahndet. Für leichtere Ordnungswidrigkeiten (§ 59 JugArbSchG) sind Geldbußen bis zu 5000 DM vorgesehen – *zum Beispiel* bei Nichtauslage des Gesetzestextes. Für schwere Ordnungswidrigkeiten kann die Geldbuße 20 000 DM betragen – *zum Beispiel* Beschäftigung von Jugendlichen trotz Verbots nach § 25 JugArbSchG. Arbeitgeber, die dreimal rechtskräftig mit einer Geldbuße belegt worden sind, dürfen Jugendliche nicht mehr beschäftigen (§ 25 II JugArbSchG).

## Jugendarbeitsschutzausschüsse

Jugendarbeitsschutzausschüsse bei den Arbeits- und Sozialministerien der Länder und bei den Aufsichtsbehörden (= Gewerbeaufsichtsamt bzw. Bergamt) wirken beratend nach den §§ 56 und 57 JugArbSchG in allen Angelegenheiten des Jugendarbeitsschutzes mit. Sie machen Vorschläge zur Durchführung des Gesetzes und informieren über Inhalt und Ziel des Jugendarbeitsschutzgesetzes.

Zahlreiche Bestimmungen sind zu beachten. Wie leicht kann da etwas übersehen werden. Es ist daher zweckmäßig, sich eine Liste anzulegen, die regelmäßig abgehakt wird. Eine solche Prüf- oder Checkliste könnte wie folgt aussehen (vgl. S. 212 ff.).

## Vorurteile

,,Es war einmal ein Auszubildender, der tanzte seinem Ausbilder auf der Nase herum. Er nahm seine Ausbildung nicht ernst, betrachtete sie als unterhaltsamen Zeitvertreib und ließ den lieben Gott einen guten Mann sein."

So fangen manche Märchen an, die über den ,,König Auszubildenden" gesponnen wurden. Und manchmal war zu hören, daß diese Haltung der Auszubildenden noch durch Gesetze begünstigt und es den Arbeitgebern oder Ausbildenden zu sehr erschwert würde, Jugendliche zu beschäftigen oder auszubilden.

,,Es war einmal ein Ausbilder, der beutete die ihm anvertrauten Jugendlichen aus. Er bot ihnen

Ausbildungsplätze nur für den Fall an, daß die Eltern der Jugendlichen schriftlich auf Einhaltung der Vorschriften des Jugendarbeitsschutzgesetzes verzichteten. Er ließ die Jugendlichen 10 Stunden am Tag arbeiten, ignorierte Beschäftigungsverbote, bildete schlecht aus und lebte – nicht schlecht – auf Kosten seiner Auszubildenden."

Auch so fangen Märchen an, über den „Ausbeuter Ausbilder", und es ist zu hören, daß die Knappheit von Ausbildungsplätzen willkommener Anlaß zur Disziplinierung und Ausbeutung von Jugendlichen sei.

Wie kommen solche überzogenen Geschichten zustande? Sie spiegeln Vorurteile wider und benutzen dazu die Methode hemmungslosen Übertreibens. Einzelfälle werden verallgemeinert, um Interessenstandpunkte – scheinbar – deutlich zu machen.

Der Praxis des Jugendarbeitsschutzgesetzes können Vorurteile nur schaden, auch z. B. dieses: Das Gesetz behindere den Betriebsablauf oder die Ausbildung. Verstöße seien deshalb einfach notwendig.

Die Ausführungen haben gezeigt, wie praxisnah das Gesetz ist. Im geordneten Betrieb, der Jugendliche beschäftigt, besteht deshalb keine Notwendigkeit, das Jugendarbeitsschutzgesetz infrage zu stellen.

Tausende von Ausbildungsbetrieben beweisen dies Tag für Tag.

### 2.3.7.2. Weitere Schutzgesetze

Es gibt eine Reihe weiterer Gesetze, die ebenfalls zum Schutz des Jugendlichen erlassen worden sind. Sie sollen kurz vorgestellt werden. Zu ihnen gehören:

- Kinder- und Jugendhilfegesetz (KJHG) vom 26. Juni 1990. In Artikel 6 II GG ist niedergelegt: „Pflege und Erziehung der Kinder sind das natürliche Recht der Eltern und die zuvörderst ihnen obliegende Pflicht". Über ihre Betätigung wacht die staatliche Gemeinschaft". Versagen die Eltern bei der Erziehung bzw. kümmern sie sich nicht um die Erziehung, dann können staatliche Fürsorge und Schutzmaßnahmen eingreifen. Diesem Ziel dient unter anderem das Kinder- und Jugendhilfegesetz (KJHG).

  Das KJHG spricht im § 1 das Recht des jungen Menschen auf Förderung seiner Entwicklung und auf Erziehung zu einer eigenverantwortlichen und gemeinschaftsfähigen Persönlichkeit an. Das Recht und die Pflicht zur Erziehung steht in der Regel den Eltern zu. Gegen den Willen der Erziehungsberechtigten ist ein Eingreifen nur zulässig, wenn es das Gesetz ausdrücklich erlaubt. Erst bei einem Versagen der Eltern greift die öffentliche Jugendhilfe ein. Organe der öffentlichen Jugendhilfe sind die Jugendämter.

  Die Maßnahmen der Jugendhilfe sollen den jungen Menschen fördern, insbesondere die in der Familie begonnene Erziehung unterstützen und ergänzen. Stets ist eine Zusammenarbeit aller Betroffenen anzustreben.

  Zu den Aufgaben des Jugendamtes – bestehend aus Jugendhilfeausschuß und Verwaltung – gehören u. a.:
  - Jugendarbeit (= Angebote der Bildung, der Erholung, der Freizeitgestaltung und Beratung und Förderung der Jugendverbände),
  - Jugendsozialarbeit (= Ausgleich sozialer Benachteiligungen, Überwindung individueller Beeinträchtigungen),
  - erzieherischer Kinder- und Jugendschutz,
  - Förderung der Erziehung in der Familie (= Beratung, Freizeit- und Erholungsangebote),
  - Förderung von Kindern in Tageseinrichtungen und in Tagespflege,
  - Schutz von Pflegekindern, Mitwirkung im Vormundschaftswesen und bei der Erziehungsbeistandsschaft sowie Jugendgerichtshilfe.

Der Ausbilder hat nach diesem Gesetz mit der zuständigen Behörde – in der Regel dem Jugendamt – besonders dann zu tun, wenn der Betrieb „Vormundschafts"-Jugendliche eingestellt hat.

- Gesetz zum Schutze der Jugend in der Öffentlichkeit (Jugendschutzgesetz – JÖSchG) in der Fassung vom 25. Februar 1985.

  Das Gesetz betrifft Kinder (also die noch nicht 14jährigen) und Jugendliche (die noch nicht 18jährigen). Die verheirateten Jugendlichen sind ausgenommen. Die betroffenen Kinder und Jugendlichen sollen vor sittlicher Gefahr und Verwahrlosung bewahrt werden. Diesem Ziel dienen folgende Einzelbestimmungen:

  - Der Gaststättenaufenthalt ist Kindern und Jugendlichen unter 16 Jahren nur in Begleitung von Erziehungsberechtigten gestattet, es sei denn, es handelt sich um eine den Jugendlichen fördernde Veranstaltung, es geschieht auf Reisen oder zur Einnahme einer Mahlzeit.
  - Branntwein darf an Kinder und Jugendliche unter 16 Jahren nicht verkauft werden. Der Genuß von Branntwein in der Öffentlichkeit ist für diesen Personenkreis untersagt.
  - Öffentliche Tanzveranstaltungen dürfen von unter 16jährigen nicht, von 16jährigen bis 24 Uhr besucht werden.
  - Das Rauchen ist den noch nicht 16jährigen in der Öffentlichkeit verboten.
  - Der betroffene Personenkreis ist von Glücksspielen und verrohenden Veranstaltungen fernzuhalten. Dies gilt auch für Varieté, Kabarett, Revue und öffentliche Filmveranstaltungen.

- Gesetz über die Verbreitung jugendgefährdender Schriften in der Fassung vom 25. Februar 1985.

  Das Gesetz verbietet den Verkauf jugendgefährdender Schriften, Abbildungen und Schallplatten an Jugendliche sowie den Zugang zu Videokassetten, die für die Altersgruppe nicht freigegeben sind. Was dazu gehört, wird in eine Verbotsliste aufgenommen.

- Jugendgerichtsgesetz (JGG) vom 11. Dezember 1974.
  Das Gesetz regelt die strafrechtliche Verantwortung, die Strafarten und die Verfahren in Jugendstrafsachen. Es geht davon aus, daß Jugendliche und Heranwachsende (18–21 Jahre) strafrechtlich nicht in gleicher Weise zur Verantwortung gezogen werden können wie Erwachsene. Ihre Verfehlungen sollen altersgemäß geahndet werden. Kinder unter 14 Jahren sind strafrechtlich nicht verantwortlich.

  Die Strafmündigkeit des Jugendlichen hängt im Einzelfall davon ab, ob er zur Tatzeit nach seiner Entwicklung reif genug war, das Unrecht der Tat einzusehen und gemäß dieser Einsicht zu handeln. Je nach geistiger Entwicklung findet dann Jugend- oder Erwachsenenstrafrecht Anwendung.

### Fragen, Aufgaben, Fallbeispiele

**51.** Beurteilen Sie die folgenden Fälle:
a) Eine 15jährige Auszubildende muß seit Tagen schwere Pakete in der Versandabteilung packen und verladen.
b) Zwei 17jährige Hilfsarbeiter schleifen Kurbelwellen im Akkord bzw. setzen in Fließbandarbeit Windschutzscheiben ein.
c) Die Firma Kelle & Sand beginnt um 7.00 Uhr mit der Arbeit. Der Berufsschulunterricht für die Auszubildenden beginnt aus schulorganisatorischen Gründen um 8.50 Uhr. Der Ausbilder verlangt, daß die Auszubildenden von 7.00 Uhr bis 8.30 Uhr im Betrieb arbeiten.

**52.** Welcher Arzt ist für die Erstuntersuchung nach dem Jugendarbeitsschutzgesetz zuständig?

**53.** In welchen Fällen gilt für den Auszubildenden die Arbeitszeitordnung und nicht das Jugendarbeitsschutzgesetz?

**54.** Wer kontrolliert die Einhaltung der Vorschriften des Jugendarbeitsschutzgesetzes?

### Hinweise auf Quellen und weiterführende Literatur


- Bundesminister für Arbeit und Sozialordnung (Hrsg.): Klare Sache. Informationen zum Jugendarbeitsschutz mit Gesetzestext. Bonn 1984.
- Deutscher Gewerkschaftsbund (Hrsg.): Mehr Schutz der arbeitenden Jugend. Gesetz zum Schutze der arbeitenden Jugend (Jugendarbeitsschutzgesetz) mit Kurzerläuterungen. Düsseldorf [2]1976.
- Knopp, Anton/Kraegeloh, Wolfgang: Jugendarbeitsschutzgesetz. Erläuterungsbuch. Köln: Heymanns [4]1985.
- Minister für Arbeit und Soziales des Landes Nordrhein-Westfalen (Hrsg.): Information für Ausbilder – Initiative Jugendarbeitsschutz. Düsseldorf 1986.


## 2.3.8. Unfall- und Gesundheitsschutz durch Gewerbeaufsicht und Berufsgenossenschaften

Unabhängig vom privatrechtlichen Ausbildungsvertrag und der aus ihm erwachsenden Fürsorgepflicht regelt die Gewerbeordnung als eine Art Grundgesetz des Arbeitsschutzes Fragen der Betriebssicherheit (§ 120 a GewO), Ankleide- und Waschräume (§ 120 b III GewO) sowie Toiletten (§ 120 b IV GewO). Das hört sich etwas selbstverständlich an – Waschräume und Toiletten. Aber man muß wissen, daß die Gewerbeordnung auf das Jahr 1869 zurückgeht und daß gerade aufgrund des § 120 a GewO eine Reihe von Sondervorschriften erlassen worden sind, die besondere Einzelfragen der Arbeitssicherheit in den verschiedensten Wirtschaftszweigen regeln.

Diese Rechtsvorschriften zum Unfall- und Gesundheitsschutz im Betrieb übertragen den Arbeitgebern öffentlich-rechtliche Pflichten, um die Arbeitnehmer zu schützen. Der Arbeitgeber ist zur Einhaltung dieser Vorschriften den staatlichen Aufsichtsbehörden gegenüber verpflichtet. Zuwiderhandlungen führen zu Strafen – unabhängig von den Forderungen des einzelnen Arbeitnehmers.

Nach § 120 a GewO sind die Betriebe verpflichtet, Arbeitsräume, Betriebsvorrichtungen, Maschinen und Geräte so einzurichten, daß die Arbeitnehmer gegen Gefahren für Leben und Gesundheit soweit geschützt sind, als es die Natur des Betriebes gestattet. Hierbei ist insbesondere für genügend Licht, ausreichenden Luftraum und Luftwechsel sowie für die Beseitigung von Staub, Dünsten, Gasen und Abfällen zu sorgen. Außerdem sind die Arbeitnehmer gegen gefährliche Berührungen mit Maschinen oder Maschinenteilen und gegen Fabrikbrände zu sichern. Die Gewerbeordnung schützt auch den Arbeitnehmer, der nicht mehr unter die Vorschriften des JugArbSchG fällt – zum Beispiel im Hinblick auf Ruhezeiten an Sonn- und Feiertagen.

Darüber hinaus enthalten die Unfallverhütungsvorschriften, die von den Berufsgenossenschaften erlassen und auf Einhaltung überwacht werden, Bestimmungen über Einrichtungen, Anordnungen und Maßnahmen, die zur Verhütung von Arbeitsunfällen und Berufskrankheiten einzuhalten sind (vgl. § 708 RVO). Die Unfallverhütungsvorschriften sind von Arbeitgeber und Arbeitnehmer gleichermaßen peinlich zu beachten. Diese Verpflichtung ergibt sich aus den §§ 618 BGB und 62 HGB.

Hinzu kommt die staatliche Aufsicht durch die Gewerbeaufsichtsämter. Sie sollen die Durchführung und Einhaltung der Arbeitsschutzgesetze (Arbeitszeitschutz, Jugendarbeitsschutz, Mutterschutz, Unfall- und Gesundheitsschutz) überwachen und sicherstellen.

Zu den Aufgaben der Gewerbeaufsichtsämter gehören:

- Technischer Arbeitsschutz
  z. B. Unfallverhütung auf allen Gebieten, insbesondere an Maschinen und anderen technischen Anlagen,
- Arbeitsplatzhygiene
  z. B. Abwehr von Lärm und Staub sowie gesundheitsschädlicher Gase und Dämpfe,
- Arbeitszeitschutz
  z. B. Arbeitszeit der Arbeitnehmer an Werk-, Sonn- und Feiertagen einschließlich der Berufskraftfahrer; Einhaltung der Regelungen über arbeitsfreie Zeit, Ruhepausen und Mehrarbeit,
- Sozialer Arbeitsschutz
  z. B. sanitäre Anlagen, Pausenaufenthaltsräume,
- Erhöhter Arbeitsschutz
  z. B. bei werdenden und stillenden Müttern, Kindern und Jugendlichen,
- Schutz der Heimarbeiter
  z. B. Schutz vor untertariflicher Bezahlung, Überwachung der Urlaubs- und Feiertagsvergütung,
- Überwachungsbedürftige Anlagen
  z. B. Aufzüge, Dampfkessel, Druckbehälter, brennbare Flüssigkeiten, Getränkeschankanlagen,

- Strahlenschutz
  z. B. Schutz gegen radioaktive Einflüsse,
- Sprengstoffaufsicht
- Schutz der Benutzer/Verwender, z. B. Kontrolle der Produkte auf Sicherheit nach dem Gerätesicherheitsgesetz.

Unfallverhütung und Unfallversicherung durch Berufsgenossenschaften

Eine enge Zusammenarbeit besteht zwischen den Gewerbeaufsichtsämtern und den Berufsgenossenschaften. Die Berufsgenossenschaften haben den Auftrag, mit allen geeigneten Mitteln dafür zu sorgen:

- Unfälle zu verhüten,
- vor Gesundheitsgefahren am Arbeitsplatz zu bewahren,
- den Verletzten gesundheitlich wiederherzustellen,
  Medizinische Rehabilitation: Ihr Ziel ist es, den Verletzten so wiederherzustellen, daß keine oder eine möglichst geringe Minderung seiner Erwerbsfähigkeit zurückbleibt.
- ihn beruflich wieder einzugliedern,
  Berufliche Rehabilitation: Ihr Ziel ist die Wiedereingliederung in das Arbeits- und Berufsleben durch das Vermitteln geeigneter Tätigkeiten und die Gewährung von Berufshilfen für die Umschulung.
- ihn durch Geldleistungen sozial abzusichern
  (Zahlung von Verletztengeld, -rente, Überbrückungshilfe, Sterbegeld, Witwen- und Waisenrente).

Die Berufsgenossenschaften (gewerbliche, landwirtschaftliche bzw. Unfallversicherungsträger der öffentlichen Hand) sind die Träger der gesetzlichen Unfallversicherung. Sie verwalten sich selbst (Selbstverwaltungskörperschaften des öffentlichen Rechts). Jeder Unternehmer ist kraft Gesetzes Mitglied der für seinen Gewerbezweig zuständigen Berufsgenossenschaft und muß mit einem Beitrag die Finanzierung der oben genannten Leistungen ermöglichen. Versichert ist jeder, der in einem Arbeits-, Dienst- oder Ausbildungsverhältnis steht ohne Rücksicht auf Alter, Geschlecht, Familienstand und Nationalität. Kommt es zu einem Arbeitsunfall – das kann auch auf dem Wege zur oder von der Arbeit sein –, dann setzt das umfangreiche Leistungsprogramm der Berufsgenossenschaften ein.

Im Rahmen der Unfallverhütung hat die Berufsgenossenschaft insbesondere

- Unfallverhütungsvorschriften zu erlassen, die ein unfallsicheres Arbeiten ermöglichen. Die Unfallverhütungsvorschriften (UVV) sind für den Betrieb verbindliche Rechtsnormen. Sie bezeichnen die für die jeweilige Betriebsart typischen Gefahrenquellen und schreiben vor, was zur Unfallsicherheit an Einrichtungen, Anordnungen und Maßnahmen notwendig ist. Darüber hinaus geben sie Hinweise auf zweckmäßiges Verhalten zur Unfallverhütung. Ferner sehen sie ärztliche Vorsorgeuntersuchungen für solche Arbeitnehmer vor, deren Arbeit mit außergewöhnlichen Unfall- oder Gesundheitsgefahren verbunden ist. Kurz: Sie halten die Mindestanforderungen für die Sicherheit am Arbeitsplatz fest. Sie müssen ständig aushängen. Verstöße gegen diese Vorschriften können zu Geldbußen führen.

- die Betriebe in allen Fragen der Unfallverhütung zu beraten. So ermöglicht z. B. das Gesetz über technische Arbeitsmittel eine vorgreifende Unfallverhütung. Es schreibt die Beachtung der Sicherheit von technischen Arbeitsmitteln schon bei ihrer Herstellung vor. Maschinen, Betriebseinrichtungen und Arbeitsmethoden sollten so gestaltet sein, daß Unfälle oder Berufserkrankungen erst gar nicht auftreten können: ,,Unfälle verhüten ist besser als Unfälle vergüten".
- durch Technische Aufsichtsbeamte darauf zu achten, daß die Unfallverhütungsvorschriften eingehalten werden (technische Unfallverhütung). Die Technischen Aufsichtsbeamten überwachen als Berater der Berufsgenossenschaften die Beachtung der Unfallverhütungsvorschriften und die Durchführung der entsprechenden Maßnahmen. Sie können jederzeit die Betriebe betreten, Auskünfte verlangen und auch bei Gefahr im Verzuge sofort vollziehbare Anordnungen zur Gefahrenbeseitigung treffen. Sie beraten auch die Betriebe auf Verlangen in allen Fragen der Arbeitssicherheit.
- für die Unfallverhütung zu werben (psychologische Unfallverhütung).
- Arbeitnehmer durch den Technischen Aufsichtsdienst in Fragen der Unfallverhütung zu schulen (z. B. die ca. 350 000 Sicherheitsbeauftragten in den Betrieben).

**Fragen, Aufgaben, Fallbeispiele**

**55.** Welche Aufgaben haben die Gewerbeaufsichtsämter?

**56.** Wer erstellt und überwacht die Unfallverhütungsvorschriften?

**57.** Welche Aufgaben hat der Betriebsrat im Zusammenhang mit dem Unfallschutz?

## 2.3.9. Rechtliche Beziehungen zwischen Ausbildenden, Ausbildern und Auszubildenden

### 2.3.9.1. Rechtscharakter des Berufsausbildungsvertrages

Der Berufsausbildungsvertrag ist ein privatrechtlicher Vertrag. Er wird zwischen rechtlich gleichberechtigten privaten Personen abgeschlossen – dem Ausbildenden, dem Auszubildenden und seinen gesetzlichen Vertretern (Eltern bzw. Vormund), sofern der Auszubildende noch nicht volljährig ist. Der Vertrag enthält verschiedene Bestandteile, z. B. bürgerlich-rechtliche, arbeits- und bildungsrechtliche. Dadurch begründet er ein Rechtsverhältnis eigener Art, das Berufsausbildungsverhältnis, auf das – soweit sich aus seinem Wesen und Zweck sowie aus den Vorschriften des BBiG nichts anderes ergibt – die für den Arbeitsvertrag geltenden Rechtsvorschriften und Grundsätze Anwendung finden [§ 3 II BBiG; das Streikrecht des Auszubildenden ist allerdings umstritten (vgl. S. 265 Nr. 30)]. Es handelt sich um ein wie das Arbeitsverhältnis geschütztes Rechtsverhältnis, das seinem Wesen nach Ausbildungs- und Erziehungsverhältnis ist. Das BBiG enthält neben privatrechtlich bedeutsamen Bestimmungen (zum Beispiel §§ 3 – 18) auch Bestimmungen, die dem öffentlich-rechtlichen Bereich zuzuordnen sind (zum Beispiel § 39 f. BBiG betr. Zulassung zur Abschlußprüfung).

Zum privatrechtlichen Teil des Berufsausbildungsverhältnisses gehören die Rechtsbeziehungen zwischen dem Ausbildenden und dem Auszubildenden, d. h. zwischen den Parteien des Berufsausbildungsvertrages. Hier gelten weitgehend die allgemeinen privatrechtlichen Grundsätze des BGB und des Arbeitsrechts – *zum Beispiel* die Gegenseitigkeit von Rechten und Pflichten sowie die Verpflichtung, Schadenersatz bei Nichterfüllung bzw. Pflichtverletzungen zu leisten. Der Streit um die Ausbildungsvergütung, die nicht gezahlt wird, gehört beispielsweise zum privatrechtlichen Teil des Berufsausbildungsverhältnisses.

Zum öffentlich-rechtlichen Teil gehören die Rechtsbeziehungen zwischen den privatrechtlichen Parteien und der öffentlich-rechtlichen Seite, d. h. der zuständigen Stelle (Kammer, Innung), *zum Beispiel* die rechtlichen Beziehungen zwischen Prüfling und Kammer bei der Zulassung zur Abschlußprüfung oder dem Nichtbestehen der Prüfung.

In den öffentlich-rechtlichen Teil gehören auch die rechtlichen Beziehungen zwischen Betrieb und Kammer bei der Feststellung der Ausbildungsberechtigung. Diese Beziehungen sind nicht durch Gleichstellung oder Gleichordnung (= Koordination) der Parteien gekennzeichnet, sondern durch Über- und Unterordnung (= Subordination), denn die Kammern haben auf bestimmten Gebieten hoheitliche Gewalt – sie können selbst Recht setzen (sogenannte Rechtsetzungsgewalt). *Zum Beispiel* regeln die Kammern die Prüfungsordnung.

Der Berufsausbildungsvertrag als privatrechtlicher Vertrag entsteht durch zwei übereinstimmende Willenserklärungen und begründet ein gegenseitiges Rechtsverhältnis zwischen Ausbildenden und Auszubildenden.

Obwohl grundsätzlich Vertragsfreiheit besteht, muß der Ausbildende im Ausbildungsvertrag bestimmte zwingende Vorschriften, insbesondere aus dem Berufsbildungsgesetz und dem Jugendarbeitsschutzgesetz beachten, die nicht zuungunsten des Auszubildenden abgeändert werden dürfen.

### 2.3.9.2. Rechte und Pflichten der Vertragsparteien

Das Berufsausbildungsverhältnis begründet eine Reihe von Rechten und Pflichten für jede Vertragspartei. Diese Rechte und Pflichten sollen nun im einzelnen behandelt werden:

Zielgerechte Ausbildung

Der Ausbildende muß dafür sorgen, daß dem Auszubildenden die praktischen Fertigkeiten und theoretischen Kenntnisse vermittelt werden, die zum Erreichen des Ausbildungszieles erforderlich sind (Recht auf Ausbildung gemäß dem Ausbildungsziel). Er hat die Berufsausbildung planmäßig, zeitlich und sachlich gegliedert so durchzuführen, daß das Ausbildungsziel (Gehilfen-, Gesellen- oder Facharbeiterprüfung) in der vorgesehenen Ausbildungszeit erreicht werden kann (§ 6 BBiG). Besteht der Auszubildende die Abschlußprüfung *zum Beispiel* nicht, weil er laufend als Hilfskraft einspringen mußte, so muß der Ausbildende Schadenersatz leisten. Über das Ausbildungsziel sowie die zeitliche und sachliche Gliederung der Berufsausbildung enthält der Ausbildungsvertrag (Niederschrift) wie auch die Ausbildungsordnung Regelungen, so daß anhand dieser Unterlagen ein späterer Vergleich mit dem tatsächlichen Ausbildungsverlauf möglich ist. Der Auszubildende muß an seiner eigenen Ausbildung aktiv mitwirken und sich bemühen, die Fertigkeiten und Kenntnisse zu erwerben, die erforderlich sind, um das Ausbildungsziel zu erreichen (§ 9 BBiG).

### Ausbildung durch geeignetes Personal

Der Ausbildende muß selbst ausbilden oder einen geeigneten Ausbilder bestellen (§ 6 BBiG; Ausbildung durch geeignetes Personal). Früher konnte nach der Gewerbeordnung praktisch jeder, der die Berechtigung zur Ausübung eines Gewerbes besaß, auch Lehrlinge anleiten. Heute darf nur der ausbilden, der dazu persönlich und fachlich geeignet ist (§ 20 BBiG, § 21 HwO).

Wer *zum Beispiel* innerhalb der letzten fünf Jahre wegen einer Freiheitsstrafe von mindestens zwei Jahren oder wegen eines Sittlichkeitsdeliktes verurteilt worden ist, gilt als persönlich nicht geeignet. Er darf nach dem Jugendarbeitsschutzgesetz (§ 25) Kinder und Jugendliche nicht beschäftigen. Ferner ist persönlich ungeeignet, wer wiederholt oder schwer gegen das Berufsbildungsgesetz, die Handwerksordnung oder die aufgrund dieser Gesetze erlassenen Vorschriften verstoßen hat (§ 20 BBiG, § 21 HwO).

Die geforderte fachliche Eignung setzt voraus, daß der Ausbilder die erforderlichen beruflichen Fertigkeiten und Kenntnisse sowie die erforderlichen berufs- und arbeitspädagogischen Kenntnisse besitzt (§ 20 BBiG). Durch welche Ausbildungsgänge und Berufserfahrungen die erforderlichen beruflichen Fertigkeiten und Kenntnisse erworben werden können, ist für die verschiedenen Ausbildungsbereiche im einzelnen geregelt (§§ 76 ff. BBiG, §§ 21, 22 HwO). Sind die Eignungsvoraussetzungen nicht gegeben, so darf der Betrieb nicht ausbilden. Tut er es doch, so kann er zu einer Geldbuße von bis zu 10 000 DM verpflichtet werden (§ 99 BBiG).

Die zuständige Stelle hat darüber zu wachen, daß die persönliche und fachliche Eignung der Ausbildenden und der Ausbilder vorliegt (§ 23 BBiG, § 23 a HwO). Ist dies nicht der Fall, muß die zuständige Stelle diese Tatsache der höheren Verwaltungsbehörde mitteilen, damit die Ausbildungsbefugnis entzogen wird.

### Anwesenheitspflicht des Ausbilders

Der Ausbilder muß überwiegend im Betrieb anwesend sein. Nach dem BBiG muß der Ausbildende dafür sorgen, daß der Auszubildende das Ausbildungsziel erreicht. Hierzu muß die Ausbildung planmäßig, stetig und sachlich gegliedert durchgeführt werden. Dies setzt voraus, daß der Ausbilder zwar nicht ununterbrochen, aber doch überwiegend im Betrieb anwesend und für den Auszubildenden ansprechbar ist.

### Bereitstellung von Ausbildungs- und Prüfungsmitteln

Alle notwendigen Ausbildungs- und Prüfungsmittel sind dem Auszubildenden kostenlos zur Verfügung zu stellen (§ 6 BBiG; Bereitstellung von Ausbildungs- und Prüfungsmitteln). Zu den Ausbildungsmitteln gehören Werkzeuge und Werkstoffe, aber auch die vorgeschriebenen Berichtshefte (Ausbildungsnachweise), Zeichen- und Schreibmaterial sowie Fach- und Tabellenbücher, die für die Ausbildung und die Prüfungen benötigt werden. Dies gilt aber nicht für die im Berufsschulunterricht benötigten Bücher und Materialien. Für die Berufskleidung hat der Auszubildende in der Regel selbst zu sorgen, aber auch das kann im Ausbildungsvertrag anders vereinbart werden. Selbstverständlich ist der Auszubildende verpflichtet, Werkzeug, Maschinen und sonstige Einrichtungen pfleglich zu behandeln (§ 9 BBiG). Das setzt aber auch eine entsprechende Anleitung durch den Ausbildenden zur Bedienung und Handhabung voraus.

## Berufsschulbesuch

Für den vorgeschriebenen Berufsschulbesuch und den Besuch von Ausbildungsmaßnahmen außerhalb der Ausbildungsstätte (*z. B. in überbetrieblichen Lehrwerkstätten, in befreundeten Betrieben, in der Volkshochschule)* wird der Auszubildende freigestellt (§ 7 BBiG). Dennoch erhält er auch für diese Zeit seine Vergütung (§ 12 BBiG), weil Unterrichtszeit und Pausen wie Arbeitszeit gewertet werden. Selbstverständlich ist der Auszubildende auch verpflichtet, an den genannten Ausbildungsmaßnahmen teilzunehmen (§ 9 BBiG). Wenn der Unterricht mehr als fünf Stunden à 45 Minuten beträgt, braucht der Jugendliche – *einmal* in der Woche – nicht mehr in den Betrieb zurückzukehren (§ 9 JugArbSchG). Auch für Veranstaltungen im Rahmen des Berufsschulunterrichts, die außerhalb der eigentlichen Unterrichtszeit durchgeführt werden und die den Unterricht notwendig ergänzen (*z. B.* Betriebsbesichtigungen), muß der Auszubildende freigestellt werden.

Verstöße gegen diese Vorschriften können mit Geldbußen von bis zu 10 000 DM (§ 99 BBiG) und solche nach dem Jugendarbeitsschutzgesetz sogar mit Geldbußen von bis zu 20 000 DM bzw. mit Freiheitsstrafen (§ 58 JugArbSchG) geahndet werden. Neben der Verpflichtung zur Freistellung hat der Ausbildende auch die Aufgabe, den Auszubildenden zum Besuch der Berufsschule anzuhalten (§ 6 BBiG). „Anhalten" bedeutet: „Einfluß nehmen" (u. a. ermahnen, schriftlichen Verweis erteilen, gesetzlichen Vertreter benachrichtigen, zu guter letzt: abmahnen, d. h. im Wiederholungsfall die Kündigung androhen!).

## Ausbildungsgerechte und körperlich angemessene Beschäftigung

Was der Auszubildende tut, soll immer dem Ausbildungszweck dienen und seinen körperlichen Kräften angemessen sein (§ 6 BBiG; ausbildungsgerechte und körperlich angemessene Beschäftigung). Die einzelnen Fertigkeiten und Kenntnisse werden durch die Ausbildungsordnung (Ausbildungsberufsbild) festgelegt. Mit Sicherheit dienen dem Ausbildungszweck nicht private Besorgungen für den Ausbildenden wie etwa Einkäufe besorgen („Bier holen!"), Kinder beaufsichtigen, Wagen waschen, Teppiche klopfen u. a. Der Auszubildende darf auch nicht als Ersatz für fehlende Arbeitskräfte (z. B. Raumpflegerinnen, Fensterputzer, Heizer, Lagerarbeiter, Magazinverwalter, Boten, Fahrer, Post- und Frachtexpedienten, Schreibkräfte) eingesetzt werden. Zumutbar – und deshalb durch die Ausbildungsordnungen im allgemeinen auch vorgeschrieben – sind dagegen Verrichtungen, die mit der Sauberkeit am eigenen Arbeitsplatz und der Pflege von Waren, Maschinen, Geräten und Werkzeugen zusammenhängen, soweit der Auszubildende damit persönlich umzugehen hat. Das Gesetz will, daß der Auszubildende, der nichts mehr als Bierholen und Fegen lernt („Lehrzeit ist Kehrzeit!"), der Vergangenheit angehört. Wer Auszubildenden Aufgaben überträgt, die dem Ausbildungszweck nicht dienen, handelt ordnungswidrig und kann mit einer Geldbuße von bis zu 10 000 DM belegt werden (§ 99 BBiG).

Arbeiten, die die körperlichen Kräfte des Auszubildenden übersteigen oder bei denen er gesundheitlichen oder sittlichen Gefahren ausgesetzt ist, dürfen dem Auszubildenden – allgemein dem Jugendlichen – grundsätzlich nicht übertragen werden (§ 22 JugArbSchG).

Verboten ist insbesondere aus gesundheitlichen Erwägungen die Beschäftigung mit Akkordarbeiten und mit Fließarbeiten mit vorgeschriebenem Arbeitstempo (§ 23 JugArbSchG). Die gesundheitsschädlichen Arbeiten, mit denen Auszubildende nicht beschäftigt werden dürfen, sind in den für die jeweiligen Tätigkeiten geltenden Rechtsverordnungen und Unfallverhütungsvorschriften geregelt. Aufträge, die diesen Verboten zuwiderlaufen, braucht der Auszubildende nicht auszuführen. Seine Weigerung ist kein wichtiger Grund zur Kündigung.

Berichtsheft (Ausbildungsnachweis)

In den Berichtsheften (Ausbildungsnachweisen), die der Auszubildende ordnungsgemäß führen und regelmäßig vorlegen muß, soll über den Fortschritt der Ausbildung berichtet werden. Der Ausbildende muß den Auszubildenden zum Führen der Berichtshefte anhalten und sie auch eingehend durchsehen (§ 6 BBiG). Soweit in der Ausbildungsordnung das Führen von Berichtsheften für die Berufsausbildung vorgeschrieben ist, bilden sie eine Zulassungsvoraussetzung für die Abschlußprüfung (§ 39 BBiG).

Befolgung von Weisungen

Der Auszubildende muß den Weisungen des Ausbildenden, des Ausbilders sowie anderer weisungsberechtigter Personen – *zum Beispiel* den Sicherheitskräften – folgen (§ 9 BBiG; Gehorsamspflicht). Folgt der Auszubildende den Weisungen nicht, so darf er auf keinen Fall körperlich gezüchtigt werden (§ 31 JugArbSchG). Das Zusammenleben und Zusammenarbeiten im Betrieb macht das Einhalten gewisser Regeln notwendig. Diese geltenden Regeln sind auch vom Auszubildenden zu beachten (§ 9 BBiG; Beachtung der Ordnung in der Ausbildungsstätte). *Beispiele* für solche Regeln oder Ordnungen sind:

- Sicherheits- und Unfallverhütungsvorschriften,
- Bestimmungen über das Anlegen von Schutzkleidung (Sicherheitsschuhe, Schutzhelme u. a.),
- Rauchverbote,
- Vorschriften über das Betreten von Werkstätten und bestimmten Räumen,
- Benutzungsordnungen für Sozialeinrichtungen,
- Hausordnungen.

Allerdings dürfen solche Ordnungen, auf die der Auszubildende aufmerksam zu machen ist, nicht gegen die Bestimmungen des Berufsbildungsgesetzes verstoßen und auch nicht in das Recht eines jeden auf die freie Entfaltung seiner Persönlichkeit (Art. 2 GG) eingreifen. *So* können also nicht lange Haare oder lange Röcke untersagt werden, es sei denn, sie verstoßen gegen Arbeitsschutzbestimmungen und Hygienevorschriften. *Zum Beispiel* können lange Haare an einigen Maschinen zu Gefährdungen führen. Diese Gefährdung kann aber eventuell durch eine geeignete Kopfbedeckung während der Arbeit ausgeschlossen werden.

Pflicht zur Verschwiegenheit

Da in unserer Wirtschaftsordnung die verschiedenen Betriebe miteinander konkurrieren, haben sie ein berechtigtes Interesse daran, daß Betriebs- und Geschäftsgeheimnisse nicht bekannt werden. Deshalb muß auch der Auszubildende über Betriebs- und Geschäftsgeheimnisse Stillschweigen bewahren (§ 9 BBiG; Pflicht zur Verschwiegenheit), darf also nicht in seiner Stammkneipe über den Kundenkreis der Firma plaudern, über die Geschäftsreisen des Chefs, über Lagerbestände u. ä.

Ärztliche Untersuchung

Der Jugendliche darf nur beschäftigt und ausgebildet werden, wenn er innerhalb der letzten vierzehn Monate vor Beginn der Ausbildung von einem Arzt untersucht worden ist und eine entsprechende Bescheinigung vorlegt (§ 32 JugArbSchG; ärztliche Untersuchung des Auszubildenden).

Ein Jahr nach Aufnahme der ersten Beschäftigung hat sich der Ausbildende die Bescheinigung eines Arztes darüber vorlegen zu lassen, daß der Jugendliche nachuntersucht worden ist (§ 33 JugArbSchG). Die Nachuntersuchung darf nicht länger als drei Monate zurückliegen. Der Ausbildende soll den Auszubildenden neun Monate nach Aufnahme der ersten Beschäftigung nachdrücklich auf den Zeitpunkt, bis zu dem der Auszubildende die Bescheinigung über die erste Nachuntersuchung vorzulegen hat, hinweisen und ihn auffordern, die Nachuntersuchung bis dahin durchführen zu lassen.

Durch diese Untersuchungen, deren Kosten der Staat trägt, wird der Gesundheits- und Entwicklungsstand des Jugendlichen festgestellt, insbesondere auch, ob die Gesundheit des Jugendlichen durch die Ausübung bestimmter Arbeiten gefährdet werden könnte. Das Jugendarbeitsschutzgesetz will durch diese ärztlichen Untersuchungen verhindern, daß Jugendliche mit Arbeiten beschäftigt werden, die ihren persönlichen körperlichen Anlagen nicht entsprechen und zu gesundheitlichen Schäden führen können. Insbesondere kommt es immer wieder vor, daß Jugendliche hinter dem ihrem Alter entsprechenden Entwicklungsstand zurückgeblieben sind oder gesundheitliche Schäden oder Schwächen aufweisen. Unter Umständen vermerkt der Arzt auf der dem Arbeitgeber vorzulegenden Bescheinigung gemäß § 39 II JugArbSchG bestimmte Arbeiten, die der Jugendliche nicht ausführen darf.

Wird die ärztliche Bescheinigung über die erste Nachuntersuchung nicht vorgelegt, muß der Auszubildende damit rechnen, daß sein Ausbildungsverhältnis im Verzeichnis bei der Kammer oder sonst zuständigen Stelle gelöscht wird (vgl. § 32 II 2 BBiG). Wenn der Ausbildende den Vorschriften vorsätzlich oder fahrlässig zuwider handelt, kann er mit einer Geldbuße von bis zu 5000 DM belegt werden (§ 59 JugArbSchG).

### Ausbildungszeiten und Probezeit

Die Ausbildungsdauer wird durch die jeweilige Ausbildungsordnung vorgeschrieben. Außerdem müssen Beginn und Dauer der Berufsausbildung in der Niederschrift des Berufsausbildungsvertrages enthalten sein. Diese Ausbildungszeit kann in bestimmten Fällen verkürzt oder verlängert werden (§ 29 BBiG, § 27 a HwO). So muß aufgrund von Rechtsverordnungen der Besuch eines schulischen Berufsgrundbildungsjahres oder einer Berufsfachschule unter bestimmten Voraussetzungen auf die Ausbildungszeit angerechnet werden. Auf Antrag muß die zuständige Stelle die Ausbildungszeit kürzen, wenn zu erwarten ist, daß der Auszubildende das Ausbildungsziel in der gekürzten Zeit erreicht. Allerdings müssen Mindestausbildungszeiten nach Ausschöpfung aller Kürzungsmöglichkeiten verbleiben – und zwar zwei Jahre bei einer gesetzlich vorgeschriebenen Ausbildungsdauer von dreieinhalb Jahren (eineinhalb Jahre bzw. ein Jahr bei einer Ausbildungsdauer von drei bzw. zwei Jahren). Der Grund dafür: Es sind nicht nur berufliche Kenntnisse und Fertigkeiten zu vermitteln, sondern auch Erfahrungen! Die zuständige Stelle kann auch in Ausnahmefällen (z. B. bei längeren Krankheitszeiten) – jedoch nur auf Antrag des Auszubildenden – die Ausbildungszeit verlängern, wenn die Verlängerung erforderlich ist, um das Ausbildungsziel zu erreichen. Vor einer Entscheidung der zuständigen Stelle über eine Verkürzung bzw. Verlängerung der Ausbildung müssen die Beteiligten, insbesondere der Auszubildende und der Ausbildende gehört werden. Schließlich kann der Auszubildende nach Anhören des Ausbildenden und der Berufsschule vor Ablauf seiner Ausbildungszeit zur Abschlußprüfung zugelassen werden, wenn seine Leistungen dies rechtfertigen (§ 40 BBiG, § 37 HwO).

Besteht der Auszubildende diese Abschlußprüfung, so endet das Berufsausbildungsverhältnis bereits mit dem Bestehen der Abschlußprüfung (§ 14 BBiG). Wenn der Auszubildende eine Abschlußprüfung nicht besteht, so verlängert sich das Berufsausbildungsverhältnis auf sein Verlangen bis zur nächstmöglichen Wiederholungsprüfung, höchstens um ein Jahr (§ 14 BBiG). In einem solchen Fall muß der Ausbildende die Ausbildung auch gegen seinen Willen fortsetzen.

Das Berufsausbildungsverhältnis beginnt mit einer Probezeit. Sie muß mindestens einen Monat und darf höchstens drei Monate betragen (§ 13 BBiG). Möglich ist auch folgende vertragliche Vereinbarung: „Wird die Ausbildung während der Probezeit um mehr als ein Drittel dieser Zeit unterbrochen, so verlängert sich die Probezeit um den Zeitraum der Unterbrechung.“ Während dieser Probezeit ist der Ausbildende verpflichtet, die Eignung des Auszubildenden für den zu erlernenden Beruf besonders sorgfältig zu prüfen und gegebenenfalls eine Lösung des Ausbildungsverhältnisses ins Auge zu fassen.
Auch der Auszubildende muß prüfen, ob er die richtige Wahl getroffen hat. Er kennt bei der Wahl des Berufes regelmäßig nicht alle Anforderungen und Belastungen. Sollte er sich diesen Anforderungen und Belastungen nicht gewachsen fühlen, ist es besser, rechtzeitig die Konsequenzen zu ziehen.

Während der Probezeit kann das Berufsausbildungsverhältnis jederzeit sowohl vom Ausbildenden als auch vom Auszubildenden ohne Angabe von Gründen und ohne Einhalten einer Frist schriftlich gekündigt werden (§ 15 BBiG).

## Aufteilung der Ausbildungszeit

Die regelmäßige tägliche Ausbildungszeit muß in der Vertragsniederschrift ausdrücklich vereinbart werden. Dabei ist für jugendliche Auszubildende die Begrenzung nach den Bestimmungen des Jugendarbeitsschutzes zu beachten. Auch in Ausbildungsbetrieben, in denen eine gleitende Arbeitszeit eingeführt ist und die Auszubildenden in diese Regelung einbezogen werden, darf die Dauer der Arbeitszeit nicht über die im Jugendarbeitsschutzgesetz höchstzulässigen Grenzen ausgedehnt werden. Die Lage der täglichen Ausbildungszeit muß sich ebenfalls innerhalb der vom Jugendarbeitsschutzgesetz gezogenen Grenzen bewegen.

Die Arbeitszeit für den Jugendlichen ist auf acht Stunden täglich, die Wochenarbeitszeit Jugendlicher auf vierzig Stunden begrenzt. Die Wochenarbeitszeit Jugendlicher darf ferner die übliche – tarifvertraglich geregelte – Arbeitszeit erwachsener Arbeitnehmer des Betriebes, in dem sie beschäftigt sind, nicht überschreiten. Allerdings darf der Jugendliche nicht ununterbrochen arbeiten. Die Arbeitszeit muß durch Ruhepausen unterbrochen werden. Als Pausen gelten nur Arbeitsunterbrechungen von mindestens 15 Minuten Dauer (§ 11 JugArbSchG). Die Ruhepausen müssen bei mehr als viereinhalb bis zu sechs Stunden Arbeitszeit mindestens 30 Minuten, bei mehr als sechs Stunden Arbeitszeit 60 Minuten betragen. Zwischen 22.00 Uhr und 7.00 Uhr dürfen Jugendliche nicht beschäftigt werden. Von diesem Grundsatz gibt es für Jugendliche über 16 Jahren einige Ausnahmen, zum Beispiel für Betriebe, die in mehreren Schichten arbeiten (bis 23.00 Uhr), oder für bestimmte Gewerbezweige, wie zum Beispiel das Gaststätten- und Hotelgewerbe (bis 22.00 Uhr) sowie das Backgewerbe (ab 5 Uhr bzw. 4 Uhr; § 14 JugArbSchG).

Verstöße gegen diese Bestimmungen des Jugendarbeitsschutzgesetzes sind, je nach Schwere der Zuwiderhandlungen, mit Geldbuße von bis zu 5000 DM, Geldstrafe oder Gefängnis bedroht (§ 58 JugArbSchG).

### Urlaub

Die Dauer des Urlaubs muß in der Niederschrift des Berufsausbildungsvertrages festgelegt werden. Sie richtet sich u. a. nach dem Alter des Auszubildenden. Für noch nicht 18 Jahre alte Auszubildende beträgt der Jahresurlaub mindestens 25 Werktage, für noch nicht 17 Jahre alte Auszubildende mindestens 27 Werktage, für noch nicht 16 Jahre alte Auszubildende mindestens 30 Werktage, für die im Bergbau unter Tage beschäftigten Jugendlichen kommen in jeder Altersgruppe drei zusätzliche Werktage hinzu (§ 19 JugArb SchG). Dabei zählen arbeitsfreie Sonnabende mit, nicht aber Sonn- und Feiertage.

Während des Urlaubs darf der Auszubildende keine dem Urlaubszweck widersprechende Erwerbsarbeit leisten. Der Urlaub dient der Erhaltung und Förderung von Gesundheit und Arbeitskraft.

### Vergütung

Dem Auszubildenden steht eine angemessene Vergütung (§ 10 I BBiG) zu. Sie richtet sich nach dem Alter des Auszubildenden und der Dauer der Berufsausbildung. Die Vergütung ist so zu bemessen, daß sie mindestens jährlich ansteigt. Werden dem Auszubildenden vom Ausbildenden Sachleistungen (*z. B.* Kost und Wohnung) nach der sogenannten Sachbezugsverordnung auf die Vergütung angerechnet, müssen in jedem Fall mindestens 25 % der festgelegten Gesamtvergütung bar ausgezahlt werden (§ 10 II BBiG). Die Vergütung muß spätestens am letzten Arbeitstag des Monats gezahlt werden (§ 11 II BBiG).

Wenn für den Ausbildenden und den Auszubildenden eine verbindliche Tarifregelung vorliegt, dürfen im Ausbildungsvertrag keine niedrigeren Vergütungssätze als die Tarifsätze vereinbart werden. Ob eine verbindliche Tarifregelung vorliegt, läßt sich beim Ausbildenden, Betriebsrat oder – soweit vorhanden – bei der Jugend- und Auszubildendenvertretung sowie bei den im Betrieb vorhandenen Gewerkschaften erfragen. Nicht tarifgebundene Parteien können die Tarifvergütung um bis zu 20 % unterschreiten.

Eine über die vereinbarte regelmäßige tägliche Ausbildungszeit hinausgehende Beschäftigung ist angemessen zu vergüten (§ 10 III BBiG). Für Sonn- und Feiertagsarbeit, die Jugendliche nur in bestimmten Wirtschaftszweigen verrichten dürfen, muß – soweit sie gesetzlich überhaupt zulässig ist – in bestimmten Umfang Freizeit gewährt werden (§§ 17, 18 und 21 JugArbSchG).

Dem Auszubildenden ist die Vergütung auch für die Zeit der Freistellung zu zahlen (§ 12 BBiG, §§ 9, 10 JugArbSchG). Außerdem muß ihm die Vergütung bis zur Dauer von sechs Wochen gezahlt werden, wenn er z. B. unverschuldet krank ist (§ 12 BBiG).

### Prüfungen und Zeugnis

Die Ausbildung soll auf die Abschlußprüfung vorbereiten, zu der der Ausbildende den Auszubildenden zu gegebener Zeit anzumelden hat. Der Ausbildende hat dem Auszubildenden bei Beendigung des Berufsausbildungsverhältnisses ein Zeugnis auszustellen, das Angaben über Art und Dauer und Ziel der Berufsausbildung sowie über die erworbenen Fertigkeiten und Kenntnisse des Auszubildenden enthalten muß (§ 8 BBiG). Auf Verlangen des Auszubildenden sind darin auch Angaben über Führung, Leistung und besondere fachliche Fähigkeiten aufzunehmen (= qualifiziertes Zeugnis). Hat der Ausbildende die Berufsausbildung nicht selbst durchgeführt, so soll auch der Ausbilder das Zeugnis unterschreiben. Dieses Zeugnis ist unabhängig vom Prüfungszeugnis der Kammer zu erteilen.

Streit kann es um die Frage geben, zu welchem Zeitpunkt das Berufsausbildungsverhältnis beendet ist, wenn die Abschlußprüfung vorzeitig bestanden wurde. Das Gesetz sagt zwar, daß es „mit Bestehen der Abschlußprüfung" endet, nicht aber, wann die Prüfung als bestanden gilt. Der Bundesausschuß für Berufsbildung hat daher in den Richtlinien für Prüfungsordnungen festgelegt, daß der Prüfungsausschuß dem Prüfungsteilnehmer am letzten Prüfungstag mitteilen soll, ob er die Prüfung „bestanden" oder „nicht bestanden" hat und daß hierüber dem Prüfungsteilnehmer unverzüglich eine vom Vorsitzenden zu unterzeichnende Bescheinigung auszuhändigen ist. Dabei ist als Termin des Bestehens bzw. Nichtbestehens der Tag der letzten Prüfungsleistung einzusetzen. Diese Regelung hat arbeitsrechtliche Konsequenzen, denn am Tag nach der Prüfung setzt die Gehaltszahlung ein, wenn sich der Auszubildende innerhalb der letzten drei Monate seines Berufsausbildungsverhältnisses verpflichtet hat, nach der Ausbildung ein Arbeitsverhältnis auf Zeit oder aber auf unbestimmte Zeit einzugehen.

Diese Regelung kann aber gleichzeitig bedeuten, daß am Tage nach Bestehen der Prüfung der Ausbildungsbetrieb verlassen werden muß, weil kein Arbeitsverhältnis im Anschluß an die Ausbildungszeit vereinbart wurde. Festzuhalten ist: Das Ausbildungsverhältnis endet automatisch ohne Kündigung.

Ein Zeugnis soll auf der einen Seite das berufliche Fortkommen nicht behindern, es muß aber andererseits wahrheitsgemäß sein. Es darf also nicht Angaben über Ehrlichkeit enthalten, wenn der Auszubildende nicht ehrlich war. Man sollte sich in solchen Fällen auf eine Arbeitsbescheinigung beschränken, also Führung und Leistung unerwähnt lassen. Ein *Zeugnismuster* (= Arbeitsbescheinigung) ist in der nachfolgenden Abbildung dargestellt:

KABELMETALL AG

Rheinallee 125 – 150 · Postfach 778887 · 8700 Mannstadt

1. März 1989

Herr Karl Bolte, geb. am 7. 3. 1958, hat in unserem Betrieb vom 1. März 1986 bis zum 28. Februar 1989 eine Ausbildung als ..............................
nach der Ausbildungsordnung für .............................. absolviert.

Im Rahmen dieser Ausbildung hat er die im Ausbildungsberufsbild vorgesehenen Fertigkeiten und Kenntnisse erworben.

KABELMETALL AG
ppa.

..................... (als Ausbilder)

..................... (als Ausbildender)

*Muster eines Zeugnisses* (= Arbeitsbescheinigung)

Kündigung

Während der Probezeit kann das Berufsausbildungsverhältnis jederzeit ohne Einhaltung einer Kündigungsfrist und ohne Angabe von Gründen schriftlich gekündigt werden (§ 15 BBiG). Nach der Probezeit kann das Berufsausbildungsverhältnis nur aus einem wichtigen Grund ohne Einhaltung einer Kündigungsfrist gekündigt werden; es sei denn, daß der Auszubildende die Berufsausbildung aufgeben oder sich für eine andere Berufstätigkeit ausbilden lassen will. In diesem Falle gilt eine Kündigungsfrist von vier Wochen. Die Kündigung muß schriftlich unter Angabe der Kündigungsgründe erfolgen.

Ein wichtiger Grund ist gegeben, wenn Tatsachen vorliegen, aufgrund derer dem Kündigenden unter Berücksichtigung aller Umstände des Einzelfalles und unter Abwägung der Interessen beider Vertragsparteien die Fortsetzung des Berufsausbildungsverhältnisses bis zum Ablauf der Ausbildungszeit nicht zugemutet werden kann. In vielen Fällen muß die Kündigung vorher angedroht worden sein (sogenannte Abmahnung). Eine Kündigung aus einem wichtigen Grund ist unwirksam, wenn die ihr zugrundeliegenden Tatsachen dem zur Kündigung Berechtigten länger als zwei Wochen bekannt sind.

*Gründe für eine fristlose Kündigung können sein:*

**für den Auszubildenden**

- Der Betrieb bildet mangelhaft aus!
- Der Betrieb hat keinen geeigneten Ausbilder!
- Der Betrieb erfüllt die übernommenen oder gesetzlichen Verpflichtungen nicht (z. B. Zahlung der Vergütung)!
- Verstöße gegen das JugArbSchG!
- Körperliche Züchtigung des Auszubildenden
- Umzug der Eltern

**für den Ausbildenden**

- Der Auszubildende hat wiederholt und schwer gegen seine Pflichten verstoßen (lernunwillig, unehrlich, unpünktlich; schriftliche Verwarnung mit Kündigungsandrohung muß vorausgegangen sein)!
- grobe Disziplinwidrigkeiten (auch grobe Beleidigungen)
- Versäumen der ärztlichen Nachuntersuchung
- Schwänzen der Berufsschule
- Tätlichkeiten
- Diebstahl
- erhebliche u. fortgesetzte Verstöße gegen Arbeitsschutzbestimmungen
- eigenmächtiger Urlaubsantritt

Wird das Berufsausbildungsverhältnis nach Ablauf der Probezeit vorzeitig gelöst, so kann der Ausbildende oder der Auszubildende Ersatz des Schadens verlangen, wenn der andere den Grund für die Auflösung zu vertreten hat (§ 16 BBiG). Dies gilt jedoch nicht bei Kündigung wegen Aufgabe oder Wechsels der Berufsausbildung. Der Anspruch erlischt, wenn er nicht innerhalb von drei Monaten nach Beendigung des Berufsausbildungsverhältnisses geltend gemacht wird.

Es besteht die Möglichkeit, ein Berufsausbildungsverhältnis im beiderseitigen Einvernehmen zu beenden. Von dieser Möglichkeit wird dann Gebrauch gemacht, wenn die Kündigungsgründe nicht ausreichen, die Fortsetzung des Ausbildungsverhältnisses aber den Umständen nach nicht sinnvoll ist. Dies kann auch dann der Fall sein, wenn sich der Auszubildende etwas hat zuschulden kommen lassen, was eine fristlose Kündigung rechtfertigt, von dieser Maßnahme aber Abstand genommen wird, um dem Jugendlichen den weiteren Lebensweg nicht zu verbauen.

Einen Überblick über die Möglichkeiten der Beendigung von Berufsausbildungsverhältnissen gibt die folgende Abbildung:

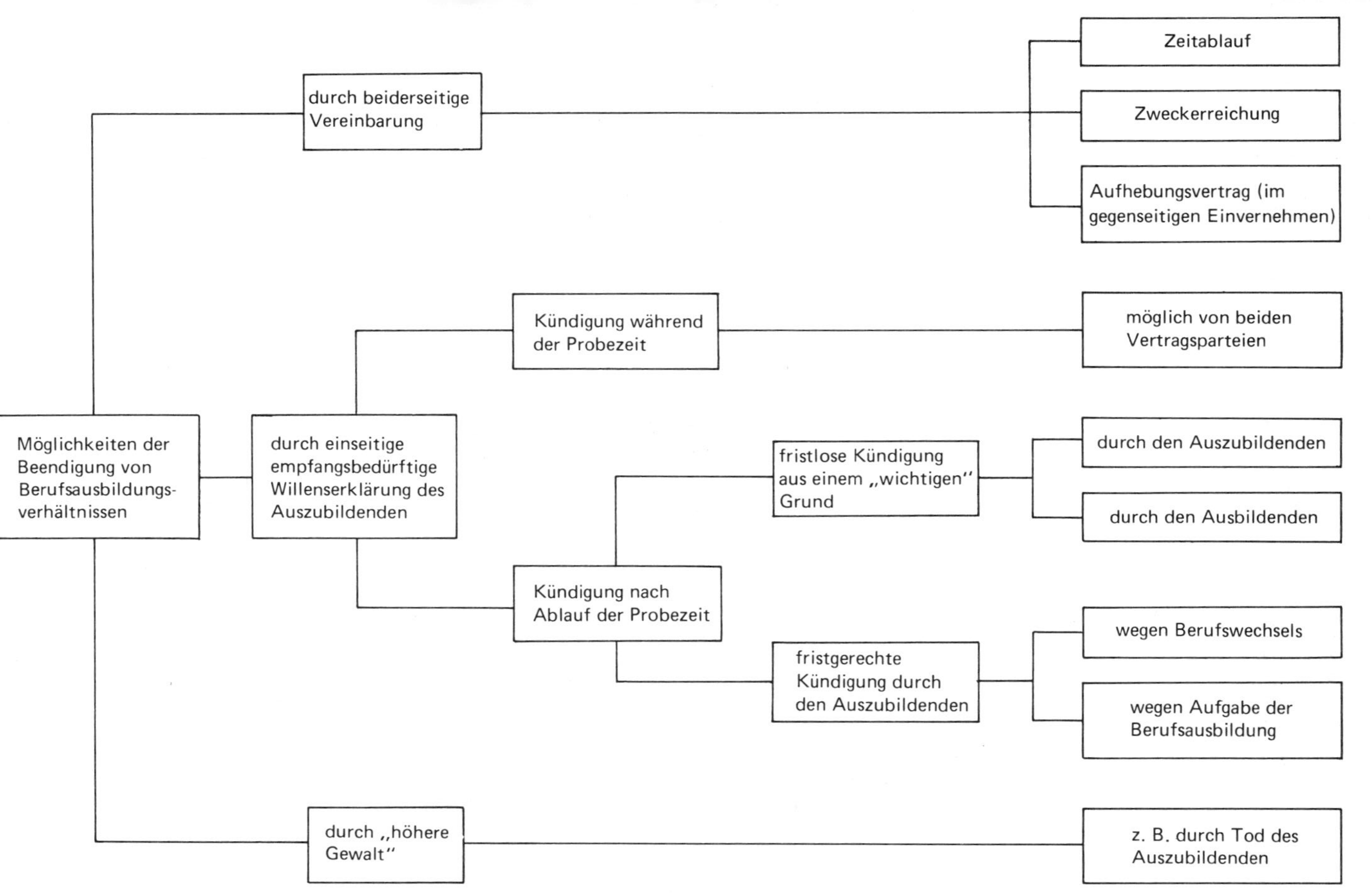


*Möglichkeiten der Beendigung von Berufsausbildungsverhältnissen*

Ende des Berufsausbildungsverhältnisses

Das Berufsausbildungsverhältnis endet mit dem Ablauf der Ausbildungszeit oder mit dem Bestehen der Abschlußprüfung. Entscheidend ist jeweils das früheste Ereignis. Insofern kann das Berufsausbildungsverhältnis – insbesondere bei vorzeitiger Prüfung – vor Ablauf der Ausbildungszeit enden.
Mit dem Bestehen der Abschlußprüfung ist der Auszubildende Gehilfe bzw. Facharbeiter und kann das entsprechende Gehalt bzw. den entsprechenden Lohn verlangen.

Weiterbeschäftigung nach Berufsausbildung

Im Berufsausbildungsvertrag ist die Vereinbarung einer Weiterbeschäftigung nach Beendigung des Berufsausbildungsverhältnisses unzulässig (§ 5 BBiG). Eine solche Vereinbarung kann frühestens während der letzten drei Monate des bestehenden Berufsausbildungsverhältnisses getroffen werden. Das Arbeitsverhältnis kann dann auf unbestimmte Zeit eingegangen werden oder befristet für die Dauer von höchstens fünf Jahren. Letzteres ist jedoch nur möglich, wenn der Ausbildende die Kosten für eine weitere Berufsbildung des Auszubildenden außerhalb des Berufsausbildungsverhältnisses übernimmt und diese Kosten in einem angemessenen Verhältnis zur Dauer der Verpflichtung stehen.

Wird der Auszubildende im Anschluß an das Berufsausbildungsverhältnis beschäftigt, ohne daß hierüber ausdrücklich etwas vereinbart worden ist, so wird damit ein Arbeitsverhältnis auf unbestimmte Zeit begründet (§ 17 BBiG).

Besondere Schutzvorschriften enthält der § 78 a BetrVG für Jugend- und Auszubildendenvertreter: Wenn der Arbeitgeber die Absicht hat, den Jugend- und Auszubildendenvertreter nach Ende der Ausbildung nicht mehr weiterzubeschäftigen, muß er ihm dieses drei Monate vor Beendigung des Ausbildungsverhältnisses schriftlich mitteilen. Wenn der Jugend- und Auszubildendenvertreter aber seine Weiterbeschäftigung verlangt, so muß dem entsprochen werden. Von dieser Pflicht zur Übernahme in ein unbefristetes Arbeitsverhältnis kann der Arbeitgeber nur durch einen Beschluß des Arbeitsgerichtes entbunden werden.

Auskunfts- und Beschwerdemöglichkeiten

Unklarheiten, Beschwerden, Streitigkeiten in Fragen der Ausbildung können vom Betriebsrat oder von der Jugend- und Auszubildendenvertretung – soweit vorhanden – geklärt werden. Der Betriebsrat ist nach dem BetrVG auch zur Überwachung der Berufsausbildung verpflichtet. Er muß darauf achten, daß die Ausbildung entsprechend den gesetzlichen Bestimmungen durchgeführt wird. Dabei muß er auch Beschwerden der Auszubildenden entgegennehmen. Falls diese berechtigt erscheinen, muß der Betriebsrat durch Verhandlungen mit dem Ausbildenden auf ihre Erledigung hinwirken. So kann der Betriebsrat u. a. auch die Abberufung eines Ausbilders verlangen, wenn dieser persönlich oder fachlich, insbesondere auch berufs- und arbeitspädagogisch nicht geeignet ist oder seine Aufgaben vernachlässigt.

Bestehen Unklarheiten im Zusammenhang mit dem Jugendarbeitsschutzgesetz, so kann sich der Auszubildende, aber auch der Ausbilder an das Gewerbeaufsichtsamt wenden.
Das Gewerbeaufsichtsamt hat die Durchführung des Jugendarbeitsschutzgesetzes zu überwachen. Seine Beamten sind zur Verschwiegenheit über etwaige Hinweise auf Verstöße gegen das Jugendarbeitsschutzgesetz verpflichtet. Können Streitigkeiten im Rahmen des Berufsausbildungsverhältnisses innerbetrieblich nicht bereinigt werden, so kann

auch das Arbeitsgericht angerufen werden. Zuvor ist ein zur Beilegung von Streitigkeiten von der zuständigen Stelle (im Handwerk von den Innungen) errichteter Ausschuß einzuschalten. Er ist paritätisch besetzt, d. h. ihm gehören Arbeitgeber und Arbeitnehmer in gleicher Anzahl an.

„Zuständige Stelle" für die Berufsbildung ist in den meisten Wirtschaftszweigen die jeweilige Kammer, *zum Beispiel* die Industrie- und Handelskammer für alle Gewerbebetriebe außerhalb des Handwerks und die Handwerkskammer für Handwerksbetriebe. Die „zuständigen Stellen" mit ihren paritätisch besetzten Berufsbildungsausschüssen haben Überwachungs- und Beratungsaufgaben (§ 45 BBiG, § 41 a HwO). Der Berufsbildungsausschuß setzt sich aus je sechs Beauftragten der Arbeitgeber, der Arbeitnehmer und der Lehrer an den berufsbildenden Schulen zusammen.

Abschließend sollen die Pflichten des Ausbildenden und des Auszubildenden einander zusammenfassend gegenübergestellt werden (vgl. §§ 6–10 BBiG). Die Pflichten des einen sind die Rechte des anderen:

| **Pflichten des Ausbildenden** | **Pflichten des Auszubildenden** |
|---|---|
| • Ausbildungspflicht (planmäßige Unterweisung) | • Lernpflicht |
| • Freistellungspflicht<br>– zum Berufsschulunterricht<br>– für außerbetriebliche Ausbildung<br>– für Prüfungen<br>– für ärztliche Untersuchungen | • Teilnahmepflicht<br>– am Berufsschulunterricht<br>– an außerbetrieblicher Ausbildung<br>– an Prüfungen<br>– an ärztlichen Untersuchungen |
| • Benennung weisungsberechtigter Personen (Ausbilder) | • Weisungsgebundenheit (Gehorsamspflicht im Rahmen von Ausbildungsmaßnahmen) |
| • Aufsichtspflicht | • Einhaltung der Betriebsordnung |
| • Berichtsheftkontrolle | • Berichtsheftführung |
| • Bereitstellung der Ausbildungsmittel | • Pflegliche Behandlung der Ausbildungsmittel |
| • Urlaubsgewährung | • Erholungspflicht (im Urlaub) |
| • Charakterliche Förderung und sittlicher sowie körperlicher Schutz | • Sorgfaltspflicht (Verrichtungen, Maschinen und Werkzeug) |
| • Zeugnispflicht | • Verschwiegenheitspflicht über Geschäfts- und Betriebsgeheimnisse |
| • Vergütungspflicht (einschließlich Zahlung der Beiträge zur Sozialversicherung) | • Benachrichtigungspflicht im Krankheitsfall<br>• Haftpflicht für vorsätzlich oder grob fahrlässig angerichtete Schäden |

## Fragen, Aufgaben, Fallbeispiele

**58.** Der Auszubildende Schwach erkrankt in der Probezeit von drei Monaten. Er ist fast sieben Wochen nicht im Betrieb. Seine Eignung für die Berufsausbildung konnte nicht festgestellt werden. Er bittet um eine Verlängerung der Probezeit. Halten Sie das für eine gangbare Möglichkeit? Begründen Sie Ihre Position!

**59.** Kann der Ausbildende dem Auszubildenden nach einem Jahr Berufsausbildung „aus wichtigem Grunde" kündigen, weil dieser für die Berufsausbildung in diesem Ausbildungsberuf nicht geeignet ist?

**60.** Welchen Sinn hat die Vorschrift des § 5 I 1 BBiG?

**61.** Der Auszubildende Schlauberger verlangt vom Ausbildungsbetrieb die Bereitstellung von Lehrbüchern, Schreibmaterialien, Rechenschieber und Taschenrechner. Er verweist in diesem Zusammenhang auf § 6 I 3 BBiG. Ist seinem Verlangen nachzugeben? Warum?

**62.** Praktikant Meier beruft sich auf das BBiG und verlangt die kostenlose Übergabe von Fachliteratur. Er gibt zu verstehen, daß er auch mit einer leihweisen Überlassung einverstanden sein würde. Wie ist die Rechtslage?

**63.** Der Auszubildende Streblich hat sich zu einem „Paukkurs" zur Vorbereitung auf die Abschlußprüfung angemeldet. Er verlangt vom Ausbildungsbetrieb die Kostenübernahme. Wie ist sein Verlangen zu beurteilen?

**64.** An den üblichen Berufsschulunterricht werden aus besonderem Anlaß Unterrichtsstunden angehängt. Der Auszubildende Peter Schläulich verlangt nun eine besondere Vergütung für diese „Überstunden". Wie begegnen Sie dieser Argumentation?

**65.** Der Auszubildende Hans Bummelig versäumt regelmäßig die Berufsschule. Welche Konsequenzen hat das für seinen Ausbilder?

**66.** Der Ausbildungsbetrieb hat nach wiederholten Mahnungen und schriftlichen Androhungen Hans Bummelig gekündigt. Der Betrieb verlangt nun von Bummelig – der aus vermögendem Hause kommt – Schadenersatz. Begründung: Man habe eine vollwertige Kraft für den entlassenen Auszubildenden einstellen müssen. Sie werden um Rat gefragt. Wie beurteilen Sie den Fall?

**67.** Ihr derzeitiger Auszubildender informiert Sie darüber, daß er morgen nicht in der Berufsschule zu finden sein wird, sondern mit der Klasse und einem Lehrer die Industrieausstellung zu besuchen gedenke. Sie untersagen die Beteiligung mit der Begründung, der Betrieb sei nicht verpflichtet, den Auszubildenden „für derartige Vergnügungen freizustellen". Sie sind der Auffassung, der Auszubildende müsse bei Ausfall des Unterrichts in der Berufsschule im Betrieb erscheinen. Prüfen Sie die Rechtslage!

**68.** Ein Auszubildender wird für eine außerbetriebliche Ausbildungsmaßnahme nach § 7 BBiG freigestellt. Er nimmt aber nicht teil, sondern schwänzt. Welche Folgen sind möglich?

**69.** Welche Ausbildungsvergütung bekommt ein Berufsgrundbildungsjahrabsolvent, wenn er unter Anrechnung des Berufsgrundbildungsjahres einen Ausbildungsplatz erhält?

**70.** Sie müssen eine Ausbildungsmaßnahme auf den arbeitsfreien Samstag legen. Die Auszubildenden sind einverstanden, verlangen aber eine besondere Vergütung. Wie ist zu entscheiden?

**71.** Der Auszubildende Pechvogel hat die Abschlußprüfung nicht bestanden. Er macht von seinem Recht Gebrauch, die Abschlußprüfung zu wiederholen. Dadurch verlängert sich das Berufsausbildungsverhältnis. Der Auszubildende verlangt darüber hinaus eine Steigerung der Vergütung, da diese ja nach § 10 I BBiG in ihrer Bemessung das Lebensalter des Auszubildenden berücksichtigen und mit fortschreitender Berufsausbildung mindestens jährlich ansteigen soll. Ist der Anspruch von Pechvogel begründet?

**72.** Der Auszubildende Peter Faul fällt durch die Abschlußprüfung. Seine Zwischenprüfung hatte er mit Ach und Krach bestanden. Sein Ausbilder hatte sich alle Mühe gegeben, aber bei Peter mangelte es an Verständnis, gutem Willen und Fleiß. Die Noten der Abschlußprüfung: durchweg mangelhaft.

Peter will nun die Prüfung wiederholen und weiter im Betrieb ausgebildet werden. Der Ausbildungsleiter weigert sich unter Hinweis auf die „miesen" Ergebnisse der bisherigen Bemühungen, den Ausbildungsvertrag zu verlängern. Er meint, Peter hätte kaum eine Chance, die Wiederholungsprüfung zu bestehen. Wie ist zu entscheiden?

**73.** Welche Bereiche kann die für die Ausbildungsstätte geltende Ordnung betreffen?

**74.** Welche Gründe können zu einer Verlängerung der Ausbildungszeit führen?

**75.** Der Auszubildende Franz Plaudertasche unterhält seine Stammkneipe mit Vorträgen über die Lieferanten und die Gewinnspannen seines Chefs. Die Sache spricht sich herum. Schließlich erfährt es auch der Chef und kündigt fristlos. Plaudertasche wehrt sich mit Hinweisen auf seinen „Intimbereich" und die Meinungsfreiheit. Er habe doch nur die Wahrheit gesagt! Wie kann die Kündigung gerechtfertigt werden?

**76.** Der Auszubildende Schläulich hat sich krank gemeldet. Attest liegt vor. Ihnen kommt die Sache nicht zum ersten Mal recht komisch vor. Durch Zufall erfahren Sie, daß Schläulich theoretisch und praktisch in den Vormittagsstunden in einem Intensivkurs zur Vorbereitung auf die Führerscheinprüfung sitzt. Reicht die Beweiskette für eine fristlose Kündigung des Berufsausbildungsverhältnisses?

**77.** Der Auszubildende Karl Frech entbietet anläßlich einer Auseinandersetzung um die Güte eines Werkstücks seinem Ausbildenden (= Ausbilder) nachhaltig den Kraftausdruck aus „Götz von Berlichingen". Der Ausbildende spricht daraufhin seinem Auszubildenden im dritten Ausbildungsjahr die fristlose Kündigung aus. Der Auszubildende geht gegen die Kündigung gerichtlich vor. Wie sehen Sie die Erfolgsaussichten?

**78.** Ein Auszubildender schneidet in der Zwischenprüfung ganz „katastrophal" ab. Der Ausbildende befürchtet, daß der Auszubildende die Abschlußprüfung nicht bestehen wird. Er kündigt den Ausbildungsvertrag aus wichtigem Grund. Der Auszubildende protestiert. Wer wird Recht bekcmmen?

**79.** Der Auszubildende Rudi Gitter nimmt einem Kollegen in einem Umkleideraum die Geldbörse, die Brieftasche und die Wagenschlüssel aus dem Spind. Dies führt zu einer fristlosen Kündigung durch den Ausbildenden. Der Jugend- und Auszubildendenvertreter versucht, die Kündigung zu vermeiden. Er meint, ein einmaliges Versagen sei dem jugendlichen Leichtsinn zuzuschreiben. Rudi hätte die Sache ja auch zugegeben, und es sei doch kein Schaden entstanden! Wie ist der Fall zu beurteilen!

**80.** Der Ausbildende, Meister Kräftig, ärgert sich schon einige Zeit über die schlechte Arbeit, die der Auszubildende Klaus Schlampig leistet. Gerade hat dieser wieder Ausschuß „gebaut". Wütend verabreicht Meister Kräftig seinem Auszubildenden eine „saftige Ohrfeige" – mit erzieherischer Absicht, das versteht sich! Der Auszubildende kündigt fristlos und verlangt Schadenersatz. Wie kann er seinen Anspruch begründen?

**81.** Warum erfordert jegliche Kündigung des Berufsausbildungsverhältnisses die Schriftform?

### Hinweise auf Quellen und weiterführende Literatur


- Bundesminister für Bildung und Wissenschaft (Hrsg.): Ausbildung und Beruf – Rechte und Pflichten während der Berufsausbildung. Bonn [27]1992.
- Gridl, Axel/Reichel, Manfred: Recht für Ausbilder von A – Z. München: Rehm 1982.
- Hurlebaus, Horst-Dieter: Rechtsratgeber Berufsbildung. Handbuch für die Praxis. Bonn: DIHT [6]1991.


## 2.3.9.3 Ordnungswidrigkeiten und deren Ahndung

Das Gesetz über Ordnungswidrigkeiten (OWiG) vom 19. Februar 1987 erinnert den Arbeitgeber in § 130 an seine Aufsichtspflicht. Dort heißt es (auszugsweise):

(1) Wer als Inhaber eines Betriebes oder Unternehmens vorsätzlich oder fahrlässig die Aufsichtsmaßnahmen unterläßt, die erforderlich sind, um in dem Betrieb oder Unternehmen Zuwiderhandlungen gegen Pflichten zu verhindern, die den Inhaber als solchen treffen und deren Verletzung mit Strafe oder Geldbuße bedroht ist, handelt ordnungswidrig, wenn eine solche Zuwiderhandlung begangen wird, die durch gehörige Aufsicht hätte verhindert werden können. Zu den erforderlichen Aufsichtsmaßnahmen gehören auch die Bestellung, sorgfältige Auswahl und Überwachung von Aufsichtspersonen.

(2) Dem Inhaber eines Betriebes oder Unternehmens stehen gleich
   1. sein gesetzlicher Vertreter,
   2. die Mitglieder des zur gesetzlichen Vertretung berufenen Organs einer juristischen Person sowie die vertretungsberechtigten Gesellschafter einer Personenhandelsgesellschaft,
   3. Personen, die beauftragt sind, den Betrieb oder das Unternehmen ganz oder zum Teil zu leiten, soweit es sich um Pflichten handelt, für deren Erfüllung sie verantwortlich sind.

(3) Betrieb oder Unternehmen im Sinne der Absätze 1 und 2 ist auch das öffentliche Unternehmen.

Eine Ordnungswidrigkeit ist also ein Verstoß gegen Rechtsbestimmungen, der von einer Verwaltungsbehörde mit einer Geldbuße geahndet werden kann. Mögliche Ordnungswidrigkeiten werden in § 99 BBiG aufgezählt. Sie lassen sich in formale und materiale Ordnungswidrigkeiten einteilen.

Eine formale Ordnungswidrigkeit begeht,

- wer den wesentlichen Inhalt des Berufsausbildungsvertrages oder wesentliche Änderungen nicht schriftlich niederlegt,
- wer die Eintragung in das Verzeichnis der Berufsausbildungsverträge nicht frist- und ordnungsgemäß beantragt oder eine Ausfertigung der Niederschrift des Berufsausbildungsvertrages nicht beifügt,
- wer dem Auszubildenden oder dessen gesetzlichem Vertreter die unterzeichnete Niederschrift des Berufsausbildungsvertrages nicht aushändigt,
- wer die Besichtigung der Ausbildungsstätte nicht gestattet,
- wer der zuständigen Stelle oder ihrem Beauftragten sowie den Beauftragten des Bundesinstituts für Berufsbildung Auskünfte über Gang und Stand der Ausbildung nicht, nicht rechtzeitig, unrichtig oder unvollständig erteilt oder Unterlagen nicht vorlegt.

Derartige Ordnungswidrigkeiten können mit einer Geldbuße von bis zu 2000 DM geahndet werden.

Eine materiale Ordnungswidrigkeit begeht,

- wer dem Auszubildenden Aufgaben überträgt die dem Ausbildungszweck nicht dienen,
- wer dem Auszubildenden die zur Teilnahme am Berufsschulunterricht, an Ausbildungsmaßnahmen außerhalb der Ausbildungstätte oder an Prüfungen erforderliche Zeit nicht gewährt,
- wer Auszubildende einstellt oder ausbildet, obwohl er persönlich oder fachlich nicht geeignet ist,
- wer einen Ausbilder bestellt, obwohl dieser nicht die erforderliche Eignung besitzt,
- wer Auszubildende einstellt oder ausbildet, obwohl ihm die Ausbildung kraft Gesetzes untersagt ist.

Derartige Ordnungswidrigkeiten können mit einer Geldbuße von bis zu 10 000 DM geahndet werden.

Die aufgeführten Bußgelddrohungen richten sich gegen den Ausbildenden, aber auch gegen den Ausbilder. Derartige Ordnungswidrigkeiten werden vom Bundesinstitut für Berufsbildung in Berlin als zuständiger Verwaltungsbehörde im Sinne des Gesetzes über Ordnungswidrigkeiten verfolgt und geahndet. Die Ordnungswidrigkeiten werden von Amts wegen verfolgt, d. h. bei Bekanntwerden der Tatbestände schreitet das Amt ein. Eines Antrages bedarf es nicht.

### 2.3.9.4. Rechtsfolgen bei Pflichtverletzungen

Der Auszubildende hat einen Anspruch auf eine entsprechend der Ausbildungsordnung und den gesetzlichen Bestimmungen durchgeführte Ausbildung und die Einhaltung aller getroffenen Vereinbarungen. Wird ihm durch schuldhafte Pflichtverletzung seitens des Ausbildenden ein Schaden zugefügt, so hat er Anspruch auf Schadenersatz. Es gilt aber auch die Umkehrung:

Fügt der Auszubildende dem Ausbildenden schuldhaft einen Schaden zu (*z. B.* mutwillige Maschinenbeschädigung), so hat er Schadenersatz zu leisten. Die Heranziehung zum Schadenersatz hängt vom Ausbildungsstand, den Erfahrungen und von der Einsichtsfähigkeit des Auszubildenden ab. Insofern gilt allgemein: Die Parteien des Berufsausbildungsverhältnisses haften für alle von ihnen rechtswidrig durch vorsätzliche oder fahrlässige Verhaltensweisen verursachten Schäden. Ein Ausschluß oder eine Beschränkung von Schadenersatzansprüchen oder die Festsetzung der Höhe eines Schadenersatzes in Pauschbeträgen ist nichtig (vgl. § 5 II BBiG).

Haftungsfälle

Der Ausbildende haftet *z. B.* dafür,

- daß die Berechtigung zum Einstellen und Ausbilden vorliegt (ist das nicht der Fall, dann kann der Auszubildende sofort kündigen und Schadenersatz verlangen),
- daß ein Ausbilder vorhanden ist,
- daß der Auszubildende zur Prüfung angemeldet wird,
- daß die Aufsichtspflicht nicht verletzt wird (ergibt sich aus § 6 I 5 BBiG),
- daß der Auszubildende nicht mit berufsfremden Tätigkeiten beschäftigt wird, die ihm schaden.

Schadenersatzfälle

Besteht der Auszubildende die Abschlußprüfung infolge mangelhafter Ausbildung nicht oder versäumt er wegen eines Verschuldens des Ausbildenden den Prüfungstermin, so hat er Anspruch, so gestellt zu werden, als ob er die Prüfung bestanden hätte, d. h. er erhält die Vergütung eines Angestellten bzw. Facharbeiters, obwohl er weiter ausgebildet werden muß. Ein *Beispiel* liefert die folgende Zeitungsnotiz:

,,Geldstrafe" für schlechte Ausbildung

Eine gute Fachausbildung steht gerade heutzutage hoch im Kurs. Sie stellt an den Auszubildenden und den Ausbilder gleichermaßen hohe Anforderungen. Ein in dieser Beziehung schlampiger Ausbildungsbetrieb versündigt sich nicht nur in moralischem Sinn an den ihm anvertrauten Lehrlingen; es kann ihm auch an den eigenen Geldbeutel gehen. Denn – so hat das Bundesarbeitsgericht jetzt entschieden: ,,Wenn ein Unternehmen seine Ausbildungspflicht verletzt, schuldet es dem Auszubildenden Ersatz für den dadurch entstandenen Schaden." Mit dieser Entscheidung hat das Bundesarbeitsgericht zwei schleswig-holsteinischen Lehrlingen 3280 DM Schadenersatz für eine notwendig gewordene sechsmonatige Nachlehre zugesprochen.

Die beiden Mädchen, angehende Industriekaufleute, hatten bei der Abschlußprüfung in den Fächern ,,kaufmännisches Rechnen" und ,,Buchführung" die Note ,,ungenügend" erhalten. Sie hatten deshalb eine sechsmonatige Nachlehre durchmachen müssen und danach die Wiederholungsprüfung bestanden. Das Bundesarbeitsgericht hat das erstmalige Versagen der beiden Lehrlinge darauf zurückgeführt, daß ihnen während ihrer Erstausbildung kaum buchhalterische Aufgaben übertragen worden waren. Darin hat es eine schuldhafte Verletzung der Ausbildungspflicht durch den Ausbildungsbetrieb gesehen (3 AZR 412/76 – VW 77/194). (pd)

Selbstverständlich muß Schadenersatz auch bei schuldhaften unerlaubten Handlungen wie

- Körperverletzung,
- Verstoß gegen BBiG, JugArbSchG oder ein anderes Schutzgesetz

geleistet werden.

Hat der Ausbilder den Schaden verursacht, so haftet der Ausbildende wie für eigenes Verschulden, da der Ausbilder rechtlich ein sogenannter Erfüllungsgehilfe nach § 278 BGB ist. Dieser Paragraph bestimmt: ,,Der Schuldner hat ein Verschulden seines gesetzlichen Vertreters und der Personen, deren er sich zur Erfüllung seiner Verbindlichkeit bedient, in gleichem Umfang zu vertreten wie eigenes Verschulden". Schuldner des Berufsausbildungsvertrages ist der Ausbildende, während der Ausbilder eingeschaltet wird, um die ,,Schuld" zu erfüllen.

Allerdings kann der Auszubildende nicht direkt den Ausbilder belangen, da zwischen ihnen kein vertragliches Verhältnis besteht. Er muß sich an den Ausbildenden halten, der in der Regel auf den Ausbilder zurückgreifen wird.

Schadet der Auszubildende einem Dritten, so ist der Ausbilder unter bestimmten Voraussetzungen schadenersatzpflichtig, *z. B.* wegen mangelnder Aufsicht oder Überforderung im Können. (Der Auszubildende soll Bremsbeläge wechseln, hat die Arbeit jedoch erst einmal gesehen!)

Der Ausbildende trägt hohe rechtliche Verantwortung durch seine Ausbildungs- und Betreuungspflichten. Bildet er jedoch nicht selbst aus, sondern bestellt einen Ausbilder, kann er Teile der Verantwortung auf diesen übertragen.

Der Ausbilder kann bei Pflichtverletzung von drei Seiten in Anspruch genommen werden:

- vom Ausbildenden,
- vom Auszubildenden,
- von beteiligten Dritten.

Der Ausbilder ist dem Ausbildenden arbeitsvertraglich zu einer sorgfältigen Berufsausbildung der Auszubildenden verpflichtet. Bei Verletzung dieser Sorgfalt wird er schadenersatzpflichtig. Wenn *zum Beispiel* der Auszubildende die Abschlußprüfung wegen nachweislich fehlerhafter Ausbildung nicht bestanden hat, kann der Ausbilder zum Schadenersatz herangezogen werden.

Direkt vom Auszubildenden kann der Ausbilder *zum Beispiel* zum Schadenersatz herangezogen werden, wenn er gegen Schutzvorschriften verstoßen hat und der Auszubildende dadurch zu Schaden kam.

Gegenüber Dritten haftet der Ausbilder bei Verletzung seiner Aufsichtspflicht oder aufgrund der Haftung für Erfüllungs- und Verrichtungsgehilfen.

Aus diesen Gründen ist der Ausbilder gut beraten, wenn er eine Berufshaftpflichtversicherung abschließt oder vom Ausbildenden zu seinen Gunsten abschließen läßt.

### 2.3.9.5. Gerichtsverfahren

Nicht immer werden Streitigkeiten gütlich beigelegt werden können. Werden sich die Parteien nicht einig, dann müssen die zuständigen Gerichte eingeschaltet werden – in privatrechtlichen Streitigkeiten das Arbeitsgericht, in öffentlich-rechtlichen Streitfällen das Verwaltungsgericht.

Wird zum *Beispiel* die Ausbildungsvergütung nicht gezahlt, so ist das eine vor dem Arbeitsgericht zu führende Auseinandersetzung. Vorher hat allerdings eine Güteverhandlung vor einem Schlichtungs- oder Güteausschuß stattzufinden. Er ist paritätisch besetzt, d. h. ihm gehören Arbeitnehmer und Arbeitgeber in gleicher Anzahl an. Dieses Güteverfahren zur Beilegung von Streitigkeiten zwischen Ausbildenden und Auszubildenden findet bei der „zuständigen Stelle“ (= Kammer bzw. Innung) statt. Ihr Schlichtungsausschuß hört die Parteien an und wird dann auf eine Einigung hinwirken. Hat er mit seinem Einigungsbemühen keinen Erfolg, so fällt er einen Spruch. Erst wenn der gefällte Spruch des Güteausschusses von beiden Parteien nicht innerhalb einer Woche anerkannt wird, kann binnen zwei Wochen Klage beim zuständigen Arbeitsgericht erhoben werden.

Im Güteverfahren werden nur Streitigkeiten behandelt, die ein bestehendes Berufsausbildungsverhältnis berühren. Mit Einleitung eines Güteverfahrens wird die Zweiwochenfrist für eine Kündigung aus wichtigem Grund gehemmt. Ist der Auszubildende *zum Beispiel* mit einer Entscheidung der „zuständigen Stelle“ nicht einverstanden, so ist das Verwaltungsgericht zuständig. Bei einer derartigen Entscheidung könnte es sich zum Beispiel um folgende Fälle handeln:

- Ablehnung der Eintragung in das Verzeichnis der Berufsausbildungsverhältnisse,
- Ablehnung eines Antrages auf Verkürzung oder Verlängerung der Ausbildungszeit,
- Nichtzulassung zur Abschlußprüfung,
- Meinungsverschiedenheiten über den Ausgang der Prüfung,

- Zeugniserteilung (fehlerhaftes Zeugnis),
- Ablehnung eines Ausbilders wegen mangelnder Eignung,
- Aufforderung zum Beheben von Eignungsmängeln.

Solche Entscheidungen stellen Verwaltungsakte dar. Bei einem Verwaltungsakt handelt es sich immer um Verfügungen, Entscheidungen oder andere hoheitliche Maßnahmen, die eine Behörde zur Regelung eines Einzelfalles auf dem Gebiete des öffentlichen Rechts trifft und die auf unmittelbare Rechtswirkung nach außen gerichtet sind.

Jeder Verwaltungsakt muß eine Rechtsmittelbelehrung enthalten. In dieser muß angegeben werden, wo ein Widerspruch gegen die getroffene Entscheidung eingelegt werden kann. Der Widerspruch muß binnen eines Monats eingelegt werden und ist die Voraussetzung für eine evtl. verwaltungsgerichtliche Klage. Der Widerspruch soll der Verwaltung die Möglichkeit geben, ihre Entscheidung zu überdenken.

Im Widerspruchsverfahren werden Zulässigkeit des Widerspruchs, Rechtmäßigkeit des angegriffenen bzw. unterlassenen Verwaltungsaktes kontrolliert und die Zweckmäßigkeit der Maßnahme überprüft. Wird der Widerspruch zurückgewiesen, so muß binnen eines Monats nach Zustellung des Widerspruchsbescheides schriftlich Klage vor dem Verwaltungsgericht erhoben werden. Diese Klage erlaubt eine weitere Überprüfung der Entscheidung (Anfechtungsverfahren).

Oft hegen Auszubildende trügerische Hoffnungen bei Streitigkeiten über den Prüfungsausgang. Sie meinen, das Verwaltungsgericht könne ihnen zu einer besseren Note bzw. zum Bestehen der Prüfung verhelfen. Dies ist in der Regel nicht der Fall. In Prüfungsfragen können u. a. folgende Punkte verwaltungsgerichtlich geprüft werden: Verfahrensfehler (z. B. nicht fristgemäße Vorladung zu einem Prüfungsteil), Einhaltung des Gleichheitsgrundsatzes und der allgemeinen Bewertungsgrundsätze, Ausschluß sachfremder Erwägungen.

## Fragen, Aufgaben, Fallbeispiele

**82.** In welchen Fällen kann der Ausbilder zur Haftung herangezogen werden?

**83.** Ein Auszubildender zertrümmert in der Wut ein Voltmeter. Muß er den Schaden ersetzen?

**84.** Was bedeutet „formale" und was bedeutet „materiale" Ordnungswidrigkeit?

**85.** Ein Auszubildender widerspricht dem ihm erteilten Prüfungsbescheid. Er meint, bei der ausgewiesenen Punktanzahl stünde ihm die Note „gut" statt „befriedigend" zu. Wird er Erfolg haben?

## Hinweise auf Quellen und weiterführende Literatur

- Der Bundesminister für Bildung und Wissenschaft (Hrsg.): Ausbildung und Beruf – Rechte und Pflichten während der Berufsausbildung. Bonn [27]1992.
- Der Bundesminister für Bildung und Wissenschaft (Hrsg.): Rechtsprechung zur Berufsbildung, Bonn 1979.

# Anhang

## Lösungshinweise zu den Fragen, Aufgaben und Fallbeispielen

Die Lösungshinweise sind kurz gefaßt. Nicht immer wird Ihre Lösung mit der hier angedeuteten übereinstimmen. Sie dürfen aber deswegen nicht ohne weiteres annehmen, daß Ihre Lösung nicht zutreffend sei. Oft kann eine andere sprachliche Formulierung durchaus den richtigen Sachverhalt zum Ausdruck bringen. Ab und zu kann auch eine völlig andere Antwort genau so gut sein wie die hier vorgeschlagene.

## Kapitel 1.

1. Beim Wachstum handelt es sich um die durch Hormone gesteuerte Zunahme an Größe und Gewicht. Hingegen ist die Reifung die innerlich gelenkte, körperliche und geistige Veränderung auf den Reifezustand (= Erwachsenen) hin. Beim Wachstum geht es um die Quantität, bei der Reifung um die Qualität, um das Anwachsen der Funktionstüchtigkeit und Leistungsfähigkeit.

2. Die Reifung ist eine Voraussetzung für das Lernen. Das Lernen ist wiederum Voraussetzung für die Entwicklung – verstanden als Reihe von relativ dauerhaften Veränderungen von Verhalten und Erleben, von Körpermerkmalen und Fähigkeiten sowie weiteren Eigenschaften. Das Lernen – verstanden als Auseinandersetzung mit der Umwelt – hat entscheidenden Einfluß auf die Entwicklung. Gleichwohl ist auch eine gewisse Wechselwirkung zwischen diesen Größen zu beobachten.

3. Anlagen sind angeborene, potentielle (= mögliche) Fähigkeiten, die aber der Entwicklung bedürfen.

4. Ein „statischer" Begabungsbegriff liegt dann vor, wenn eine angeborene Befähigung zu bestimmten Leistungen gemeint wird. Der Umwelteinfluß spielt dann in diesem Zusammenhang keine oder nur eine geringe Rolle.
   Ein „dynamischer" Begabungsbegriff betont die Tätigkeit des Begabens, des Weckens und Förderns der Begabung. Hier spielt die Anregung der Umwelt eine große Rolle.

5. Die „Stufentheorien der Entwicklung" haben sich als nicht zutreffend herausgestellt. Die Entwicklung des Menschen verläuft von der Geburt an stetig, nicht in Sprüngen. Daher ist es im Grunde nicht möglich, verschiedene Abschnitte gegeneinander abzugrenzen. Als Orientierungshilfe können diese Stufentheorien und ihre Markierungen – entsprechend relativiert – durchaus hilfreich sein!

6. Jeder Mensch hat ein unterschiedliches Entwicklungstempo. Ferner erstreckt sich die Entwicklung auf viele Bereiche (Körper, Denken, Sozialverhalten usw.), die in ihrem Niveau zu einem bestimmten Zeitpunkt nicht den gleichen Stand erreichen.

7. Durch das verstärkte Längenwachstum verändert sich die Grobmotorik des Jugendlichen. Seine Körperbewegungen wirken schlaksig, eckig, nicht aufeinander abgestimmt. Manche Bewegungsabläufe klappen überhaupt nicht mehr so richtig.

8. Der Jugendliche kommt in für ihn neuartige Situationen, die ihn verunsichern. Er paßt sich unter Umständen blitzschnell an oder geht in Opposition. Seine Alternativen sind: entweder/oder, gut/böse, falsch/richtig . . . Differenzierungen und Kompromisse zwischen den extremen Positionen muß er langsam erst lernen.

9. In der Pubertät kommt es zu einer Orientierungskrise. Die Einstellungen und Wertvorstellungen, die bislang hochgehalten wurden, verlieren ihre Verbindlichkeit. Der Jugendliche ist auf der Suche nach neuen Autoritäten. Dabei sind die moralischen, religiösen und politischen Überzeugungen nicht allzu beständig. Sicher ist das oft verwunderlich, aber es sollte nicht zu Aufregung und Ärger führen, auch nicht zu Ironie und Lächerlichmachen, sondern gelassen hingenommen werden.
10. Die Position von Ausbilder Progress ist wohl eher zu rechtfertigen. Ausbilder Alt vertritt ein gängiges, deswegen noch lange nicht richtiges Urteil, das besser als Vorurteil zu qualifizieren ist. Es ist oberflächlich, vorschnell und oft ungeprüft einfach übernommen. Ausbilder Alt berücksichtigt nicht die entwicklungsbedingten Schwierigkeiten, die vielseitigen Ablenkungen und die gestiegenen Anforderungen. Inwieweit die Erwachsenen immer in den verlangten Bereichen und Tugenden Vorbild sind, bleibt bei ihm auch unberücksichtigt.
11. Die Freiheit des einzelnen gerät hier in Widerspruch zum Verhalten des guten Mitarbeiters, das der betrieblichen Gewinnerzielungsabsicht nicht schaden sollte. Der Ausbilder sollte dem Jugendlichen klar machen, daß er sich beruflich mit seiner „Haartracht" schadet. Wenn sich Kunden beschweren, dann könne man nicht einfach darüber hinweg gehen. Ein solches Gespräch in aller Offenheit, aber auch unter Berücksichtigung der Trotzhaltung des Jugendlichen, wird sicherlich einen mittleren Weg eröffnen.
12. a) Ausbilder Alt übersieht, daß es nicht Kurts böser Wille ist, sondern sein Entwicklungsstadium, das dazu führt, daß er nicht in der Lage ist, die monotone Arbeit des Feilens den ganzen Tag konzentriert durchzuhalten.
    b) Ausbilder Alt fehlt hier die nötige Geduld und verständnisvolle Nachsicht, die Karl weiterhelfen könnten.
    c) Ausbilder Alt darf sich über seine Isolierung beim „Umtrunk" nicht wundern, denn er hat den Widerspruch gegen seinen Vorschlag letztlich provoziert, indem er den Sprecher im autoritären Befehlston abservierte. Er hätte zumindest auf die Argumente eingehen müssen.
13. Als typische Verhaltensweisen sind zu nennen: Unzufriedenheit, kritische Distanz und Anpassung. Von den unzufriedenen und distanzierten Jugendlichen wendet sich ein Teil von der Gesellschaft ab („Aussteiger", jugendliche Alkoholiker, Drogenszene). Ein weiterer Teil lebt sich in Raufereien und Zerstörungen (u. a. von Parkanlagen und Kindergärten) aus (Rocker, Punker, Halbstarke). Ein weiterer Teil will die Gesellschaft langsam oder mit Hilfe einer Revolution verändern (politische Gruppierungen und Sektierer von ganz „links" bis ganz „rechts"); sie flüchten sich in politische Heilslehren! Die Angepaßten nehmen die Gesellschaft mit ihren Sach-, Leistungs- und Konsumzwängen weitgehend unhinterfragt hin, denken an Aufstieg und Prestige, fügen sich, begeistern sich eher für Sport als für Politik! Andererseits gibt es auch positive Merkmale: Unbefangenheit, Aufgeschlossenheit, Wißbegier und die Bereitschaft, sich „kritisch" in das „Vorhandene" einzugliedern!
14. Merkmale der sozialen Gruppe sind:
    - zwei oder mehr Personen, die in sozialer Beziehung stehen (Interaktion),
    - gemeinsames Ziel,
    - Gruppenbewußtsein (Wir-Bewußtsein),
    - Gruppenwert,
    - Gruppennormen,
    - gewisse Dauerhaftigkeit.

15. Unter Gruppennorm versteht man die Erwartungen, die die Gruppe jeweils an das Verhalten ihrer Mitglieder stellt – zum Beispiel: Am Geldtag einen ausgeben!

16. Sie gewährt soziale Geborgenheit, Sicherheit, Schutz, Solidarität, Ansehen und Anerkennung.

17. Sozialisation meint den Vorgang, durch den der Mensch Werte und Normen seiner Umwelt (Familie, Freundesgruppe, Klasse, Betrieb) lernt und verinnerlicht und somit zum Mitglied der Gesellschaft wird.

18. Die primäre Sozialisation findet statt in Familie, Kindergarten und Vorschule, die sekundäre in der („allgemeinbildenden") Schule. Die tertiäre Sozialisation wird hingegen weitgehend durch die Berufsausbildung (Betrieb und Berufsschule bzw. Fach- und Hochschule) geleistet.

19. Bei der Clique handelt es sich regelmäßig um eine „entartete" Gruppe, die egoistisch ausgerichtet ist und auf die Umgebung einen schädlichen Einfluß ausübt.

20. Im Bereich der Sprache, der Leistungsmotivation sowie der Zielsetzungen. Hinzu kommt der Bereich der Einstellungen und des Erziehungsverhaltens.

21. Genannt werden können die folgenden Maßnahmen:
    - Sauberkeitserziehung nicht übertreiben!
    - Freiräume zugestehen!
    - Keine körperliche Züchtigung! Zuwendung entziehen! Die Absichten von Handlungen berücksichtigen!
    - Dinge selbst verantworten lassen!
    - An großen Aufgaben beteiligen!
    - Neugierde und Interessen unterstützen!

22. Unterschiede: Die formelle Gruppe ist geplant und von anderen organisiert. Ihre Mitglieder sind austauschbar. Hingegen entsteht die informelle Gruppe spontan. Sie ist letztlich ungeplant. Ihr Entstehungsgrund: Sympathie, Interesse, Gemeinsamkeiten. Ihr Bestand ist stark von den Mitgliedern abhängig.
    Gemeinsamkeiten: Verhalten und Erleben in der Gruppe sind wechselseitig aufeinander bezogen. Ein gemeinsames Ziel ist vorhanden sowie ein „Wir-Gefühl".

23. Formale Gruppen sind von der Betriebsleitung geplante Gruppen wie die Gruppe von Auszubildenden, Fließbandgruppen, Montagekolonnen, Reparaturtrupps u. ä.

24. Beispiel: Die Gruppe der Auszubildenden im zweiten Ausbildungsjahr hat einen Gast – Michael verbringt einen Monat im Betrieb, um im Rahmen einer außerbetrieblichen Ausbildungsmaßnahme einige Fertigkeiten zu lernen, die der eigene Betrieb nicht bieten kann. Michael wird sofort über einige Besonderheiten der selbst geschaffenen Pausenregelung und andere „Tricks" eingeweiht. Zum Beispiel dehnt man die Pausen um fünf bis zehn Minuten. Wenn der Ausbilder was sagt, dann wird der Uhrentrick angewandt (Uhr ist stehengeblieben, falsch gestellt usw.). Michael findet das blöd. Am nächsten Tag hält er sich strikt an die Pausenzeiten. Die anderen sind sauer und gucken ihn „scheel" an. Es hilft aber nicht. Das Spiel wiederholt sich. Sticheleien und Rempeleien sind die Folge. Am Abend will die Maschine von Michael nicht anspringen. Schließlich entdeckt er die Quelle – ein mutwillig verstopfter Auspuff. Michael wird nachdenklich. Am nächsten Tag macht er die Pausenregelung wortlos mit!

25. Nein, denn sie entstehen und vergehen spontan; sie entziehen sich der Planung. Es ist allerdings möglich, Auszubildende zusammenzubringen, von denen man meint, sie könnten sich zu einer Gruppe zusammenschließen bzw. zusammenwachsen. Mehr als günstige Bedingungen schaffen scheint nicht möglich.

26. Sie verschaffen den Mitgliedern Schutz und soziale Geltung: Die Gruppe steht hinter ihren einzelnen Mitgliedern. Sie macht den einzelnen stark und erkennt ihn mit seinen Besonderheiten an! Die Gruppen ermöglichen Kommunikation und verschaffen Zugang zu Informationen. Die Gruppe reguliert das Verhalten und unterstützt ihre Mitglieder bei der Verwirklichung persönlicher Ziele.

27. Mit Hilfe der Soziometrie, genau: durch ein Soziogramm.

28. Das Soziogramm zeigt: H wird von fast allen anderen abgelehnt. Eine Ausnahme stellt die Wahl des Auszubildenden G dar. Der Auszubildende D ist offensichtlich der „Star" der Gruppe, denn er wird von fünf Kameraden gewählt. Zwischen D und B bestehen besonders starke Bindungen, da beide sich gegenseitig gewählt haben (sog. „Paar"beziehung). G scheint das „schwarze Schaf" der Gruppe zu sein. C und F sind „isoliert". A und E sind kaum näher zu charakterisieren.

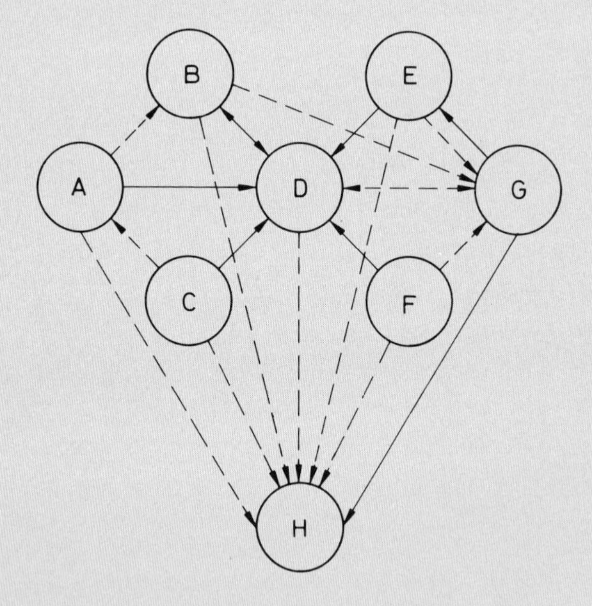


29. Unter Position versteht man eine Stelle oder Stellung im Betrieb, unter Rolle die Summe der Verhaltenserwartungen, die dem Inhaber der Position entgegengebracht werden. Man definiert die Rolle auch als „Bündel an sozialen Normen".

30. Der Ausbilder steht zwischen den Auszubildenden, dem Personalleiter (Ausbildungsleiter) und den anderen Mitarbeitern des Betriebes. Alle Seiten erwarten von ihm ein bestimmtes, aber unterschiedliches Verhalten. Allen kann der Ausbilder es nicht recht machen. Daher kommt es regelmäßig zu Problemen und Konflikten.

31. Rollensegmente Erwartungen

| Rollensegmente | Erwartungen |
| --- | --- |
| Schulamt | Verhalten als disziplinbewußter Beamter. |
| Kollegen | Kollegialität, geschlossenes Vorgehen. |
| Lehrer | Fürsorge und Interessenvertretung bzw. -berücksichtigung. |
| Eltern | Durchsetzung des Leistungsprinzips, Sorge für Zucht und Ordnung. |
| Betrieb | Kooperationsbereitschaft (Eingehen auf die Wünsche der Ausbildungsbetriebe im Hinblick auf Lehrplan und Zeiteinteilung). |
| Schüler | Gerechtigkeit, Verständnis und Förderung. |

32. Status: Platz der Position auf einer sozialen Rangskala; ergibt sich durch soziale Bewertung der Position, unabhängig von der Person, die sie einnimmt.

Statussymbol: Abzeichen, das den Status sichtbar machen soll.

Statusprivileg: Vorrechte oder Vorteile, die der Status bringt.

Prestige: Ansehen oder Geltung bei den Mitmenschen; ist von der jeweiligen Person abhängig.

Image: Persönlichkeitsbild, das in der Öffentlichkeit verbreitet wird bzw. für die Öffentlichkeit aufgebaut wird.

33. Sie verdeutlichen die verschiedenen Leistungs- und Leitungsebenen, zeigen sofort den Rang des Mitarbeiters, auch wenn dieser persönlich nicht bekannt ist.

34. Die Altersrolle des Jugendlichen wird durch die Erwartungen definiert, die man an die Altersstufe zwischen Kindheit und Erwachsenen stellt. Diese Erwartungen sind allerdings wenig eindeutig – der Verantwortung wie ein Erwachsener steht der Gehorsam wie ein Kind gegenüber. Der Möglichkeit des Konsums steht die geringe Einflußmöglichkeit im gesellschaftlichen, politischen und kulturellen Bereich gegenüber. Die wirtschaftliche Abhängigkeit und die unklaren Verhaltenserwartungen führen zu mangelndem Selbstwertgefühl und Statusunsicherheit.

35. Der Betrieb ist ein aus Teilen, auf ein Ziel hin, zusammengesetztes Gebilde. Die Handlungen der Teile – der Auszubildenden, Ausbilder, Mitarbeiter und Vorgesetzten – sind aufeinander bezogen, erheischen vom Adressaten eine Reaktion. Das System enthält also soziale Beziehungen, die seine Auszeichnung als „soziales System" rechtfertigen.

36. Eine Stellenbeschreibung informiert – grob gesagt – über folgende Punkte: Bezeichnung der Stelle, ihre Einordnung in den Organisationsplan (Ein- und Unterordnung), ihre Aufgaben, ihre Beziehungen zu anderen Stellen (Informationsrechte und -pflichten), Anforderungen an den Stelleninhaber, evtl. auch Hinweise auf die Bezahlung.

37. Der Status dieser Auszubildenden kann sich in Abhängigkeit vom Ansehen der Ausbildungsbetriebe unterscheiden – weltbekannter Konzern mit Ausbildungswerkstätten und vielfältigen Möglichkeiten gegenüber einem „unbekannten" Kleinbetrieb mit wenig sicheren Zukunftsaussichten!

38. In gewisser Weise ja – zu denken ist an die Begünstigung durch die Vorschriften des BBiG und des JugArbSchG, die den Auszubildenden in vielfältiger Weise besser stellen als den „normalen" Arbeitnehmer.

39. Darüber entscheiden in der Regel die Sanktionsmöglichkeiten der Vertreter der formalen bzw. informalen Erwartungen.

40. Die Auszubildenden werden sich wahrscheinlich an den Kameraden in der Gruppe des 1. Ausbildungsjahres, eventuell auch an denen des 2. Ausbildungsjahres orientieren. Die Auszubildenden des 3. Ausbildungsjahres orientieren sich wahrscheinlich an der Gruppe der Berufsvertreter, zu denen sie bald gehören bzw. gehören wollen. Im ersten Fall stimmt die Mitgliedsgruppe weitgehend überein mit der Bezugsgruppe. Im Fall des dritten Ausbildungsjahres ist das in der Regel nicht mehr der Fall.

41. Internalisation ist gleichbedeutend mit „Verinnerlichung", d. h. ein Hereinnehmen der Normen in sein „Gewissen", in sein inneres Steuerungssystem. Dieses richtet sich regelmäßig an den Bezugsgruppen bzw. Bezugspersonen aus, denen man angenehm sein will bzw. denen man gefallen will.

42. Die soziale Steuerung erfolgt durch die Sanktionen der Mitmenschen. Sie steuern mit „Belohnungen" und „Bestrafungen" unser Handeln und sorgen für ein erwartungsgemäßes Verhalten (jedenfalls im großen und ganzen).

43. Inter-Rollen-Konflikt: Konflikt zwischen Rollen, die der Mensch „zu spielen hat". Die Verhaltenserwartungen der verschiedenen Rollen sind nicht immer auf einen Nenner zu bringen. Beispiel: Der Polizist, der seinen Freund beim falschen Parken ertappt. Soll er die Erwartung des Freundes – nämlich ein Auge zuzudrücken – oder die seines Vorgesetzten – nämlich Anwendung der Vorschriften ohne Ansehen der Person – erfüllen?
Intra-Rollen-Konflikt: Konflikt zwischen den Verhaltenserwartungen, die an eine Rolle herangetragen werden. Beispiel: Der Polizist, der bei einem Verkehrsunfall zwischen den streitenden Parteien steht. Jede Partei erwartet, daß ihrer Darstellung des Unfalls und seiner Ursachen Glauben geschenkt wird.

44. Erwartungen der Auszubildenden: Geduld, Verständnis, Zeit, gerechte Behandlung, Fachkönnen usw.
Erwartungen der Abteilungsleiter: wenig Störungen in ihrer Abteilung, Rücksichtnahme auf die starke Belastung der Mitarbeiter, Aufmerksammachen auf gute Auszubildende, die eventuell nach ihrer Ausbildung in die Abteilung kommen könnten usw.

45. Herr Kienbaum befindet sich in einem Inter-Rollen-Konflikt, weil von ihm in seiner Rolle als Ehemann die Begleitung beim Einkauf erwartet wird, während seine Rolle als Chorsänger die Teilnahme an der Probe erforderlich macht. Kienbaum muß entscheiden, welcher Rolle er in dieser Situation vorrangig gerecht werden will.

46. Die Norm setzt dem Verhalten Schranken – eine Richtschnur. Damit beschränkt sie die Freiheit des einzelnen. Andererseits macht sie – wenn sie hinreichend anerkannt wird – das Verhalten der Mitmenschen vorhersehbar. Man kann sich darauf verlassen, daß der Ausbilder nicht mit jeder Information zum „Boss" rennt, der Arzt einem hilft usw.

47. Sanktionen sind für den Soziologen gleichbedeutend mit Reaktionen („Belohnungen" oder „Bestrafungen" der Bezugsperson oder Bezugsgruppe) auf die Erfüllung bzw. Nichterfüllung von Rollenerwartungen.

48. Sanktionen bezwecken ein Verhalten, das den Erwartungen der Bezugsperson oder der Bezugsgruppe entspricht. Sie bewirken eine soziale Steuerung.

49.

| | | |
|---|---|---|
| Muß- | erfüllt | keine Sanktionen, gilt als selbstverständlich |
| Erwartung | nicht erfüllt | Strafe (Geld, evtl. Gefängnis) |
| Soll- | erfüllt | Anerkennung, Lob, Belohnung, Beförderung |
| Erwartung | nicht erfüllt | Mißbilligung, Ermahnung, Tadel, Degradierung, Entlassung |
| Kann- | erfüllt | Dank, Anerkennung |
| Erwartung | nicht erfüllt | Sympathieverlust, evtl. keine Sanktion, da nicht verpflichtet bzw. durchsetzbar. |

50. Sie wird Sanktionen einsetzen – also Belohnungen und Bestrafungen. Konkret: auf die Schulter klopfen, anerkennen, loben, jemandem etwas spendieren, jemanden informieren, in etwas einweihen usw. Bestrafungen können entsprechend in der Umkehrung der Verhaltensweisen bestehen: mies machen, tadeln, ohne Information lassen, nicht beachten, ihn von gemeinsamen Abenden ausschließen usw.

51. Ein Konflikt wird durch unterschiedliche Standpunkte, die aufeinanderprallen, gekennzeichnet. Zwischen den Parteien besteht „Spannung".

52. Johannes ist offensichtlich nicht der Mensch, der Kompromisse („halbe Sachen") schließt. Für ihn gibt es nur: entweder – oder. In der Urlaubsfrage wurde er vom Ausbilder auf den Standpunkt des „sowohl-als-auch" gezwungen. Dies hat er noch nicht verkraftet, auch wenn die Auseinandersetzung schon vergessen ist. Ihm unbewußt hat die Auseinandersetzung seine Arbeitsweise verändert. Es liegt ein umgeleiteter Konflikt vor.

53. a) Die zwei Ziele widersprechen sich. Es liegt ein Anziehungs-Vermeidungs-Konflikt vor.
    b) Beide Ziele sind nicht wünschenswert. Es liegt ein Vermeidungs-Vermeidungs-Konflikt vor.
    c) Beide Ziele sind anziehend. Es liegt ein Anziehungs-Anziehungs-Konflikt vor.

54. Eigenschaften, die insbesondere den Ausbilder, den Vorgesetzten oder den Gruppenführer kennzeichnen, gibt es nicht. Er sollte die Eigenschaften aufweisen, die man ganz allgemein am Mitmenschen, am Kollegen usw. schätzt. Die folgenden Eigenschaften könnten dabei hervorgehoben werden: Fachkönnen, Entschlußkraft, Verantwortungsbewußtsein, Kontaktfähigkeit, Sachlichkeit, Gerechtigkeit.

55. a) Der Fehler liegt in der Nichtanerkennung und Nichtbeachtung der Leistung.
    b) Eine solch plötzliche Veränderung sollte auch einem Auszubildenden nicht ohne weiteres zugemutet werden. Davon abgesehen ist es sehr zweifelhaft, ob die Tätigkeit beim Stördienst noch als dem Ausbildungszweck dienlich akzeptiert werden kann.

c) Der ironische, zum Teil sogar zynische Ton des Ausbildungsleiters ist mit Sicherheit nicht geeignet, den Herrn Eifrig zu überzeugen, geschweige denn für die Firma zu gewinnen.

56. In der Regel ist in ihnen ein guter Zusammenhalt, ein gutes Klima, ein großer Lernwille sowie eine sachliche Zusammenarbeit zu beobachten.

57. Die Berufswahl entscheidet bzw. beeinflußt die Lebensumstände, die Lebenszufriedenheit, die Einkommensmöglichkeiten, das Sozialprestige und das soziale Umfeld entscheidend.

58. Folgende Einflußgrößen bestimmen die Berufsentscheidung u. a.: Familie und Tradition, Schule, Freunde und Bekannte, Berufsberatung, Arbeitsmarktsituation, Bevölkerungsstruktur, Bildungssystem, Vorstellungen von Modeberufen und Hobbies.

59. Leider ist das nicht der Fall! Die Welt des Berufes und Betriebes ist für das Schulkind kaum einzusehen bzw. wenig anschaulich. Darüber hinaus gibt es „zu viele“ berufliche Möglichkeiten, über deren Zukunftsaussichten wenig bzw. weitgehend ungesicherte Aussagen vorhanden sind.

60. Durch das Angebot am oder in der Nähe des Wohnortes, durch Verkehrsverbindungen, schulische Vorbildung sowie finanzielle Möglichkeiten.

61. Berufsberatung ist zum einen ein Vorgang der Aufklärung und Beratung, zum anderen eine öffentliche Einrichtung der Bundesanstalt für Arbeit in Nürnberg.

62. Ausbildungs- und Erwachsenenberufe stimmen in Zahl und Anforderungen sowie konkreten Tätigkeiten nicht überein. Gerade die berufliche Grundbildung soll ja auf mehrere Spezialisierungen vorbereiten.

63. Beim Unterrichten geht es um die Kenntnisvermittlung in der kognitiven Dimension. Beim Unterweisen zielt man in erster Linie auf Fertigkeiten im psychomotorischen Bereich. Erziehung spricht in erster Linie den affektiven Bereich an (Einstellungen, Haltungen, Charakterwerte). Erziehen ist ein planvolles, bewußtes und zielgerichtetes Beeinflussen des Jugendlichen auf die verschiedensten Erziehungsziele hin, letztlich handelt es sich um Hilfe zur individuellen Persönlichkeitsentwicklung. Im Bereich der Erziehung ist insbesondere das Modellverhalten – das vorbildliche Verhalten des Erziehers – von Bedeutung.

64. Die große Möglichkeit des Ausbilders ist das Anerkennen und Verstärken positiver Ansätze, das Überzeugen und Motivieren. Allerdings ist das oft eine sehr schwierige und Nerven aufreibende Kunst!

65. Als typisch können bezeichnet werden: Albernheit, Unruhe, Trotz und Ausreden!

66. Die Forderung, die rechte Hand zu gebrauchen, stellt eine Überforderung dar. Gewohnheiten lassen sich nicht von heute auf morgen ändern. Die erzwungene Umstellung führt beim Auszubildenden zu Mißerfolgserlebnissen und zu sinkender Motivation. Die Folge kann eine Lern- und Verhaltensstörung sein. Diese ist im Fallbeispiel offensichtlich schon eingetreten – und zwar wegen einer Forderung, die kaum plausibel erscheint: Gründe, die gegen eine Linkshändigkeit sprechen, werden nicht genannt!



67. Karl leidet offensichtlich an Konzentrationsschwierigkeiten!

68. Der Ausbilder kann charakterlich fördern durch sein gutes Beispiel, seine persönlich vorbildliche Haltung, durch überzeugende Fachkenntnisse und solides Können sowie durch die verständnisvolle Art, in der er mit den Jugendlichen umgeht.

69. Die zur Verfügung stehenden Sanktionsmöglichkeiten können wie folgt gestaffelt werden:
- klärendes Gespräch,
- Ermahnung,
- mündliche Verwarnung,
- schriftliche Verwarnung,
- Ansprechen der Erziehungsberechtigten,
- Verwarnung unter Androhung einer fristlosen Lösung des Ausbildungsvertrages,
- Herausnehmen aus der Gruppe der Auszubildenden („Strafversetzung"),
- Isolierung an einem besonders abgeschirmten Ausbildungsplatz,
- Kündigung.

70. Ausbilder Alt benimmt sich daneben, denn selbstverständlich sollte nichts sein. Eine kleine Anerkennung sollte stets gegeben werden. Sein Befehlston steht der Befolgung seiner Anordnungen eigentlich schon im Wege. Insbesondere hätte er auf die Erwiderung des Auszubildenden in anderer – eventuell entschuldigender Weise eingehen sollen.

71. Aggressiv nennt man eine Verhaltensweise, die darauf gerichtet ist, andere zu schädigen oder zu verletzen. Im Ausnahmefall kann sich die Aggression auch gegen die eigene Person richten.

72. Zuerst sollte einmal unterschieden werden – handelt es sich um eine Notlüge, eine Abwehrlüge, eine Angstlüge oder eine bewußte Verstandeslüge?
Lügt der Jugendliche, weil er
- angeben will (aufschneiden will),
- zu wenig anerkannt ist und durch das Lügen in den Mittelpunkt geraten will,
- von anderen dazu verleitet worden ist,
- jemanden decken will oder
- Strafe fürchtet.

Problematisch ist insbesondere die überlegte und in ihrer Argumentation abgesicherte Verstandeslüge. Die anderen Formen sind – aus der Situation heraus geboren – meist harmlos. Der Ausbilder sollte die Ruhe bewahren, die Situation sachlich „auseinandernehmen" und es dem Auszubildenden leicht machen, die Wahrheit zu sagen. Vielleicht kann er ihn dazu bringen, eine veränderte Einstellung zu der problematischen Situation zu finden.

73. Der Trotz ist ein entwicklungsnotwendiger Widerstand gegen Eltern, Lehrer, Ausbilder, kurz: gegen sogenannte Autoritäten. Er dient letztlich der Ablösung des Jugendlichen von den Ordnungen, die er als Kind noch akzeptierte. Wie sollte der Ausbilder reagieren? Ruhe bewahren – nicht vor Wut platzen! Der Widerstand sollte nicht gebrochen, sondern in produktive Bahnen umgelenkt werden. Vielleicht läßt sich durch einen Appell an die Einsicht ein Kompromiß finden. Dieser kann eine Hilfe auf dem Weg zur Selbständigkeit für den Jugendlichen sein.

74. a) Getränke und Zigaretten besorgen – das sind sogenannte eigenwirtschaftliche Maßnahmen. Sie sollen die eigenen Lebensbedürfnisse befriedigen und fördern nicht die Interessen des Betriebes. Daher handelt es sich bei dem Armbruch nicht um einen Arbeitsunfall.
    b) Auch bei dem Bruch der Brille und der Augenverletzung handelt es sich nicht um einen Arbeitsunfall. Scherz, Spielerei und Raufereien im Betrieb stehen mit der versicherten Tätigkeit in keinem ursächlichen Zusammenhang.
    c) Hier handelt es sich um einen Arbeitsunfall. Der Weg zur Arbeit und von der Arbeit nach Hause ist mitversichert. Das gilt auch für den Weg zur Bank, um das Gehalt abzuholen.

75. Die Monotonie ist ein Zustand, in dem man wenig leistet, schläfrig ist, langsamer reagiert, sich nicht so schnell wie gewöhnlich umstellen kann. Diese Erscheinung tritt bei sich wiederholenden Tätigkeiten unter gleichförmigen Umständen auf, die Konzentration fordern, aber keine Abwechslung bieten (Sortieren von Teilen, Arbeiten am Band, lange Fahrten auf der Autobahn). Insbesondere Jugendliche sind stark monotonieanfällig. Daher sollte man sie nicht längere Zeit am gleichen Werkstück oder der gleichen Aufgabe arbeiten lassen, sondern eine Abwechslung einschieben. Selbstverständlich ist die Monotonieanfälligkeit von Mensch zu Mensch sehr unterschiedlich.

76. Sicherheitswidriges Verhalten hat oft keine negativen Folgen. Oder umgekehrt: Wer sich sicherheitswidrig verhält, der hat – oberflächlich betrachtet – Vorteile zu verbuchen. Darum ist die Neigung, das Verhalten zu ändern, nicht sehr groß.

**Kapitel 2.**

1. Die Länder regeln Fragen des Schulwesens, der Universitäten, der Kultur u. ä. durch eigene Gesetze. Es gibt also kein Bundesschulgesetz. In diesem Bereich können die Länder relativ frei schalten und walten.

2. Das Schulwesen wird durch die Länder beaufsichtigt, die jeweils auch die Schulgesetze erlassen. Die betriebliche Berufsausbildung wird durch den Bund beaufsichtigt. Rechtsgrundlage ist das Berufsbildungsgesetz.

3. Das Grundrecht der Berufsfreiheit berechtigt zur freien Berufswahl, Berufsausübung, Arbeitsplatzwahl, Wahl des Ausbildungsganges und der Ausbildungsstätte und schützt – Ausnahmen bestätigen die Regel – vor Zwangsarbeit.

4. Der Ausbildungsberater überwacht die Durchführung der Berufsausbildung, fördert sie und berät Ausbilder, Ausbildende und Auszubildende. Er ist berechtigt und verpflichtet, die für die Überwachung notwendigen Auskünfte zu verlangen, entsprechende Unterlagen einzusehen und die Ausbildungsstätte zu besichtigen.

5. Der Ausbildende hat an seiner eigenen Überwachung mitzuwirken, indem er Auskünfte erteilt, Unterlagen vorlegt und die Besichtigung der Ausbildungsstätte gestattet.

6. Das ist die Stelle, die für einen bestimmten sachlichen oder regionalen Bereich mit der Regelung der Durchführung der betrieblichen Ausbildung gesetzlich beauftragt ist. Im Handwerk sind die Handwerkskammern zuständig, für gewerbliche Ausbildungsberufe außerhalb des Handwerks die Industrie- und Handelskammern, im Bergbau die jeweilige Bergbehörde, in der Landwirtschaft die Landwirtschaftskammer, und im öffentlichen Dienst bestimmt die oberste Bundesbehörde für ihren Geschäftsbereich die zuständige Stelle.

7. Die Wirksamkeit des Berufsausbildungsvertrages ist nicht an die Beachtung einer bestimmten Form gebunden. Er kann formlos abgeschlossen werden. Allerdings ist der wesentliche Inhalt des Vertrages nach Abschluß des Berufsausbildungsvertrages unverzüglich (= ohne schuldhaftes Zögern) schriftlich niederzulegen. Am besten ist es, gleich einen Musterausbildungsvertrag – im Schreibwarenhandel erhältlich – zu nehmen. Die Niederschrift ist von den Beteiligten zu unterzeichnen. Im Endergebnis liegt ein schriftlicher Vertrag vor!

8. Ausbildender ist bei Firmen in Gesellschaftsform die Gesellschaft selbst als juristische Person, also die Röhren AG. Sie wird durch die Mitglieder des Vorstands vertreten. Diese können auch einem Ausbildungsleiter oder Personalchef die Verantwortung für den Ausbildungsbereich übertragen. Letztlich bleibt aber der Vorstand als Vertretungsorgan der Röhren AG in der Verantwortung.

9. Vertragspartner sind der Ausbildende und der Auszubildende – letzterer vertreten durch seine Erziehungsberechtigten (Eltern oder Vormund), die als gesetzliche Vertreter ihre Zustimmung geben müssen.

10. Ja, zum Beispiel die nichtigen Vereinbarungen nach § 5 BBiG: Eine Vereinbarung, die den Auszubildenden für die Zeit nach Beendigung des Berufsausbildungsverhältnisses in der Ausübung seiner beruflichen Tätigkeit beschränkt. Nichtig ist auch eine Vereinbarung über die Verpflichtung des Auszubildenden, für die Berufsausbildung eine Entschädigung zu zahlen, Vertragsstrafen, den Ausschluß oder die Beschränkung von Schadenersatzansprüchen und die Festsetzung der Höhe eines Schadenersatzes in Pauschbeträgen.

11. Die zuständigen Stellen haben die Berufsausbildung zu überwachen und zu fördern. Das können sie nur, wenn sie auch wissen, wo und welche Berufsausbildungsverhältnisse bestehen.

12. Das Verzeichnis der anerkannten Ausbildungsberufe ist ein vom Bundesinstitut für Berufsbildung in Berlin geführtes Verzeichnis, das jährlich herausgegeben wird und alle Interessenten über den aktuellen Stand der anerkannten Ausbildungsberufe informiert. Das Verzeichnis der Berufsausbildungsverhältnisse ist von der zuständigen Stelle einzurichten und zu führen. Es enthält alle im Zuständigkeitsbereich bestehenden Berufsausbildungsverhältnisse in anerkannten Ausbildungsberufen. Der wesentliche Inhalt jedes Berufsausbildungsvertrages ist in dieses Verzeichnis aufzunehmen. Dazu hat der Ausbildende unverzüglich nach Vertragsniederschrift den Eintragungsantrag zu stellen.

13. Die §§ 20 und 76 BBiG verlangen eine bestandene Abschlußprüfung in einer dem Ausbildungsberuf entsprechenden Fachrichtung. Es wird nicht verlangt, daß die Abschlußprüfung in dem Ausbildungsberuf selbst bestanden sein muß, in dem ausge-

bildet werden soll. Bei der Entscheidung ist zu beachten, daß die im Ausbildungsberufsbild aufgeführten Fertigkeiten und Kenntnisse auf alle Fälle so eng mit der Fachrichtung, in der der Ausbilder die Prüfung abgelegt hat, verwandt sein müssen, daß eine Beherrschung durch den Ausbilder unter Berücksichtigung seiner Erwachsenentätigkeit und Berufserfahrung vorausgesetzt werden darf. Die Neuordnung der industriellen Elektroberufe führt zu keinem Zweifel an der formal zu bejahenden Eignung des Ausbilders im vorliegenden Fall.

14. Der Betrieb ist auf den ersten Blick ungeeignet – vergleiche dazu § 22 I BBiG. Der vorliegende Mangel kann aber nach § 22 II BBiG dadurch behoben werden, daß Ausbildungsmaßnahmen außerhalb der Ausbildungsstätte vereinbart werden – zum Beispiel bei den Vertragswerkstätten.

15. Das Berufsausbildungsverhältnis ist gültig. Allerdings kann es fristlos gekündigt werden. Evtl. kann ein Schadenersatzanspruch geltend gemacht werden. Die Ordnungswidrigkeit kann zu einer Geldbuße führen, evtl. zu einer Untersagung der Ausbildung.

16. Die Arbeit des Bundesausschusses für Berufsbildung wird repräsentiert durch seine Beschlüsse, Richtlinien, Musterprüfungsordnungen, Empfehlungen und Grundsätze.

17. Was früher mit Lehrplan bezeichnet wurde, heißt heute weitgehend Curriculum. Allerdings kann man Lehrplan und Curriculum nicht ohne weiteres gleichsetzen. Ein Curriculum ist im strengen Sinne ein Verbund von Lernzielen, Inhalten, methodischen Hinweisen und Medien, Lernerfolgskontrollen (Tests, Musterklausuren u. ä.), der begründet und erprobt ist sowie eventuell ständig verbessert wird.

18. Der Ausbilder kann den Lehrgang selbst prüfen. Sollten seine Kenntnisse im Fach und/oder in der pädagogischen Einschätzung von Fernlehrgängen nicht ausreichen, so kann er sich beim Bundesinstitut für Berufsbildung bzw. in dessen Listen informieren. Das Bundesinstitut untersucht Fernlehrgänge anhand von Richtlinien für die Überprüfung. Empfehlenswerte Lehrgänge tragen das Gütezeichen des Bundesinstituts für Berufsbildung – garantieren also eine gewisse Mindestqualität. Der zweite Teil des Problems wird sich mit Hilfe des ,,Gesetzes zum Schutz der Teilnehmer am Fernunterricht" vom 24. August 1976 regeln lassen. Dieses Gesetz regelt die Rechte und Pflichten der Vertragsschließenden beim Fernunterricht, Form und Inhalt des Fernunterrichtsvertrages, Widerrufs- und Kündigungsmöglichkeiten sowie das Verfahren bei der Zulassung von Fernlehrgängen und die verwaltungsmäßige Durchführung der Kontrolle von Fernunterrichtsprogrammen.

19. Prüfungen beeinflussen immer die Ausbildung bzw. den Unterricht. Gelernt wird in der Regel nur, was auch hinreichend ,,prüfungsverdächtig" ist. In der Regel richten sich auch Ausbilder und Berufsschullehrer an dem aus, was in der Prüfung verlangt wird. Dies sollte mindestens vermittelt werden. Entsprechend sollten Prüfer – und das sind ja auch wieder Ausbilder und Berufsschullehrer – jeweils auch nur das prüfen, was wirklich behandelt worden ist.

20. Die Zwischenprüfung will den Ausbildungsstand ermitteln. Sie kann zu einer Korrektur der Berufsentscheidung führen (in Ausnahmefällen). In der Regel wird sie die Richtigkeit der ergriffenen Ausbildungsmaßnahmen bestätigen bzw. in den Ausnahmefällen Korrekturmaßnahmen zur Mängelbeseitigung nahelegen.

21. Die Prüfungsinhalte der Abschlußprüfung sind aus der Ausbildungsordnung abzuleiten. In vielen Fällen ist dort geregelt, was und in welchem Umfang schwerpunktartig zu prüfen ist. Im einzelnen bestimmt dann der Prüfungsausschuß die Aufgaben, an denen Fertigkeiten und Kenntnisse nachzuweisen sind.

22. Grundsätzlich kann Manfred Streblich seinen Plan verwirklichen. Er sollte aber an erster Stelle der Prüfungskommission bzw. deren Vorsitzendem seine Zweifel vortragen bzw. schriftlich als Widerspruch gegen das Prüfungsergebnis einreichen. Die Kommission wird dann den Fall prüfen (nochmalige Durchsicht der schriftlichen Arbeiten, Diskussion des Prüfungsverlaufs und der Prüfungsprotokolle, eventuell Überprüfung der Zusammensetzung der Kommission im Hinblick auf den geäußerten Verdacht der Befangenheit). Streblich wird eine Korrektur erreichen oder auch nicht. Wahrscheinlich wird sein Einspruch verworfen. Dann hat er die Möglichkeit, vor dem Verwaltungsgericht zu klagen. Dieses kann aber nur den formalen Gang der Prüfung kontrollieren und beurteilen, nicht seine Leistung. Infolgedessen wird auch seine Zensur unverändert bleiben – es sei denn, die Wiederholung der Prüfung wird wegen Verfahrensfehlern beim ersten Mal angeordnet.

23. Die Koalitionsfreiheit ist eine durch das Grundgesetz verbürgte Freiheit, sich zusammenzuschließen, um gemeinsam seine Interessen zu vertreten. Sie bezieht sich besonders auf die Arbeitnehmer und die Arbeitgeber zur Wahrung und Förderung der Arbeits- und Wirtschaftsbedingungen.

24. Der Leitgedanke des Betriebsverfassungsrechts ist die „partnerschaftliche Zusammenarbeit“ (statt „Klassenkampf“ und „harmonischem Arbeitsfriede“ als Extremvorstellungen).

25. Das Arbeitsrecht regelt die Rechtsstellung des Arbeitnehmers zum Betrieb und die Rechtsbeziehungen zwischen Arbeitgeber und Arbeitnehmer. Es soll den abhängigen Arbeitnehmer schützen.

26. Nein, denn die Betriebsvereinbarung fällt unter das Kollektivarbeitsrecht, kann also auch nur unter Beteiligung eines Kollektivs, nämlich z. B. die durch den Betriebsrat vertretene Arbeitnehmerschaft, abgeschlossen werden.

27. Von zwei Regelungen, die den Arbeitnehmer betreffen, gilt stets die für den Arbeitnehmer günstigere!

28. Autonom sein bedeutet, selbst die Gesetze zu bestimmen. Also gibt die Tarifautonomie den Arbeitgebern und den Arbeitnehmern das Recht, die Arbeitsbedingungen unter sich – ohne fremden Einfluß – abzumachen.

29. Die Dinge, die voraussichtlich für einen längeren Zeitraum gültig sind, z. B. Kündigungsfristen und Schlichtungsverfahren, werden durch den Manteltarifvertrag geregelt. Dieser kann also längere Zeit unverändert bleiben. Die Lohnsätze werden dagegen gesondert geregelt, da sie sich öfter ändern.

30. Ob Auszubildende ein Streikrecht haben – das ist umstritten. Bisher wurde überwiegend gesagt: Die Auszubildenden haben kein Streikrecht. Wenn sie sich an Streiks beteiligen oder selbst in den Streik treten, dann ist ihre fristlose Entlassung möglich. Ihr Vergütungsanspruch ist dann ebenfalls verwirkt. Gegenwärtig mehren sich die Stimmen (auch bei den Gerichten), die den Auszubildenden ein Streikrecht zur Durchsetzung ihrer Forderungen – soweit tarifvertraglich regelbar – zubilligen.

31. Es handelt sich hier um einen politischen Streik. Dieser ist rechtswidrig. Die betroffenen Auszubildenden können in der Tat fristlos entlassen und zum Schadenersatz herangezogen werden. Die Äußerungen des Jugend- und Auszubildendenvertreters sind nicht zutreffend. Die Meinungsfreiheit und ihre Äußerung wird nicht angetastet. Sie ist mit einer Arbeitsniederlegung und Zerstörung nicht vereinbar.

32. Betriebsrat und Jugend- und Auszubildendenvertretung sollen möglichst frei von Angst um den Arbeitsplatz ihre Aufgaben, die leicht zu Meinungsverschiedenheiten mit dem Arbeitgeber führen können, wahrnehmen. Diese notwendige Unabhängigkeit sichert § 15 KSchG sowie § 78 a BetrVG.

33. 
    - Tägliche Arbeitszeit und Pausen,
    - Zeit, Ort und Art der Auszahlung der Arbeitsentgelte,
    - Urlaubsplanung,
    - Grundsätze über das betriebliche Verbesserungsvorschlagswesen.

34. 
    - Mitbestimmung in sozialen Angelegenheiten,
    - Mitwirkungsrecht in personellen Angelegenheiten,
    - Informationsrecht in wirtschaftlichen Angelegenheiten.

35. Sie kann solche Beschlußfassungen aussetzen lassen, d. h. die Abstimmung verzögern. Dies geht aber nur einmal.

36. Der Auszubildende kann sich auch an seinen Ausbilder, den Ausbildungsleiter und schließlich den Ausbildungsberater wenden.

37. Grundsätzlich haben Arbeitgeber, Betriebsrat, Jugend- und Auszubildendenvertretung und die zuständigen Stellen zur Förderung der Berufsbildung zusammenzuarbeiten. Im Einzelfall hat die Interessenvertretung der Arbeitnehmer die folgenden Rechte:
    - Vorschlagsrecht des Betriebsrats (§ 96 BetrVG).
    - Beratungsrecht des Betriebsrats bei Einführung betrieblicher und außerbetrieblicher Berufsbildungsmaßnahmen (§ 97 BetrVG).
    - Mitbestimmungsrecht des Betriebsrats bei der Durchführung betrieblicher Berufsbildungsmaßnahmen (§ 98 I BetrVG).
    - Widerspruchs- und Abberufungsrecht des Betriebsrats bei der Bestellung von mit der Berufsbildung beauftragten Personen (§ 98 II BetrVG).
    - Personenvorschlagsrecht des Betriebsrats bei der Durchführung betrieblicher und außerbetrieblicher Berufsbildungsmaßnahmen (§ 98 III BetrVG).
    - Sonstige Mitwirkungs- und Mitbestimmungsrechte des Betriebsrats (§§ 92, 93, 94, 95, 99, 102 BetrVG).

38. Nach § 98 II BetrVG kann der Betriebsrat die Abberufung des Ausbilders verlangen. In dieser Angelegenheit hat auch der Jugend- und Auszubildendenvertreter volles Stimmrecht (§ 67 II BetrVG).

39. Parität bedeutet Gleichberechtigung. Entsprechend bedeutet „paritätische" Mitbestimmung eine Gleichverteilung der Stimmen von Arbeitgebern und Arbeitnehmern im Aufsichtsrat.

40. Arbeitnehmer und Arbeitgeber stellen in der Montanindustrie gleich viel Vertreter für den Aufsichtsrat. Die Wahl erfolgt durch die Hauptversammlung. Außerdem wird ein neutrales Mitglied bestellt.
Das BetrVG sieht nur ein Drittel Arbeitnehmervertreter im Aufsichtsrat vor. Sie werden durch die Belegschaft gewählt.
In der Montanindustrie stellen die Arbeitnehmer einen Arbeitsdirektor. Das gibt es nach dem BetrVG nicht!

41. Nach der Montan-Mitbestimmung kann der Arbeitsdirektor nicht gegen die Stimmen der Arbeitnehmer durchgesetzt werden. Das ist bei der neuen Mitbestimmungsregelung nicht mehr der Fall (Aufhebung der sogenannten Arbeitnehmerbindung).

42. Das Berufsausbildungsverhältnis ist kein reines Arbeitsverhältnis, sondern in erster Linie ein Ausbildungsverhältnis, das auch einen Erziehungsanteil in sich schließt. Die arbeitsrechtlichen Vorschriften können in der Regel nur sinngemäß auf das Berufsausbildungsverhältnis übertragen werden. Arbeitsleistungen können dem Auszubildenden nur zu Ausbildungszwecken abverlangt werden, nicht um Erkrankungen, Fehlzeiten, fehlende Hilfskräfte auszugleichen.

43. Die Fortzahlung der Ausbildungsvergütung regelt § 12 I 2 a BBiG. Danach erhält der Auszubildende bei Betriebsstörungen wie Maschinenschaden, Rohstoffmangel, Inventuraufnahme, Energieausfall und Auftragsmangel seine Vergütung weiter, obwohl die Ausbildung ausfällt.

44. Fragen wie Ausbildungsvergütung, Urlaub, Schutzkleidung, Arbeitszeit, Fortzahlung der Vergütung bei Arbeitsunfähigkeit u. ä. können Gegenstand von Tarifvereinbarungen sein, müssen es aber nicht. Beachte: In manchen Branchen bestehen keine Tarifverträge! Ferner sind nicht immer alle Betriebe an Tarife gebunden!

45. Die gesetzliche Unfallversicherung kann nicht in Anspruch genommen werden, da es sich nicht um einen Arbeitsunfall handelt. Es fehlt der ursächliche Zusammenhang zur Arbeits- bzw. Ausbildungstätigkeit. Der Auszubildende hat sich nicht während der Ausbildung verletzt, sondern während eines Streits in der Pause.

46. Die Beitragsbemessungsgrenze bestimmt, bis zu welcher Höhe das Einkommen (Lohn, Gehalt, Ausbildungsvergütung) zur Berechnung des Beitrages in der Sozialversicherung herangezogen wird. Auch der über die Beitragsbemessungsgrenze hinaus Verdienende zahlt nur den Beitrag, der sich nach Orientierung an dieser „Grenze" ergibt.

47. Das Bundesausbildungsförderungsgesetz wendet sich an Schüler und Studenten, denen in erster Linie eine berufliche Erstausbildung finanziell ermöglicht bzw. unterstützt werden soll. Das Arbeitsförderungsgesetz fördert auch Erstausbildungen, aber jeweils unter arbeitsmarktpolitischen Gesichtspunkten (Ist die angestrebte berufliche Qualifikation verwertbar? Trägt die Qualifizierung zur Mobilität bei? u. ä. Gesichtspunkte). Das AFG zielt stärker auf Fortbildung und Umschulung bei Behinderten, Frauen, älteren Arbeitnehmern, Arbeitnehmern, die durch den Strukturwandel ihren Arbeitsplatz verloren haben.

48. Auskunft geben die Stellen des Arbeitsamtes sowie die Ämter für Ausbildungsförderung.

49. Karl wird BAföG bekommen, wenn von der elterlichen Wohnung aus eine entsprechende zumutbare Ausbildungsstätte nicht in einer angemessenen Zeit erreichbar ist. Eine entsprechende zumutbare Ausbildungsstätte ist von der Wohnung der Eltern nicht erreichbar, wenn der Auszubildende bei Benutzung der günstigsten Verkehrsverbindung mindestens an drei Wochentagen für Hin- und Rückweg eine Wegezeit von mehr als zwei Stunden benötigt. Zu der Wegezeit gehören auch die notwendigen Wartezeiten vor und nach dem Unterricht. Ergebnis: Karl kann sich ein Zimmer nehmen und BAföG dafür geltend machen!

50. Im Regelfall lohnt sich eine Investition in die eigene Berufsausbildung – „Studierte" verdienen mehr. Insofern kann aus dem späteren höheren Einkommen der Studienkredit getilgt werden. Bei dieser Rechnung wird allerdings der „Druck" der Schulden auf Studienleistung und berufliche Entwicklung nicht berücksichtigt. Andererseits wird dies auch dem Junghandwerker, der sich auf Kredit selbständig macht, nicht erspart.

51. a) Nach § 22 I 1 JugArbSchG dürfen Jugendliche nicht mit Arbeiten beschäftigt werden, die ihre Leistungsfähigkeit übersteigen. Dies dürfte hier der Fall sein. Ferner ist zu fragen, inwieweit die Arbeit dem Ausbildungszweck dient (vgl. § 6 II BBiG). Auch hier wird wohl kaum positiv geantwortet werden können („seit Tagen").
    b) Nach § 23 JugArbSchG dürfen Jugendliche nicht mit Akkord- und tempoabhängigen Arbeiten (= Fließbandarbeiten) beschäftigt werden.
    c) § 9 I 1 JugArbSchG bestimmt: Wenn der Unterricht vor 9 Uhr beginnt, dürfen die Jugendlichen nicht vorher im Betrieb beschäftigt werden.

52. Es gibt keinen zuständigen Arzt im engeren Sinne. Der Arzt kann frei gewählt werden. Man kann zum Hausarzt gehen, zum Werksarzt oder dem Arzt beim Arbeits- bzw. Gesundheitsamt.

53. Wenn der Auszubildende über 18 Jahre ist, dann gilt die Arbeitszeitordnung und nicht das Jugendarbeitsschutzgesetz.

54. Für die Kontrolle ist das Gewerbeaufsichtsamt (bzw. Amt für Arbeitsschutz bzw. Bergamt) zuständig. Verstöße können auch dem Arbeitsamt gemeldet werden.

55. Sie sollen die Durchführung und Einhaltung der Arbeitsschutzgesetze (Arbeitszeitschutz, Jugendarbeitsschutz, Mutterschutz, Unfall- und Gesundheitsschutz) überwachen und sicherstellen.

56. Das ist die Aufgabe der Berufsgenossenschaften.

57. Nach § 80 I 1 BetrVG hat der Betriebsrat darüber zu wachen, daß die zugunsten der Arbeitnehmer geltenden Gesetze, Verordnungen, Unfallverhütungsvorschriften, Tarifverträge und Betriebsvereinbarungen durchgeführt werden. Nach § 87 I 7 BetrVG hat der Betriebsrat in diesen Fragen auch ein Mitbestimmungsrecht. § 89 I BetrVG schließlich bestimmt: „Der Betriebsrat hat bei der Bekämpfung von Unfall- und Gesundheitsgefahren die für den Arbeitsschutz zuständigen Behörden, die Träger der gesetzlichen Unfallversicherung und die sonstigen in Betracht kommenden Stellen durch Anregung, Beratung und Auskunft zu unterstützen sowie sich für die Durchführung der Vorschriften über den Arbeitsschutz und die Unfallverhütung im Betrieb einzusetzen".

58. Eine Verlängerung der Probezeit ist nach § 13 BBiG nicht möglich. Bestehen Zweifel an der Eignung, dann sollte gekündigt werden. Anschließend kann dem Auszubildenden ein neuer Vertrag mit einer dreimonatigen Probezeit angeboten werden. Eine andere Möglichkeit: Eine entsprechende Abweichung im Berufsausbildungsvertrag – siehe Muster S. 126 § 1 Nr. 2 – vereinbaren.

59. Nein, eine derartige Kündigung ist nicht möglich. Die mangelnde Einigung kann nur in der Probezeit als Kündigungsgrund benutzt werden.

60. Der Auszubildende soll geschützt werden. Er soll erst ein Arbeitsverhältnis begründen können, wenn er die Verhältnisse im Beruf und im Betrieb kennt. Er soll nicht „ins Blaue hinein" entscheiden.

61. Der Betrieb muß nur zur Verfügung stellen, was im Rahmen der betrieblichen Ausbildung erforderlich ist. Was die Berufsschule erfordert, ist nicht vom Ausbildungsbetrieb zur Verfügung zu stellen. Der Betrieb ist auch nicht verpflichtet, Ausbildungsmittel zu übereignen, also dem Auszubildenden zu schenken. Die leihweise Überlassung ist ausreichend (im Sinne des Gesetzes)!

62. Die Vorschriften der §§ 3 bis 18 BBiG treffen auf Praktikanten nicht zu. Ein Verlangen auf kostenlose Übereignung ist ohnehin nicht gerechtfertigt. Die leihweise Überlassung steht im Ermessen des Betriebes. Ein Rechtsanspruch besteht nicht.

63. Der Ausbildende ist nicht verpflichtet, die Kosten für einen Kurs zur Vorbereitung auf die Abschlußprüfung zu übernehmen, zu dem sich der Auszubildende in seinem Interesse meldet. Das gilt auch für andere Kurse, die nicht vertraglich zur Ausbildung gehören.

64. Das Verlangen von Schläulich ist nicht berechtigt. Zwar ist eine über die vereinbarte regelmäßige tägliche Ausbildungszeit hinausgehende Beschäftigung nach § 10 III BBiG besonders zu vergüten. Diese besondere Vergütung ist also neben der monatlichen Ausbildungsvergütung zu zahlen. Ein solcher Anspruch besteht für jede Beschäftigungszeit, die die vereinbarte regelmäßige tägliche Ausbildungszeit überschreitet, folglich aber nicht für Zeiten, in denen der Ausbildende den Auszubildenden nicht beschäftigt, sondern dieser unter Fortzahlung der monatlichen Vergütung freigestellt ist. Die besondere Vergütung wird also nur durch zusätzliche betriebliche Ausbildungszeiten ausgelöst. Dieser Fall ist hier offensichtlich nicht gegeben. Daher ist auch kein besonderer Anspruch auf Vergütung entstanden.

65. Der Ausbilder hat den Auszubildenden zum Berufsschulbesuch anzuhalten (§ 6 I 4 BBiG). „Anhalten" bedeutet jedoch nicht eine mit einer Haftung verbundene Pflicht zur Überwachung des tatsächlichen Schulbesuches des Auszubildenden. Eine beharrliche Weigerung des Auszubildenden, die Schule zu besuchen bzw. ein anhaltendes schuldhaftes Versäumen des Unterrichts ist aber eine wesentliche Vertragsverletzung, da die Teilnahme am Berufsschulunterricht zu den Pflichten des Auszubildenden nach § 9 Ziffer 2 des BBiG gehört.

66. Ein Schadenersatzanspruch kann sich auf § 16 I BBiG stützen. Der Anspruch wird aber ohne Erfolg bleiben, weil das Ausbildungsverhältnis kein Arbeitsverhältnis im engeren Sinn darstellt, also nicht eingegangen werden soll, um eine vollwertige Arbeitskraft zu ersetzen (und umgekehrt). Der Betrieb sollte den Gedanken vergessen – ein Schaden ist ihm nicht entstanden!

67. Sie müssen Ihr Urteil wohl korrigieren. Im allgemeinen ist davon auszugehen, daß auch Schulveranstaltungen während der Unterrichtszeit, die selbst aber nicht Unterricht sind (z. B. Schulausflüge, Betriebsbesichtigungen u. ä.), eine Freistellungspflicht hervorrufen.

68. Sie können die Vergütung kürzen. Im Wiederholungsfalle ist auch nach vorheriger Abmahnung die fristlose Kündigung möglich!

69. Absolventen des Berufsgrundbildungsjahres erhalten im ersten Jahr der betrieblichen Ausbildung die Ausbildungsvergütung für das zweite Ausbildungsjahr.

70. Die regelmäßige Ausbildungszeit ist am Samstag in der Regel gleich Null. Also besteht ein Vergütungsanspruch nach § 10 III BBiG.

71. Nein, er sollte die Forderung vergessen! Eine fortschreitende Berufsausbildung ist in seinem Fall nicht anzunehmen. Er kann nur die zuletzt bezogene Vergütung fordern.

72. Nach § 14 III BBiG ist Peter Faul im Recht. Das Ausbildungsverhältnis verlängert sich auf sein Verlangen bis zur nächstmöglichen Wiederholungsprüfung, höchstens jedoch um ein Jahr.

73. Die für die Ausbildungsstätte geltende Ordnung kann zum Beispiel betreffen: Sicherheits- und Unfallverhütungsvorschriften, Anlegen von Schutzkleidung, Vorschriften über das Betreten von Werkstätten und bestimmten Räumen, Benutzungsordnungen für Sozialeinrichtungen, allgemeine Hausordnung usw.

74. Als Gründe kommen in Frage: Wiederholungsprüfung, längere Krankheit sowie andere Ausfallzeiten.

75. § 9 Ziffer 6 BBiG verpflichtet den Auszubildenden, über Betriebs- und Geschäftsgeheimnisse Stillschweigen zu wahren. Noch deutlicher ist die Vorschrift des § 17 I des Gesetzes gegen den unlauteren Wettbewerb: Mit Freiheitsstrafe bis zu drei Jahren oder mit Geldstrafe wird bestraft, wer als Angestellter, Arbeiter oder Lehrling eines Geschäftsbetriebs ein Geschäfts- oder Betriebsgeheimnis, das ihm vermöge des Dienstverhältnisses anvertraut worden oder zugänglich geworden ist, während der Geltungsdauer des Dienstverhältnisses unbefugt an jemand zu Zwecken des Wettbewerbs oder aus Eigennutz oder in der Absicht, dem Inhaber des Geschäftsbetriebes Schaden zuzufügen, mitteilt.
Die fristlose Kündigung ist gerechtfertigt. Eventuell könnte auch ein Schadenersatzanspruch erhoben werden.

76. Ein einmaliges oder eintägiges „Schwänzen" reicht als Begründung für eine fristlose Kündigung nicht aus. Im vorliegenden Fall – Schläulich wird in flagranti ertappt – dürfte die fristlose Kündigung gerechtfertigt sein.

77. Man könnte meinen, der Ausbildende müsse auch erzieherisch auf den Auszubildenden einwirken, ihn zu gutem Betragen anhalten. Diese Auffassung ist auch richtig. Allerdings hat das Arbeitsgericht im konkreten Fall gemeint, der Ausbildende sei zur Erziehung eines Flegels nicht verpflichtet. Die Klage des Auszubildenden gegen die fristlose Kündigung wurde abgewiesen.

78. Der Auszubildende wird Recht bekommen, weil das Ergebnis der Zwischenprüfung keinen Einfluß auf die Abschlußprüfung hat. Ferner stellen schlechte Leistungen in der Zwischenprüfung keinen Grund dar, das Ausbildungsverhältnis von seiten des Ausbildenden aus einseitig aufzulösen.

79. Diebstahl in diesem Ausmaß kann nicht mit dem Hinweis auf jugendlichen Leichtsinn und einmaligem Versagen abgetan werden. Der Ausbildende wird vor Gericht Recht bekommen.

80. § 31 JugArbSchG verbietet die körperliche Züchtigung im Rahmen der Berufsausbildung. Die fristlose Kündigung und der Anspruch auf Ersatz des Schadens – dieser muß allerdings auch nachgewiesen werden – sind berechtigt.

81. Die in § 15 III BBiG verlangte Schriftform soll unüberlegtem Tun vorbeugen. Man sagt schnell etwas. Beim Schreiben wird das einem vielleicht erst richtig klar. Ferner soll die Schriftform auch der Rechtsklarheit und der Beweissicherung dienen.

82. Der Ausbilder haftet in den Fällen, in denen er seine Pflichten aus seinem Ausbildervertrag bzw. Arbeitsvertrag verletzt. Darüber hinaus selbstverständlich – wie jeder andere Bürger – nach den allgemeinen Vorschriften des Bürgerlichen Gesetzbuches, zum Beispiel denen der §§ 823ff. BGB. Er haftet dem Auszubildenden gegenüber, dem Ausbildenden, aber auch Dritten, wenn der Auszubildende schadenersatzbegründende Handlungen begeht, die der Ausbilder zu vertreten hat.

83. Der Auszubildende ist gemäß seinem Berufsausbildungsvertrag zur Sorgfalt verpflichtet. Wenn er in der Wut etwas zerstört, so muß er Ersatz leisten.

84. „Formal" bedeutet: Es werden Formvorschriften angesprochen – der „leidige" Papierkrieg. Bei den „materialen" Ordnungswidrigkeiten handelt es sich um solche, die unmittelbar die Berufsausbildung betreffen, ihre Inhalte und ihre Vermittlung.

85. Wenn die Note nicht richtig eingetragen worden ist (Rechenfehler, Druckfehler o. ä.), dann wird er Erfolg haben. Er kann derartige Formfehler auch vor dem Verwaltungsgericht geltend machen. Sollte sich seine Argumentation gegen die pädagogische Bewertung richten, dann sind seine Erfolgsaussichten gering, weil das pädagogische Werturteil (= Note) als solches nicht durch einen gerichtlichen Spruch geändert werden kann.

## Verzeichnis der benutzten Abkürzungen

| | |
|---|---|
| AEVO | Ausbilder-Eignungsverordnung |
| AFG | Arbeitsförderungsgesetz |
| Art. | Artikel |
| ASiG | Arbeitssicherheitsgesetz |
| AZO | Arbeitszeitordnung |
| BAföG | Bundesausbildungsförderungsgesetz |
| BBiG | Berufsbildungsgesetz |
| BerBiFG | Berufsbildungsförderungsgesetz |
| BErzGG | Bundeserziehungsgeldgesetz |
| betr. | betreffend, betreffs |
| BetrVG | Betriebsverfassungsgesetz |
| BGB | Bürgerliches Gesetzbuch |
| BGBl. | Bundesgesetzblatt |
| BGJ | Berufsgrundbildungsjahr |
| BSHG | Bundessozialhilfegesetz |
| BPersVG | Bundespersonalvertretungsgesetz |
| bzw. | beziehungsweise |
| ca. | circa |
| d. h. | das heißt |
| evtl. | eventuell |
| f. | folgende Seite |
| ff. | fortfolgend(e), folgende Seiten |
| gem. | gemäß |
| GewO | Gewerbeordnung |
| GG | Grundgesetz |
| ggf. | gegebenenfalls |
| GmbH | Gesellschaft mit beschränkter Haftung |
| HwO | Handwerksordnung |
| JGG | Jugendgerichtsgesetz |
| JugArbSchG | Jugendarbeitsschutzgesetz |
| JÖSchG | Jugendschutzgesetz |
| KJHG | Kinder- und Jugendhilfegesetz |
| KSchG | Kündigungsschutzgesetz |
| MitbestG | Mitbestimmungsgesetz |
| MuSchG | Mutterschutzgesetz |
| RVO | Reichsversicherungsordnung |
| TVG | Tarifvertragsgesetz |
| u. a. | und andere(s), unter anderem |
| u. ä. | und ähnliches |
| u.a.m. | und andere(s) mehr |
| u. U. | unter Umständen |
| u.v.a.m. | und viele(s) andere mehr |
| UVNG | Unfallversicherungsneuregelungsgesetz |
| UVV | Unfallverhütungsvorschriften |
| vgl. | vergleiche |
| z. B. | zum Beispiel |
| z. Z. | zur Zeit |

# Stichwortverzeichnis

**H**



**I**



**J**



**K**

**Sch**



**St**



**T**



**U**

**V**



**W**



**Z**